D1289339

The Iliad: With English Notes, Critical & Explanatory, Part 3, Books 13-18

Homer

Nabu Public Domain Reprints:

You are holding a reproduction of an original work published before 1923 that is in the public domain in the United States of America, and possibly other countries. You may freely copy and distribute this work as no entity (individual or corporate) has a copyright on the body of the work. This book may contain prior copyright references, and library stamps (as most of these works were scanned from library copies). These have been scanned and retained as part of the historical artifact.

This book may have occasional imperfections such as missing or blurred pages, poor pictures, errant marks, etc. that were either part of the original artifact, or were introduced by the scanning process. We believe this work is culturally important, and despite the imperfections, have elected to bring it back into print as part of our continuing commitment to the preservation of printed works worldwide. We appreciate your understanding of the imperfections in the preservation process, and hope you enjoy this valuable book.

THE WORKS OF HOMER us

ACCORDING TO THE TEXT OF BAEUMLEIN

THE ILIAD

WITH ENGLISH NOTES, CRITICAL AND EXPLANATORY

BY THE REV. T. H. L. LEARY, D.C.L.

LATE SCHOLAR OF BRASENOSE COLLEGE, OXFORD, ETC.

PART III. BOOKS XIII.—XVIII.

Wardm

Capio Lumen

Francis B. Fogg
1882

LONDON

LOCKWOOD & CO., 7, STATIONERS' HALL COURT

LUDGATE HILL

1873

INTRODUCTION.

In addition to the authorities mentioned in the Preface of Volume I. of this Work, the Editor has since consulted, with much profit and unfeigned delight, the writings of Gladstone on the Homeric Age, and also Colonel Mure's Greek Literature.

It would be ungrateful and unjust not to acknowledge here, the great obligations under which this treatise lies to those distinguished scholars, not only in the body of the Work, but also in the Appendices.

Before the Editor dared to embellish this Work by extracts drawn, as they deserve to be, *verbatim et literatim*, from the able productions alluded to, permission was asked from the authors, and was given with a readiness and courteousness well worthy of such minds.

The Stanley Cottage, Uttoxeter Road, Derby.
Nov. 10th, 1858.

333084

ΙΛΙΑΣ.

N. 13.

Ζεὺς δ᾽ ἐπεὶ οὖν Τρῶάς τε καὶ Ἕκτορα νηυσὶ πέλασσεν,
τοὺς μὲν ἔα παρὰ τῇσι πόνον τ᾽ ἐχέμεν καὶ ὀϊζὺν
νωλεμέως, αὐτὸς δὲ πάλιν τρέπεν ὄσσε φαεινώ,
νόσφιν ἐφ᾽ ἱπποπόλων Θρηκῶν καθορώμενος αἶαν
Μυσῶν τ᾽ ἀγχεμάχων καὶ ἀγαυῶν Ἱππημολγῶν,   5
γλακτοφάγων, Ἀβίων τε, δικαιοτάτων ἀνθρώπων.
ἐς Τροίην δ᾽ οὐ πάμπαν ἔτι τρέπεν ὄσσε φαεινώ·
οὐ γὰρ ὅ γ᾽ ἀθανάτων τιν᾽ ἐέλπετο ὃν κατὰ θυμὸν
ἐλθόντ᾽ ἢ Τρώεσσιν ἀρηξέμεν ἢ Δαναοῖσιν.

Οὐδ᾽ ἀλαοσκοπιὴν εἶχε κρείων ἐνοσίχθων·   10
καὶ γὰρ ὁ θαυμάζων ἧστο πτόλεμόν τε μάχην τε
ὑψοῦ ἐπ᾽ ἀκροτάτης κορυφῆς Σάμου ὑληέσσης
Θρηϊκίης· ἔνθεν γὰρ ἐφαίνετο πᾶσα μὲν Ἴδη,
φαίνετο δὲ Πριάμοιο πόλις καὶ νῆες Ἀχαιῶν.
ἔνθ᾽ ἄρ᾽ ὅ γ᾽ ἐξ ἁλὸς ἕζετ᾽ ἰών, ἐλέαιρε δ᾽ Ἀχαιοὺς   15
Τρωσὶν δαμναμένους, Διὶ δὲ κρατερῶς ἐνεμέσσα.
αὐτίκα δ᾽ ἐξ ὄρεος κατεβήσετο παιπαλόεντος,
κραιπνὰ ποσὶ προβιβάς· τρέμε δ᾽ οὔρεα μακρὰ καὶ ὕλη
ποσσὶν ὑπ᾽ ἀθανάτοισι Ποσειδάωνος ἰόντος.
τρὶς μὲν ὀρέξατ᾽ ἰών, τὸ δὲ τέτρατον ἵκετο τέκμωρ,   20
Αἰγάς, ἔνθα τέ οἱ κλυτὰ δώματα βένθεσι λίμνης
χρύσεα, μαρμαίροντα τετεύχαται, ἄφθιτα αἰεί.
ἔνθ᾽ ἐλθὼν ὑπ᾽ ὄχεσφι τιτύσκετο χαλκόποδ᾽ ἵππω,
ὠκυπέτα, χρυσέῃσιν ἐθείρῃσιν κομόωντε,
χρυσὸν δ᾽ αὐτὸς ἔδυνε περὶ χροΐ· γέντο δ᾽ ἱμάσθλην   25
χρισείην, εὔτυκτον, ἑοῦ δ᾽ ἐπεβήσετο δίφρου,

B

56

βῆ δ᾽ ἐλάαν ἐπὶ κύματ᾽.   ἄταλλε δὲ κήτε᾽ ὑπ᾽ αὐτοῦ
πάντοθεν ἐκ κευθμῶν, οὐδ᾽ ἠγνοίησεν ἄνακτα·
γηθοσύνῃ δὲ θάλασσα διίστατο.   τοὶ δ᾽ ἐπέτοντο
ῥίμφα μάλ᾽, οὐδ᾽ ὑπένερθε διαίνετο χάλκεος ἄξων.   30
τὸν δ᾽ ἐς Ἀχαιῶν νῆας ἐΰσκαρθμοι φέρον ἵπποι.

    Ἔστι δέ τι σπέος εὐρὺ βαθείης βένθεσι λίμνης,
μεσσηγὺς Τενέδοιο καὶ Ἴμβρου παιπαλοέσσης·
ἔνθ᾽ ἵππους ἔστησε Ποσειδάων ἐνοσίχθων
λύσας ἐξ ὀχέων, παρὰ δ᾽ ἀμβρόσιον βάλεν εἶδαο   35
ἔδμεναι· ἀμφὶ δὲ ποσσὶ πέδας ἔβαλε χρυσείας
ἀρρήκτους, ἀλύτους, ὄφρ᾽ ἔμπεδον αὖθι μένοιεν
νοστήσαντα ἄνακτα.   ὁ δ᾽ ἐς στρατὸν ᾤχετ᾽ Ἀχαιῶν.

    Τρῶες δὲ φλογὶ ἶσοι ἀολλέες, ἠὲ θυέλλῃ,
Ἕκτορι Πριαμίδῃ ἄμοτον μεμαῶτες ἕποντο,   40
ἄβρομοι, αὐΐαχοι· ἔλποντο δὲ νῆας Ἀχαιῶν
αἱρήσειν, κτενέειν δὲ παρ᾽ αὐτόφι πάντας ἀρίστους.
ἀλλὰ Ποσειδάων γαιήοχος ἐννοσίγαιος
Ἀργείους ὤτρυνε, βαθείης ἐξ ἁλὸς ἐλθών,
εἰσάμενος Κάλχαντι δέμας καὶ ἀτειρέα φωνήν,   45
Αἴαντε πρώτω προσέφη, μεμαῶτε καὶ αὐτώ·
"Αἴαντε, σφὼ μέν τε σαώσετε λαὸν Ἀχαιῶν
ἀλκῆς μνησαμένω, μηδὲ κρυεροῖο φόβοιο.
ἄλλῃ μὲν γὰρ ἔγωγ᾽ οὐ δείδια χεῖρας ἀάπτους
Τρώων, οἳ μέγα τεῖχος ὑπερκατέβησαν ὁμίλῳ·   50
ἕξουσιν γὰρ ἅπαντας ἐϋκνήμιδες Ἀχαιοί·
τῇ δὲ δὴ αἰνότατον περιδείδια, μή τι πάθωμεν,
ᾗ ῥ᾽ ὅ γ᾽ ὁ λυσσώδης φλογὶ εἴκελος ἡγεμονεύει,
Ἕκτωρ, ὃς Διὸς εὔχετ᾽ ἐρισθενέος πάϊς εἶναι.
σφῶϊν δ᾽ ὧδε θεῶν τις ἐνὶ φρεσὶ ποιήσειεν,   55
αὐτώ θ᾽ ἑστάμεναι κρατερῶς καὶ ἀνωγέμεν ἄλλους·
τῷ κε καὶ ἐσσύμενόν περ ἐρωήσαιτ᾽ ἀπὸ νηῶν
ὠκυπόρων, εἰ καί μιν Ὀλύμπιος αὐτὸς ἐγείρει."
    Ἦ, καὶ σκηπανίῳ γαιήοχος ἐννοσίγαιος
ἀμφοτέρω κεκοπὼς πλῆσεν μένεος κρατεροῖο,   60
γυῖα δ᾽ ἔθηκεν ἐλαφρά, πόδας καὶ χεῖρας ὕπερθεν.
αὐτὸς δ᾽, ὥστ᾽ ἴρηξ ὠκύπτερος ὦρτο πέτεσθαι,
ὅς ῥά τ᾽ ἀπ᾽ αἰγίλιπος πέτρης περιμήκεος ἀρθεὶς
ὁρμήσῃ πεδίοιο διώκειν ὄρνεον ἄλλο,
ὡς ἀπὸ τῶν ἤϊξε Ποσειδάων ἐνοσίχθων.   65

τοῖιν δ' ἔγνω πρόσθεν 'Οϊλῆος ταχὺς Αἴας,
αἶψα δ' ἄρ' Αἴαντα προσέφη, Τελαμώνιον υἱόν
" Αἶαν, ἐπεί τις νῶι θεῶν, οἳ Ὄλυμπον ἔχουσιν,
μάντεϊ εἰδόμενος κέλεται παρὰ νηυσὶ μάχεσθαι—
οὐδ' ὅ γε Κάλχας ἐστί, θεοπρόπος οἰωνιστής·   70
ἴχνια γὰρ μετόπισθε ποδῶν ἠδὲ κνημάων
ῥεῖ' ἔγνων ἀπιόντος· ἀρίγνωτοι δὲ θεοί περ.
καὶ δ' ἐμοὶ αὐτῷ θυμὸς ἐνὶ στήθεσσι φίλοισιν
μᾶλλον ἐφορμᾶται πολεμίζειν ἠδὲ μάχεσθαι,
μαιμώωσι δ' ἔνερθε πόδες καὶ χεῖρες ὕπερθεν."   75
    Τὸν δ' ἀπαμειβόμενος προσέφη Τελαμώνιος Αἴας·
" οὕτω νῦν καὶ ἐμοὶ περὶ δούρατι χεῖρες ἄαπτοι
μαιμῶσιν, καί μοι μένος ὥρορε, νέρθε δὲ ποσσὶν
ἔσσυμαι ἀμφοτέροισι· μενοινώω δὲ καὶ οἶος
Ἕκτορι Πριαμίδῃ ἄμοτον μεμαῶτι μάχεσθαι."   80
    Ὣς οἱ μὲν τοιαῦτα πρὸς ἀλλήλους ἀγόρευον,
χάρμῃ γηθόσυνοι, τήν σφιν θεὸς ἔμβαλε θυμῷ.
τόφρα δὲ τοὺς ὄπιθεν γαιήοχος ὦρσεν 'Αχαιούς,
οἳ παρὰ νηυσὶ θοῇσιν ἀνέψυχον φίλον ἦτορ.
τῶν ῥ' ἅμα τ' ἀργαλέῳ καμάτῳ φίλα γυῖα λέλυντο,   85
καί σφιν ἄχος κατὰ θυμὸν ἐγίγνετο δερκομένοισιν
Τρῶας, τοὶ μέγα τεῖχος ὑπερκατέβησαν ὁμίλῳ.
τοὺς οἵ γ' εἰσορόωντες ὑπ' ὀφρύσι δάκρυα λεῖβον·
οὐ γὰρ ἔφαν φεύξεσθαι ὑπὲκ κακοῦ.   ἀλλ' ἐνοσίχθων
ῥεῖα μετεισάμενος κρατερὰς ὤτρυνε φάλαγγας.   90
Τεῦκρον ἔπι πρῶτον καὶ Λήιτον ἦλθε κελεύων
Πηνέλεών θ' ἥρωα Θόαντά τε Δηίπυρόν τε
Μηριόνην τε καὶ 'Αντίλοχον, μήστωρας ἀϋτῆς.
τοὺς ὅ γ' ἐποτρύνων ἔπεα πτερόεντα προσηύδα·
" αἰδώς, 'Αργεῖοι, κοῦροι νέοι· ὕμμιν ἔγωγε   95
μαρναμένοισι πέποιθα σαωσέμεναι νέας ἀμάς·
εἰ δ' ὑμεῖς πολέμοιο μεθήσετε λευγαλέοιο,
νῦν δὴ εἴδεται ἦμαρ ὑπὸ Τρώεσσι δαμῆναι.
ὦ πόποι, ἦ μέγα θαῦμα τόδ' ὀφθαλμοῖσιν ὁρῶμαι,
δεινόν, ὃ οὔ ποτ' ἔγωγε τελευτήσεσθαι ἔφασκον,   100
Τρῶας ἐφ' ἡμετέρας ἰέναι νέας, οἳ τὸ πάρος περ
φυζακινῆς ἐλάφοισιν ἐοίκεσαν, αἵτε καθ' ὕλην
θώων παρδαλίων τε λύκων τ' ἤια πέλονται
αὔτως ἠλάσκουσαι ἀνάλκιδες, οὐδ' ἔπι χάρμῃ·

INTRODUCTION.

———◆———

ὡς Τρῶες τὸ πρίν γε μένος καὶ χεῖρας Ἀχαιῶν   105
μίμνειν οὐκ ἐθέλεσκον ἐναντίον, οὐδ' ἠβαιόν.
νῦν δὲ ἑκὰς πόλιος κοίλῃς ἐπὶ νηυσὶ μάχονται
ἡγεμόνος κακότητι μεθημοσύνῃσί τε λαῶν,
οἳ κείνῳ ἐρίσαντες ἀμυνέμεν οὐκ ἐθέλουσιν
νηῶν ὠκυπόρων, ἀλλὰ κτείνονται ἀν' αὐτάς.   110
ἀλλ' εἰ δὴ καὶ πάμπαν ἐτήτυμον αἴτιός ἐστιν
ἥρως Ἀτρείδης, εὐρυκρείων Ἀγαμέμνων,
οὕνεκ' ἀπητίμησε ποδώκεα Πηλείωνα,
ἡμέας γ' οὔ πως ἔστι μεθιέμεναι πολέμοιο.
ἀλλ' ἀκεώμεθα θᾶσσον· ἀκεσταί τοι φρένες ἐσθλῶν.   115
ὑμεῖς δ' οὐκέτι καλὰ μεθίετε θούριδος ἀλκῆς
πάντες ἄριστοι ἐόντες ἀνὰ στρατόν.   οὐδ' ἂν ἔγωγε
ἀνδρὶ μαχησαίμην, ὅστις πολέμοιο μεθείη
λυγρὸς ἐών· ὑμῖν δὲ νεμεσσῶμαι περὶ κῆρι.
ὦ πέπονες, τάχα δή τι κακὸν ποιήσετε μεῖζον   120
τῇδε μεθημοσύνῃ.   ἀλλ' ἐν φρεσὶ θέσθε ἕκαστος
αἰδῶ καὶ νέμεσιν· δὴ γὰρ μέγα νεῖκος ὄρωρεν.
Ἕκτωρ δὴ παρὰ νηυσὶ βοὴν ἀγαθὸς πολεμίζει
καρτερός, ἔρρηξεν δὲ πύλας καὶ μακρὸν ὀχῆα."
    Ὣς ῥα κελευτιόων γαιήοχος ὦρσεν Ἀχαιούς.   125
ἀμφὶ δ' ἄρ' Αἴαντας δοιοὺς ἵσταντο φάλαγγες
καρτεραί, ἃς οὔτ' ἄν κεν Ἄρης ὀνόσαιτο μετελθών,
οὔτε κ' Ἀθηναίη λαοσσόος.   οἱ γὰρ ἄριστοι
κρινθέντες Τρῶάς τε καὶ Ἕκτορα δῖον ἔμιμνον,
φράξαντες δόρυ δουρί, σάκος σάκεϊ προθελύμνῳ.   130
ἀσπὶς ἄρ' ἀσπίδ' ἔρειδε, κόρυς κόρυν, ἀνέρα δ' ἀνήρ·
ψαῦον δ' ἱππόκομοι κόρυθες λαμπροῖσι φάλοισιν
νευόντων· ὡς πυκνοὶ ἐφέστασαν ἀλλήλοισιν.
ἔγχεα δ' ἐπτύσσοντο θρασειάων ἀπὸ χειρῶν
σειόμεν'· οἱ δ' ἰθὺς φρόνεον, μέμασαν δὲ μάχεσθαι.   135
    Τρῶες δὲ προὔτυψαν ἀολλέες, ἦρχε δ' ἄρ' Ἕκτωρ
ἀντικρὺ μεμαώς, ὀλοοίτροχος ὣς ἀπὸ πέτρης,
ὅντε κατὰ στεφάνης ποταμὸς χειμάρροος ὤσῃ,
ῥήξας ἀσπέτῳ ὄμβρῳ ἀναιδέος ἔχματα πέτρης.
ὕψι δ' ἀναθρώσκων πέτεται, κτυπέει δέ θ' ὑπ' αὐτοῦ   140
ὕλη· ὁ δ' ἀσφαλέως θέει ἔμπεδον, ἕως ἵκηται
ἰσόπεδον· τότε δ' οὔ τι κυλίνδεται ἐσσύμενός περ.
ὣς Ἕκτωρ εἵως μὲν ἀπείλει μέχρι θαλάσσης

ῥέα διελεύσεσθαι κλισίας καὶ νῆας Ἀχαιῶν
κτείνων· ἀλλ' ὅτε δὴ πυκινῆς ἐνέκυρσε φάλαγξιν,   145
στῆ ῥα μάλ' ἐγχριμφθείς. οἱ δ' ἀντίοι υἷες Ἀχαιῶν
νύσσοντες ξίφεσίν τε καὶ ἔγχεσιν ἀμφιγύοισιν
ὦσαν ἀπὸ σφείων· ὁ δὲ χασσάμενος πελεμίχθη.
ἤϋσεν δὲ διαπρύσιον, Τρώεσσι γεγωνώς·
"Τρῶες καὶ Λύκιοι καὶ Δάρδανοι ἀγχιμαχηταί,   150
παρμένετ'· οὔ τοι δηρὸν ἐμὲ σχήσουσιν Ἀχαιοί,
καὶ μάλα πυργηδὸν σφέας αὐτοὺς ἀρτύναντες,
ἀλλ' ὀΐω, χάσσονται ὑπ' ἔγχεος, εἰ ἐτεόν με
ὦρσε θεῶν ὤριστος, ἐρίγδουπος πόσις Ἥρης."
    Ὣς εἰπὼν ὤτρυνε μένος καὶ θυμὸν ἑκάστου.   155
Δηΐφοβος δ' ἐν τοῖσι μέγα φρονέων ἐβεβήκει
Πριαμίδης, πρόσθεν δ' ἔχεν ἀσπίδα πάντοσ' ἐΐσην,
κοῦφα ποσὶ προβιβὰς καὶ ὑπασπίδια προποδίζων.
Μηριόνης δ' αὐτοῖο τιτύσκετο δουρὶ φαεινῷ,
καὶ βάλεν, οὐδ' ἀφάμαρτε, κατ' ἀσπίδα πάντοσ' ἐΐσην   160
ταυρείην. τῆς δ' οὔ τι διήλασεν, ἀλλὰ πολὺ πρὶν
ἐν καυλῷ ἐάγη δολιχὸν δόρυ. Δηΐφοβος δὲ
ἀσπίδα ταυρείην σχέθ' ἀπὸ ἕο, δεῖσε δὲ θυμῷ
ἔγχος Μηριόναο δαΐφρονος. αὐτὰρ ὅ γ' ἥρως
ἂψ ἑτάρων εἰς ἔθνος ἐχάζετο, χώσατο δ' αἰνῶς   165
ἀμφότερον, νίκης τε καὶ ἔγχεος, ὃ ξυνέαξεν.
βῆ δ' ἰέναι παρά τε κλισίας καὶ νῆας Ἀχαιῶν
οἰσόμενος δόρυ μακρόν, ὅ οἱ κλισίηφι λέλειπτο.
    Οἱ δ' ἄλλοι μάρναντο, βοὴ δ' ἄσβεστος ὀρώρει.
Τεῦκρος δὲ πρῶτος Τελαμώνιος ἄνδρα κατέκτα,   170
Ἴμβριον αἰχμητήν, πολυΐππου Μέντορος υἱόν.
ναῖε δὲ Πήδαιον πρὶν ἐλθεῖν υἷας Ἀχαιῶν,
κούρην δὲ Πριάμοιο νόθην ἔχε, Μηδεσικάστην·
αὐτὰρ ἐπεὶ Δαναῶν νέες ἤλυθον ἀμφιέλισσαι,
ἂψ εἰς Ἴλιον ἦλθε, μετέπρεπε δὲ Τρώεσσιν,   175
ναῖε δὲ πὰρ Πριάμῳ· ὁ δέ μιν τίεν ἶσα τέκεσσιν.
τόν ῥ' υἱὸς Τελαμῶνος ὑπ' οὔατος ἔγχεϊ μακρῷ
νύξ', ἐκ δ' ἔσπασεν ἔγχος· ὁ δ' αὖτ' ἔπεσεν μελίη ὥς,
ἥτ' ὄρεος κορυφῇ ἕκαθεν περιφαινομένοιο
χαλκῷ ταμνομένη τέρενα χθονὶ φύλλα πελάσσῃ.   180
ὣς πέσεν, ἀμφὶ δέ οἱ βράχε τεύχεα ποικίλα χαλκῷ.
Τεῦκρος δ' ὡρμήθη μεμαὼς ἀπὸ τεύχεα δῦσαι·

Ἕκτωρ δ' ὁρμηθέντος ἀκόντισε δουρὶ φαεινῷ.
ἀλλ' ὁ μὲν ἄντα ἰδὼν ἠλεύατο χάλκεον ἔγχος
τυτθόν· ὁ δ' Ἀμφίμαχον, Κτεάτου υἷ' Ἀκτορίωνος,   185
νισσόμενον πόλεμόνδε κατὰ στῆθος βάλε δουρί.
δούπησεν δὲ πεσών, ἀράβησε δὲ τεύχε' ἐπ' αὐτῷ.
Ἕκτωρ δ' ὡρμήθη κόρυθα κροτάφοις ἀραρυῖαν
κρατὸς ἀφαρπάξαι μεγαλήτορος Ἀμφιμάχοιο·
Αἴας δ' ὁρμηθέντος ὀρέξατο δουρὶ φαεινῷ   190
Ἕκτορος.   ἀλλ' οὔ πῃ χροὸς εἴσατο, πᾶς δ' ἄρα χαλκῷ
σμερδαλέῳ κεκάλυφθ'· ὁ δ' ἄρ' ἀσπίδος ὀμφαλὸν οὖτα,
ὦσε δέ μιν σθένεϊ μεγάλῳ.   ὁ δὲ χάσσατ' ὀπίσσω
νεκρῶν ἀμφοτέρων, τοὺς δ' ἐξείρυσσαν Ἀχαιοί.
Ἀμφίμαχον μὲν ἄρα Στιχίος δῖός τε Μενεσθεύς,   195
ἀρχοὶ Ἀθηναίων, κόμισαν μετὰ λαὸν Ἀχαιῶν,
Ἴμβριον αὖτ' Αἴαντε, μεμαότε θούριδος ἀλκῆς.
ὥστε δύ' αἶγα λέοντε κυνῶν ὕπο καρχαροδόντων
ἁρπάξαντε φέρητον ἀνὰ ῥωπήϊα πυκνά,
ὑψοῦ ὑπὲρ γαίης μετὰ γαμφηλῇσιν ἔχοντε,   200
ὣς ῥα τὸν ὑψοῦ ἔχοντε δύω Αἴαντε κορυστὰ
τεύχεα συλήτην.   κεφαλὴν δ' ἀπαλῆς ἀπὸ δειρῆς
κόψεν Ὀϊλιάδης, κεχολωμένος Ἀμφιμάχοιο,
ἧκε δέ μιν σφαιρηδὸν ἑλιξάμενος δι' ὁμίλου.
Ἕκτορι δὲ προπάροιθε ποδῶν πέσεν ἐν κονίῃσιν.   205
    Καὶ τότε δὴ πέρι κῆρι Ποσειδάων ἐχολώθη
υἱωνοῖο πεσόντος ἐν αἰνῇ δηϊοτῆτι,
βῆ δ' ἰέναι παρά τε κλισίας καὶ νῆας Ἀχαιῶν
ὀτρυνέων Δαναούς, Τρώεσσι δὲ κήδε' ἔτευχεν.
Ἰδομενεὺς δ' ἄρα οἱ δουρικλυτὸς ἀντεβόλησεν,   210
ἐρχόμενος παρ' ἑταίρου, ὅ οἱ νέον ἐκ πολέμοιο
ἦλθε κατ' ἰγνύην βεβλημένος ὀξέϊ χαλκῷ.
τὸν μὲν ἑταῖροι ἔνεικαν, ὁ δ' ἰητροῖς ἐπιτείλας
ἤϊεν ἐς κλισίην· ἔτι γὰρ πολέμοιο μενοίνα
ἀντιάαν.   τὸν δὲ προσέφη κρείων ἐνοσίχθων,   215
εἰσάμενος φθογγὴν Ἀνδραίμονος υἷι Θόαντι,
ὃς πάσῃ Πλευρῶνι καὶ αἰπεινῇ Καλυδῶνι
Αἰτωλοῖσιν ἄνασσε, θεὸς δ' ὣς τίετο δήμῳ·
" Ἰδομενεῦ, Κρητῶν βουληφόρε, ποῦ τοι ἀπειλαὶ
οἴχονται, τὰς Τρωσὶν ἀπείλεον υἷες Ἀχαιῶν; "   220
    Τὸν δ' αὖτ' Ἰδομενεύς, Κρητῶν ἀγός, ἀντίον ηὔδα·

"ὦ Θόαν, οὔ τις ἀνὴρ νῦν γ' αἴτιος, ὅσσον ἔγωγε
γιγνώσκω· πάντες γὰρ ἐπιστάμεθα πτολεμίζειν.
οὔτε τινὰ δέος ἴσχει ἀκήριον, οὔτε τις ὄκνῳ
εἴκων ἀνδύεται πόλεμον κακόν· ἀλλά που οὕτως   225
μέλλει δὴ φίλον εἶναι ὑπερμενέι Κρονίωνι,
νωνύμνους ἀπολέσθαι ἀπ' Ἄργεος ἐνθάδ' Ἀχαιούς.
ἀλλὰ Θόαν, καὶ γὰρ τὸ πάρος μενεδήιος ἦσθα,
ὀτρύνεις δὲ καὶ ἄλλον, ὅθι μεθιέντα ἴδηαι·
τῷ νῦν μήτ' ἀπόληγε, κέλευέ τε φωτὶ ἑκάστῳ."   230
    Τὸν δ' ἠμείβετ' ἔπειτα Ποσειδάων ἐνοσίχθων·
"Ἰδομενεῦ, μὴ κεῖνος ἀνὴρ ἔτι νοστήσειεν
ἐκ Τροίης, ἀλλ' αὖθι κυνῶν μέλπηθρα γένοιτο,
ὅστις ἐπ' ἤματι τῷδε ἑκὼν μεθίῃσι μάχεσθαι.
ἀλλ' ἄγε τεύχεα δεῦρο λαβὼν ἴθι· ταῦτα δ' ἅμα χρὴ   235
σπεύδειν, αἴ κ' ὄφελός τι γενώμεθα καὶ δύ' ἐόντε.
συμφερτὴ δ' ἀρετὴ πέλει ἀνδρῶν καὶ μάλα λυγρῶν·
νῶι δὲ καί κ' ἀγαθοῖσιν ἐπισταίμεσθα μάχεσθαι."
    Ὣς εἰπὼν ὁ μὲν αὖτις ἔβη θεὸς ἂμ πόνον ἀνδρῶν·
Ἰδομενεὺς δ' ὅτε δὴ κλισίην εὔτυκτον ἵκανεν,   240
δύσετο τεύχεα καλὰ περὶ χροΐ, γέντο δὲ δοῦρε,
βῆ δ' ἴμεν ἀστεροπῇ ἐναλίγκιος, ἥντε Κρονίων
χειρὶ λαβὼν ἐτίναξεν ἀπ' αἰγλήεντος Ὀλύμπου,
δεικνὺς σῆμα βροτοῖσιν· ἀρίζηλοι δέ οἱ αὐγαί.
ὣς τοῦ χαλκὸς ἔλαμπε περὶ στήθεσσι θέοντος.   245
Μηριόνης δ' ἄρα οἱ θεράπων ἐὺς ἀντεβόλησεν
ἐγγὺς ἔτι κλισίης· μετὰ γὰρ δόρυ χάλκεον ᾖει
οἰσόμενος.   τὸν δὲ προσέφη σθένος Ἰδομενῆος·
"Μηριόνη, Μόλου υἱέ, πόδας ταχύ, φίλταθ' ἑταίρων,
τίπτ' ἦλθες πόλεμόν τε λιπὼν καὶ δηιοτῆτα;   250
ἠέ τι βέβληαι, βέλεος δέ σε τείρει ἀκωκή,
ἠέ τευ ἀγγελίης μετ' ἔμ' ἤλυθες; οὐδέ τοι αὐτὸς
ἧσθαι ἐνὶ κλισίῃσι λιλαίομαι, ἀλλὰ μάχεσθαι."
    Τὸν δ' αὖ Μηριόνης πεπνυμένος ἀντίον ηὔδα·
"[Ἰδομενεῦ, Κρητῶν βουληφόρε χαλκοχιτώνων,]   255
ἔρχομαι, εἴ τί τοι ἔγχος ἐνὶ κλισίῃσι λέλειπται,
οἰσόμενος· τό νυ γὰρ κατεάξαμεν, ὃ πρὶν ἔχεσκον,
ἀσπίδα Δηιφόβοιο βαλὼν ὑπερηνορέοντος."
    Τὸν δ' αὖτ' Ἰδομενεύς, Κρητῶν ἀγός, ἀντίον ηὔδα·
"δούρατα δ', αἴ κ' ἐθέλῃσθα, καὶ ἐν καὶ εἴκοσι δήεις   260

ἑσταότ' ἐν κλισίῃ πρὸς ἐνώπια παμφανόωντα,
Τρώϊα, τὰ κταμένων ἀποαίνυμαι.   οὐ γὰρ ὀίω
ἀνδρῶν δυσμενέων ἑκὰς ἱστάμενος πολεμίζειν·
τῷ μοι δούρατά τ' ἔστι καὶ ἀσπίδες ὀμφαλόεσσαι
καὶ κόρυθες καὶ θώρηκες λαμπρὸν γανόωντες."   265
    Τὸν δ' αὖ Μηριόνης πεπνυμένος ἀντίον ηὔδα·
" καί τοι ἐμοὶ παρά τε κλισίῃ καὶ νηὶ μελαίνῃ
πόλλ' ἔναρα Τρώων· ἀλλ' οὐ σχεδόν ἐστιν ἑλέσθαι.
οὐδὲ γὰρ οὐδ' ἐμέ φημι λελασμένον ἔμμεναι ἀλκῆς,
ἀλλὰ μετὰ πρώτοισι μάχην ἀνὰ κυδιάνειραν   270
ἵσταμαι, ὁππότε νεῖκος ὀρώρηται πολέμοιο.
ἄλλον πού τινα μᾶλλον Ἀχαιῶν χαλκοχιτώνων
λήθω μαρνάμενος, σὲ δὲ ἴδμεναι αὐτὸν ὀίω."
    Τὸν δ' αὖτ' Ἰδομενεύς, Κρητῶν ἀγός, ἀντίον ηὔδα·
" οἶδ' ἀρετὴν οἷός ἐσσι· τί σε χρὴ ταῦτα λέγεσθαι;   275
εἰ γὰρ νῦν παρὰ νηυσὶ λεγοίμεθα πάντες ἄριστοι
ἐς λόχον, ἔνθα μάλιστ' ἀρετὴ διαείδεται ἀνδρῶν,
ἔνθ' ὅ τε δειλὸς ἀνήρ, ὅς τ' ἄλκιμος, ἐξεφαάνθη,—
τοῦ μὲν γάρ τε κακοῦ τρέπεται χρὼς ἄλλυδις ἄλλῃ,
οὐδέ οἱ ἀτρέμας ἧσθαι ἐρητύετ' ἐν φρεσὶ θυμός;   280
ἀλλὰ μετοκλάζει καὶ ἐπ' ἀμφοτέρους πόδας ἵζει,
ἐν δέ τέ οἱ κραδίη μεγάλα στέρνοισι πατάσσει
Κῆρας ὀιομένῳ, πάταγος δέ τε γίγνετ' ὀδόντων·
τοῦ δ' ἀγαθοῦ οὔτ' ἄρ τρέπεται χρώς, οὔτε τι λίην
ταρβεῖ, ἐπειδὰν πρῶτον ἐσίζηται λόχον ἀνδρῶν,   285
ἀρᾶται δὲ τάχιστα μιγήμεναι ἐν δαὶ λυγρῇ—
οὐδέ κεν ἔνθα τεόν γε μένος καὶ χεῖρας ὄνοιτο.
εἴ περ γάρ κε βλεῖο πονεύμενος ἠὲ τυπείης,
οὐκ ἂν ἐν αὐχέν' ὄπισθε πέσοι βέλος οὐδ' ἐνὶ νώτῳ,
ἀλλά κεν ἢ στέρνων ἢ νηδύος ἀντιάσειεν   290
πρόσσω ἱεμένοιο μετὰ προμάχων ὀαριστύν.
ἀλλ' ἄγε μηκέτι ταῦτα λεγώμεθα νηπύτιοι ὣς
ἑσταότες, μή πού τις ὑπερφιάλως νεμεσήσῃ·
ἀλλὰ σύ γε κλισίηνδε κιὼν ἕλευ ὄβριμον ἔγχος."
    Ὣς φάτο· Μηριόνης δὲ θοῷ ἀτάλαντος Ἄρηϊ   295
καρπαλίμως κλισίηθεν ἀνείλετο χάλκεον ἔγχος,
βῆ δὲ μετ' Ἰδομενῆα μέγα πτολέμοιο μεμηλώς.
οἷος δὲ βροτολοιγὸς Ἄρης πόλεμόνδε μέτεισιν,
τῷ δὲ Φόβος, φίλος υἱός, ἅμα κρατερὸς καὶ ἀταρβής,

ἕσπετο, ὅστ' ἐφόβησε ταλάφρονά περ πολεμιστήν·   300
τὼ μὲν ἄρ' ἐκ Θρήκης Ἐφύρους μέτα θωρήσσεσθον
ἠὲ μετὰ Φλεγύας μεγαλήτορας· οὐδ' ἄρα τώ γε
ἔκλυον ἀμφοτέρων, ἑτέροισι δὲ κῦδος ἔδωκαν.
τοῖοι Μηριόνης τε καὶ Ἰδομενεύς, ἀγοὶ ἀνδρῶν,
ᾔσαν ἐς πόλεμον κεκορυθμένοι αἴθοπι χαλκῷ.   305
τὸν καὶ Μηριόνης πρότερος πρὸς μῦθον ἔειπεν·
" Δευκαλίδη, πῇ τ' ἀρ μέμονας καταδῦναι ὅμιλον ;
ἢ ἐπὶ δεξιόφιν παντὸς στρατοῦ, ἢ ἀνὰ μέσσους,
ἢ ἐπ' ἀριστερόφιν ; ἐπεὶ οὔ ποθι ἔλπομαι οὕτως
δεύεσθαι πολέμοιο καρηκομόωντας Ἀχαιούς."   310
   Τὸν δ' αὖτ' Ἰδομενεύς, Κρητῶν ἀγός, ἀντίον ηὔδα·
" νηυσὶ μὲν ἐν μέσσῃσιν ἀμύνειν εἰσὶ καὶ ἄλλοι,
Αἴαντές τε δύω Τεῦκρός θ', ὃς ἄριστος Ἀχαιῶν
τοξοσύνῃ, ἀγαθὸς δὲ καὶ ἐν σταδίῃ ὑσμίνῃ·
οἵ μιν ἅδην ἐλόωσι καὶ ἐσσύμενον πολέμοιο,   315
Ἕκτορα Πριαμίδην, καὶ εἰ μάλα καρτερός ἐστιν.
αἰπύ οἱ ἐσσεῖται, μάλα περ μεμαῶτι μάχεσθαι,
κείνων νικήσαντι μένος καὶ χεῖρας ἀάπτους
νῆας ἐνιπρῆσαι, ὅτε μὴ αὐτός γε Κρονίων
ἐμβάλοι αἰθόμενον δαλὸν νήεσσι θοῇσιν.   320
ἀνδρὶ δέ κ' οὐκ εἴξειε μέγας Τελαμώνιος Αἴας,
ὃς θνητός τ' εἴη καὶ ἔδοι Δημήτερος ἀκτήν,
χαλκῷ τε ῥηκτὸς μεγάλοισί τε χερμαδίοισιν.
οὐδ' ἂν Ἀχιλλῆϊ ῥηξήνορι χωρήσειεν
ἔν γ' αὐτοσταδίῃ· ποσὶ δ' οὔ πως ἔστιν ἐρίζειν.   325
νῶϊν δ' ὧδ' ἐπ' ἀριστέρ' ἔχε στρατοῦ, ὄφρα τάχιστα
εἴδομεν, ἠέ τῳ εὖχος ὀρέξομεν, ἠέ τις ἡμῖν."
   Ὣς φάτο· Μηριόνης δὲ θοῷ ἀτάλαντος Ἄρηϊ
ἦρχ' ἴμεν, ὄφρ' ἀφίκοντο κατὰ στρατόν, ᾗ μιν ἀνώγει.
   Οἱ δ' ὡς Ἰδομενῆα ἴδον φλογὶ εἴκελον ἀλκήν,   330
αὐτὸν καὶ θεράποντα, σὺν ἔντεσι δαιδαλέοισιν,
κεκλόμενοι καθ' ὅμιλον ἐπ' αὐτῷ πάντες ἔβησαν.
τῶν δ' ὁμὸν ἵστατο νεῖκος ἐπὶ πρύμνῃσι νέεσσιν.
ὡς δ' ὅθ' ὑπὸ λιγέων ἀνέμων σπέρχωσιν ἄελλαι
ἤματι τῷ, ὅτε τε πλείστη κόνις ἀμφὶ κελεύθους,   335
οἵτ' ἄμυδις κονίης μεγάλην ἱστᾶσιν ὀμίχλην,
ὣς ἄρα τῶν ὁμόσ' ἦλθε μάχη, μέμασαν δ' ἐνὶ θυμῷ
ἀλλήλους καθ' ὅμιλον ἐναιρέμεν ὀξέϊ χαλκῷ.

ἔφριξεν δὲ μάχη φθισίμβροτος ἐγχείῃσιν
μακρῇς, ἃς εἶχον ταμεσίχροας· ὄσσε δ᾽ ἄμερδεν   340
αὐγὴ χαλκείη κορύθων ἄπο λαμπομενάων
θωρήκων τε νεοσμήκτων σακέων τε φαεινῶν
ἐρχομένων ἄμυδις.   μάλα κεν θρασυκάρδιος εἴη,
ὃς τότε γηθήσειεν ἰδὼν πόνον οὐδ᾽ ἀκάχοιτο.

    Τὼ δ᾽ ἀμφὶς φρονέοντε δύω Κρόνου υἷε κραταιὼ   345
ἀνδράσιν ἡρώεσσιν ἐτεύχετον ἄλγεα λυγρά.
Ζεὺς μὲν ἄρα Τρώεσσι καὶ Ἕκτορι βούλετο νίκην,
κυδαίνων Ἀχιλῆα πόδας ταχύν· οὐδ᾽ ὅ γε πάμπαι
ἤθελε λαὸν ὀλέσθαι Ἀχαιϊκὸν Ἰλιόθι πρό,
ἀλλὰ Θέτιν κύδαινε καὶ υἱέα καρτερόθυμον.   350
Ἀργείους δὲ Ποσειδάων ὀρόθυνε μετελθών,
λάθρη ὑπεξαναδὺς πολιῆς ἁλός· ἤχθετο γάρ ῥα
Τρωσὶν δαμναμένους, Διὶ δὲ κρατερῶς ἐνεμέσσα.
ἦ μὰν ἀμφοτέροισιν ὁμὸν γένος ἠδ᾽ ἴα πάτρη,
ἀλλὰ Ζεὺς πρότερος γεγόνει καὶ πλείονα ᾔδη.   355
τῷ ῥα καὶ ἀμφαδίην μὲν ἀλεξέμεναι ἀλέεινεν,
λάθρη δ᾽ αἰὲν ἔγειρε κατὰ στρατὸν ἀνδρὶ ἐοικώς.
τοὶ δ᾽ ἔριδος κρατερῆς καὶ ὁμοιίου πολέμοιο
πεῖραρ ἐπαλλάξαντες ἐπ᾽ ἀμφοτέροισι τάνυσσαν,
ἄρρηκτόν τ᾽ ἄλυτόν τε, τὸ πολλῶν γούνατ᾽ ἔλυσεν.   360
    Ἔνθα μεσαιπόλιός περ ἐὼν Δαναοῖσι κελεύσας
Ἰδομενεὺς Τρώεσσι μετάλμενος ἐν φόβον ὦρσεν.
πέφνε γὰρ Ὀθρυονῆα Καβησόθεν ἔνδον ἐόντα,
ὅς ῥα νέον πολέμοιο μετὰ κλέος εἰληλούθει,
ᾔτεε δὲ Πριάμοιο θυγατρῶν εἶδος ἀρίστην   365
Κασσάνδρην ἀνάεδνον, ὑπέσχετο δὲ μέγα ἔργον,
ἐκ Τροίης ἀέκοντας ἀπωσέμεν υἷας Ἀχαιῶν.
τῷ δ᾽ ὁ γέρων Πρίαμος ὑπό τ᾽ ἔσχετο καὶ κατένευσει
δωσέμεναι· ὁ δὲ μάρναθ᾽ ὑποσχεσίῃσι πιθήσας.
Ἰδομενεὺς δ᾽ αὐτοῖο τιτύσκετο δουρὶ φαεινῷ,   370
καὶ βάλεν ὕψι βιβάντα τυχών· οὐδ᾽ ἤρκεσε θώρηξ
χάλκεος, ὃν φορέεσκε, μέσῃ δ᾽ ἐν γαστέρι πῆξεν.
δούπησεν δὲ πεσών· ὁ δ᾽ ἐπεύξατο φώνησέν τε·
"Ὀθρυονεῦ, περὶ δή σε βροτῶν αἰνίζομ᾽ ἁπάντων,
εἰ ἐτεὸν δὴ πάντα τελευτήσεις, ὅσ᾽ ὑπέστης   375
Δαρδανίδη Πριάμῳ· ὁ δ᾽ ὑπέσχετο θυγατέρα ἥν.
καί κέ τοι ἡμεῖς ταῦτά γ᾽ ὑποσχόμενοι τελέσαιμεν,

δοῖμεν δ' Ἀτρεΐδαο θυγατρῶν εἶδος ἀρίστην,
Ἄργεος ἐξαγαγόντες, ὀπυιέμεν, εἴ κε σὺν ἄμμιν
Ἰλίου ἐκπέρσῃς εὐναιόμενον πτολίεθρον.		380
ἀλλ' ἕπευ, ὄφρ' ἐπὶ νηυσὶ συνώμεθα ποντοπόροισιν
ἀμφὶ γάμῳ, ἐπεὶ οὔ τοι ἐεδνωταὶ κακοί εἰμεν."
  Ὣς εἰπὼν ποδὸς ἕλκε κατὰ κρατερὴν ὑσμίνην
ἥρως Ἰδομενεύς. τῷ δ' Ἄσιος ἦλθεν ἀμύντωρ
πεζὸς πρόσθ' ἵππων· τὼ δὲ πνείοντε κατ' ὤμων		385
αἰὲν ἔχ' ἡνίοχος θεράπων. ὁ δὲ ἵετο θυμῷ
Ἰδομενῆα βαλεῖν· ὁ δέ μιν φθάμενος βάλε δουρὶ
λαιμὸν ὑπ' ἀνθερεῶνα, διαπρὸ δὲ χαλκὸν ἔλασσεν.
ἤριπε δ', ὡς ὅτε τις δρῦς ἤριπεν ἢ ἀχερωῒς
ἠὲ πίτυς βλωθρή, τήντ' οὔρεσι τέκτονες ἄνδρες		390
ἐξέταμον πελέκεσσι νεήκεσι νήϊον εἶναι·
ὣς ὁ πρόσθ' ἵππων καὶ δίφρου κεῖτο τανυσθείς,
βεβρυχώς, κόνιος δεδραγμένος αἱματοέσσης.
ἐκ δέ οἱ ἡνίοχος πλήγη φρένας, ἃς πάρος εἶχεν·
οὐδ' ὅ γ' ἐτόλμησεν, δηΐων ὑπὸ χεῖρας ἀλύξας,		395
ἂψ ἵππους στρέψαι. τὸν δ' Ἀντίλοχος μενεχάρμης
δουρὶ μέσον περόνησε τυχών· οὐδ' ἤρκεσε θώρηξ
χάλκεος, ὃν φορέεσκε, μέσῃ δ' ἐν γαστέρι πῆξεν.
αὐτὰρ ὅ γ' ἀσθμαίνων εὐεργέος ἔκπεσε δίφρου,
ἵππους δ' Ἀντίλοχος, μεγαθύμου Νέστορος υἱός,		400
ἐξέλασε Τρώων μετ' ἐϋκνήμιδας Ἀχαιούς.
  Δηΐφοβος δὲ μάλα σχεδὸν ἤλυθεν Ἰδομενῆος,
Ασίου ἀχνύμενος, καὶ ἀκόντισε δουρὶ φαεινῷ.
ἀλλ' ὁ μὲν ἄντα ἰδὼν ἠλεύατο χάλκεον ἔγχος
Ἰδομενεύς· κρύφθη γὰρ ὑπ' ἀσπίδι πάντοσ' ἐΐσῃ,		405
τὴν ἄρ' ὅ γε ῥινοῖσι βοῶν καὶ νώροπι χαλκῷ
δινωτὴν φορέεσκε, δύω κανόνεσσ' ἀραρυῖαν·
τῇ ὕπο πᾶς ἐάλη, τὸ δ' ὑπέρπτατο χάλκεον ἔγχος,
καρφαλέον δέ οἱ ἀσπὶς ἐπιθρέξαντος ἄϋσεν
ἔγχεος· οὐδ' ἅλιόν ῥα βαρείης χειρὸς ἀφῆκεν,		410
ἀλλ' ἔβαλ' Ἱππασίδην Ὑψήνορα, ποιμένα λαῶν,
ἧπαρ ὑπὸ πραπίδων, εἶθαρ δ' ὑπὸ γούνατ' ἔλυσεν.
Δηΐφοβος δ' ἔκπαγλον ἐπεύξατο μακρὸν ἀΰσας·
"οὐ μὰν αὖτ' ἄτιτος κεῖτ' Ἄσιος, ἀλλά ἕ φημι
εἰς Ἀϊδός περ ἰόντα πυλάρταο κρατεροῖο		415
γηθήσειν κατὰ θυμόν, ἐπεί ῥά οἱ ὤπασα πομπόν."

Ὣς ἔφατ'· Ἀργείοισι δ' ἄχος γένετ' εὐξαμένοιο,
Ἀντιλόχῳ δὲ μάλιστα δαΐφρονι θυμὸν ὄρινεν·
ἀλλ' οὐδ' ἀχνύμενός περ ἑοῦ ἀμέλησεν ἑταίρου,
ἀλλὰ θέων περίβη καί οἱ σάκος ἀμφεκάλυψεν.   420
τὸν μὲν ἔπειθ' ὑποδύντε δύω ἐρίηρες ἑταῖροι,
Μηκιστεύς, Ἐχίοιο πάϊς, καὶ δῖος Ἀλάστωρ,
νῆας ἔπι γλαφυρὰς φερέτην βαρέα στενάχοντα·
Ἰδομενεὺς δ' οὐ λῆγε μένος μέγα, ἵετο δ' αἰεὶ
ἠέ τινα Τρώων ἐρεβεννῇ νυκτὶ καλύψαι   425
ἢ αὐτὸς δουπῆσαι ἀμύνων λοιγὸν Ἀχαιοῖς.
ἔνθ' Αἰσυήταο διοτρεφέος φίλον υἱόν,
ἥρω' Ἀλκάθοον—γαμβρὸς δ' ἦν Ἀγχίσαο,
πρεσβυτάτην δ' ὤπυιε θυγατρῶν Ἱπποδάμειαν,
τὴν πέρι κῆρι φίλησε πατὴρ καὶ πότνια μήτηρ   430
ἐν μεγάρῳ· πᾶσαν γὰρ ὁμηλικίην ἐκέκαστο
κάλλεϊ καὶ ἔργοισιν ἰδὲ φρεσί· τοὔνεκα καί μιν
γῆμεν ἀνὴρ ὤριστος ἐνὶ Τροίῃ εὐρείῃ.
τὸν τόθ' ὑπ' Ἰδομενῆϊ Ποσειδάων ἐδάμασσεν
θέλξας ὄσσε φαεινά, πέδησε δὲ φαίδιμα γυῖα·   435
οὔτε γὰρ ἐξοπίσω φυγέειν δύνατ' οὔτ' ἀλέασθαι,
ἀλλ' ὥστε στήλην ἢ δένδρεον ὑψιπέτηλον
ἀτρέμας ἑσταότα στῆθος μέσον οὔτασε δουρὶ
ἥρως Ἰδομενεύς, ῥῆξεν δέ οἱ ἀμφὶ χιτῶνα
χάλκεον, ὅς οἱ πρόσθεν ἀπὸ χροὸς ἤρκει ὄλεθρον·   440
δὴ τότε γ' αὖον ἄϋσεν ἐρεικόμενος περὶ δουρί.
δούπησεν δὲ πεσών, δόρυ δ' ἐν κραδίῃ ἐπεπήγει,
ἥ ῥά οἱ ἀσπαίρουσα καὶ οὐρίαχον πελέμιζεν
ἔγχεος· ἔνθα δ' ἔπειτ' ἀφίει μένος ὄβριμος Ἄρης.
Ἰδομενεὺς δ' ἔκπαγλον ἐπεύξατο, μακρὸν ἀΰσας·   445
" Δηΐφοβ', ἦ ἄρα δή τι ἐΐσκομεν ἄξιον εἶναι
τρεῖς ἑνὸς ἀντὶ πεφάσθαι; ἐπεὶ σύ περ εὔχεαι οὕτω·
δαιμόνι'. ἀλλὰ καὶ αὐτὸς ἐναντίον ἵστασ' ἐμεῖο,
ὄφρα ἴδῃ, οἷος Ζηνὸς γόνος ἐνθάδ' ἱκάνω,
ὃς πρῶτον Μίνωα τέκε Κρήτῃ ἐπίουρον·   450
Μίνως δ' αὖ τέκεθ' υἱὸν ἀμύμονα Δευκαλίωνα,
Δευκαλίων δ' ἐμὲ τίκτε πολέσσ' ἄνδρεσσιν ἄνακτα
Κρήτῃ ἐν εὐρείῃ· νῦν δ' ἐνθάδε νῆες ἔνεικαν
σοί τε κακὸν καὶ πατρὶ καὶ ἄλλοισι Τρώεσσιν."
Ὣς φάτο· Δηΐφοβος δὲ διάνδιχα μερμήριξεν,   455

ἢ τινά που Τρώων ἑταρίσσαιτο μεγαθύμων
ἂψ ἀναχωρήσας, ἢ πειρήσαιτο καὶ οἶος.
ὧδε δέ οἱ φρονέοντι δοάσσατο κέρδιον εἶναι,
βῆναι ἐπ' Αἰνείαν.   τὸν δ' ὕστατον εὗρεν ὁμίλου
ἑσταότ'· αἰεὶ γὰρ Πριάμῳ ἐπεμήνιε δίῳ,   460
οὕνεκ' ἄρ' ἐσθλὸν ἐόντα μετ' ἀνδράσιν οὔ τι τίεσκεν.
ἀγχοῦ δ' ἱστάμενος ἔπεα πτερόεντα προσηύδα·
"Αἰνεία, Τρώων βουληφόρε, νῦν σε μάλα χρὴ
γαμβρῷ ἀμυνέμεναι, εἴ πέρ τί σε κῆδος ἱκάνει.
ἀλλ' ἕπευ, Ἀλκαθόῳ ἐπαμύνομεν, ὅς σε πάρος περ   465
γαμβρὸς ἐὼν ἔθρεψε δόμοις ἔνι τυτθὸν ἐόντα·
τὸν δέ τοι Ἰδομενεὺς δουρικλυτὸς ἐξενάριξεν."
   Ὣς φάτο, τῷ δ' ἄρα θυμὸν ἐνὶ στήθεσσιν ὄρινεν,
βῆ δὲ μετ' Ἰδομενῆα μέγα πτολέμοιο μεμηλώς.
ἀλλ' οὐκ Ἰδομενῆα φόβος λάβε τηλύγετον ὥς,   470
ἀλλ' ἔμεν', ὡς ὅτε τις σῦς οὔρεσιν ἀλκὶ πεποιθώς,
ὅστε μένει κολοσυρτὸν ἐπερχόμενον πολὺν ἀνδρῶν
χώρῳ ἐν οἰοπόλῳ, φρίσσει δέ τε νῶτον ὕπερθεν·
ὀφθαλμὼ δ' ἄρα οἱ πυρὶ λάμπετον· αὐτὰρ ὀδόντας
θήγει, ἀλέξασθαι μεμαὼς κύνας ἠδὲ καὶ ἄνδρας.   475
ὣς μένεν Ἰδομενεὺς δουρικλυτός, οὐδ' ὑπεχώρει,
Αἰνείαν ἐπιόντα βοηθόον· αὖε δ' ἑταίρους,
Ἀσκάλαφόν τ' ἐσορῶν Ἀφαρῆά τε Δηΐπυρόν τε
Μηριόνην τε καὶ Ἀντίλοχον, μήστωρας ἀϋτῆς.
τοὺς ὅ γ' ἐποτρύνων ἔπεα πτερόεντα προσηύδα·   480
"δεῦτε, φίλοι, καί μ' οἴῳ ἀμύνετε.   δείδια δ' αἰνῶς
Αἰνείαν ἐπιόντα πόδας ταχύν, ὅς μοι ἔπεισιν,
ὃς μάλα καρτερός ἐστι μάχῃ ἔνι φῶτας ἐναίρειν·
καὶ δ' ἔχει ἥβης ἄνθος, ὅτε κράτος ἐστὶ μέγιστον.
εἰ γὰρ ὁμηλικίη γε γενοίμεθα τῷδ' ἐπὶ θυμῷ,   485
αἶψά κεν ἠὲ φέροιτο μέγα κράτος, ἠὲ φεροίμην."
   Ὣς ἔφαθ'· οἱ δ' ἄρα πάντες ἕνα φρεσὶ θυμὸν ἔχοντες
πλησίοι ἔστησαν, σάκε' ὤμοισι κλίναντες.
Αἰνείας δ' ἑτέρωθεν ἐκέκλετο οἷς ἑτάροισιν,
Δηΐφοβόν τε Πάριν τ' ἐσορῶν καὶ Ἀγήνορα δῖον,   490
οἵ οἱ ἅμ' ἡγεμόνες Τρώων ἔσαν· αὐτὰρ ἔπειτα
λαοὶ ἔπονθ', ὡς εἴ τε μετὰ κτίλον ἕσπετο μῆλα
πιόμεν' ἐκ βοτάνης· γάνυται δ' ἄρα τε φρένα ποιμήν.
ὣς Αἰνείᾳ θυμὸς ἐνὶ στήθεσσι γεγήθει,

ὡς ἴδε λαῶν ἔθνος ἐπισπόμενον ἑοῖ αὐτῷ.   495
    Οἱ δ᾽ ἀμφ᾽ Ἀλκαθόῳ αὐτοσχεδὸν ὡρμήθησαν
μακροῖσι ξυστοῖσι· περὶ στήθεσσι δὲ χαλκὸς
σμερδαλέον κονάβιζε τιτυσκομένων καθ᾽ ὅμιλον
ἀλλήλων.   δύο δ᾽ ἄνδρες ἀρήιοι ἔξοχον ἄλλων,
Αἰνείας τε καὶ Ἰδομενεύς, ἀτάλαντοι Ἄρηι,   500
ἵεντ᾽ ἀλλήλων ταμέειν χρόα νηλέι χαλκῷ.
Αἰνείας δὲ πρῶτος ἀκόντισεν Ἰδομενῆος·
ἀλλ᾽ ὁ μὲν ἄντα ἰδὼν ἠλεύατο χάλκεον ἔγχος,
αἰχμὴ δ᾽ Αἰνείαο κραδαινομένη κατὰ γαίης
ᾤχετ᾽, ἐπεί ῥ᾽ ἅλιον στιβαρῆς ἀπὸ χειρὸς ὄρουσεν.   505
Ἰδομενεὺς δ᾽ ἄρα Οἰνόμαον βάλε γαστέρα μέσσην,
ῥῆξε δὲ θώρηκος γύαλον, διὰ δ᾽ ἔντερα χαλκὸς
ἤφυσ᾽· ὁ δ᾽ ἐν κονίῃσι πεσὼν ἕλε γαῖαν ἀγοστῷ.
Ἰδομενεὺς δ᾽ ἐκ μὲν νέκυος δολιχόσκιον ἔγχος
ἐσπάσατ᾽, οὐδ᾽ ἄρ᾽ ἔτ᾽ ἄλλα δυνήσατο τεύχεα καλὰ   510
ὤμοιϊν ἀφελέσθαι· ἐπείγετο γὰρ βελέεσσιν.
οὐ γὰρ ἔτ᾽ ἔμπεδα γυῖα ποδῶν ἦν ὁρμηθέντι,
οὔτ᾽ ἄρ᾽ ἐπαῖξαι μεθ᾽ ἑὸν βέλος οὔτ᾽ ἀλέασθαι·
τῷ ῥα καὶ ἐν σταδίῃ μὲν ἀμύνετο νηλεὲς ἦμαρ,
τρέσσαι δ᾽ οὐκέτι ῥίμφα πόδες φέρον ἐκ πολέμοιο.   515
τοῦ δὲ βάδην ἀπιόντος ἀκόντισε δουρὶ φαεινῷ
Δηίφοβος· δὴ γάρ οἱ ἔχεν κότον ἐμμενὲς αἰεί.
ἀλλ᾽ ὅ γε καὶ τόθ᾽ ἅμαρτεν, ὁ δ᾽ Ἀσκάλαφον βάλε δουρί,
υἱὸν Ἐννυαλίοιο· δι᾽ ὤμου δ᾽ ὄβριμον ἔγχος
ἔσχεν. ὁ δ᾽ ἐν κονίῃσι πεσὼν ἕλε γαῖαν ἀγοστῷ.   520
οὐδ᾽ ἄρα πώ τι πέπυστο βριήπυος ὄβριμος Ἄρης
υἷος ἑοῖο πεσόντος ἐνὶ κρατερῇ ὑσμίνῃ,
ἀλλ᾽ ὅ γ᾽ ἄρ᾽ ἄκρῳ Ὀλύμπῳ ὑπὸ χρυσέοισι νέφεσσιν
ἧστο Διὸς βουλῇσιν ἐελμένος, ἔνθα περ ἄλλοι
ἀθάνατοι θεοὶ ἦσαν ἐεργόμενοι πολέμοιο.   525
    Οἱ δ᾽ ἀμφ᾽ Ἀσκαλάφῳ αὐτοσχεδὸν ὡρμήθησαν·
Δηίφοβος μὲν ἀπ᾽ Ἀσκαλάφου πήληκα φαεινὴν
ἥρπασε, Μηριόνης δὲ θοῷ ἀτάλαντος Ἄρηι
δουρὶ βραχίονα τύψεν ἐπάλμενος, ἐκ δ᾽ ἄρα χειρὸς
αὐλῶπις τρυφάλεια χαμαὶ βόμβησε πεσοῦσα.   530
Μηριόνης δ᾽ ἐξαῦτις ἐπάλμενος, αἰγυπιὸς ὥς,
ἐξέρυσε πρυμνοῖο βραχίονος ὄβριμον ἔγχος,
ἂψ δ᾽ ἑτάρων εἰς ἔθνος ἐχάζετο.   τὸν δὲ Πολίτης

αὐτοκασίγνητος, περὶ μέσσῳ χεῖρε τιτήνας,
ἐξῆγεν πολέμοιο δυσηχέος, ὄφρ' ἵκεθ' ἵππους   535
ὠκέας, οἵ οἱ ὄπισθε μάχης ἠδὲ πτολέμοιο
ἕστασαν ἡνίοχόν τε καὶ ἅρματα ποικίλ' ἔχοντες·
οἵ τόν γε προτὶ ἄστυ φέρον βαρέα στενάχοντα,
τειρόμενον· κατὰ δ' αἷμα νεουτάτου ἔρρεε χειρός.
    Οἱ δ' ἄλλοι μάρναντο, βοὴ δ' ἄσβεστος ὀρώρει.   540
ἔνθ' Αἰνέας Ἀφαρῆα Καλητορίδην ἐπορούσας
λαιμὸν τύψ', ἐπὶ οἷ τετραμμένον, ὀξέϊ δουρί·
ἐκλίνθη δ' ἑτέρωσε κάρη, ἐπὶ δ' ἀσπὶς ἐάφθη
καὶ κόρυς, ἀμφὶ δέ οἱ θάνατος χύτο θυμοραϊστής.
Ἀντίλοχος δὲ Θόωνα μεταστρεφθέντα δοκεύσας   545
οὔτασ' ἐπαΐξας, ἀπὸ δὲ φλέβα πᾶσαν ἔκερσεν,
ἥτ' ἀνὰ νῶτα θέουσα διαμπερὲς αὐχέν' ἱκάνει·
τὴν ἀπὸ πᾶσαν ἔκερσεν· ὁ δ' ὕπτιος ἐν κονίῃσιν
κάππεσεν, ἄμφω χεῖρε φίλοις ἑτάροισι πετάσσας.
Ἀντίλοχος δ' ἐπόρουσε καὶ αἴνυτο τεύχε' ἀπ' ὤμων   550
παπταίνων· Τρῶες δὲ περισταδὸν ἄλλοθεν ἄλλος
οὔταζον σάκος εὐρὺ παναίολον, οὐδ' ἐδύναντο
εἴσω ἐπιγράψαι τέρενα χρόα νηλέϊ χαλκῷ
Ἀντιλόχου· πέρι γάρ ῥα Ποσειδάων ἐνοσίχθων
Νέστορος υἱὸν ἔρυτο καὶ ἐν πολλοῖσι βέλεσσιν.   555
οὐ μὲν γάρ ποτ' ἄνευ δηΐων ἦν, ἀλλὰ κατ' αὐτοὺς
στρωφᾶτ'· οὐδέ οἱ ἔγχος ἔχ' ἀτρέμας, ἀλλὰ μάλ' αἰεὶ
σειόμενον ἐλέλικτο· τιτύσκετο δὲ φρεσὶν ᾗσιν
ἤ τευ ἀκοντίσσαι ἠὲ σχεδὸν ὁρμηθῆναι·
    Ἀλλ' οὐ λῆθ' Ἀδάμαντα τιτυσκόμενος καθ' ὅμιλον   560
Ἀσιάδην, ὅς οἱ οὖτα μέσον σάκος ὀξέϊ χαλκῷ
ἐγγύθεν ὁρμηθείς· ἀμενήνωσεν δέ οἱ αἰχμὴν
κυανοχαῖτα Ποσειδάων, βιότοιο μεγήρας.
καὶ τὸ μὲν αὐτοῦ μεῖν' ὥστε σκῶλος πυρίκαυστος
ἐν σάκει Ἀντιλόχοιο, τὸ δ' ἥμισυ κεῖτ' ἐπὶ γαίης.   565
ἂψ δ' ἑτάρων εἰς ἔθνος ἐχάζετο κῆρ' ἀλεείνων.
Μηριόνης δ' ἀπιόντα μετασπόμενος βάλε δουρὶ
αἰδοίων τε μεσηγὺ καὶ ὀμφαλοῦ, ἔνθα μάλιστα
γίγνετ' Ἄρης ἀλεγεινὸς ὀϊζυροῖσι βροτοῖσιν.
ἔνθα οἱ ἔγχος ἔπηξεν· ὁ δ' ἑσπόμενος περὶ δουρὶ   570
ἤσπαιρ' ὡς ὅτε βοῦς, τόντ' οὔρεσι βουκόλοι ἄνδρες
ἰλλάσιν οὐκ ἐθέλοντα βίῃ δήσαντες ἄγουσιν.

ὡς ὁ τυπεὶς ἤσπαιρε μίννθά περ, οὔ τι μάλα δήν,
ὄφρα οἱ ἐκ χροὸς ἔγχος ἀνεσπάσατ' ἐγγύθεν ἐλθὼν
ἥρως Μηριόνης· τὸν δὲ σκότος ὄσσε κάλυψεν.   575
  Δηΐπυρον δ' Ἕλενος ξίφεϊ σχεδὸν ἤλασε κόρσην
Θρηϊκίῳ, μεγάλῳ, ἀπὸ δὲ τρυφάλειαν ἄραξεν.
ἡ μὲν ἀποπλαγχθεῖσα χαμαὶ πέσε, καί τις Ἀχαιῶν
μαρναμένων μετὰ ποσσὶ κυλινδομένην ἐκόμισσεν·
τὸν δὲ κατ' ὀφθαλμῶν ἐρεβεννὴ νὺξ ἐκάλυψεν.   580
  Ἀτρείδην δ' ἄχος εἷλε, βοὴν ἀγαθὸν Μενέλαον·
βῆ δ' ἐπαπειλήσας Ἑλένῳ ἥρωϊ ἄνακτι,
ὀξὺ δόρυ κραδάων· ὁ δὲ τόξου πῆχυν ἄνελκεν.
τὼ δ' ἄρ' ὁμαρτήδην ὁ μὲν ἔγχεϊ ὀξυόεντι
ἵετ' ἀκοντίσσαι, ὁ δ' ἀπὸ νευρῆφιν ὀϊστῷ.   585
Πριαμίδης μὲν ἔπειτα κατὰ στῆθος βάλεν ἰῷ
θώρηκος γύαλον, ἀπὸ δ' ἔπτατο πικρὸς ὀϊστός.
ὡς δ' ὅτ' ἀπὸ πλατέος πτυόφιν μεγάλην κατ' ἀ ωὴν
θρώσκωσιν κύαμοι μελανόχροες ἢ ἐρέβινθοι
πνοιῇ ὕπο λιγυρῇ καὶ λικμητῆρος ἐρωῇ,   590
ὡς ἀπὸ θώρηκος Μενελάου κυδαλίμοιο
πολλὸν ἀποπλαγχθεὶς ἑκὰς ἔπτατο πικρὸς ὀϊστός.
Ἀτρείδης δ' ἄρα χεῖρα, βοὴν ἀγαθὸς Μενέλαος,
τὴν βάλεν, ᾗ ῥ' ἔχε τόξον ἐΰξοον· ἐν δ' ἄρα τόξῳ
ἀντικρὺ διὰ χειρὸς ἐλήλατο χάλκεον ἔγχος.   595
ἂψ δ' ἑτάρων εἰς ἔθνος ἐχάζετο κῆρ' ἀλεείνων,
χεῖρα παρακρεμάσας· τὸ δ' ἐφέλκετο μείλινον ἔγχος.
καὶ τὸ μὲν ἐκ χειρὸς ἔρυσεν μεγάθυμος Ἀγήνωρ,
αὐτὴν δὲ ξυνέδησεν ἐϋστρεφεῖ οἰὸς ἀώτῳ,
σφενδόνῃ, ἣν ἄρα οἱ θεράπων ἔχε ποιμένι λαῶν.   600
  Πείσανδρος δ' ἰθὺς Μενελάου κυδαλίμοιο
ἤϊε· τὸν δ' ἄγε Μοῖρα κακὴ θανάτοιο τέλοσδε,
σοί, Μενέλαε, δαμῆναι ἐν αἰνῇ δηϊοτῆτι.
οἱ δ' ὅτε δὴ σχεδὸν ἦσαν ἐπ' ἀλλήλοισιν ἰόντες,
Ἀτρείδης μὲν ἅμαρτε, παραὶ δέ οἱ ἐτράπετ' ἔγχος,   605
Πείσανδρος δὲ σάκος Μενελάου κυδαλίμοιο
οὔτασεν, οὐδὲ διαπρὸ δυνήσατο χαλκὸν ἐλάσσαι·
ἔσχεθε γὰρ σάκος εὐρύ, κατεκλάσθη δ' ἐνὶ καυλῷ
ἔγχος· ὁ δὲ φρεσὶν ᾗσι χάρη καὶ ἐέλπετο νίκην.
Ἀτρείδης δὲ ἐρυσσάμενος ξίφος ἀργυρόηλον   610
ἆλτ' ἐπὶ Πεισάνδρῳ· ὁ δ' ὑπ' ἀσπίδος εἵλετο καλὴν

ἀξίνην εὔχαλκον, ἐλαΐνῳ ἀμφὶ πελέκκῳ,
μακρῷ, ἐϋξέστῳ· ἅμα δ' ἀλλήλων ἐφίκοντο.
ἤτοι ὁ μὲν κόρυθος φάλον ἤλασεν ἱπποδασείης
ἄκρον ὑπὸ λόφον αὐτόν, ὁ δὲ προσιόντα μέτωπον   615
ῥινὸς ὕπερ πυμάτης· λάκε δ' ὀστέα, τὼ δέ οἱ ὄσσε
πὰρ ποσὶν αἱματόεντα χαμαὶ πέσον ἐν κονίῃσιν,
ἰδνώθη δὲ πεσών.   ὁ δὲ λὰξ ἐν στήθεσι βαίνων
τεύχεά τ' ἐξενάριξε καὶ εὐχόμενος ἔπος ηὔδα·
"λείψετέ θην οὕτω γε νέας Δαναῶν ταχυπώλων,   620
Τρῶες ὑπερφίαλοι, δεινῆς ἀκόρητοι ἀϋτῆς,
ἄλλης μὲν λώβης τε καὶ αἴσχεος οὐκ ἐπιδευεῖς,
ἣν ἐμὲ λωβήσασθε, κακαὶ κύνες, οὐδέ τι θυμῷ
Ζηνὸς ἐριβρεμέτεω χαλεπὴν ἐδδείσατε μῆνιν
ξεινίου, ὅστε ποτ' ὔμμι διαφθέρσει πόλιν αἰπήν.   625
οἵ μευ κουριδίην ἄλοχον καὶ κτήματα πολλὰ
μὰψ οἴχεσθ' ἀνάγοντες, ἐπεὶ φιλέεσθε παρ' αὐτῇ·
νῦν αὖτ' ἐν νηυσὶν μενεαίνετε ποντοπόροισιν
πῦρ ὀλοὸν βαλέειν, κτεῖναι δ' ἥρωας Ἀχαιούς.
ἀλλά ποθι σχήσεσθε καὶ ἐσσύμενοί περ Ἄρηος.   630
Ζεῦ πάτερ, ἦ τέ σέ φασι περὶ φρένας ἔμμεναι ἄλλων,
ἀνδρῶν ἠδὲ θεῶν· σέο δ' ἐκ τάδε πάντα πέλονται.
οἷον δὴ ἄνδρεσσι χαρίζεαι ὑβριστῇσιν,
Τρωσίν, τῶν μένος αἰὲν ἀτάσθαλον, οὐδὲ δύνανται
φυλόπιδος κορέσασθαι ὁμοιίου πολέμοιο.   635
πάντων μὲν κόρος ἐστί, καὶ ὕπνου καὶ φιλότητος
μολπῆς τε γλυκερῆς καὶ ἀμύμονος ὀρχηθμοῖο,
τῶν πέρ τις καὶ μᾶλλον ἐέλδεται ἐξ ἔρον εἶναι
ἢ πολέμου· Τρῶες δὲ μάχης ἀκόρητοι ἔασιν."
Ὣς εἰπὼν τὰ μὲν ἔντε' ἀπὸ χροὸς αἱματόεντα   640
συλήσας ἑτάροισι δίδου Μενέλαος ἀμύμων,
αὐτὸς δ' αὖτ' ἐξαῦτις ἰὼν προμάχοισιν ἐμίχθη.
Ἔνθα οἱ υἱὸς ἐπᾶλτο Πυλαιμένεος βασιλῆος,
Ἁρπαλίων, ὅ ῥα πατρὶ φίλῳ ἕπετο πτολεμίξων
ἐς Τροίην, οὐδ' αὖτις ἀφίκετο πατρίδα γαῖαν·   645
ὅς ῥα τότ' Ἀτρείδαο μέσον σάκος οὔτασε δουρὶ
ἐγγύθεν, οὐδὲ διαπρὸ δυνήσατο χαλκὸν ἐλάσσαι,
ἂψ δ' ἑτάρων εἰς ἔθνος ἐχάζετο κῆρ' ἀλεείνων,
πάντοσε παπταίνων, μή τις χρόα χαλκῷ ἐπαύρῃ
Μηριόνης δ' ἀπιόντος ἵει χαλκήρε' ὀϊστὸν   650

καὶ ῥ' ἔβαλε γλουτὸν κάτα δεξιόν· αὐτὰρ ὀϊστὸς
ἀντικρὺ κατὰ κύστιν ὑπ' ὀστέον ἐξεπέρησεν.
ἑζόμενος δὲ κατ' αὖθι, φίλων ἐν χερσὶν ἑταίρων
θυμὸν ἀποπνείων, ὥστε σκώληξ ἐπὶ γαίῃ
κεῖτο ταθείς· ἐκ δ' αἷμα μέλαν ῥέε, δεῦε δὲ γαῖαν.   655
τὸν μὲν Παφλαγόνες μεγαλήτορες ἀμφεπένοντο,
ἐς δίφρον δ' ἀνέσαντες ἄγον προτὶ Ἴλιον ἱρὴν
ἀχνύμενοι. μετὰ δέ σφι πατὴρ κίε δάκρυα λείβων,
ποινὴ δ' οὔ τις παιδὸς ἐγίγνετο τεθνηῶτος.

Τοῦ δὲ Πάρις μάλα θυμὸν ἀποκταμένοιο χολώθη·   660
ξεῖνος γάρ οἱ ἔην πολέσιν μετὰ Παφλαγόνεσσιν·
τοῦ ὅ γε χωόμενος προΐει χαλκήρε' ὀϊστόν.
ἦν δέ τις Εὐχήνωρ Πολυΐδου μάντιος υἱός,
ἀφνειός τ' ἀγαθός τε, Κορινθόθι οἰκία ναίων,
ὅς ῥ' εὖ εἰδὼς κῆρ' ὀλοὴν ἐπὶ νηὸς ἔβαινεν.   665
πολλάκι γάρ οἱ ἔειπε γέρων ἀγαθὸς Πολύϊδος
νούσῳ ὑπ' ἀργαλέῃ φθίσθαι οἷς ἐν μεγάροισιν
ἢ μετ' Ἀχαιῶν νηυσὶν ὑπὸ Τρώεσσι δαμῆναι·
τῷ ῥ' ἅμα τ' ἀργαλέην θωὴν ἀλέεινεν Ἀχαιῶν
νοῦσόν τε στυγερήν, ἵνα μὴ πάθοι ἄλγεα θυμῷ.   670
τὸν βάλ' ὑπὸ γναθμοῖο καὶ οὔατος· ὦκα δὲ θυμὸς
ᾤχετ' ἀπὸ μελέων, στυγερὸς δ' ἄρα μιν σκότος εἷλεν.

Ὣς οἱ μὲν μάρναντο δέμας πυρὸς αἰθομένοιο·
Ἕκτωρ δ' οὐκ ἐπέπυστο διίφιλος, οὐδέ τι ᾔδη,
ὅττι ῥά οἱ νηῶν ἐπ' ἀριστερὰ δηϊόωντο   675
λαοὶ ὑπ' Ἀργείων. τάχα δ' ἂν κῦδος Ἀχαιῶν
ἔπλετο· τοῖος γὰρ γαιήοχος ἐννοσίγαιος
ὤτρυν' Ἀργείους, πρὸς δὲ σθένει αὐτὸς ἄμυνεν.
ἀλλ' ἔχεν, ᾗ τὰ πρῶτα πύλας καὶ τεῖχος ἐσᾶλτο,
ῥηξάμενος Δαναῶν πυκινὰς στίχας ἀσπιστάων,   680
ἔνθ' ἔσαν Αἴαντός τε νέες καὶ Πρωτεσιλάου
θῖν' ἐφ' ἁλὸς πολιῆς εἰρυμέναι· αὐτὰρ ὕπερθεν
τεῖχος ἐδέδμητο χθαμαλώτατον, ἔνθα μάλιστα
ζαχρηεῖς γίγνοντο μάχῃ αὐτοί τε καὶ ἵπποι.
ἔνθα δὲ Βοιωτοὶ καὶ Ἰάονες ἑλκεχίτωνες,   685
Λοκροὶ καὶ Φθῖοι καὶ φαιδιμόεντες Ἐπειοὶ
σπουδῇ ἐπαΐσσοντα νεῶν ἔχον, οὐδ' ἐδύναντο
ὦσαι ἀπὸ σφείων φλογὶ εἴκελον Ἕκτορα δῖον,
οἱ μὲν Ἀθηναίων προλελεγμένοι· ἐν δ' ἄρα τοῖσιν

ἦρχ' υἱὸς Πετεῶο Μενεσθεύς, οἱ δ' ἅμ' ἕποντο 690
Φείδας τε Στιχίος τε Βίας τ' ἐΰς· αὐτὰρ Ἐπειῶν
Φυλείδης τε Μέγης Ἀμφίων τε Δρακίος τε,
πρὸ Φθίων δὲ Μέδων τε μενεπτόλεμός τε Ποδάρκης.
ἤτοι ὁ μὲν νόθος υἱὸς Ὀϊλῆος θείοιο
ἔσκε Μέδων, Αἴαντος ἀδελφεός· αὐτὰρ ἔναιεν 695
ἐν Φυλάκῃ, γαίης ἄπο πατρίδος, ἄνδρα κατακτάς,
γνωτὸν μητρυιῆς Ἐριώπιδος, ἣν ἔχ' Ὀϊλεύς·
αὐτὰρ ὁ Ἰφίκλοιο πάϊς τοῦ Φυλακίδαο.
οἱ μὲν πρὸ Φθίων μεγαθύμων θωρηχθέντες
ναῦφιν ἀμυνόμενοι, μετὰ Βοιωτῶν ἐμάχοντο· 700
Αἴας δ' οὐκέτι πάμπαν, Ὀϊλῆος ταχὺς υἱός,
ἵστατ' ἀπ' Αἴαντος Τελαμωνίου, οὐδ' ἠβαιόν,
ἀλλ' ὥστ' ἐν νειῷ βόε οἴνοπε πηκτὸν ἄροτρον,
ἶσον θυμὸν ἔχοντε, τιταίνετον· ἀμφὶ δ' ἄρα σφιν
πρυμνοῖσιν κεράεσσι πολὺς ἀνακηκίει ἱδρώς· 705
τὼ μέν τε ζυγὸν οἶον ἐΰξοον ἀμφὶς ἐέργει
ἱεμένω κατὰ ὦλκα· τέμει δέ τε τέλσον ἀρούρης·
ὣς τὼ παρβεβαῶτε μάλ' ἕστασαν ἀλλήλοιϊν.
ἀλλ' ἤτοι Τελαμωνιάδῃ πολλοί τε καὶ ἐσθλοὶ
λαοὶ ἕπονθ' ἕταροι, οἵ οἱ σάκος ἐξεδέχοντο, 710
ὁππότε μιν κάματός τε καὶ ἱδρὼς γούναθ' ἵκοιτο.
οὐδ' ἄρ' Ὀϊλιάδῃ μεγαλήτορι Λοκροὶ ἕποντο·
οὐ γάρ σφι σταδίῃ ὑσμίνῃ μίμνε φίλον κῆρ·
οὐ γὰρ ἔχον κόρυθας χαλκήρεας ἱπποδασείας,
οὐδ' ἔχον ἀσπίδας εὐκύκλους καὶ μείλινα δοῦρα, 715
ἀλλ' ἄρα τόξοισιν καὶ ἐΰστρεφεῖ οἰὸς ἀώτῳ
Ἴλιον εἰς ἅμ' ἕποντο πεποιθότες, οἷσιν ἔπειτα
ταρφέα βάλλοντες Τρώων ῥήγνυντο φάλαγγας.
δὴ ῥα τόθ' οἱ μὲν πρόσθε σὺν ἔντεσι δαιδαλέοισιν
μάρναντο Τρωσίν τε καὶ Ἕκτορι χαλκοκορυστῇ, 720
οἱ δ' ὄπιθεν βάλλοντες ἐλάνθανον. οὐδέ τι χάρμης
Τρῶες μιμνήσκοντο· συνεκλόνεον γὰρ ὀϊστοί.
Ἔνθα κε λευγαλέως νηῶν ἄπο καὶ κλισιάων
Τρῶες ἐχώρησαν προτὶ Ἴλιον ἠνεμόεσσαν,
εἰ μὴ Πουλυδάμας θρασὺν Ἕκτορα εἶπε παραστάς· 725
"Ἕκτορ, ἀμήχανός ἐσσι παραρρητοῖσι πιθέσθαι.
οὕνεκά τοι πέρι δῶκε θεὸς πολεμήϊα ἔργα,
τούνεκα καὶ βουλῇ ἐθέλεις περιίδμεναι ἄλλων.

ἀλλ᾽ οὔ πως ἅμα πάντα δυνήσεαι αὐτὸς ἑλέσθαι.
ἄλλῳ μὲν γὰρ ἔδωκε θεὸς πολεμήϊα ἔργα,   730
[ἄλλῳ δ᾽ ὀρχηστύν, ἑτέρῳ κίθαριν καὶ ἀοιδήν·]
ἄλλῳ δ᾽ ἐν στήθεσσι τιθεῖ νόον εὐρύοπα Ζεὺς
ἐσθλόν, τοῦ δέ τε πολλοὶ ἐπαυρίσκοντ᾽ ἄνθρωποι,
καί τε πολέας ἐσάωσε, μάλιστα δέ κ᾽ αὐτὸς ἀνέγνω.
αὐτὰρ ἐγὼν ἐρέω, ὥς μοι δοκεῖ εἶναι ἄριστα.   735
πάντῃ γάρ σε περὶ στέφανος πολέμοιο δέδηεν·
Τρῶες δὲ μεγάθυμοι, ἐπεὶ κατὰ τεῖχος ἔβησαν,
οἱ μὲν ἀφεστᾶσιν σὺν τεύχεσιν, οἱ δὲ μάχονται
παυρότεροι πλεόνεσσι, κεδασθέντες κατὰ νῆας.
ἀλλ᾽ ἀναχασσάμενος κάλει ἐνθάδε πάντας ἀρίστους·   740
ἔνθεν δ᾽ ἂν μάλα πᾶσαν ἐπιφρασσαίμεθα βουλήν,
ἢ κεν ἐνὶ νήεσσι πολυκλήϊσι πέσωμεν,
αἴ κ᾽ ἐθέλῃσι θεὸς δόμεναι κράτος, ἢ κεν ἔπειτα
πὰρ νηῶν ἔλθωμεν ἀπήμονες.   ἦ γὰρ ἔγωγε
δείδω, μὴ τὸ χθιζὸν ἀποστήσωνται Ἀχαιοὶ   745
χρεῖος, ἐπεὶ παρὰ νηυσὶν ἀνὴρ ἆτος πολέμοιο
μίμνει, ὃν οὐκέτι πάγχυ μάχης σχήσεσθαι ὀΐω.᾽᾽
   Ὣς φάτο Πουλυδάμας, ἅδε δ᾽ Ἕκτορι μῦθος ἀπήμων.
[αὐτίκα δ᾽ ἐξ ὀχέων σὺν τεύχεσιν ἆλτο χαμᾶζε,]
καί μιν φωνήσας ἔπεα πτερόεντα προσηύδα·   750
᾽᾽Πουλυδάμα, σὺ μὲν αὐτοῦ ἐρύκακε πάντας ἀρίστους,
αὐτὰρ ἐγὼ κεῖσ᾽ εἶμι καὶ ἀντιόω πολέμοιο·
αἶψα δ᾽ ἐλεύσομαι αὖτις, ἐπὴν εὖ τοῖς ἐπιτείλω.᾽᾽
   Ἦ ῥα, καὶ ὡρμήθη ὄρεϊ νιφόεντι ἐοικώς,
κεκληγώς, διὰ δὲ Τρώων πέτετ᾽ ἠδ᾽ ἐπικούρων.   755
οἱ δ᾽ ἐς Πανθοΐδην ἀγαπήνορα Πουλυδάμαντα
πάντες ἐπεσσεύοντ᾽, ἐπεὶ Ἕκτορος ἔκλυον αὐδήν.
αὐτὰρ ὁ Δηΐφοβόν τε βίην θ᾽ Ἑλένοιο ἄνακτος
Ἀσιάδην τ᾽ Ἀδάμαντα καὶ Ἄσιον, Ὑρτάκου υἱόν,
φοίτα ἀνὰ προμάχους διζήμενος, εἴ που ἐφεύροι.   760
τοὺς δ᾽ εὖρ᾽ οὐκέτι πάμπαν ἀπήμονας οὐδ᾽ ἀνολέθρους,
ἀλλ᾽ οἱ μὲν δὴ νηυσὶν ἔπι πρύμνῃσιν Ἀχαιῶν
χερσὶν ὑπ᾽ Ἀργείων κέατο ψυχὰς ὀλέσαντες,
οἱ δ᾽ ἐν τείχει ἔσαν βεβλημένοι οὐτάμενοί τε.
τὸν δὲ τάχ᾽ εὖρε μάχης ἐπ᾽ ἀριστερὰ δακρυοέσσης   765
δῖον Ἀλέξανδρον, Ἑλένης πόσιν ἠϋκόμοιο,
θαρσύνονθ᾽ ἑτάρους καὶ ἐποτρύνοντα μάχεσθαι.

ἀγχοῦ δ' ἱστάμενος προσέφη αἰσχροῖς ἐπέεσσιν·
" Δύσπαρι, εἶδος ἄριστε, γυναιμανές, ἠπεροπευτά,
ποῦ τοι Δηίφοβός τε βίη θ' Ἑλένοιο ἄνακτος   770
Ἀσιάδης τ' Ἀδάμας ἠδ' Ἄσιος, Ὑρτάκου υἱός;
ποῦ δέ τοι Ὀθρυονεύς; νῦν ὤλετο πᾶσα κατ' ἄκρης
Ἴλιος αἰπεινή· νῦν τοι σῶς αἰπὺς ὄλεθρος."
    Τὸν δ' αὖτε προσέειπεν Ἀλέξανδρος θεοειδής·
"Ἕκτορ, ἐπεί τοι θυμὸς ἀναίτιον αἰτιάασθαι,   775
ἄλλοτε δή ποτε μᾶλλον ἐρωῆσαι πολέμοιο
μέλλω, ἐπεὶ οὐδ' ἐμὲ πάμπαν ἀνάλκιδα γείνατο μήτηρ·
ἐξ οὗ γὰρ παρὰ νηυσὶ μάχην ἤγειρας ἑταίρων,
ἐκ τοῦ δ' ἐνθάδ' ἐόντες ὁμιλέομεν Δαναοῖσιν
νωλεμέως.   ἕταροι δὲ κατέκταθεν, οὓς σὺ μεταλλᾷς.   780
οἴω Δηίφοβός τε βίη θ' Ἑλένοιο ἄνακτος
οἴχεσθον, μακρῇσι τετυμμένω ἐγχείῃσιν
ἀμφοτέρω κατὰ χεῖρα· φόνον δ' ἤμυνε Κρονίων.
νῦν δ' ἄρχ', ὅππῃ σε κραδίη θυμός τε κελεύει·
ἡμεῖς δ' ἐμμεμαῶτες ἅμ' ἑψόμεθ', οὐδέ τί φημι   785
ἀλκῆς δευήσεσθαι, ὅση δύναμίς γε πάρεστιν.
πὰρ δύναμιν δ' οὐκ ἔστι καὶ ἐσσύμενον πολεμίζειν."
    Ὣς εἰπὼν παρέπεισεν ἀδελφειοῦ φρένας ἥρως.
βὰν δ' ἴμεν, ἔνθα μάλιστα μάχη καὶ φύλοπις ἦεν
ἀμφί τε Κεβριόνην καὶ ἀμύμονα Πουλυδάμαντα,   790
Φάλκην Ὀρθαῖόν τε καὶ ἀντίθεον Πολυφήτην
Πάλμυν τ' Ἀσκάνιόν τε Μόρυν θ', υἷ' Ἱπποτίωνος,
οἵ ῥ' ἐξ Ἀσκανίης ἐριβώλακος ἦλθον ἀμοιβοὶ
ἠοῖ τῇ προτέρῃ· τότε δὲ Ζεὺς ὦρσε μάχεσθαι.
οἱ δ' ἴσαν ἀργαλέων ἀνέμων ἀτάλαντοι ἀέλλῃ,   795
ἥ ῥά θ' ὑπὸ βροντῆς πατρὸς Διὸς εἶσι πέδονδε,
θεσπεσίῳ δ' ὁμάδῳ ἁλὶ μίσγεται, ἐν δέ τε πολλὰ
κύματα παφλάζοντα πολυφλοίσβοιο θαλάσσης,
κυρτά, φαληριόωντα, πρὸ μέν τ' ἄλλ', αὐτὰρ ἐπ' ἄλλα·
ὣς Τρῶες πρὸ μὲν ἄλλοι ἀρηρότες, αὐτὰρ ἐπ' ἄλλοι,   800
χαλκῷ μαρμαίροντες ἅμ' ἡγεμόνεσσιν ἕποντο.
Ἕκτωρ δ' ἡγεῖτο βροτολοιγῷ ἶσος Ἄρηϊ,
Πριαμίδης· πρόσθεν τ' ἔχεν ἀσπίδα πάντοσ' ἐίσην,
ῥινοῖσιν πυκινήν, πολλὸς δ' ἐπελήλατο χαλκός·
ἀμφὶ δέ οἱ κροτάφοισι φαεινὴ σείετο πήληξ.   805
πάντῃ δ' ἀμφὶ φάλαγγας ἐπειρᾶτο προποδίζων,

εἰ πώς οἱ εἴξειαν ὑπασπίδια προβιβάντι·
ἀλλ' οὐ 'σύγχει θυμὸν ἐνὶ στήθεσσιν Ἀχαιῶν.
Αἴας δὲ πρῶτος προκαλέσσατο, μακρὰ βιβάσθων·
" δαιμόνιε, σχεδὸν ἐλθέ· τίη δειδίσσεαι αὔτως   810
Ἀργείους ; οὔ τοί τι μάχης ἀδαήμονές εἰμεν,
ἀλλὰ Διὸς μάστιγι κακῇ ἐδάμημεν Ἀχαιοί.
ἦ θήν πού τοι θυμὸς ἐέλπεται ἐξαλαπάξειν
νῆας· ἄφαρ δέ τε χεῖρες ἀμύνειν εἰσὶ καὶ ἡμῖν.
ἦ κε πολὺ φθαίη εὐναιομένη πόλις ὑμὴ   815
χερσὶν ὑφ' ἡμετέρῃσιν ἁλοῦσά τε περθομένη τε.
σοὶ δ' αὐτῷ φημὶ σχεδὸν ἔμμεναι, ὁππότε φεύγων
ἀρήσῃ Διὶ πατρὶ καὶ ἄλλοις ἀθανάτοισιν
θάσσονας ἰρήκων ἔμεναι καλλίτριχας ἵππους,
οἵ σε πόλινδ' οἴσουσι κονίοντες πεδίοιο."   8_0
   Ὣς ἄρα οἱ εἰπόντι ἐπέπτατο δεξιὸς ὄρνις,
αἰετὸς ὑψιπέτης· ἐπὶ δ' ἴαχε λαὸς Ἀχαιῶν
θάρσυνος οἰωνῷ.   ὁ δ' ἀμείβετο φαίδιμος Ἕκτωρ·
" Αἶαν ἁμαρτοεπές, βουγάϊε, ποῖον ἔειπες ;
εἰ γὰρ ἐγὼν οὕτω γε Διὸς παῖς αἰγιόχοιο   825
εἴην ἤματα πάντα, τέκοι δέ με πότνια Ἥρη,
τιοίμην δ', ὡς τίετ' Ἀθηναίη καὶ Ἀπόλλων,
ὡς νῦν ἡμέρη ἥδε κακὸν φέρει Ἀργείοισιν
πᾶσι μάλ'.   ἐν δὲ σὺ τοῖσι πεφήσεαι, αἴ κε ταλάσσῃς
μεῖναι ἐμὸν δόρυ μακρόν, ὅ τοι χρόα λειριόεντα   830
δάψει· ἀτὰρ Τρώων κορέεις κύνας ἠδ' οἰωνοὺς
δημῷ καὶ σάρκεσσι, πεσὼν ἐπὶ νηυσὶν Ἀχαιῶν."
   Ὣς ἄρα φωνήσας ἡγήσατο· τοὶ δ' ἅμ' ἕποντο
ἠχῇ θεσπεσίῃ, ἐπὶ δ' ἴαχε λαὸς ὄπισθεν.
Ἀργεῖοι δ' ἑτέρωθεν ἐπίαχον, οὐδ' ἐλάθοντο   835
ἀλκῆς, ἀλλ' ἔμενον Τρώων ἐπιόντας ἀρίστους.
ἠχὴ δ' ἀμφοτέρων ἵκετ' αἰθέρα καὶ Διὸς αὐγάς.

_____

Ξ. 14.

   Νέστορα δ' οὐκ ἔλαθεν ἰαχὴ πίνοντά περ ἔμπης,
ἀλλ' Ἀσκληπιάδην ἔπεα πτερόεντα προσηύδα·
" φράζεο, δῖε Μαχᾶον, ὅπως ἔσται τάδε ἔργα.
μείζων δὴ παρὰ νηυσὶ βοὴ θαλερῶν αἰζηῶν.

ἀλλὰ σὺ μὲν νῦν πῖνε καθήμενος αἴθοπα οἶνον,   5
εἰς ὅ κε θερμὰ λοετρὰ ἐϋπλόκαμος Ἑκαμήδη
θερμήνῃ καὶ λούσῃ ἄπο βρότον αἱματόεντα·
αὐτὰρ ἐγὼν ἐλθὼν τάχα εἴσομαι ἐς περιωπήν."
῾Ως εἰπὼν σάκος εἷλε τετυγμένον υἷος ἑοῖο,
κείμενον ἐν κλισίῃ, Θρασυμήδεος ἱπποδάμοιο,   10
χαλκῷ παμφαῖνον· ὁ δ' ἔχ' ἀσπίδα πατρὸς ἑοῖο·
εἵλετο δ' ἄλκιμον ἔγχος, ἀκαχμένον ὀξέϊ χαλκῷ,
στῆ δ' ἐκτὸς κλισίης, τάχα δ' εἴσιδεν ἔργον ἀεικές,
τοὺς μὲν ὀρινομένους, τοὺς δὲ κλονέοντας ὄπισθεν,
Τρῶας ὑπερθύμους· ἐρέριπτο δὲ τεῖχος Ἀχαιῶν.   15
ὡς δ' ὅτε πορφύρῃ πέλαγος μέγα κύματι κωφῷ,
ὀσσόμενον λιγέων ἀνέμων λαιψηρὰ κέλευθα
αὔτως, οὐδ' ἄρα τε προκυλίνδεται οὐδ' ἑτέρωσε
πρίν τινα κεκριμένον καταβήμεναι ἐκ Διὸς οὖρον,
ὣς ὁ γέρων ὥρμαινε δαϊζόμενος κατὰ θυμὸν   20
διχθάδι', ἢ μεθ' ὅμιλον ἴοι Δαναῶν ταχυπώλων,
ἠὲ μετ' Ἀτρείδην Ἀγαμέμνονα, ποιμένα λαῶν.
ὧδε δέ οἱ φρονέοντι δοάσσατο κέρδιον εἶναι,
βῆναι ἐπ' Ἀτρείδην.   οἱ δ' ἀλλήλους ἐνάριζον
μαρνάμενοι· λάκε δέ σφι περὶ χροῒ χαλκὸς ἀτειρὴς   25
νυσσομένων ξίφεσίν τε καὶ ἔγχεσιν ἀμφιγύοισιν.
Νέστορι δὲ ξύμβληντο διοτρεφέες βασιλῆες
πὰρ νηῶν ἀνιόντες, ὅσοι βεβλήατο χαλκῷ,
Τυδείδης Ὀδυσεύς τε καὶ Ἀτρείδης Ἀγαμέμνων.
πολλὸν γάρ ῥ' ἀπάνευθε μάχης εἰρύατο νῆες   30
θῖν' ἔφ' ἁλὸς πολιῆς· τὰς γὰρ πρώτας πεδίονδε
εἴρυσαν, αὐτὰρ τεῖχος ἐπὶ πρυμνῇσιν ἔδειμαν.
οὐδὲ γὰρ οὐδ' εὐρύς περ ἐὼν ἐδυνήσατο πάσας
αἰγιαλὸς νῆας χαδέειν, στείνοντο δὲ λαοί·
τῷ ῥα προκρόσσας ἔρυσαν, καὶ πλῆσαν ἀπάσης   35
ἠϊόνος στόμα μακρόν, ὅσον συνεέργαθον ἄκραι.
τῷ ῥ' οἵ γ' ὀψείοντες ἀϋτῆς καὶ πολέμοιο,
ἔγχει ἐρειδόμενοι, κίον ἀθρόοι, ἄχνυτο δέ σφιν
θυμὸς ἐνὶ στήθεσσιν.   ὁ δὲ ξύμβλητο γεραιός
[Νέστωρ, πτῆξε δὲ θυμὸν ἐνὶ στήθεσσιν Ἀχαιῶν].   40
τὸν καὶ φωνήσας προσέφη κρείων Ἀγαμέμνων·
"ὦ Νέστορ Νηληϊάδη, μέγα κῦδος Ἀχαιῶν,
τίπτε λιπὼν πόλεμον φθισήνορα δεῦρ' ἀφικάνεις;

δεἴδω, μὴ δή μοι τελέσῃ ἔπος ὄβριμος Ἕκτωρ,
ὥς ποτ' ἐπηπείλησεν ἐνὶ Τρώεσσ' ἀγορεύων,   45
μὴ πρὶν πὰρ νηῶν προτὶ Ἴλιον ἀπονέεσθαι,
πρὶν πυρὶ νῆας ἐνιπρῆσαι, κτεῖναι δὲ καὶ αὐτούς·
κεῖνος τὼς ἀγόρευε· τὰ δὴ νῦν πάντα τελεῖται.
ὢ πόποι, ἦ ῥα καὶ ἄλλοι ἐϋκνήμιδες Ἀχαιοὶ
ἐν θυμῷ βάλλονται ἐμοὶ χόλον, ὥς περ Ἀχιλλεύς,   50
οὐδ' ἐθέλουσι μάχεσθαι ἐπὶ πρύμνῃσι νέεσσιν."
    Τὸν δ' ἠμείβετ' ἔπειτα Γερήνιος ἱππότα Νέστωρ·
"ἦ δὴ ταῦτά γ' ἑτοῖμα τετεύχαται, οὐδέ κεν ἄλλως
Ζεὺς ὑψιβρεμέτης αὐτὸς παρατεκτήναιτο.
τεῖχος μὲν γὰρ δὴ κατερήριπεν, ᾧ ἐπέπιθμεν   55
ἄρρηκτον νηῶν τε καὶ αὐτῶν εἶλαρ ἔσεσθαι·
οἱ δ' ἐπὶ νηυσὶ θοῇσι μάχην ἀλίαστον ἔχουσιν
νωλεμές.   οὐδ' ἂν ἔτι γνοίης, μάλα περ σκοπιάζων,
ὁπποτέρωθεν Ἀχαιοὶ ὀρινόμενοι κλονέονται·
ὣς ἐπιμὶξ κτείνονται, ἀϋτὴ δ' οὐρανὸν ἵκει.   60
ἡμεῖς δὲ φραζώμεθ', ὅπως ἔσται τάδε ἔργα,
εἴ τι νόος ῥέξει.   πόλεμον δ' οὐκ ἄμμε κελεύω
δύμεναι· οὐ γάρ πως βεβλημένον ἔστι μάχεσθαι."
    Τὸν δ' αὖτε προσέειπεν ἄναξ ἀνδρῶν Ἀγαμέμνων·
" Νέστορ, ἐπειδὴ νηυσὶν ἔπι πρύμνῃσι μάχονται,   65
τεῖχος δ' οὐκ ἔχραισμε τετυγμένον, οὐδέ τι τάφρος,
οἷς ἔπι πόλλ' ἔπαθον Δαναοί, ἔλποντο δὲ θυμῷ
ἄρρηκτον νηῶν τε καὶ αὐτῶν εἶλαρ ἔσεσθαι,
οὕτω που Διῒ μέλλει ὑπερμενέϊ φίλον εἶναι,
νωνύμνους ἀπολέσθαι ἀπ' Ἄργεος ἐνθάδ' Ἀχαιούς.   70
ᾔδεα μὲν γὰρ, ὅτε πρόφρων Δαναοῖσιν ἄμυνεν,
οἶδα δὲ νῦν, ὅτε τοὺς μὲν ὁμῶς μακάρεσσι θεοῖσιν
κυδάνει, ἡμέτερον δὲ μένος καὶ χεῖρας ἔδησεν.
ἀλλ' ἄγεθ', ὡς ἂν ἐγὼν εἴπω, πειθώμεθα πάντες.
νῆες ὅσαι πρῶται εἰρύαται ἄγχι θαλάσσης,   75
ἕλκωμεν, πάσας δὲ ἐρύσσομεν εἰς ἅλα δῖαν,
ὕψι δ' ἐπ' εὐνάων ὁρμίσσομεν, εἰς ὅ κεν ἔλθῃ
νὺξ ἀβρότη, ἢν καὶ τῇ ἀπόσχωνται πολέμοιο
Τρῶες· ἔπειτα δέ κεν ἐρυσαίμεθα νῆας ἁπάσας.
οὐ γάρ τις νέμεσις φυγέειν κακόν, οὐδ' ἀνὰ νύκτα.   80
βέλτερον, ὃς φεύγων προφύγῃ κακὸν ἠὲ ἁλώῃ."
    Τὸν δ' ἄρ' ὑπόδρα ἰδὼν προσέφη πολύμητις Ὀδυσσεύς·

" Ἀτρεΐδη, ποῖόν σε ἔπος φύγεν ἕρκος ὀδόντων ;
οὐλόμεν', αἴθ' ὤφελλες ἀεικελίου στρατοῦ ἄλλου
σημαίνειν, μηδ' ἄμμιν ἀνασσέμεν, οἷσιν ἄρα Ζεὺς   85
ἐκ νεότητος ἔδωκε καὶ ἐς γῆρας τολυπεύειν
ἀργαλέους πολέμους, ὄφρα φθιόμεσθα ἕκαστος.
οὕτω δὴ μέμονας Τρώων πόλιν εὐρυάγυιαν
καλλείψειν, ἧς εἵνεκ' ὀϊζύομεν κακὰ πολλά ;
σίγα, μή τίς τ' ἄλλος Ἀχαιῶν τοῦτον ἀκούσῃ   90
μῦθον, ὃν οὔ κεν ἀνήρ γε διὰ στόμα πάμπαν ἄγοιτο,
ὅστις ἐπίσταιτο ᾗσι φρεσὶν ἄρτια βάζειν
σκηπτοῦχός τ' εἴη, καί οἱ πειθοίατο λαοὶ
τοσσοίδ', ὅσσοισιν σὺ μετ' Ἀργείοισιν ἀνάσσεις·
[νῦν δέ σευ ὠνοσάμην πάγχυ φρένας, οἷον ἔειπες·]   95
ὃς κέλεαι πολέμοιο συνεσταότος καὶ ἀϋτῆς
νῆας ἐϋσσέλμους ἅλαδ' ἑλκέμεν, ὄφρ' ἔτι μᾶλλον
Τρωσὶ μὲν εὐκτὰ γένηται ἐπικρατέουσί περ ἔμπης,
ἡμῖν δ' αἰπὺς ὄλεθρος ἐπιρρέπῃ.   οὐ γὰρ Ἀχαιοὶ
σχήσουσιν πόλεμον νηῶν ἅλαδ' ἑλκομενάων,   100
ἀλλ' ἀποπαπτανέουσιν, ἐρωήσουσι δὲ χάρμης.
ἔνθα κε σὴ βουλὴ δηλήσεται, ὄρχαμε λαῶν."
   Τὸν δ' ἠμείβετ' ἔπειτα ἄναξ ἀνδρῶν Ἀγαμέμνων·
" ὦ Ὀδυσεῦ, μάλα πώς με καθίκεο θυμὸν ἐνιπῇ
ἀργαλέῃ· ἀτὰρ οὐ μὲν ἐγὼν ἀέκοντας ἄνωγα   105
νῆας ἐϋσσέλμους ἅλαδ' ἑλκέμεν υἷας Ἀχαιῶν.
νῦν δ' εἴη, ὃς τῆσδέ γ' ἀμείνονα μῆτιν ἐνίσποι,
ἢ νέος ἠὲ παλαιός· ἐμοὶ δέ κεν ἀσμένῳ εἴη."
   Τοῖσι δὲ καὶ μετέειπε βοὴν ἀγαθὸς Διομήδης·
" ἐγγὺς ἀνήρ—οὐ δηθὰ ματεύσομεν—, αἴ κ' ἐθέλητε   110
πείθεσθαι καὶ μή τι κότῳ ἀγάσησθε ἕκαστος,
οὕνεκα δὴ γενεῆφι νεώτατός εἰμι μεθ' ὑμῖν·
πατρὸς δ' ἐξ ἀγαθοῦ καὶ ἐγὼ γένος εὔχομαι εἶναι
[Τυδέος, ὃν Θήβῃσι χυτὴ κατὰ γαῖα καλύπτει].
Πορθεῖ γὰρ τρεῖς παῖδες ἀμύμονες ἐξεγένοντο,   115
ᾤκεον δ' ἐν Πλευρῶνι καὶ αἰπεινῇ Καλυδῶνι,
 Ἄγριος ἠδὲ Μέλας, τρίτατος δ' ἦν ἱππότα Οἰνεύς,
πατρὸς ἐμοῖο πατήρ· ἀρετῇ δ' ἦν ἔξοχος αὐτῶν.
ἀλλ' ὁ μὲν αὐτόθι μεῖνε, πατὴρ δ' ἐμὸς Ἄργεϊ νάσθη
πλαγχθείς· ὣς γάρ που Ζεὺς ἤθελε καὶ θεοὶ ἄλλοι.   120
Ἀδρήστοιο δ' ἔγημε θυγατρῶν, ναῖε δὲ δῶμα

ἀφνειὸν βιότοιο, ἅλις δέ οἱ ἦσαν ἄρουραι
πυροφόροι, πολλοὶ δὲ φυτῶν ἔσαν ὄρχατοι ἀμφίς,
πολλὰ δέ οἱ πρόβατ' ἔσκε· κέκαστο δὲ πάντας Ἀχαιοὺς
ἐγχείῃ.   τὰ δὲ μέλλετ' ἀκουέμεν, εἰ ἐτεόν περ.   125
τῷ οὐκ ἄν με γένος γε κακὸν καὶ ἀνάλκιδα φάντες
μῦθον ἀτιμήσαιτε πεφασμένον, ὅν κ' εὖ εἴπω.
δεῦτ' ἴομεν πόλεμόνδε καὶ οὐτάμενοί περ ἀνάγκῃ.
ἔνθα δ' ἔπειτ' αὐτοὶ μὲν ἐχώμεθα δηϊοτῆτος
ἐκ βελέων, μή πού τις ἐφ' ἕλκεϊ ἕλκος ἄρηται·   130
ἄλλους δ' ὀτρύνοντες ἐνήσομεν, οἳ τὸ πάρος περ·
θυμῷ ἦρα φέροντες ἀφεστᾶσ' οὐδὲ μάχονται."
    Ὣς ἔφαθ'· οἱ δ' ἄρα τοῦ μάλα μὲν κλύον ἠδ' ἐπίθοντο.
βὰν δ' ἴμεν, ἦρχε δ' ἄρα σφιν ἄναξ ἀνδρῶν Ἀγαμέμνων.
    Οὐδ' ἀλαοσκοπιὴν εἶχε κλυτὸς ἐννοσίγαιος,   135
ἀλλὰ μετ' αὐτοὺς ἦλθε παλαιῷ φωτὶ ἐοικώς,
δεξιτερὴν δ' ἕλε χεῖρ' Ἀγαμέμνονος Ἀτρεΐδαο,
καί μιν φωνήσας ἔπεα πτερόεντα προσηύδα·
"Ἀτρεΐδη, νῦν δή που Ἀχιλλῆος ὀλοὸν κῆρ
γηθεῖ ἐνὶ στήθεσσι, φόνον καὶ φύζαν Ἀχαιῶν   140
δερκομένῳ, ἐπεὶ οὔ οἱ ἔνι φρένες, οὐδ' ἠβαιαί.
ἀλλ' ὁ μὲν ὣς ἀπόλοιτο, θεὸς δέ ἑ σιφλώσειεν·
σοὶ δ' οὔ πω μάλα πάγχυ θεοὶ μάκαρες κοτέουσιν,
ἀλλ' ἔτι που Τρώων ἡγήτορες ἠδὲ μέδοντες
εὐρὺ κονίσουσιν πεδίον, σὺ δ' ἐπόψεαι αὐτὸς   145
φεύγοντας προτὶ ἄστυ νεῶν ἄπο καὶ κλισιάων."
    Ὣς εἰπὼν μέγ' ἄϋσεν, ἐπεσσύμενος πεδίοιο.
ὅσσον δ' ἐννεάχιλοι ἐπίαχον ἢ δεκάχιλοι
ἀνέρες ἐν πολέμῳ, ἔριδα ξυνάγοντες Ἄρηος,
τόσσην ἐκ στήθεσφιν ὄπα κρείων ἐνοσίχθων   150
ἧκεν· Ἀχαιοῖσιν δὲ μέγα σθένος ἔμβαλ' ἑκάστῳ
καρδίῃ, ἄλληκτον πολεμίζειν ἠδὲ μάχεσθαι.
    Ἥρη δ' εἰσεῖδε χρυσόθρονος ὀφθαλμοῖσιν
στᾶσ' ἐξ Οὐλύμποιο ἀπὸ ρίου· αὐτίκα δ' ἔγνω
τὸν μὲν ποιπνύοντα μάχην ἀνὰ κυδιάνειραν,   155
αὐτοκασίγνητον καὶ δαέρα, χαῖρε δὲ θυμῷ·
Ζῆνα δ' ἐπ' ἀκροτάτης κορυφῆς πολυπίδακος Ἴδης
ἥμενον εἰσεῖδε, στυγερὸς δέ οἱ ἔπλετο θυμῷ.
μερμήριξε δ' ἔπειτα βοῶπις πότνια Ἥρη,
ὅππως ἐξαπάφοιτο Διὸς νόον αἰγιόχοιο.   160

ἥδε δέ οἱ κατὰ θυμὸν ἀρίστη φαίνετο βουλή,
ἐλθεῖν εἰς Ἴδην εὖ ἐντύνασαν ἓ αὐτήν,
εἴ πως ἱμείραιτο παραδραθέειν φιλότητι
ᾗ χροιῇ, τῷ δ' ὕπνον ἀπήμονά τε λιαρόν τε
χεύει ἐπὶ βλεφάροισιν ἰδὲ φρεσὶ πευκαλίμῃσιν.   165
βῆ δ' ἴμεν ἐς θάλαμον, τόν οἱ φίλος υἱὸς ἔτευξεν
Ἥφαιστος, πυκινὰς δὲ θύρας σταθμοῖσιν ἐπῆρσεν
κλῃῖδι κρυπτῇ· τὴν δ' οὐ θεὸς ἄλλος ἀνῷγεν.
ἔνθ' ἥ γ' εἰσελθοῦσα θύρας ἐπέθηκε φαεινάς.
ἀμβροσίῃ μὲν πρῶτον ἀπὸ χροὸς ἱμερόεντος   170
λύματα πάντα κάθηρεν, ἀλείψατο δὲ λίπ' ἐλαίῳ
ἀμβροσίῳ, ἑδανῷ, τό ῥά οἱ τεθυωμένον ἦεν·
τοῦ καὶ κινυμένοιο Διὸς κατὰ χαλκοβατὲς δῶ
ἔμπης ἐς γαῖάν τε καὶ οὐρανὸν ἵκετ' ἀϋτμή.
τῷ ῥ' ἥ γε χρόα καλὸν ἀλειψαμένη ἰδὲ χαίτας   175
πεξαμένη χερσὶ πλοκάμους ἔπλεξε φαεινούς,
καλούς, ἀμβροσίους, ἐκ κράατος ἀθανάτοιο.
ἀμφὶ δ' ἄρ' ἀμβρόσιον ἑανὸν ἕσαθ', ὅν οἱ Ἀθήνη
ἔξυσ' ἀσκήσασα, τίθει δ' ἐνὶ δαίδαλα πολλά·
χρυσείῃς δ' ἐνετῇσι κατὰ στῆθος περονᾶτο,   180
ζώσατο δὲ ζώνῃ ἑκατὸν θυσάνοις ἀραρυίῃ,
ἐν δ' ἄρα ἕρματα ἧκεν ἐϋτρήτοισι λοβοῖσιν
τρίγληνα, μορόεντα· χάρις δ' ἀπελάμπετο πολλή.
κρηδέμνῳ δ' ἐφύπερθε καλύψατο δῖα θεάων
καλῷ, νηγατέῳ· λαμπρὸν δ' ἦν ἠέλιος ὥς·   185
ποσσὶ δ' ὑπὸ λιπαροῖσιν ἐδήσατο καλὰ πέδιλα.
αὐτὰρ ἐπειδὴ πάντα περὶ χροῒ θήκατο κόσμον,
βῆ ῥ' ἴμεν ἐκ θαλάμοιο, καλεσσαμένη δ' Ἀφροδίτην
τῶν ἄλλων ἀπάνευθε θεῶν πρὸς μῦθον ἔειπεν·
" ἦ ῥά νύ μοί τι πίθοιο, φίλον τέκος, ὅττι κεν εἴπω,   190
ἠέ κεν ἀρνήσαιο, κοτεσσαμένη τό γε θυμῷ,
οὕνεκ' ἐγὼ Δαναοῖσι, σὺ δὲ Τρώεσσιν ἀρήγεις;"
    Τὴν δ' ἠμείβετ' ἔπειτα Διὸς θυγάτηρ Ἀφροδίτη·
" Ἥρη, πρέσβα θεά, θύγατερ μεγάλοιο Κρόνοιο,
αὖδα ὅτι φρονέεις· τελέσαι δέ με θυμὸς ἄνωγεν,   195
εἰ δύναμαι τελέσαι γε καὶ εἰ τετελεσμένον ἐστίν."
    Τὴν δὲ δολοφρονέουσα προσηύδα πότνια Ἥρη·
" δὸς νῦν μοι φιλότητα καὶ ἵμερον, ᾧτε σὺ πάντας
δαμνᾷ ἀθανάτους ἠδὲ θνητοὺς ἀνθρώπους.

εἶμι γὰρ ὀψομένη πολυφόρβου πείρατα γαίης,   200
Ὠκεανόν τε, θεῶν γένεσιν, καὶ μητέρα Τηθύν,
οἵ μ' ἐν σφοῖσι δόμοισιν ἐὺ τρέφον ἠδ' ἀτίταλλον,
δεξάμενοι Ῥείας, ὅτε τε Κρόνον εὐρύοπα Ζεὺς
γαίης νέρθε καθεῖσε καὶ ἀτρυγέτοιο θαλάσσης.
τοὺς εἶμ' ὀψομένη, καί σφ' ἄκριτα νείκεα λύσω·   205
ἤδη γὰρ δηρὸν χρόνον ἀλλήλων ἀπέχονται
εὐνῆς καὶ φιλότητος, ἐπεὶ χόλος ἔμπεσε θυμῷ.
εἰ κείνω γ' ἐπέεσσι παραιπεπιθοῦσα φίλον κῆρ
εἰς εὐνὴν ἀνέσαιμι ὁμωθῆναι φιλότητι,
αἰεί κέ σφι φίλη τε καὶ αἰδοίη καλεοίμην."   210
    Τὴν δ' αὖτε προσέειπε φιλομμειδὴς Ἀφροδίτη·
" οὐκ ἔστ' οὐδὲ ἔοικε τεὸν ἔπος ἀρνήσασθαι·
Ζηνὸς γὰρ τοῦ ἀρίστου ἐν ἀγκοίνῃσιν ἰαύεις."
    Ἦ, καὶ ἀπὸ στήθεσφιν ἐλύσατο κεστὸν ἱμάντα,
ποικίλον, ἔνθα τέ οἱ θελκτήρια πάντα τέτυκτο·   215
ἔνθ' ἔνι μὲν φιλότης, ἐν δ' ἵμερος, ἐν δ' ὀαριστὺς
πάρφασις, ἥτ' ἔκλεψε νόον πύκα περ φρονεόντων.
τόν ῥά οἱ ἔμβαλε χερσίν, ἔπος τ' ἔφατ' ἔκ τ' ὀνόμαζεν·
" τῆ νῦν, τοῦτον ἱμάντα τεῷ ἐγκάτθεο κόλπῳ,
ποικίλον, ᾧ ἔνι πάντα τετεύχαται· οὐδέ σέ φημι   220
ἄπρηκτόν γε νέεσθαι, ὅτι φρεσὶ σῇσι μενοινᾷς."
    Ὣς φάτο· μείδησεν δὲ βοῶπις πότνια Ἥρη,
μειδήσασα δ' ἔπειτα ἑῷ ἐγκάτθετο κόλπῳ.
    Ἡ μὲν ἔβη πρὸς δῶμα Διὸς θυγάτηρ Ἀφροδίτη,
Ἥρη δ' ἀΐξασα λίπεν ῥίον Οὐλύμποιο,   225
Πιερίην δ' ἐπιβᾶσα καὶ Ἠμαθίην ἐρατεινὴν
σεύατ' ἐφ' ἱπποπόλων Θρῃκῶν ὄρεα νιφόεντα,
ἀκροτάτας κορυφάς· οὐδὲ χθόνα μάρπτε ποδοῖϊν·
ἐξ Ἀθόω δ' ἐπὶ πόντον ἐβήσετο κυμαίνοντα,
Λῆμνον δ' εἰσαφίκανε, πόλιν θείοιο Θόαντος.   230
ἔνθ' Ὕπνῳ ξύμβλητο, κασιγνήτῳ Θανάτοιο,
ἔν τ' ἄρα οἱ φῦ χειρί, ἔπος τ' ἔφατ' ἔκ τ' ὀνόμαζεν·
" Ὕπνε, ἄναξ πάντων τε θεῶν πάντων τ' ἀνθρώπων,
ἠμὲν δή ποτ' ἐμὸν ἔπος ἔκλυες, ἠδ' ἔτι καὶ νῦν
πείθευ· ἐγὼ δέ κέ τοι εἰδέω χάριν ἤματα πάντα.   235
κοίμησόν μοι Ζηνὸς ὑπ' ὀφρύσιν ὄσσε φαεινώ,
αὐτίκ' ἐπεί κεν ἐγὼ παραλέξομαι ἐν φιλότητι.
δῶρα δέ τοι δώσω καλὸν θρόνον, ἄφθιτον αἰεί,

χρύσεον· Ἥφαιστος δέ κ' ἐμὸς παῖς ἀμφιγυήεις
τεύξει ἀσκήσας, ὑπὸ δὲ θρῆνυν ποσὶν ἥσει,   240
τῷ κεν ἐπισχοίης λιπαροὺς πόδας εἰλαπινάζων."
    Τὴν δ' ἀπαμειβόμενος προσεφώνεε νήδυμος Ὕπνος·
"Ἥρη, πρέσβα θεά, θύγατερ μεγάλοιο Κρόνοιο,
ἄλλον μέν κεν ἔγωγε θεῶν αἰειγενετάων
ῥεῖα κατευνήσαιμι, καὶ ἂν ποταμοῖο ῥέεθρα   245
Ὠκεανοῦ, ὅς περ γένεσις πάντεσσι τέτυκται·
Ζηνὸς δ' οὐκ ἂν ἔγωγε Κρονίονος ἆσσον ἱκοίμην
οὐδὲ κατευνήσαιμ', ὅτε μὴ αὐτός γε κελεύοι.
ἤδη γάρ με καὶ ἄλλο τεὴ ἐπίνυσσεν ἐφετμή,
ἤματι τῷ, ὅτε κεῖνος ὑπέρθυμος Διὸς υἱὸς   250
ἔπλεεν Ἰλιόθεν Τρώων πόλιν ἐξαλαπάξας.
ἤτοι ἐγὼ μὲν ἔλεξα Διὸς νόον αἰγιόχοιο
νήδυμος ἀμφιχυθείς· σὺ δέ οἱ κακὰ μήσαο θυμῷ,
ὄρσασ' ἀργαλέων ἀνέμων ἐπὶ πόντον ἀήτας,
καὶ μιν ἔπειτα Κόωνδ' εὐναιομένην ἀπένεικας   255
νόσφι φίλων πάντων.   ὁ δ' ἐπεγρόμενος χαλέπαινεν,
ῥιπτάζων κατὰ δῶμα θεούς, ἐμὲ δ' ἔξοχα πάντων
ζήτει· καί κέ μ' ἄιστον ἀπ' αἰθέρος ἔμβαλε πόντῳ,
εἰ μὴ Νὺξ δμήτειρα θεῶν ἐσάωσε καὶ ἀνδρῶν.
τὴν ἱκόμην φεύγων, ὁ δ' ἐπαύσατο χωόμενός περ·   260
ἅζετο γάρ, μὴ Νυκτὶ θοῇ ἀποθύμια ἔρδοι.
νῦν αὖ τοῦτό μ' ἄνωγας ἀμήχανον ἄλλο τελέσσαι."
    Τὸν δ' αὖτε προσέειπε βοῶπις πότνια Ἥρη·
"Ὕπνε, τίη δὲ σὺ ταῦτα μετὰ φρεσὶ σῇσι μενοινᾷς;
ἦ φῂς ὡς Τρώεσσιν ἀρηξέμεν εὐρύοπα Ζῆν',   265
ὡς Ἡρακλῆος περιχώσατο, παιδὸς ἑοῖο;
ἀλλ' ἴθ', ἐγὼ δέ κέ τοι Χαρίτων μίαν ὁπλοτεράων
δώσω ὀπυιέμεναι καὶ σὴν κεκλῆσθαι ἄκοιτιν
[Πασιθέην, ἧς αἰὲν ἐέλδεαι ἤματα πάντα]."
    Ὥς φάτο· χήρατο δ' Ὕπνος, ἀμειβόμενος δὲ προσηύδα· 270
" ἄγρει νῦν μοι ὄμοσσον ἀάατον Στυγὸς ὕδωρ,
χειρὶ δὲ τῇ ἑτέρῃ μὲν ἕλε χθόνα πουλυβότειραν,
τῇ δ' ἑτέρῃ ἅλα μαρμαρέην, ἵνα νῶϊν ἅπαντες
μάρτυροι ὦσ' οἱ ἔνερθε θεοὶ Κρόνον ἀμφὶς ἐόντες,
ἦ μὲν ἐμοὶ δώσειν Χαρίτων μίαν ὁπλοτεράων,   275
Πασιθέην, ἧστ' αὐτὸς ἐέλδομαι ἤματα πάντα."
    Ὥς ἔφατ'· οὐδ' ἀπίθησε θεὰ λευκώλενος Ἥρη,

ὤμνυε δ', ὡς ἐκέλευε, θεοὺς δ' ὀνόμηνεν ἅπαντας
τοὺς ὑποταρταρίους, οἳ Τιτῆνες καλέονται.
αὐτὰρ ἐπεί ῥ' ὅμοσέν τε τελεύτησέν τε τὸν ὅρκον,   280
τὼ βήτην Λήμνου τε καὶ Ἴμβρου ἄστυ λιπόντε,
ἠέρα ἑσσαμένω, ῥίμφα πρήσσοντε κέλευθον.
Ἴδην δ' ἱκέσθην πολυπίδακα, μητέρα θηρῶν,
Λεκτόν, ὅθι πρῶτον λιπέτην ἅλα· τὼ δ' ἐπὶ χέρσου
βήτην, ἀκροτάτη δὲ ποδῶν ὕπο σείετο ὕλη.   285
ἔνθ' Ὕπνος μὲν ἔμεινε πάρος Διὸς ὄσσε ἰδέσθαι,
εἰς ἐλάτην ἀναβὰς περιμήκετον, ἣ τότ' ἐν Ἴδῃ
μακροτάτη πεφυυῖα δι' ἠέρος αἰθέρ' ἵκανεν·
ἔνθ' ἧστ' ὄζοισιν πεπυκασμένος εἰλατίνοισιν,
ὄρνιθι λιγυρῇ ἐναλίγκιος, ἥντ' ἐν ὄρεσσιν   290
χαλκίδα κικλήσκουσι θεοί, ἄνδρες δὲ κύμινδιν.
Ἥρη δὲ κραιπνῶς προσεβήσετο Γάργαρον ἄκρον
Ἴδης ὑψηλῆς· ἴδε δὲ νεφεληγερέτα Ζεύς.
ὡς δ' ἴδεν, ὥς μιν ἔρως πυκινὰς φρένας ἀμφεκάλυψεν,
οἷον ὅτε πρῶτόν περ ἐμισγέσθην φιλότητι,   295
εἰς εὐνὴν φοιτῶντε, φίλους λήθοντε τοκῆας·
στῆ δ' αὐτῆς προπάροιθεν, ἔπος τ' ἔφατ' ἔκ τ' ὀνόμαζεν·
"Ἥρη, πῇ μεμαυῖα κατ' Οὐλύμπου τόδ' ἱκάνεις ;
ἵπποι δ' οὐ παρέασι καὶ ἅρματα, τῶν κ' ἐπιβαίης."
   Τὸν δὲ δολοφρονέουσα προσηύδα πότνια Ἥρη·   300
" ἔρχομαι ὀψομένη πολυφόρβου πείρατα γαίης,
Ὠκεανόν τε, θεῶν γένεσιν, καὶ μητέρα Τηθύν,
οἵ μ' ἐν σφοῖσι δόμοισιν ἐὺ τρέφον ἠδ' ἀτίταλλον.
τοὺς εἶμ' ὀψομένη, καί σφ' ἄκριτα νείκεα λύσω·
ἤδη γὰρ δηρὸν χρόνον ἀλλήλων ἀπέχονται   305
εὐνῆς καὶ φιλότητος, ἐπεὶ χόλος ἔμπεσε θυμῷ.
ἵπποι δ' ἐν πρυμνωρείῃ πολυπίδακος Ἴδης
ἑστᾶσ', οἵ μ' οἴσουσιν ἐπὶ τραφερήν τε καὶ ὑγρήν.
νῦν δὲ σεῦ εἵνεκα δεῦρο κατ' Οὐλύμπου τόδ' ἱκάνω,
μή πώς μοι μετέπειτα χολώσεαι, αἴ κε σιωπῇ   310
οἴχωμαι πρὸς δῶμα βαθυρρόου Ὠκεανοῖο."
   Τὴν δ' ἀπαμειβόμενος προσέφη νεφεληγερέτα Ζεύς·
"Ἥρη, κεῖσε μὲν ἔστι καὶ ὕστερον ὁρμηθῆναι,
νῶϊ δ' ἄγ' ἐν φιλότητι τραπείομεν εὐνηθέντε.
οὐ γάρ πώ ποτέ μ' ὧδε θεᾶς ἔρος οὐδὲ γυναικὸς   315
θυμὸν ἐνὶ στήθεσσι περιπροχυθεὶς ἐδάμασσεν,

[οὐδ' ὁπότ' ἠρασάμην Ἰξιονίης ἀλόχοιο,
ἣ τέκε Πειρίθοον, θεόφιν μήστωρ' ἀτάλαντον·
οὐδ' ὅτε περ Δανάης καλλισφύρου Ἀκρισιώνης,
ἣ τέκε Περσῆα, πάντων ἀριδείκετον ἀνδρῶν·   320
οὐδ' ὅτε Φοίνικος κούρης τηλεκλειτοῖο,
ἣ τέκε μοι Μίνων τε καὶ ἀντίθεον Ῥαδάμανθυν·
οὐδ' ὅτε περ Σεμέλης, οὐδ' Ἀλκμήνης ἐνὶ Θήβῃ,
ἥ ῥ' Ἡρακλῆα κρατερόφρονα γείνατο παῖδα·
ἡ δὲ Διώνυσον Σεμέλη τέκε, χάρμα βροτοῖσιν·   325
οὐδ' ὅτε Δήμητρος καλλιπλοκάμοιο ἀνάσσης,
οὐδ' ὁπότε Λητοῦς ἐρικυδέος, οὐδὲ σεῦ αὐτῆς,]
ὣς σεο νῦν ἔραμαι καί με γλυκὺς ἵμερος αἱρεῖ."
    Τὸν δὲ δολοφρονέουσα προσηύδα πότνια Ἥρη·
" αἰνότατε Κρονίδη, ποῖον τὸν μῦθον ἔειπες ;   330
εἰ νῦν ἐν φιλότητι λιλαίεαι εὐνηθῆναι
Ἴδης ἐν κορυφῇσι, τὰ δὲ προπέφανται ἅπαντα,
πῶς κ' ἔοι, εἴ τις νῶϊ θεῶν αἰειγενετάων
εὕδοντ' ἀθρήσειε, θεοῖσι δὲ πᾶσι μετελθὼν
πεφράδοι ; οὐκ ἂν ἔγωγε τεὸν πρὸς δῶμα νεοίμην   335
ἐξ εὐνῆς ἀνστᾶσα, νεμεσσητὸν δέ κεν εἴη.
ἀλλ' εἰ δή ῥ' ἐθέλεις καί τοι φίλον ἔπλετο θυμῷ,
ἔστιν τοι θάλαμος, τόν τοι φίλος υἱὸς ἔτευξεν
Ἥφαιστος, πυκινὰς δὲ θύρας σταθμοῖσιν ἐπῆρσεν·
ἔνθ' ἴομεν κείοντες, ἐπεί νύ τοι εὔαδεν εὐνή."   340
    Τὴν δ' ἀπαμειβόμενος προσέφη νεφεληγερέτα Ζεύς·
"Ἥρη, μήτε θεῶν τό γε δείδιθι μήτε τιν' ἀνδρῶν
ὄψεσθαι· τοῖόν τοι ἐγὼ νέφος ἀμφικαλύψω
χρύσεον. οὐδ' ἂν νῶϊ διαδράκοι Ἠέλιός περ,
οὔτε καὶ ὀξύτατον πέλεται φάος εἰσοράασθαι."   345
    Ἦ ῥα, καὶ ἀγκὰς ἔμαρπτε Κρόνου παῖς ἣν παράκοιτιν.
τοῖσι δ' ὑπὸ χθὼν δῖα φύεν νεοθηλέα ποίην,
λωτόν θ' ἑρσήεντα ἰδὲ κρόκον ἠδ' ὑάκινθον
πυκνὸν καὶ μαλακόν, ὃς ἀπὸ χθονὸς ὑψόσ' ἔεργεν.
τῷ ἔνι λεξάσθην, ἐπὶ δὲ νεφέλην ἕσσαντο   350
καλήν, χρυσείην· στιλπναὶ δ' ἀπέπιπτον ἔερσαι.
    Ὣς ὁ μὲν ἀτρέμας εὗδε πατὴρ ἀνὰ Γαργάρῳ ἄκρῳ,
ὕπνῳ καὶ φιλότητι δαμείς, ἔχε δ' ἀγκὰς ἄκοιτιν·
βῆ δὲ θέειν ἐπὶ νῆας Ἀχαιῶν νήδυμος Ὕπνος,
ἀγγελίην ἐρέων γαιηόχῳ ἐννοσιγαίῳ.   355

ἀγχοῦ δ' ἱστάμενος ἔπεα πτερόεντα προσηύδα·
"πρόφρων νῦν Δαναοῖσι, Ποσείδαον, ἐπάμυνε,
καὶ σφιν κῦδος ὅπαζε μίνυνθά περ, ὄφρ' ἔτι εὕδει
Ζεύς, ἐπεὶ αὐτῷ ἐγὼ μαλακὸν περὶ κῶμ' ἐκάλυψα·
Ἥρη δ' ἐν φιλότητι παρήπαφεν εὐνηθῆναι."   360
    Ὣς εἰπὼν ὁ μὲν ᾤχετ' ἐπὶ κλυτὰ φῦλ' ἀνθρώπων,
τὸν δ' ἔτι μᾶλλον ἀνῆκεν ἀμυνέμεναι Δαναοῖσιν.
αὐτίκα δ' ἐν πρώτοισι μέγα προθορὼν ἐκέλευσεν·
"Ἀργεῖοι, καὶ δ' αὖτε μεθίεμεν Ἕκτορι νίκην
Πριαμίδῃ, ἵνα νῆας ἕλῃ καὶ κῦδος ἄρηται;   365
ἀλλ' ὁ μὲν οὕτω φησὶ καὶ εὔχεται, οὕνεκ' Ἀχιλλεὺς
νηυσὶν ἔπι γλαφυρῇσι μένει κεχολωμένος ἦτορ·
κείνου δ' οὔ τι λίην ποθὴ ἔσσεται, εἴ κεν οἱ ἄλλοι
ἡμεῖς ὀτρυνώμεθ' ἀμυνέμεν ἀλλήλοισιν.
ἀλλ' ἄγεθ', ὡς ἂν ἐγὼν εἴπω, πειθώμεθα πάντες.   370
ἀσπίδες ὅσσαι ἄρισται ἐνὶ στρατῷ ἠδὲ μέγισται,
ἑσσάμενοι, κεφαλὰς δὲ παναίθῃσιν κορύθεσσιν
κρύψαντες, χερσίν τε τὰ μακρότατ' ἔγχε' ἑλόντες,
ἴομεν· αὐτὰρ ἐγὼν ἡγήσομαι, οὐδ' ἔτι φημὶ
Ἕκτορα Πριαμίδην μενέειν μάλα περ μεμαῶτα.   375
[ὃς δέ κ' ἀνὴρ μενέχαρμος, ἔχει δ' ὀλίγον σάκος ὤμῳ,
χείρονι φωτὶ δότω, ὁ δ' ἐν ἀσπίδι μείζονι δύτω.]"
    Ὣς ἔφαθ'· οἱ δ' ἄρα τοῦ μάλα μὲν κλύον ἠδ' ἐπίθοντο.
τοὺς δ' αὐτοὶ βασιλῆες ἐκόσμεον οὐτάμενοί περ,
Τυδείδης Ὀδυσεύς τε καὶ Ἀτρείδης Ἀγαμέμνων·   380
οἰχόμενοι δ' ἐπὶ πάντας ἀρήια τεύχε' ἄμειβον.
ἐσθλὰ μὲν ἐσθλὸς ἔδυνε, χέρεα δὲ χείρονι δόσκεν.
αὐτὰρ ἐπεί ῥ' ἕσσαντο περὶ χροῒ νώροπα χαλκόν,
βάν ῥ' ἴμεν· ἦρχε δ' ἄρα σφι Ποσειδάων ἐνοσίχθων,
δεινὸν ἄορ τανύηκες ἔχων ἐν χειρὶ παχείῃ,   385
εἴκελον ἀστεροπῇ· τῷ δ' οὐ θέμις ἐστὶ μιγῆναι
ἐν δαῒ λευγαλέῃ, ἀλλὰ δέος ἰσχάνει ἄνδρας.
Τρῶας δ' αὖθ' ἑτέρωθεν ἐκόσμει φαίδιμος Ἕκτωρ.
δή ῥα τότ' αἰνοτάτην ἔριδα πτολέμοιο τάνυσσαν
κυανοχαῖτα Ποσειδάων καὶ φαίδιμος Ἕκτωρ,   390
ἤτοι ὁ μὲν Τρώεσσιν, ὁ δ' Ἀργείοισιν ἀρήγων.
ἐκλύσθη δὲ θάλασσα ποτὶ κλισίας τε νέας τε
Ἀργείων· οἱ δὲ ξύνισαν μεγάλῳ ἀλαλητῷ.
οὔτε θαλάσσης κῦμα τόσον βοάᾳ ποτὶ χέρσον,

ποντόθεν ὀρνύμενον πνοιῇ Βορέω ἀλεγεινῇ·   395
οὔτε πυρὸς τόσσος γε πέλει βρόμος αἰθομένοιο
οὔρεος ἐν βήσσῃς, ὅτε τ' ὤρετο καιέμεν ὕλην·
οὔτ' ἄνεμος τόσσον γε ποτὶ δρυσὶν ὑψικόμοισιν
ἠπύει, ὅστε μάλιστα μέγα βρέμεται χαλεπαίνων,
ὅσση ἄρα Τρώων καὶ Ἀχαιῶν ἔπλετο φωνὴ   400
δεινὸν ἀϋσάντων, ὅτ' ἐπ' ἀλλήλοισιν ὄρουσαν.

     Αἴαντος δὲ πρῶτος ἀκόντισε φαίδιμος Ἕκτωρ
ἔγχει, ἐπεὶ τέτραπτο πρὸς ἰθύ οἱ, οὐδ' ἀφάμαρτεν,
τῇ ῥα δύω τελαμῶνε περὶ στήθεσσι τετάσθην,
ἤτοι ὁ μὲν σάκεος, ὁ δὲ φασγάνου ἀργυροήλου·   405
τώ οἱ ῥυσάσθην τέρενα χρόα. χώσατο δ' Ἕκτωρ,
ὅττι ῥά οἱ βέλος ὠκὺ ἐτώσιον ἔκφυγε χειρός,
ἂψ δ' ἑτάρων εἰς ἔθνος ἐχάζετο κῆρ' ἀλεείνων.
τὸν μὲν ἔπειτ' ἀπιόντα μέγας Τελαμώνιος Αἴας
χερμαδίῳ, τά ῥα πολλά, θοάων ἔχματα νηῶν,   410
πὰρ ποσὶ μαρναμένων ἐκυλίνδετο· τῶν ἐν ἀείρας
στῆθος βεβλήκειν ὑπὲρ ἄντυγος, ἀγχόθι δειρῆς,
στρόμβον δ' ὡς ἔσσευε βαλών, περὶ δ' ἔδραμε πάντῃ.
ὡς δ' ὅθ' ὑπὸ πληγῆς πατρὸς Διὸς ἐξερίπῃ δρῦς
πρόρριζος, δεινὴ δὲ θεείου γίγνεται ὀδμὴ   415
ἐξ αὐτῆς· τὸν δ' οὔ περ ἔχει θράσος, ὃς κεν ἴδηται
ἐγγὺς ἐών, χαλεπὸς δὲ Διὸς μεγάλοιο κεραυνός·
ὣς ἔπεσ' Ἕκτορος ὦκα χαμαὶ μένος ἐν κονίῃσιν.
χειρὸς δ' ἔκβαλεν ἔγχος, ἐπ' αὐτῷ δ' ἀσπὶς ἐάφθη
καὶ κόρυς, ἀμφὶ δέ οἱ βράχε τεύχεα ποικίλα χαλκῷ.   420
οἱ δὲ μέγα ἰάχοντες ἐπέδραμον υἷες Ἀχαιῶν,
ἐλπόμενοι ἐρύεσθαι, ἀκόντιζον δὲ θαμειὰς
αἰχμάς. ἀλλ' οὔ τις ἐδυνήσατο ποιμένα λαῶν
οὐτάσαι οὐδὲ βαλεῖν· πρὶν γὰρ περίβησαν ἄριστοι,
Πουλυδάμας τε καὶ Αἰνείας καὶ δῖος Ἀγήνωρ   425
Σαρπηδών τ', ἀρχὸς Λυκίων, καὶ Γλαῦκος ἀμύμων·
τῶν δ' ἄλλων οὔ τίς εὐ ἀκήδεσεν, ἀλλὰ πάροιθεν
ἀσπίδας εὐκύκλους σχέθον αὐτοῦ. τὸν δ' ἄρ' ἑταῖροι
χερσὶν ἀείραντες φέρον ἐκ πόνου, ὄφρ' ἵκεθ' ἵππους
ὠκέας, οἵ οἱ ὄπισθε μάχης ἠδὲ πτολέμοιο   430
ἕστασαν ἡνίοχόν τε καὶ ἅρματα ποικίλ' ἔχοντες·
οἳ τόν γε προτὶ ἄστυ φέρον βαρέα στενάχοντα.
ἀλλ' ὅτε δὴ πόρον ἷξον ἐϋρρεῖος ποταμοῖο,

Ξάνθου διήεντος, ὃν ἀθάνατος τέκετο Ζεύς,
ἔνθα μιν ἐξ ἵππων πέλασαν χθονί, κὰδ δέ οἱ ὕδωρ   435
χεῦαν· ὁ δ' ἀμπνύνθη καὶ ἀνέδρακεν ὀφθαλμοῖσιν,
ἑζόμενος δ' ἐπὶ γοῦνα κελαινεφὲς αἷμ' ἀπέμεσσεν.
αὖτις δ' ἐξοπίσω πλῆτο χθονί, τὼ δέ οἱ ὄσσε
νὺξ ἐκάλυψε μέλαινα· βέλος δ' ἔτι θυμὸν ἐδάμνα.
    Ἀργεῖοι δ' ὡς οὖν ἴδον Ἕκτορα νόσφι κιόντα,   440
μᾶλλον ἐπὶ Τρώεσσι θόρον, μνήσαντο δὲ χάρμης.
ἔνθα πολὺ πρώτιστος Ὀϊλῆος ταχὺς Αἴας
Σάτνιον οὔτασε δουρὶ μετάλμενος ὀξυόεντι
Ἠνοπίδην, ὃν ἄρα νύμφη τέκε νηὶς ἀμύμων
Ἤνοπι βουκολέοντι παρ' ὄχθας Σατνιόεντος.   445
τὸν μὲν Ὀϊλιάδης δουρικλυτὸς ἐγγύθεν ἐλθὼν
οὖτα κατὰ λαπάρην· ὁ δ' ἀνετράπετ', ἀμφὶ δ' ἄρ' αὐτῷ
Τρῶες καὶ Δαναοὶ σύναγον κρατερὴν ὑσμίνην.
τῷ δ' ἐπὶ Πουλυδάμας ἐγχέσπαλος ἦλθεν ἀμύντωρ
Πανθοΐδης, βάλε δὲ Προθοήνορα δεξιὸν ὦμον,   450
υἱὸν Ἀρηϊλύκοιο· δι' ὤμου δ' ὄβριμον ἔγχος
ἔσχεν, ὁ δ' ἐν κονίῃσι πεσὼν ἕλε γαῖαν ἀγοστῷ.
Πουλυδάμας δ' ἔκπαγλον ἐπεύξατο μακρὸν ἀΰσας·
" οὐ μὰν αὖτ' ὀΐω μεγαθύμου Πανθοΐδαο
χειρὸς ἄπο στιβαρῆς ἅλιον πηδῆσαι ἄκοντα,   455
ἀλλά τις Ἀργείων κόμισε χροΐ, καί μιν ὀΐω
αὐτῷ σκηπτόμενον κατίμεν δόμον Ἄϊδος εἴσω."
    Ὣς ἔφατ'· Ἀργείοισι δ' ἄχος γένετ' εὐξαμένοιο.
Αἴαντι δὲ μάλιστα δαΐφρονι θυμὸν ὄρινεν,
τῷ Τελαμωνιάδῃ· τοῦ γὰρ πέσεν ἄγχι μάλιστα.   460
καρπαλίμως δ' ἀπιόντος ἀκόντισε δουρὶ φαεινῷ.
Πουλυδάμας δ' αὐτὸς μὲν ἀλεύατο κῆρα μέλαιναν
λικριφὶς ἀΐξας, κόμισεν δ' Ἀντήνορος υἱὸς
Ἀρχέλοχος· τῷ γάρ ῥα θεοὶ βούλευσαν ὄλεθρον.
τόν ῥ' ἔβαλεν κεφαλῆς τε καὶ αὐχένος ἐν συνεοχμῷ,   465
νείατον ἀστράγαλον, ἀπὸ δ' ἄμφω κέρσε τένοντε·
τοῦ δὲ πολὺ πρότερον κεφαλὴ στόμα τε ῥῖνές τε
οὔδει πλῆντ' ἢ περ κνῆμαι καὶ γοῦνα πεσόντος.
Αἴας δ' αὖτ' ἐγέγωνεν ἀμύμονι Πουλυδάμαντι·
" φράζεο, Πουλυδάμα, καί μοι νημερτὲς ἐνίσπες·   470
ἦ ῥ' οὐχ οὗτος ἀνὴρ Προθοήνορος ἀντὶ πεφάσθαι
ἄξιος ; οὐ μέν μοι κακὸς εἴδεται, οὐδὲ κακῶν ἔξ,

ἀλλὰ κασίγνητος Ἀντήνορος ἱπποδάμοιο
ἢ παῖς· αὐτῷ γὰρ γενεὴν ἄγχιστα ἐῴκει."

Ἦ ῥ᾽ εὖ γιγνώσκων, Τρῶας δ᾽ ἄχος ἔλλαβε θυμόν.   475
ἔνθ᾽ Ἀκάμας Πρόμαχον Βοιώτιον οὔτασε δουρί,
ἀμφὶ κασιγνήτῳ βεβαώς· ὁ δ᾽ ὕφελκε ποδοῖϊν.
τῷ δ᾽ Ἀκάμας ἔκπαγλον ἐπεύξατο μακρὸν ἀΰσας
"Ἀργεῖοι ἰόμωροι, ἀπειλάων ἀκόρητοι,
οὔ θην οἴοισίν γε πόνος τ᾽ ἔσεται καὶ ὀϊζὺς   480
ἡμῖν, ἀλλά ποθ᾽ ὧδε κατακτανέεσθε καὶ ὔμμες.
φράζεσθ᾽, ὡς ὑμῖν Πρόμαχος δεδμημένος εὕδει
ἔγχει ἐμῷ, ἵνα μή τι κασιγνήτοιό γε ποινὴ
δηρὸν ἄτιτος ἔῃ· τῷ καί κέ τις εὔχεται ἀνὴρ
γνωτὸν ἐνὶ μεγάροισιν ἀρῆς ἀλκτῆρα λιπέσθαι."   485

Ὣς ἔφατ᾽· Ἀργείοισι δ᾽ ἄχος γένετ᾽ εὐξαμένοιο·
Πηνέλεῳ δὲ μάλιστα δαΐφρονι θυμὸν ὄρινεν.
ὡρμήθη δ᾽ Ἀκάμαντος· ὁ δ᾽ οὐχ ὑπέμεινεν ἐρωὴν
Πηνελέοιο ἄνακτος.   ὁ δ᾽ οὔτασεν Ἰλιονῆα,
υἱὸν Φόρβαντος πολυμήλου, τόν ῥα μάλιστα   490
Ἑρμείας Τρώων ἐφίλει καὶ κτῆσιν ὄπασσεν·
τῷ δ᾽ ἄρ᾽ ὑπὸ μήτηρ μοῦνον τέκεν Ἰλιονῆα.
τὸν τόθ᾽ ὑπ᾽ ὀφρύος οὖτα κατ᾽ ὀφθαλμοῖο θέμεθλα,
ἐκ δ᾽ ὦσε γλήνην· δόρυ δ᾽ ὀφθαλμοῖο διαπρὸ
καὶ διὰ ἰνίου ἦλθεν, ὁ δ᾽ ἕζετο χεῖρε πετάσσας   495
ἄμφω.   Πηνέλεως δὲ ἐρυσσάμενος ξίφος ὀξὺ
αὐχένα μέσσον ἔλασσεν, ἀπήραξεν δὲ χαμᾶζε
αὐτῇ σὺν πήληκι κάρη· ἔτι δ᾽ ὄβριμον ἔγχος
ἦεν ἐν ὀφθαλμῷ. ὁ δὲ φῆ κώδειαν ἀνασχών,
[πέφραδέ τε Τρώεσσι καὶ εὐχόμενος ἔπος ηὔδα]·   500
"εἰπέμεναί μοι, Τρῶες, ἀγαυοῦ Ἰλιονῆος
πατρὶ φίλῳ καὶ μητρὶ γοήμεναι ἐν μεγάροισιν·
οὐδὲ γὰρ ἡ Προμάχοιο δάμαρ Ἀλεγηνορίδαο
ἀνδρὶ φίλῳ ἐλθόντι γανύσσεται, ὁππότε κεν δὴ
ἐκ Τροίης σὺν νηυσὶ νεώμεθα κοῦροι Ἀχαιῶν."   505

Ὣς φάτο· τοὺς δ᾽ ἄρα πάντας ὑπὸ τρόμος ἔλλαβε γυῖα,
πάπτηνεν δὲ ἕκαστος, ὅπῃ φύγοι αἰπὺν ὄλεθρον.

Ἔσπετε νῦν μοι, Μοῦσαι, Ὀλύμπια δώματ᾽ ἔχουσαι,
ὅστις δὴ πρῶτος βροτόεντ᾽ ἀνδράγρι᾽ Ἀχαιῶν
ἤρατ᾽, ἐπεί ῥ᾽ ἔκλινε μάχην κλυτὸς ἐννοσίγαιος.   510
Αἴας ῥα πρῶτος Τελαμώνιος Ὕρτιον οὖτα

Γυρτιάδην, Μυσῶν ἡγήτορα καρτεροθύμων·
Φάλκην δ' Ἀντίλοχος καὶ Μέρμερον ἐξενάριξεν·
Μηριόνης δὲ Μόρυν τε καὶ Ἱπποτίωνα κατέκτα,
Τεῦκρος δὲ Προθόωνά τ' ἐνήρατο καὶ Περιφήτην.   515
Ἀτρείδης δ' ἄρ' ἔπειθ' Ὑπερήνορα, ποιμένα λαῶν,
οὖτα κατὰ λαπάρην, διὰ δ' ἔντερα χαλκὸς ἄφυσσεν
δηώσας· ψυχὴ δὲ κατ' οὐταμένην ὠτειλὴν
ἔσσυτ' ἐπειγομένη, τὸν δὲ σκότος ὄσσε κάλυψεν.
πλείστους δ' Αἴας εἷλεν, Ὀιλῆος ταχὺς υἱός·   520
οὐ γάρ οἵ τις ὁμοῖος ἐπισπέσθαι ποσὶν ἦεν
ἀνδρῶν τρεσσάντων, ὅτε τε Ζεὺς ἐν φόβον ὄρσαι.

Ο. 15.

Αὐτὰρ ἐπεὶ διά τε σκόλοπας καὶ τάφρον ἔβησαν
φεύγοντες, πολλοὶ δὲ δάμεν Δαναῶν ὑπὸ χερσίν,
οἱ μὲν δὴ παρ' ὄχεσφιν ἐρητύοντο μένοντες,
χλωροὶ ὑπαὶ δείους, πεφοβημένοι, ἔγρετο δὲ Ζεὺς
Ἴδης ἐν κορυφῇσι παρὰ χρυσοθρόνου Ἥρης.   5
στῆ δ' ἄρ' ἀναΐξας, ἴδε δὲ Τρῶας καὶ Ἀχαιούς,
τοὺς μὲν ὀρινομένους, τοὺς δὲ κλονέοντας ὄπισθεν
Ἀργείους, μετὰ δέ σφι Ποσειδάωνα ἄνακτα.
Ἕκτορα δ' ἐν πεδίῳ ἴδε κείμενον, ἀμφὶ δ' ἑταῖροι
εἴαθ'· ὁ δ' ἀργαλέῳ ἔχετ' ἄσθματι κῆρ ἀπινύσσων,   10
αἷμ' ἐμέων, ἐπεὶ οὔ μιν ἀφαυρότατος βάλ' Ἀχαιῶν.
τὸν δὲ ἰδὼν ἐλέησε πατὴρ ἀνδρῶν τε θεῶν τε,
δεινὰ δ' ὑπόδρα ἰδὼν Ἥρην πρὸς μῦθον ἔειπεν·
"ἦ μάλα δὴ κακότεχνος, ἀμήχανε, σὸς δόλος, Ἥρη,
Ἕκτορα δῖον ἔπαυσε μάχης, ἐφόβησε δὲ λαούς.   15
οὐ μὰν οἶδ', εἰ αὖτε κακορραφίης ἀλεγεινῆς
πρώτη ἐπαύρηαι, καί σε πληγῇσιν ἱμάσσω.
ἦ οὐ μέμνῃ, ὅτε τ' ἐκρέμω ὑψόθεν, ἐκ δὲ ποδοῖιν
ἄκμονας ἧκα δύω, περὶ χερσὶ δὲ δεσμὸν ἴηλα
χρύσεον, ἄρρηκτον; σὺ δ' ἐν αἰθέρι καὶ νεφέλῃσιν   20
ἐκρέμω· ἠλάστεον δὲ θεοὶ κατὰ μακρὸν Ὄλυμπον,
λῦσαι δ' οὐκ ἐδύναντο παρασταδόν· ὃν δὲ λάβοιμι,
ῥίπτασκον τεταγὼν ἀπὸ βηλοῦ, ὄφρ' ἂν ἵκηται

γῆν ὀλιγηπελέων.   ἐμὲ δ' οὐδ' ὣς θυμὸν ἀνίει
ἀζηχὴς ὀδύνη Ἡρακλῆος θείοιο,   25
τὸν σὺ ξὺν Βορέῃ ἀνέμῳ πεπιθοῦσα θυέλλας
πέμψας ἐπ' ἀτρύγετον πόντον, κακὰ μητιόωσα,
καί μιν ἔπειτα Κόωνδ' εὐναιομένην ἀπένεικας.
τὸν μὲν ἐγὼν ἔνθεν ῥυσάμην καὶ ἀνήγαγον αὖτις
Ἄργος ἐς ἱππόβοτον, καὶ πολλά περ ἀθλήσαντα.   30
τῶν σ' αὖτις μνήσω, ἵν' ἀπολλήξῃς ἀπατάων,
ὄφρα ἴδῃ, ἦν τοι χραίσμῃ φιλότης τε καὶ εὐνή,
ἣν ἐμίγης ἐλθοῦσα θεῶν ἄπο καί μ' ἀπάτησας."
    Ὣς φάτο· ῥίγησεν δὲ βοῶπις πότνια Ἥρη,
καί μιν φωνήσασ' ἔπεα πτερόεντα προσηύδα·   35
"ἴστω νῦν τόδε Γαῖα καὶ Οὐρανὸς εὐρὺς ὕπερθεν
καὶ τὸ κατειβόμενον Στυγὸς ὕδωρ, ὅστε μέγιστος
ὅρκος δεινότατός τε πέλει μακάρεσσι θεοῖσιν,
σή θ' ἱερὴ κεφαλὴ καὶ νωΐτερον λέχος αὐτῶν
κουρίδιον, τὸ μὲν οὐκ ἂν ἐγώ ποτε μὰψ ὀμόσαιμι·   40
μὴ δι' ἐμὴν ἰότητα Ποσειδάων ἐνοσίχθων
πημαίνει Τρῶάς τε καὶ Ἕκτορα, τοῖσι δ' ἀρήγει,
ἀλλά που αὐτὸν θυμὸς ἐποτρύνει καὶ ἀνώγει,
τειρομένους δ' ἐπὶ νηυσὶν ἰδὼν ἐλέησεν Ἀχαιούς.
αὐτάρ τοι καὶ κείνῳ ἐγὼ παραμυθησαίμην   45
τῇ ἴμεν, ᾗ κεν δὴ σύ, κελαινεφές, ἡγεμονεύῃς."
    Ὣς φάτο· μείδησεν δὲ πατὴρ ἀνδρῶν τε θεῶν τε,
καί μιν ἀμειβόμενος ἔπεα πτερόεντα προσηύδα·
" εἰ μὲν δὴ σύ γ' ἔπειτα, βοῶπις πότνια Ἥρη,
ἶσον ἐμοὶ φρονέουσα μετ' ἀθανάτοισι καθίζοις,   50
τῷ κε Ποσειδάων γε, καὶ εἰ μάλα βούλεται ἄλλη,
αἶψα μεταστρέψειε νόον μετὰ σὸν καὶ ἐμὸν κῆρ.
ἀλλ' εἰ δή ῥ' ἐτεόν γε καὶ ἀτρεκέως ἀγορεύεις,
ἔρχεο νῦν μετὰ φῦλα θεῶν, καὶ δεῦρο κάλεσσον
Ἶρίν τ' ἐλθέμεναι καὶ Ἀπόλλωνα κλυτότοξον,   55
ὄφρ' ἡ μὲν μετὰ λαὸν Ἀχαιῶν χαλκοχιτώνων
ἔλθῃ, καὶ εἴπῃσι Ποσειδάωνι ἄνακτι
παυσάμενον πολέμοιο τὰ ἃ πρὸς δώμαθ' ἱκέσθαι,
Ἕκτορα δ' ὀτρύνῃσι μάχην ἐς Φοῖβος Ἀπόλλων,
αὖτις δ' ἐμπνεύσῃσι μένος, λελάθῃ δ' ὀδυνάων   60
[αἳ νῦν μιν τείρουσι κατὰ φρένας, αὐτὰρ Ἀχαιοὺς
αὖτις ἀποστρέψῃσιν, ἀνάλκιδα φύζαν ἐνόρσας,

φεύγοντες δ' ἐν νηυσὶ πολυκλήϊσι πέσωσιν
Πηλείδεω Ἀχιλῆος. ὁ δ' ἀνστήσει ὃν ἑταῖρον
Πάτροκλον· τὸν δὲ κτενεῖ ἔγχεϊ φαίδιμος Ἕκτωρ   65
Ἰλίου προπάροιθε, πολέας ὀλέσαντ' αἰζηοὺς
τοὺς ἄλλους, μετὰ δ' υἱὸν ἐμὸν Σαρπηδόνα δῖον.
τοῦ δὲ χολωσάμενος κτενεῖ Ἕκτορα δῖος Ἀχιλλεύς.
ἐκ τοῦ δ' ἄν τοι ἔπειτα παλίωξιν παρὰ νηῶν
αἰὲν ἐγὼ τεύχοιμι διαμπερές, εἰς ὅ κ' Ἀχαιοὶ   70
Ἴλιον αἰπὺ ἕλοιεν Ἀθηναίης διὰ βουλάς.
τὸ πρὶν δ' οὔτ' ἄρ' ἐγὼ παύω χόλον οὔτε τιν' ἄλλον
ἀθανάτων Δαναοῖσιν ἀμυνέμεν ἐνθάδ' ἐάσω,
πρίν γε τὸ Πηλείδαο τελευτηθῆναι ἐέλδωρ,
ὥς οἱ ὑπέστην πρῶτον, ἐμῷ δ' ἐπένευσα κάρητι,   75
ἤματι τῷ, ὅτ' ἐμεῖο θεὰ Θέτις ἥψατο γούνων,
λισσομένη τιμῆσαι Ἀχιλλῆα πτολίπορθον].''

    Ὣς ἔφατ'· οὐδ' ἀπίθησε θεὰ λευκώλενος Ἥρη,
βῆ δὲ κατ' Ἰδαίων ὀρέων ἐς μακρὸν Ὄλυμπον.
ὡς δ' ὅτ' ἂν ἀΐξῃ νόος ἀνέρος, ὅστ' ἐπὶ πολλὴν   80
γαῖαν ἐληλουθὼς φρεσὶ πευκαλίμῃσι νοήσῃ
'' ἔνθ' ἤην ἢ ἔνθα,'' μενοινήῃσί τε πολλά,
ὣς κραιπνῶς μεμαυῖα διέπτατο πότνια Ἥρη.
ἵκετο δ' αἰπὺν Ὄλυμπον, ὁμηγερέεσσι δ' ἐπῆλθεν
ἀθανάτοισι θεοῖσι Διὸς δόμῳ· οἱ δὲ ἰδόντες   85
πάντες ἀνήϊξαν, καὶ δεικανόωντο δέπασσιν.
ἡ δ' ἄλλους μὲν ἔασε, Θέμιστι δὲ καλλιπαρήῳ
δέκτο δέπας· πρώτη γὰρ ἐναντίη ἦλθε θέουσα,
καί μιν φωνήσασ' ἔπεα πτερόεντα προσηύδα·
'' Ἥρη, τίπτε βέβηκας, ἀτυζομένη δὲ ἔοικας;   90
ἦ μάλα δή σ' ἐφόβησε Κρόνου παῖς, ὅς τοι ἀκοίτης.''

    Τὴν δ' ἠμείβετ' ἔπειτα θεὰ λευκώλενος Ἥρη·
'' μή με, θεὰ Θέμι, ταῦτα διείρεο· οἶσθα καὶ αὐτή,
οἶος ἐκείνου θυμὸς ὑπερφίαλος καὶ ἀπηνής.
ἀλλὰ σύ γ' ἄρχε θεοῖσι δόμοις ἔνι δαιτὸς ἐΐσης·   95
ταῦτα δὲ καὶ μετὰ πᾶσιν ἀκούσεαι ἀθανάτοισιν,
οἷα Ζεὺς κακὰ ἔργα πιφαύσκεται. οὐδέ τί φημι
πᾶσιν ὁμῶς θυμὸν κεχαρησέμεν, οὔτε βροτοῖσιν
οὔτε θεοῖς, εἴ πέρ τις ἔτι νῦν δαίνυται εὔφρων.''

    Ἡ μὲν ἄρ' ὣς εἰποῦσα καθέζετο πότνια Ἥρη,   100
ὤχθησαν δ' ἀνὰ δῶμα Διὸς θεοί. ἡ δ' ἐγέλασσεν

χείλεσιν, οὐδὲ μέτωπον ἐπ' ὀφρύσι κυανέῃσιν
ἰάνθη· πᾶσιν δὲ νεμεσσηθεῖσα μετηύδα·
"νήπιοι, οἳ Ζηνὶ μενεαίνομεν ἀφρονέοντες.
ἦ ἔτι μιν μέμαμεν καταπαυσέμεν ἆσσον ἰόντες   105
ἢ ἔπει ἠὲ βίῃ· ὁ δ' ἀφήμενος οὐκ ἀλεγίζει
οὐδ' ὄθεται· φησὶν γὰρ ἐν ἀθανάτοισι θεοῖσι
κάρτεΐ τε σθένεΐ τε διακριδὸν εἶναι ἄριστος.
τῷ ἔχεθ', ὅττι κεν ὕμμι κακὸν πέμπῃσιν ἑκάστῳ.
ἤδη γὰρ νῦν ἔλπομ' Ἄρηΐ γε πῆμα τετύχθαι·   110
υἱὸς γάρ οἱ ὄλωλε μάχῃ ἔνι, φίλτατος ἀνδρῶν,
Ἀσκάλαφος, τόν φησιν ὃν ἔμμεναι ὄβριμος Ἄρης."

Ὣς ἔφατ'· αὐτὰρ Ἄρης θαλερὼ πεπλήγετο μηρὼ
χερσὶ καταπρηνέσσ', ὀλοφυρόμενος δ' ἔπος ηὔδα·
"μὴ νῦν μοι νεμεσήσετ', Ὀλύμπια δώματ' ἔχοντες,   ·115
τίσασθαι φόνον υἷος ἰόντ' ἐπὶ νῆας Ἀχαιῶν,
εἴ πέρ μοι καὶ μοῖρα Διὸς πληγέντι κεραυνῷ
κεῖσθαι ὁμοῦ νεκύεσσι μεθ' αἵματι καὶ κονίῃσιν."

Ὣς φάτο, καί ῥ' ἵππους κέλετο Δεῖμόν τε Φόβον τε
ζευγνύμεν, αὐτὸς δ' ἔντε' ἐδύσετο παμφανόωντα.   120
ἔνθα κ' ἔτι μείζων τε καὶ ἀργαλεώτερος ἄλλος
πὰρ Διὸς ἀθανάτοισι χόλος καὶ μῆνις ἐτύχθη,
εἰ μὴ Ἀθήνη πᾶσι περιδδείσασα θεοῖσιν
ὦρτο διὲκ προθύρου, λίπε δὲ θρόνον, ἔνθα θάασσεν,
τοῦ δ' ἀπὸ μὲν κεφαλῆς κόρυθ' εἵλετο καὶ σάκος ὤμων,   125
ἔγχος δ' ἔστησε στιβαρῆς ἀπὸ χειρὸς ἑλοῦσα
χάλκεον· ἡ δ' ἐπέεσσι καθάπτετο θοῦρον Ἄρηα·
"μαινόμενε, φρένας ἠλέ, διέφθορας. ἦ νύ τοι αὔτως
οὔατ' ἀκουέμεν ἔστι, νόος δ' ἀπόλωλε καὶ αἰδώς.
οὐκ ἀΐεις, ἅτε φησὶ θεὰ λευκώλενος Ἥρη,   130
ἣ δὴ νῦν πὰρ Ζηνὸς Ὀλυμπίου εἰλήλουθεν;
ἦ ἐθέλεις αὐτὸς μὲν ἀναπλήσας κακὰ πολλὰ
ἂψ ἴμεν Οὔλυμπόνδε καὶ ἀχνύμενός περ ἀνάγκῃ,
αὐτὰρ τοῖς ἄλλοισι κακὸν μέγα πᾶσι φυτεῦσαι;
αὐτίκα γὰρ Τρῶας μὲν ὑπερθύμους καὶ Ἀχαιοὺς   135
λείψει, ὁ δ' ἡμέας εἶσι κυδοιμήσων ἐς Ὄλυμπον,
μάρψει δ' ἐξείης ὅς τ' αἴτιος ὅς τε καὶ οὐκί.
τῷ σ' αὖ νῦν κέλομαι μεθέμεν χόλον υἷος ἑῆος·
ἤδη γὰρ τις τοῦ γε βίην καὶ χεῖρας ἀμείνων
ἢ πέφατ' ἢ καὶ ἔπειτα πεφήσεται· ἀργαλέον δὲ   140

πάντων ἀνθρώπων ῥῦσθαι γενεήν τε τόκον τε."

Ὡς εἰποῦσ' ἵδρυσε θρόνῳ ἔνι θοῦρον Ἄρηα.
Ἥρη δ' Ἀπόλλωνα καλέσσατο δώματος ἐκτὸς
Ἶρίν θ', ἥτε θεοῖσι μετάγγελος ἀθανάτοισιν·
καί σφεας φωνήσασ' ἔπεα πτερόεντα προσηύδα·   145
" Ζεὺς σφὼ εἰς Ἴδην κέλετ' ἐλθέμεν ὅττι τάχιστα·
αὐτὰρ ἐπὴν ἔλθητε, Διός τ' εἰς ὦπα ἴδησθε,
ἔρδειν, ὅττι κε κεῖνος ἐποτρύνῃ καὶ ἀνώγῃ."

Ἥ μὲν ἄρ' ὣς εἰποῦσα πάλιν κίε πότνια Ἥρη,
ἕζετο δ' εἰνὶ θρόνῳ· τὼ δ' ἀΐξαντε πετέσθην.   150
Ἴδην δ' ἵκανον πολυπίδακα, μητέρα θηρῶν,
εὗρον δ' εὐρύοπα Κρονίδην ἀνὰ Γαργάρῳ ἄκρῳ
ἥμενον· ἀμφὶ δέ μιν θυόεν νέφος ἐστεφάνωτο.
τὼ δὲ πάροιθ' ἐλθόντε Διὸς νεφεληγερέταο
στήτην· οὐδέ σφωϊν ἰδὼν ἐχολώσατο θυμῷ,   155
ὅττι οἱ ὦκ' ἐπέεσσι φίλης ἀλόχοιο πιθέσθην.
Ἴριν δὲ προτέρην ἔπεα πτερόεντα προσηύδα·
" βάσκ' ἴθι, Ἶρι ταχεῖα, Ποσειδάωνι ἄνακτι
πάντα τάδ' ἀγγεῖλαι, μηδὲ ψευδάγγελος εἶναι.
παυσάμενόν μιν ἄνωχθι μάχης ἠδὲ πτολέμοιο   160
ἔρχεσθαι μετὰ φῦλα θεῶν ἢ εἰς ἅλα δῖαν.
εἰ δέ μοι οὐκ ἐπέεσσ' ἐπιπείσεται, ἀλλ' ἀλογήσει,
φραζέσθω δὴ ἔπειτα κατὰ φρένα καὶ κατὰ θυμόν,
μή μ' οὐδὲ κρατερός περ ἐὼν ἐπιόντα ταλάσσῃ
μεῖναι, ἐπεὶ εὖ φημι βίῃ πολὺ φέρτερος εἶναι   165
καὶ γενεῇ πρότερος.　 τοῦ δ' οὐκ ὄθεται φίλον ἦτορ
ἶσον ἐμοὶ φάσθαι, τόντε στυγέουσι καὶ ἄλλοι."

Ὡς ἔφατ'· οὐδ' ἀπίθησε ποδήνεμος ὠκέα Ἶρις,
βῆ δὲ κατ' Ἰδαίων ὀρέων εἰς Ἴλιον ἱρήν.
ὡς δ' ὅτ' ἂν ἐκ νεφέων πτῆται νιφὰς ἠὲ χάλαζα   170
ψυχρὴ ὑπὸ ῥιπῆς αἰθρηγενέος Βορέαο,
ὣς κραιπνῶς μεμαυῖα διέπτατο ὠκέα Ἶρις.
ἀγχοῦ δ' ἱσταμένη προσέφη κλυτὸν ἐννοσίγαιον·
" ἀγγελίην τινά τοι, γαιήοχε κυανοχαῖτα,
ἦλθον δεῦρο φέρουσα παραὶ Διὸς αἰγιόχοιο.   175
παυσάμενόν σ' ἐκέλευσε μάχης ἠδὲ πτολέμοιο
ἔρχεσθαι μετὰ φῦλα θεῶν ἢ εἰς ἅλα δῖαν.
εἰ δέ οἱ οὐκ ἐπέεσσ' ἐπιπείσεαι, ἀλλ' ἀλογήσεις,
ἠπείλει καὶ κεῖνος ἐναντίβιον πολεμίζων

ἐνθάδ' ἐλεύσεσθαι· σὲ δ' ὑπεξαλέασθαι ἀνώγει 180
χεῖρας, ἐπεὶ σέο φησὶ βίῃ πολὺ φέρτερος εἶναι
καὶ γενεῇ πρότερος. σὸν δ' οὐκ ὄθεται φίλον ἦτορ
ἶσόν οἱ φάσθαι, τόντε στυγέουσι καὶ ἄλλοι.”

Τὴν δὲ μέγ' ὀχθήσας προσέφη κλυτὸς ἐννοσίγαιος·
“ὢ πόποι, ἦ ῥ' ἀγαθός περ ἐὼν ὑπέροπλον ἔειπεν, 185
εἴ μ' ὁμότιμον ἐόντα βίῃ ἀέκοντα καθέξει.
τρεῖς γάρ τ' ἐκ Κρόνου εἰμὲν ἀδελφεοί, οὓς τέκετο Ῥέα,
Ζεὺς καὶ ἐγώ, τρίτατος δ' Ἀΐδης ἐνέροισιν ἀνάσσων.
τριχθὰ δὲ πάντα δέδασται, ἕκαστος δ' ἔμμορε τιμῆς·
ἤτοι ἐγὼν ἔλαχον πολιὴν ἅλα ναιέμεν αἰεὶ 190
παλλομένων, Ἀΐδης δ' ἔλαχε ζόφον ἠερόεντα,
Ζεὺς δ' ἔλαχ' οὐρανὸν εὐρὺν ἐν αἰθέρι καὶ νεφέλῃσιν.
γαῖα δ' ἔτι ξυνὴ πάντων καὶ μακρὸς Ὄλυμπος.
τῷ ῥα καὶ οὔ τι Διὸς βέομαι φρεσίν, ἀλλὰ ἔκηλος
καὶ κρατερός περ ἐὼν μενέτω τριτάτῃ ἐνὶ μοίρῃ. 195
χερσὶ δὲ μή τί με πάγχυ κακὸν ὣς δειδισσέσθω·
θυγατέρεσσιν γάρ τε καὶ υἱάσι βέλτερον εἴη
ἐκπάγλοις ἐπέεσσιν ἐνισσέμεν, οὓς τέκεν αὐτός,
οἵ ἕθεν ὀτρύνοντος ἀκούσονται καὶ ἀνάγκῃ.”

Τὸν δ' ἠμείβετ' ἔπειτα ποδήνεμος ὠκέα Ἶρις· 200
“οὕτω γὰρ δή τοι, γαιήοχε κυανοχαῖτα,
τόνδε φέρω Διὶ μῦθον ἀπηνέα τε κρατερόν τε;
ἦ τι μεταστρέψεις; στρεπταὶ μέν τε φρένες ἐσθλῶν.
οἶσθ', ὡς πρεσβυτέροισιν Ἐρινύες αἰὲν ἕπονται.”

Τὴν δ' αὖτε προσέειπε Ποσειδάων ἐνοσίχθων· 205
“Ἶρι θεά, μάλα τοῦτο ἔπος κατὰ μοῖραν ἔειπες·
ἐσθλὸν καὶ τὸ τέτυκται, ὅτ' ἄγγελος αἴσιμα εἰδῇ.
ἀλλὰ τόδ' αἰνὸν ἄχος κραδίην καὶ θυμὸν ἱκάνει,
ὁππότ' ἂν ἰσόμορον καὶ ὁμῇ πεπρωμένον αἴσῃ
νεικείειν ἐθέλῃσι χολωτοῖσιν ἐπέεσσιν. 210
ἀλλ' ἤτοι νῦν μέν γε νεμεσσηθεὶς ὑποείξω·
ἄλλο δέ τοι ἐρέω, καὶ ἀπειλήσω τό γε θυμῷ·
αἴ κεν ἄνευ ἐμέθεν καὶ Ἀθηναίης ἀγελείης,
Ἥρης Ἑρμείω τε καὶ Ἡφαίστοιο ἄνακτος
Ἰλίου αἰπεινῆς πεφιδήσεται, οὐδ' ἐθελήσει 215
ἐκπέρσαι, δοῦναι δὲ μέγα κράτος Ἀργείοισιν,
ἴστω τοῦθ', ὅτι νῶϊν ἀνήκεστος χόλος ἔσται.”

Ὣς εἰπὼν λίπε λαὸν Ἀχαιϊκὸν ἐννοσίγαιος,

δῦνε δὲ πόντον ἰών, πόθεσαν δ' ἥρωες Ἀχαιοί.
καὶ τότ' Ἀπόλλωνα προσέφη νεφεληγερέτα Ζεύς· 220
" ἔρχεο νῦν, φίλε Φοῖβε, μεθ' Ἕκτορα χαλκοκορυστήν·
ἤδη μὲν γάρ τοι γαιήοχος ἐννοσίγαιος
οἴχεται εἰς ἅλα δῖαν, ἀλευάμενος χόλον αἰπὺν
ἡμέτερον· μάλα γάρ κε μάχης ἐπύθοντο καὶ ἄλλοι,
οἵ περ ἐνέρτεροί εἰσι θεοί, Κρόνον ἀμφὶς ἐόντες. 225
ἀλλὰ τόδ' ἠμὲν ἐμοὶ πολὺ κέρδιον ἠδὲ οἷ αὐτῷ
ἔπλετο, ὅττι πάροιθε νεμεσσηθεὶς ὑπόειξεν
χεῖρας ἐμάς, ἐπεὶ οὔ κεν ἀνιδρωτί γ' ἐτελέσθη.
ἀλλὰ σύ γ' ἐν χείρεσσι λάβ' αἰγίδα θυσσανόεσσαν,
τὴν μάλ' ἐπισσείων φοβέειν ἥρωας Ἀχαιούς. 230
σοὶ δ' αὐτῷ μελέτω, ἑκατηβόλε, φαίδιμος Ἕκτωρ·
τόφρα γὰρ οὖν οἱ ἔγειρε μένος μέγα, ὄφρ' ἂν Ἀχαιοὶ
φεύγοντες νῆάς τε καὶ Ἑλλήσποντον ἵκωνται.
κεῖθεν δ' αὐτὸς ἐγὼ φράσομαι ἔργον τε ἔπος τε,
ὥς κε καὶ αὖτις Ἀχαιοὶ ἀναπνεύσωσι πόνοιο." 235
Ὣς ἔφατ'· οὐδ' ἄρα πατρὸς ἀνηκούστησεν Ἀπόλλων,
βῆ δὲ κατ' Ἰδαίων ὀρέων ἴρηκι ἐοικὼς
ὠκέϊ, φασσοφόνῳ, ὅστ' ὤκιστος πετεηνῶν.
εὗρ' υἱὸν Πριάμοιο δαΐφρονος, Ἕκτορα δῖον,
ἥμενον, οὐδ' ἔτι κεῖτο, νέον δ' ἐσαγείρετο θυμόν, 240
ἀμφὶ ἓ γιγνώσκων ἑτάρους· ἀτὰρ ἆσθμα καὶ ἱδρὼς
παύετ', ἐπεί μιν ἔγειρε Διὸς νόος αἰγιόχοιο.
ἀγχοῦ δ' ἱστάμενος προσέφη ἑκάεργος Ἀπόλλων·
" Ἕκτορ, υἱὲ Πριάμοιο, τίη δὲ σὺ νόσφιν ἀπ' ἄλλων
ἧσ' ὀλιγηπελέων; ἦ πού τί σε κῆδος ἱκάνει;" 245
Τὸν δ' ὀλιγοδρανέων προσέφη κορυθαίολος Ἕκτωρ·
" τίς δὲ σύ ἐσσι, φέριστε θεῶν, ὅς μ' εἴρεαι ἄντην;
οὐκ ἀΐεις, ὅ με νηυσὶν ἔπι πρύμνῃσιν Ἀχαιῶν
οὓς ἑτάρους ὀλέκοντα βοὴν ἀγαθὸς βάλεν Αἴας
χερμαδίῳ πρὸς στῆθος, ἔπαυσε δὲ θούριδος ἀλκῆς; 250
καὶ δὴ ἔγωγ' ἐφάμην νέκυας καὶ δῶμ' Ἀΐδαο
ἤματι τῷδ' ἵξεσθαι, ἐπεὶ φίλον ἄϊον ἦτορ."
Τὸν δ' αὖτε προσέειπεν ἄναξ ἑκάεργος Ἀπόλλων·
" θάρσει νῦν· τοῖόν τοι ἀοσσητῆρα Κρονίων
ἐξ Ἴδης προέηκε παρεστάμεναι καὶ ἀμύνειν, 255
Φοῖβον Ἀπόλλωνα χρυσάορον, ὅς σε πάρος περ
ῥύομ', ὁμῶς αὐτόν τε καὶ αἰπεινὸν πτολίεθρον.

ἀλλ' ἄγε νῦν ἱππεῦσιν ἐπότρυνον πολέεσσιν
νηυσὶν ἔπι γλαφυρῇσιν ἐλαυνέμεν ὠκέας ἵππους·
αὐτὰρ ἐγὼ προπάροιθε κιὼν ἵπποισι κέλευθον
πᾶσαν λειανέω, τρέψω δ' ἥρωας Ἀχαιούς." 260
῝Ως εἰπὼν ἔμπνευσε μένος μέγα ποιμένι λαῶν.
ὡς δ' ὅτε τις στατὸς ἵππος, ἀκοστήσας ἐπὶ φάτνῃ,
δεσμὸν ἀπορρήξας θείῃ πεδίοιο κροαίνων,
εἰωθὼς λούεσθαι ἐϋρρεῖος ποταμοῖο, 265
κυδιόων· ὑψοῦ δὲ κάρη ἔχει, ἀμφὶ δὲ χαῖται
ὤμοις ἀΐσσονται· ὁ δ' ἀγλαΐηφι πεποιθώς,
ῥίμφα ἑ γοῦνα φέρει μετά τ' ἤθεα καὶ νομὸν ἵππων·
ὣς Ἕκτωρ λαιψηρὰ πόδας καὶ γούνατ' ἐνώμα
ὀτρύνων ἱππῆας, ἐπεὶ θεοῦ ἔκλυεν αὐδήν. 270
οἱ δ', ὥστ' ἢ ἔλαφον κεραὸν ἢ ἄγριον αἶγα
ἐσσεύαντο κύνες τε καὶ ἀνέρες ἀγροιῶται·
τὸν μέν τ' ἠλίβατος πέτρη καὶ δάσκιος ὕλη
εἰρύσατ', οὐδ' ἄρα τέ σφι κιχήμεναι αἴσιμον ἦεν·
τῶν δέ θ' ὑπὸ ἰαχῆς ἐφάνη λὶς ἠϋγένειος 275
εἰς ὁδόν, αἶψα δὲ πάντας ἀπέτραπε καὶ μεμαῶτας·
ὣς Δαναοὶ εἵως μὲν ὁμιλαδὸν αἰὲν ἕποντο,
νύσσοντες ξίφεσίν τε καὶ ἔγχεσιν ἀμφιγύοισιν·
αὐτὰρ ἐπεὶ ἴδον Ἕκτορ' ἐποιχόμενον στίχας ἀνδρῶν,
τάρβησαν, πᾶσιν δὲ παραὶ ποσὶ κάππεσε θυμός. 280
Τοῖσι δ' ἔπειτ' ἀγόρευε Θόας, Ἀνδραίμονος υἱός,
Αἰτωλῶν ὄχ' ἄριστος, ἐπιστάμενος μὲν ἄκοντι,
ἐσθλὸς δ' ἐν σταδίῃ· ἀγορῇ δέ ἑ παῦροι Ἀχαιῶν
νίκων, ὁππότε κοῦροι ἐρίσσειαν περὶ μύθων.
ὅ σφιν ἐϋφρονέων ἀγορήσατο καὶ μετέειπεν· 285
" ὢ πόποι, ἦ μέγα θαῦμα τόδ' ὀφθαλμοῖσιν ὁρῶμαι·
οἶον δ' αὖτ' ἐξαῦτις ἀνέστη, Κῆρας ἀλύξας,
Ἕκτωρ. ἦ θήν μιν μάλα ἔλπετο θυμὸς ἑκάστου
χερσὶν ὑπ' Αἴαντος θανέειν Τελαμωνιάδαο.
ἀλλά τις αὖτε θεῶν ἐρρύσατο καὶ ἐσάωσεν 290
Ἕκτορ', ὃ δὴ πολλῶν Δαναῶν ὑπὸ γούνατ' ἔλυσεν,
ὡς καὶ νῦν ἔσσεσθαι ὀΐομαι· οὐ γὰρ ἄτερ γε
Ζηνὸς ἐριγδούπου πρόμος ἵσταται ὧδε μενοινῶν.
ἀλλ' ἄγεθ', ὡς ἂν ἐγὼν εἴπω, πειθώμεθα πάντες.
πληθὺν μὲν ποτὶ νῆας ἀνώξομεν ἀπονέεσθαι· 295
αὐτοὶ δ', ὅσσοι ἄριστοι ἐνὶ στρατῷ εὐχόμεθ' εἶναι,

στείομεν, εἴ κε πρῶτον ἐρύξομεν ἀντιάσαντες,
δούρατ' ἀνασχόμενοι. τὸν δ' οἴω καὶ μεμαῶτα
θυμῷ δείσεσθαι Δαναῶν καταδῦναι ὅμιλον."

Ὣς ἔφαθ'· οἱ δ' ἄρα τοῦ μάλα μὲν κλύον ἠδ' ἐπίθοντο.   300
οἱ μὲν ἄρ' ἀμφ' Αἴαντα καὶ Ἰδομενῆα ἄνακτα,
Τεῦκρον Μηριόνην τε Μέγην τ', ἀτάλαντον Ἄρηϊ,
ὑσμίνην ἤρτυνον, ἀριστῆας καλέσαντες,
Ἕκτορι καὶ Τρώεσσιν ἐναντίον· αὐτὰρ ὀπίσσω
ἡ πληθὺς ἐπὶ νῆας Ἀχαιῶν ἀπονέοντο.   305

Τρῶες δὲ προὔτυψαν ἀολλέες, ἦρχε δ' ἄρ' Ἕκτωρ
μακρὰ βιβάς. πρόσθεν δὲ κί' αὐτοῦ Φοῖβος Ἀπόλλων
εἱμένος ὤμοιϊν νεφέλην, ἔχε δ' αἰγίδα θοῦριν,
δεινήν, ἀμφιδάσειαν, ἀριπρεπέ', ἣν ἄρα χαλκεὺς
Ἥφαιστος Διὶ δῶκε φορήμεναι ἐς φόβον ἀνδρῶν.   310
τὴν ἄρ' ὅ γ' ἐν χείρεσσιν ἔχων ἡγήσατο λαῶν.
Ἀργεῖοι δ' ὑπέμειναν ἀολλέες, ὦρτο δ' ἀϋτὴ
ὀξεῖ' ἀμφοτέρωθεν, ἀπὸ νευρῆφι δ' ὀϊστοὶ
θρῶσκον· πολλὰ δὲ δοῦρα θρασειάων ἀπὸ χειρῶν
ἄλλα μὲν ἐν χροῒ πήγνυτ' ἀρηϊθόων αἰζηῶν,   315
πολλὰ δὲ καὶ μεσσηγύ, πάρος χρόα λευκὸν ἐπαυρεῖν,
ἐν γαίῃ ἵσταντο, λιλαιόμενα χροὸς ἆσαι.
ὄφρα μὲν αἰγίδα χερσὶν ἔχ' ἀτρέμα Φοῖβος Ἀπόλλων,
τόφρα μάλ' ἀμφοτέρων βέλε' ἥπτετο, πῖπτε δὲ λαός·
αὐτὰρ ἐπεὶ κατ' ἐνῶπα ἰδὼν Δαναῶν ταχυπώλων   320
σεῖσ', ἐπὶ δ' αὐτὸς ἄϋσε μάλα μέγα, τοῖσι δὲ θυμὸν
ἐν στήθεσσιν ἔθελξε, λάθοντο δὲ θούριδος ἀλκῆς.
οἱ δ', ὥστ' ἠὲ βοῶν ἀγέλην ἢ πῶϋ μέγ' οἰῶν
θῆρε δύω κλονέωσι μελαίνης νυκτὸς ἀμολγῷ,
ἐλθόντ' ἐξαπίνης σημάντορος οὐ παρεόντος,   325
ὣς ἐφόβηθεν Ἀχαιοὶ ἀνάλκιδες· ἐν γὰρ Ἀπόλλων
ἧκε φόβον, Τρωσὶν δὲ καὶ Ἕκτορι κῦδος ὄπαζεν.

Ἔνθα δ' ἀνὴρ ἕλεν ἄνδρα κεδασθείσης ὑσμίνης.
Ἕκτωρ μὲν Στιχίον τε καὶ Ἀρκεσίλαον ἔπεφνεν,
τὸν μὲν Βοιωτῶν ἡγήτορα χαλκοχιτώνων,   330
τὸν δὲ Μενεσθῆος μεγαθύμου πιστὸν ἑταῖρον·
Αἰνείας δὲ Μέδοντα καὶ Ἴασον ἐξενάριξεν.
ἤτοι ὁ μὲν νόθος υἱὸς Ὀϊλῆος θείοιο
ἔσκε Μέδων, Αἴαντος ἀδελφεός· αὐτὰρ ἔναιεν
ἐν Φυλάκῃ, γαίης ἄπο πατρίδος, ἄνδρα κατακτάς,   335

γνωτὸν μητρυιῆς Ἐριώπιδος, ἣν ἔχ' Ὀϊλεύς·
Ἴασος αὖτ' ἀρχὸς μὲν Ἀθηναίων ἐτέτυκτο,
υἱὸς δὲ Σφήλοιο καλέσκετο Βουκολίδαο.
Μηκιστῆ δ' ἕλε Πουλυδάμας, Ἐχίον δὲ Πολίτης
πρώτῃ ἐν ὑσμίνῃ, Κλονίον δ' ἕλε δῖος Ἀγήνωρ.   340
Δηΐοχον δὲ Πάρις βάλε νείατον ὦμον ὄπισθεν
φεύγοντ' ἐν προμάχοισι, διαπρὸ δὲ χαλκὸν ἔλασσεν.

  Ὄφρ' οἱ τοὺς ἐνάριζον ἀπ' ἔντεα, τόφρα δ' Ἀχαιοὶ
τάφρῳ καὶ σκολόπεσσιν ἐνιπλήξαντες ὀρυκτῇ
ἔνθα καὶ ἔνθα φέβοντο, δύοντο δὲ τεῖχος ἀνάγκῃ·   345
Ἕκτωρ δὲ Τρώεσσιν ἐκέκλετο μακρὸν ἀΰσας·
" νηυσὶν ἐπισσεύεσθαι, ἐᾶν δ' ἔναρα βροτόεντα.
ὃν δ' ἂν ἐγὼν ἀπάνευθε νεῶν ἑτέρωθι νοήσω,
αὐτοῦ οἱ θάνατον μητίσομαι, οὐδέ νυ τόν γε
γνωτοί τε γνωταί τε πυρὸς λελάχωσι θανόντα,   350
ἀλλά κύνες ἐρύουσι πρὸ ἄστεος ἡμετέροιο."
  Ὣς εἰπὼν μάστιγι κατωμαδὸν ἤλασεν ἵππους,
κεκλόμενος Τρώεσσι κατὰ στίχας. οἱ δὲ σὺν αὐτῷ
πάντες ὁμοκλήσαντες ἔχον ἐρυσάρματας ἵππους
ἠχῇ θεσπεσίῃ. προπάροιθε δὲ Φοῖβος Ἀπόλλων   355
ῥεῖ' ὄχθας καπέτοιο βαθείης ποσσὶν ἐρείπων
ἐς μέσσον κατέβαλλε, γεφύρωσεν δὲ κέλευθον
μακρὴν ἠδ' εὐρεῖαν, ὅσον τ' ἐπὶ δουρὸς ἐρωὴ
γίγνεται, ὁππότ' ἀνὴρ σθένεος πειρώμενος ᾖσιν.
τῇ ῥ' οἵ γε προχέοντο φαλαγγηδόν, πρὸ δ' Ἀπόλλων   360
αἰγίδ' ἔχων ἐρίτιμον. ἔρειπε δὲ τεῖχος Ἀχαιῶν
ῥεῖα μάλ', ὡς ὅτε τις ψάμαθον παῖς ἄγχι θαλάσσης,
ὅστ' ἐπεὶ οὖν ποιήσῃ ἀθύρματα νηπιέῃσιν,
ἂψ αὖτις συνέχευε ποσὶν καὶ χερσὶν ἀθύρων.
ὣς ῥα σύ, ἤϊε Φοῖβε, πολὺν κάματον καὶ ὀϊζὺν   365
σύγχεας Ἀργείων, αὐτοῖσι δὲ φύζαν ἐνῶρσας.
  Ὣς οἱ μὲν παρὰ νηυσὶν ἐρητύοντο μένοντες,
ἀλλήλοισί τε κεκλόμενοι, καὶ πᾶσι θεοῖσιν
χεῖρας ἀνίσχοντες μεγάλ' εὐχετόωντο ἕκαστος.
Νέστωρ αὖτε μάλιστα Γερήνιος, οὖρος Ἀχαιῶν,   370
εὔχετο χεῖρ' ὀρέγων εἰς οὐρανὸν ἀστερόεντα·
" Ζεῦ πάτερ, εἴ ποτέ τίς τοι ἐν Ἄργεΐ περ πολυπύρῳ
ἢ βοὸς ἢ ὄϊος κατὰ πίονα μηρία καίων
εὔχετο νοστῆσαι, σὺ δ' ὑπέσχεο καὶ κατένευσας,

τῶν μνῆσαι, καὶ ἄμυνον, Ὀλύμπιε, νηλεὲς ἦμαρ, 375
μηδ' οὕτω Τρώεσσιν ἔα δάμνασθαι Ἀχαιούς."
  Ὣς ἔφατ' εὐχόμενος· μέγα δ' ἔκτυπε μητίετα Ζεύς,
ἀράων ἀίων Νηληϊάδαο γέροντος.
Τρῶες δ' ὡς ἐπύθοντο Διὸς κτύπον αἰγιόχοιο,
μᾶλλον ἐπ' Ἀργείοισι θόρον, μνήσαντο δὲ χάρμης. 380
οἱ δ', ὥστε μέγα κῦμα θαλάσσης εὐρυπόροιο
νηὸς ὑπὲρ τοίχων καταβήσεται, ὁππότ' ἐπείγῃ
ἲς ἀνέμου· ἡ γάρ τε μάλιστά γε κύματ' ὀφέλλει·
ὣς Τρῶες μεγάλῃ ἰαχῇ κατὰ τεῖχος ἔβαινον,
ἵππους δ' εἰσελάσαντες ἐπὶ πρύμνῃσι μάχοντο 385
ἔγχεσιν ἀμφιγύοις αὐτοσχεδόν, οἱ μὲν ἀφ' ἵππων,
οἱ δ' ἀπὸ νηῶν ὕψι μελαινάων ἐπιβάντες
μακροῖσι ξυστοῖσι, τά ῥά σφ' ἐπὶ νηυσὶν ἔκειτο
ναύμαχα, κολλήεντα, κατὰ στόμα εἱμένα χαλκῷ.
  Πάτροκλος δ', εἵως μὲν Ἀχαιοί τε Τρῶές τε 390
τείχεος ἀμφεμάχοντο θοάων ἔκτοθι νηῶν,
τόφρ' ὅ γ' ἐνὶ κλισίῃ ἀγαπήνορος Εὐρυπύλοιο
ἧστό τε καὶ τὸν ἔτερπε λόγοις, ἐπὶ δ' ἕλκεϊ λυγρῷ
φάρμακ' ἀκέσματ' ἔπασσε μελαινάων ὀδυνάων.
αὐτὰρ ἐπειδὴ τεῖχος ἐπεσσυμένους ἐνόησεν 395
Τρῶας, ἀτὰρ Δαναῶν γένετο ἰαχή τε φόβος τε,
ᾤμωξέν τ' ἄρ' ἔπειτα καὶ ὣ πεπλήγετο μηρὼ
χερσὶ καταπρηνέσσ', ὀλοφυρόμενος δ' ἔπος ηὔδα·
" Εὐρύπυλ', οὐκέτι τοι δύναμαι χατέοντί περ ἔμπης
ἐνθάδε παρμενέμεν· δὴ γὰρ μέγα νεῖκος ὄρωρεν· 400
ἀλλὰ σὲ μὲν θεράπων ποτιτερπέτω, αὐτὰρ ἔγωγε
σπεύσομαι εἰς Ἀχιλῆα, ἵν' ὀτρύνω πολεμίζειν.
τίς δ' οἶδ', εἴ κέν οἱ σὺν δαίμονι θυμὸν ὀρίνω
παρειπών; ἀγαθὴ δὲ παραίφασίς ἐστιν ἑταίρου."
  Τὸν μὲν ἄρ' ὣς εἰπόντα πόδες φέρον· αὐτὰρ Ἀχαιοὶ 405
Τρῶας ἐπερχομένους μένον ἔμπεδον, οὐδ' ἐδύναντο
παυροτέρους περ ἐόντας ἀπώσασθαι παρὰ νηῶν.
οὐδέ ποτε Τρῶες Δαναῶν ἐδύναντο φάλαγγας
ῥηξάμενοι κλισίῃσι μιγήμεναι ἠδὲ νέεσσιν.
ἀλλ' ὥστε στάθμη δόρυ νήϊον ἐξιθύνει 410
τέκτονος ἐν παλάμῃσι δαήμονος, ὅς ῥά τε πάσης
εὖ εἰδῇ σοφίης ὑποθημοσύνῃσιν Ἀθήνης,
ὣς μὲν τῶν ἐπὶ ἶσα μάχῃ τέτατο πτόλεμός τε·

ἄλλοι δ' ἀμφ' ἄλλῃσι μάχην ἐμάχοντο νέεσσιν.

Ἕκτωρ δ' ἄντ' Αἴαντος ἐείσατο κυδαλίμοιο.   415
τὼ δὲ μιῆς περὶ νηὸς ἔχον πόνον, οὐδ' ἐδύναντο
οὔθ' ὁ τὸν ἐξελάσαι καὶ ἐνιπρῆσαι πυρὶ νῆα,
οὔθ' ὁ τὸν ἂψ ὤσασθαι, ἐπεί ῥ' ἐπέλασσέ γε δαίμων.
ἔνθ' υἷα Κλυτίοιο Καλήτορα φαίδιμος Αἴας
πῦρ ἐς νῆα φέροντα κατὰ στῆθος βάλε δουρί·   420
δούπησεν δὲ πεσών, δαλὸς δέ οἱ ἔκπεσε χειρός.
Ἕκτωρ δ' ὡς ἐνόησεν ἀνεψιὸν ὀφθαλμοῖσιν
ἐν κονίῃσι πεσόντα νεὸς προπάροιθε μελαίνης,
Τρωσί τε καὶ Λυκίοισιν ἐκέκλετο μακρὸν ἀΰσας·
"Τρῶες καὶ Λύκιοι καὶ Δάρδανοι ἀγχιμαχηταί,   425
μὴ δή πω χάζεσθε μάχης ἐν στείνεϊ τῷδε,
ἀλλ' υἷα Κλυτίοιο σαώσατε, μή μιν Ἀχαιοὶ
τεύχεα συλήσωσι νεῶν ἐν ἀγῶνι πεσόντα."
 · Ὣς εἰπὼν Αἴαντος ἀκόντισε δουρὶ φαεινῷ.
τοῦ μὲν ἅμαρθ', ὁ δ' ἔπειτα Λυκόφρονα, Μάστορος υἱόν, 430
Αἴαντος θεράποντα Κυθήριον, ὅς ῥα παρ' αὐτῷ
ναῖ', ἐπεὶ ἄνδρα κατέκτα Κυθήροισι ζαθέοισιν,
τόν ῥ' ἔβαλεν κεφαλὴν ὑπὲρ οὔατος ὀξέϊ χαλκῷ,
ἑσταότ' ἄγχ' Αἴαντος· ὁ δ' ὕπτιος ἐν κονίῃσιν
νηὸς ἄπο πρύμνης χαμάδις πέσε, λύντο δὲ γυῖα.   435
Αἴας δ' ἐρρίγησε, κασίγνητον δὲ προσηύδα·
"Τεῦκρε πέπον, δὴ νῶϊν ἀπέκτατο πιστὸς ἑταῖρος,
Μαστορίδης, ὃν νῶϊ Κυθηρόθεν ἔνδον ἐόντα
ἶσα φίλοισι τοκεῦσιν ἐτίομεν ἐν μεγάροισιν·
τὸν δ' Ἕκτωρ μεγάθυμος ἀπέκτανε.   ποῦ νύ τοι ἰοὶ   440
ὠκύμοροι καὶ τόξον, ὅ τοι πόρε Φοῖβος Ἀπόλλων ;"
 Ὣς φάθ'· ὁ δὲ ξυνέηκε, θέων δέ οἱ ἄγχι παρέστη,
τόξον ἔχων ἐν χειρὶ παλίντονον ἠδὲ φαρέτρην
ἰοδόκον· μάλα δ' ὦκα βέλεα Τρώεσσιν ἐφίει.
καί ῥ' ἔβαλε Κλεῖτον, Πεισήνορος ἀγλαὸν υἱόν,   445
Πουλυδάμαντος ἑταῖρον, ἀγαυοῦ Πανθοΐδαο,
ἡνία χερσὶν ἔχοντα.   ὁ μὲν πεπόνητο καθ' ἵππους·
τῇ γὰρ ἔχ', ᾗ ῥα πολὺ πλεῖσται κλονέοντο φάλαγγες,
Ἕκτορι καὶ Τρώεσσι χαριζόμενος· τάχα δ' αὐτῷ
ἦλθε κακόν, τό οἱ οὔ τις ἐρύκακεν ἱεμένων περ·   450
αὐχένι γάρ οἱ ὄπισθε πολύστονος ἔμπεσεν ἰός·
ἤριπε δ' ἐξ ὀχέων, ὑπερώησαν δέ οἱ ἵπποι

κείν' ὄχεα κροτέοντες.   ἄναξ δ' ἐνόησε τάχιστα
Πουλυδάμας, καὶ πρῶτος ἐναντίος ἤλυθεν ἵππων.
τοὺς μὲν ὅ γ' Ἀστυνόῳ, Προτιάονος υἱέι, δῶκεν,   4 55
πολλὰ δ' ἐπώτρυνε σχεδὸν ἴσχειν εἰσορόωντα
ἵππους· αὐτὸς δ' αὖτις ἰὼν προμάχοισιν ἐμίχθη.

    Τεῦκρος δ' ἄλλον ὀιστὸν ἐφ' Ἕκτορι χαλκοκορυστῇ
αἴνυτο, καί κεν ἔπαυσε μάχην ἐπὶ νηυσὶν Ἀχαιῶν,
εἴ μιν ἀριστεύοντα βαλὼν ἐξείλετο θυμόν.   460
ἀλλ' οὐ λῆθε Διὸς πυκινὸν νόον, ὅς ῥ' ἐφύλασσεν
Ἕκτορ', ἀτὰρ Τεῦκρον Τελαμώνιον εὖχος ἀπηύρα,
ὅς οἱ ἐϋστρεφέα νευρὴν ἐν ἀμύμονι τόξῳ
ῥῆξ' ἐπὶ τῷ ἐρύοντι· παρεπλάγχθη δέ οἱ ἄλλῃ
ἰὸς χαλκοβαρής, τόξον δέ οἱ ἔκπεσε χειρός.   465
Τεῦκρος δ' ἐρρίγησε, κασίγνητον δὲ προσηύδα·
" ὢ πόποι, ἦ δὴ πάγχυ μάχης ἐπὶ μήδεα κείρει
δαίμων ἡμετέρης, ὅ τέ μοι βιὸν ἔκβαλε χειρός,
νευρὴν δ' ἐξέρρηξε νεόστροφον, ἣν ἐνέδησα
πρώιον, ὄφρ' ἀνέχοιτο θαμὰ θρώσκοντας ὀιστούς."   470
    Τὸν δ' ἠμείβετ' ἔπειτα μέγας Τελαμώνιος Αἴας·
" ὢ πέπον, ἀλλὰ βιὸν μὲν ἔα καὶ ταρφέας ἰοὺς
κεῖσθαι, ἐπεὶ συνέχευε θεὸς Δαναοῖσι μεγήρας·
αὐτὰρ χερσὶν ἑλὼν δολιχὸν δόρυ καὶ σάκος ὤμῳ
μάρναό τε Τρώεσσι καὶ ἄλλους ὄρνυθι λαούς.   475
μὴ μὰν ἀσπονδί γε δαμασσάμενοί περ ἕλοιεν
νῆας ἐϋσσέλμους· ἀλλὰ μνησώμεθα χάρμης."
    Ὣς φάθ'· ὁ δὲ τόξον μὲν ἐνὶ κλισίῃσιν ἔθηκεν,
αὐτὰρ ὅ γ' ἀμφ' ὤμοισι σάκος θέτο τετραθέλυμνον,
κρατὶ δ' ἐπ' ἰφθίμῳ κυνέην εὔτυκτον ἔθηκεν,   480
[ἵππουριν, δεινὸν δὲ λόφος καθύπερθεν ἔνευεν·]
εἵλετο δ' ἄλκιμον ἔγχος, ἀκαχμένον ὀξέι χαλκῷ,
βῆ δ' ἰέναι, μάλα δ' ὦκα θέων Αἴαντι παρέστη.
    Ἕκτωρ δ' ὡς εἶδεν Τεύκρου βλαφθέντα βέλεμνα,
Τρωσί τε καὶ Λυκίοισιν ἐκέκλετο μακρὸν ἀύσας·   485
" Τρῶες καὶ Λύκιοι καὶ Δάρδανοι ἀγχιμαχηταί,
ἀνέρες ἔστε, φίλοι, μνήσασθε δὲ θούριδος ἀλκῆς
νῆας ἀνὰ γλαφυράς· δὴ γὰρ ἴδον ὀφθαλμοῖσιν
ἀνδρὸς ἀριστῆος Διόθεν βλαφθέντα βέλεμνα.
ῥεῖα δ' ἀρίγνωτος Διὸς ἀνδράσι γίγνεται ἀλκή,   490
ἠμὲν ὁτέοισιν κῦδος ὑπέρτερον ἐγγυαλίξῃ,

ἠδ' ὅτινας μινύθῃ τε καὶ οὐκ ἐθέλησιν ἀμύνειν,
ὡς νῦν Ἀργείων μινύθει μένος, ἄμμι δ' ἀρήγει.
ἀλλὰ μάχεσθ' ἐπὶ νηυσὶν ἀολλέες. ὃς δέ κεν ὑμέων
βλήμενος ἠὲ τυπεὶς θάνατον καὶ πότμον ἐπίσπῃ,   495
τεθνάτω. οὔ οἱ ἀεικὲς ἀμυνομένῳ περὶ πάτρης
τεθνάμεν· ἀλλ' ἄλοχός τε σόη καὶ παῖδες ὀπίσσω,
καὶ οἶκος καὶ κλῆρος ἀκήρατος, εἴ κεν Ἀχαιοὶ
οἴχωνται σὺν νηυσὶ φίλην ἐς πατρίδα γαῖαν."
   Ὣς εἰπὼν ὤτρυνε μένος καὶ θυμὸν ἑκάστου.   500
Αἴας δ' αὖθ' ἑτέρωθεν ἐκέκλετο οἷς ἑτάροισιν·
"αἰδώς, Ἀργεῖοι. νῦν ἄρκιον ἢ ἀπολέσθαι
ἠὲ σαωθῆναι καὶ ἀπώσασθαι κακὰ νηῶν.
ἦ ἔλπεσθ', ἢν νῆας ἕλῃ κορυθαίολος Ἕκτωρ,
ἐμβαδὸν ἵξεσθαι ἢν πατρίδα γαῖαν ἕκαστος;   505
ἦ οὐκ ὀτρύνοντος ἀκούετε λαὸν ἅπαντα
Ἕκτορος, ὃς δὴ νῆας ἐνιπρῆσαι μενεαίνει;
οὐ μὰν ἔς γε χορὸν κέλετ' ἐλθέμεν, ἀλλὰ μάχεσθαι.
ἡμῖν δ' οὔ τις τοῦδε νόος καὶ μῆτις ἀμείνων,
ἢ αὐτοσχεδίῃ μῖξαι χεῖράς τε μένος τε.   510
βέλτερον, ἢ ἀπολέσθαι ἕνα χρόνον ἠὲ βιῶναι,
ἢ δηθὰ στρεύγεσθαι ἐν αἰνῇ δηϊοτῆτι
ὧδ' αὔτως παρὰ νηυσὶν ὑπ' ἀνδράσι χειροτέροισιν."
   Ὣς εἰπὼν ὤτρυνε μένος καὶ θυμὸν ἑκάστου.
ἔνθ' Ἕκτωρ μὲν ἕλε Σχεδίον, Περιμήδεος υἱόν,   515
ἀρχὸν Φωκήων, Αἴας δ' ἕλε Λαοδάμαντα,
ἡγεμόνα πρυλέων, Ἀντήνορος ἀγλαὸν υἱόν·
Πουλυδάμας δ' Ὦτον Κυλλήνιον ἐξενάριξεν,
Φυλείδεω ἕταρον, μεγαθύμων ἀρχὸν Ἐπειῶν.
τῷ δὲ Μέγης ἐπόρουσεν ἰδών· ὁ δ' ὕπαιθα λιάσθη   520
Πουλυδάμας. καὶ τοῦ μὲν ἀπήμβροτεν· οὐ γὰρ Ἀπόλλων
εἴα Πάνθου υἱὸν ἐνὶ προμάχοισι δαμῆναι·
αὐτὰρ ὅ γε Κροίσμου στῆθος μέσον οὔτασε δουρί.
δούπησεν δὲ πεσών, ὁ δ' ἀπ' ὤμων τεύχε' ἐσύλα.
τόφρα δὲ τῷ ἐπόρουσε Δόλοψ αἰχμῆς εὖ εἰδώς,   525
Λαμπετίδης, ὃν Λάμπος ἐγείνατο φέρτατος ἀνδρῶν,
Λαομεδοντιάδης, εὖ εἰδότα θούριδος ἀλκῆς,
ὃς τότε Φυλείδαο μέσον σάκος οὔτασε δουρὶ
ἐγγύθεν ὁρμηθείς. πυκινὸς δέ οἱ ἤρκεσε θώρηξ,
τόν ῥ' ἐφόρει γυάλοισιν ἀρηρότα· τόν ποτε Φυλεὺς   530

D

ἤγαγεν ἐξ Ἐφύρης, ποταμοῦ ἄπο Σελλήεντος·
ξεῖνος γάρ οἱ ἔδωκεν ἄναξ ἀνδρῶν Εὐφήτης
ἐς πόλεμον φορέειν, δηΐων ἀνδρῶν ἀλεωρήν·
ὅς οἱ καὶ τότε παιδὸς ἀπὸ χροὸς ἤρκεσ' ὄλεθρον.
τοῦ δὲ Μέγης κόρυθος χαλκήρεος ἱπποδασείης   535
κύμβαχον ἀκρότατον νύξ' ἔγχεϊ ὀξυόεντι,
ῥῆξε δ' ἀφ' ἵππειον λόφον αὐτοῦ· πᾶς δὲ χαμᾶζε
κάππεσεν ἐν κονίῃσι, νέον φοίνικι φαεινός.
ἕως ὁ τῷ πολέμιζε μέ<ι>ων, ἔτι δ' ἔλπετο νίκην,
τόφρα δέ οἱ Μενέλαος ἀρήϊος ἦλθεν ἀμύντωρ,   540
στῆ δ' εὐρὰξ σὺν δουρὶ λαθών, βάλε δ' ὦμον ὄπισθεν·
αἰχμὴ δὲ στέρνοιο διέσσυτο μαιμώωσα,
πρόσσω ἱεμένη· ὁ δ' ἄρα πρηνὴς ἐλιάσθη.
τὼ μὲν ἐεισάσθην χαλκήρεα τεύχε' ἀπ' ὤμων
συλήσειν· Ἕκτωρ δὲ κασιγνήτοισι κέλευσεν   545
πᾶσι μάλα, πρῶτον δ' Ἱκεταονίδην ἐνένιπεν
ἴφθιμον Μελάνιππον.   ὁ δ' ὄφρα μὲν εἰλίποδας βοῦς
βόσκ' ἐν Περκώτῃ, δηΐων ἀπονόσφιν ἐόντων·
αὐτὰρ ἐπεὶ Δαναῶν νέες ἤλυθον ἀμφιέλισσαι,
ἂψ εἰς Ἴλιον ἦλθε, μετέπρεπε δὲ Τρώεσσιν,   550
ναῖε δὲ πὰρ Πριάμῳ, ὁ δέ μιν τίεν ἶσα τέκεσσιν.
τόν ῥ' Ἕκτωρ ἐνένιπεν, ἔπος τ' ἔφατ' ἔκ τ' ὀνόμαζεν·
"οὕτω δή, Μελάνιππε, μεθήσομεν; οὐδέ νυ σοί περ
ἐντρέπεται φίλον ἦτορ ἀνεψιοῦ κταμένοιο;
οὐχ ὁράᾳς, οἷον Δόλοπος περὶ τεύχε' ἔπουσιν;   555
ἀλλ' ἕπευ· οὐ γὰρ ἔτ' ἔστιν ἀποσταδὸν Ἀργείοισιν
μάρνασθαι, πρίν γ' ἠὲ κατακτάμεν ἠὲ κατ' ἄκρης
Ἴλιον αἰπεινὴν ἑλέειν κτάσθαι τε πολίτας."
    Ὣς εἰπὼν ὁ μὲν ἦρχ', ὁ δ' ἅμ' ἕσπετο ἰσόθεος φώς.
Ἀργείους δ' ὤτρυνε μέγας Τελαμώνιος Αἴας·   560
"ὦ φίλοι, ἀνέρες ἔστε, καὶ αἰδῶ θέσθ' ἐνὶ θυμῷ,
ἀλλήλους τ' αἰδεῖσθε κατὰ κρατερὰς ὑσμίνας.
αἰδομένων δ' ἀνδρῶν πλέονες σόοι ἠὲ πέφανται·
φευγόντων δ' οὔτ' ἄρ κλέος ὄρνυται οὔτε τις ἀλκή."
    Ὣς ἔφαθ'· οἱ δὲ καὶ αὐτοὶ ἀλέξασθαι μενέαινον,   565
ἐν θυμῷ δ' ἐβάλοντο ἔπος, φράξαντο δὲ νῆας
ἕρκεϊ χαλκείῳ· ἐπὶ δὲ Ζεὺς Τρῶας ἔγειρεν.
Ἀντίλοχον δ' ὤτρυνε βοὴν ἀγαθὸς Μενέλαος·
"Ἀντίλοχ', οὔ τις σεῖο νεώτερος ἄλλος Ἀχαιῶν,

οὔτε ποσὶν θάσσων οὔτ᾽ ἄλκιμος ὡς σὺ μάχεσθαι·
εἴ τινά που Τρώων ἐξάλμενος ἄνδρα βάλοισθα."
  ῝Ως εἰπὼν ὁ μὲν αὖτις ἀπέσσυτο, τὸν δ᾽ ὀρόθυνεν.
ἐκ δ᾽ ἔθορε προμάχων, καὶ ἀκόντισε δουρὶ φαεινῷ
ἀμφὶ ἓ παπτήνας· ὑπὸ δὲ Τρῶες κεκάδοντο
ἀνδρὸς ἀκοντίσσαντος.   ὁ δ᾽ οὐχ ἅλιον βέλος ἧκεν,
ἀλλ᾽ Ἰκετάονος υἱόν, ὑπέρθυμον Μελάνιππον,
νισσόμενον πόλεμόνδε, βάλε στῆθος παρὰ μαζόν.
δούπησεν δὲ πεσών, τὸν δὲ σκότος ὄσσε κάλυψεν.
Ἀντίλοχος δ᾽ ἐπόρουσε κύων ὥς, ὅστ᾽ ἐπὶ νεβρῷ
βλημένῳ ἀΐξῃ, τόντ᾽ ἐξ εὐνῆφι θορόντα
θηρητὴρ ἐτύχησε βαλών, ὑπέλυσε δὲ γυῖα.
ὣς ἐπὶ σοί, Μελάνιππε, θόρ᾽ Ἀντίλοχος μενεχάρμης
τεύχεα συλήσων.   ἀλλ᾽ οὐ λάθεν Ἕκτορα δῖον,
ὅς ῥά οἱ ἀντίος ἦλθε θέων ἀνὰ δηϊοτῆτα.
Ἀντίλοχος δ᾽ οὐ μεῖνε, θοός περ ἐὼν πολεμιστής,
ἀλλ᾽ ὅ γ᾽ ἄρ᾽ ἔτρεσε θηρὶ κακὸν ῥέξαντι ἐοικώς,
ὅστε κύνα κτείνας ἢ βουκόλον ἀμφὶ βόεσσιν
φεύγει πρίν περ ὅμιλον ἀολλισθήμεναι ἀνδρῶν.
ὣς τρέσε Νεστορίδης, ἐπὶ δὲ Τρῶές τε καὶ Ἕκτωρ
ἠχῇ θεσπεσίῃ βέλεα στονόεντα χέοντο.
στῆ δὲ μεταστρεφθείς, ἐπεὶ ἵκετο ἔθνος ἑταίρων.
  Τρῶες δὲ λείουσιν ἐοικότες ὠμοφάγοισιν
νηυσὶν ἐπεσσεύοντο, Διὸς δ᾽ ἐτέλειον ἐφετμάς,
ὅ σφισιν αἰὲν ἔγειρε μένος μέγα, θέλγε δὲ θυμὸν
Ἀργείων καὶ κῦδος ἀπαίνυτο, τοὺς δ᾽ ὀρόθυνεν.
Ἕκτορι γάρ οἱ θυμὸς ἐβούλετο κῦδος ὀρέξαι
Πριαμίδῃ, ἵνα νηυσὶ κορωνίσι θεσπιδαὲς πῦρ
ἐμβάλοι ἀκάματον, Θέτιδος δ᾽ ἐξαίσιον ἀρὴν
πᾶσαν ἐπικρήνειε· τὸ γὰρ μένε μητίετα Ζεύς,
νηὸς καιομένης σέλας ὀφθαλμοῖσιν ἰδέσθαι·
ἐκ γὰρ δὴ τοῦ ἔμελλε παλίωξιν παρὰ νηῶν
θησέμεναι Τρώων, Δαναοῖσι δὲ κῦδος ὀρέξαι.
τὰ φρονέων νήεσσιν ἔπι γλαφυρῇσιν ἔγειρεν
Ἕκτορα Πριαμίδην, μάλα περ μεμαῶτα καὶ αὐτόν.
μαίνετο δ᾽, ὡς ὅτ᾽ Ἄρης ἐγχέσπαλος ἢ ὀλοὸν πῦρ
οὔρεσι μαίνηται, βαθέης ἐν τάρφεσιν ὕλης·
ἀφλοισμὸς δὲ περὶ στόμα γίγνετο, τὼ δέ οἱ ὄσσε
λαμπέσθην βλοσυρῇσιν ὑπ᾽ ὀφρύσιν, ἀμφὶ δὲ πήληξ

570

575

580

585

590

595

600

605

σμερδαλέον κροτάφοισι τινάσσετο μαρναμένοιο
[Ἕκτορος· αὐτὸς γάρ οἱ ἀπ' αἰθέρος ἦεν ἀμύντωρ   610
Ζεύς, ὅς μιν πλεόνεσσι μετ' ἀνδράσι μοῦνον ἐόντα
τίμα καὶ κύδαινε.   μινυνθάδιος γὰρ ἔμελλεν
ἔσσεσθ'· ἤδη γάρ οἱ ἐπώρινε μόρσιμον ἦμαρ
Παλλὰς Ἀθηναίη ὑπὸ Πηλείδαο βίηφιν].
καί ῥ' ἔθελεν ῥῆξαι στίχας ἀνδρῶν πειρητίζων,   615
ᾗ δὴ πλεῖστον ὅμιλον ὅρα καὶ τεύχε' ἄριστα.
ἀλλ' οὐδ' ὣς δύνατο ῥῆξαι, μάλα περ μενεαίνων·
ἴσχον γὰρ πυργηδὸν ἀρηρότες, ἠΰτε πέτρη
ἠλίβατος, μεγάλη, πολιῆς ἁλὸς ἐγγὺς ἐοῦσα,
ἥτε μένει λιγέων ἀνέμων λαιψηρὰ κέλευθα   620
κύματά τε τροφόεντα, τάτε προσερεύγεται αὐτήν·
ὣς Δαναοὶ Τρῶας μένον ἔμπεδον οὐδ' ἐφέβοντο·
αὐτὰρ ὁ λαμπόμενος πυρὶ πάντοθεν ἔνθορ' ὁμίλῳ,
ἐν δ' ἔπεσ', ὡς ὅτε κῦμα θοῇ ἐν νηὶ πέσῃσιν
λάβρον ὑπὸ νεφέων ἀνεμοτρεφές· ἡ δέ τε πᾶσα   625
ἄχνη ὑπεκρύφθη, ἀνέμοιο δὲ δεινὸς ἀήτη
ἱστίῳ ἐμβρέμεται, τρομέουσι δέ τε φρένα ναῦται
δειδιότες· τυτθὸν γὰρ ὑπὲκ θανάτοιο φέρονται·
ὣς ἐδαίζετο θυμὸς ἐνὶ στήθεσσιν Ἀχαιῶν.
αὐτὰρ ὅ γ' ὥστε λέων ὀλοόφρων βουσὶν ἐπελθών,   630
αἵ ῥά τ' ἐν εἰαμενῇ ἕλεος μεγάλοιο νέμονται
μυρίαι, ἐν δέ τε τῇσι νομεὺς οὔ πω σάφα εἰδὼς
θηρὶ μαχήσασθαι ἕλικος βοὸς ἀμφὶ φονῇσιν·
ἤτοι ὁ μὲν πρώτῃσι καὶ ὑστατίῃσι βόεσσιν
αἰὲν ὁμοστιχάει, ὁ δέ τ' ἐν μέσσῃσιν ὀρούσας   635
βοῦν ἔδει, αἱ δέ τε πᾶσαι ὑπέτρεσαν.   ὣς τότ' Ἀχαιοὶ
θεσπεσίως ἐφόβηθεν ὑφ' Ἕκτορι καὶ Διὶ πατρὶ
πάντες, ὁ δ' οἶον ἔπεφνε Μυκηναῖον Περιφήτην,
Κοπρῆος φίλον υἱόν, ὃς Εὐρυσθῆος ἄνακτος
ἀγγελίης οἴχνεσκε βίῃ Ἡρακληείῃ.   640
τοῦ γένετ' ἐκ πατρὸς πολὺ χείρονος υἱὸς ἀμείνων
παντοίας ἀρετάς, ἠμὲν πόδας ἠδὲ μάχεσθαι,
καὶ νόον ἐν πρώτοισι Μυκηναίων ἐτέτυκτο·
ὅς ῥα τόθ' Ἕκτορι κῦδος ὑπέρτερον ἐγγυάλιξεν.
στρεφθεὶς γὰρ μετόπισθεν ἐν ἀσπίδος ἄντυγι πάλτο,   645
τὴν αὐτὸς φορέεσκε ποδηνεκέ', ἕρκος ἀκόντων·
τῇ ὅ γ' ἐνὶ βλαφθεὶς πέσεν ὕπτιος, ἀμφὶ δὲ πήληξ

ομερδαλέον κονάβησε περὶ κροτάφοισι πεσόντος.
Εκτωρ δ᾽ ὀξὺ νόησε. θέων δέ οἱ ἄγχι παρέστη,
στήθεϊ δ᾽ ἐν δόρυ πῆξε, φίλων δέ μιν ἐγγὺς ἑταίρων   650
κτεῖν᾽.   οἱ δ᾽ οὐκ ἐδύναντο καὶ ἀχνύμενοί περ ἑταίρου
χραισμεῖν· αὐτοὶ γὰρ μάλα δείδισαν Ἕκτορα δῖον.
   Εἰσωποὶ δ᾽ ἐγένοντο νεῶν, περὶ δ᾽ ἔσχεθον ἄκραι
νῆες, ὅσαι πρῶται εἰρύατο· τοὶ δ᾽ ἐπέχυντο.
Ἀργεῖοι δὲ νεῶν μὲν ἐχώρησαν καὶ ἀνάγκῃ   655
τῶν πρωτέων, αὐτοῦ δὲ παρὰ κλισίῃσιν ἔμειναν
ἀθρόοι, οὐδ᾽ ἐκέδασθεν ἀνὰ στρατόν· ἴσχε γὰρ αἰδὼς
καὶ δέος· ἀζηχὲς γὰρ ὁμόκλεον ἀλλήλοισιν.
Νέστωρ αὖτε μάλιστα Γερήνιος, οὖρος Ἀχαιῶν,
λίσσεθ᾽ ὑπὲρ τοκέων γουνούμενος ἄνδρα ἕκαστον·   660
‟ ὦ φίλοι, ἀνέρες ἔστε, καὶ αἰδῶ θέσθ᾽ ἐνὶ θυμῷ
ἄλλων ἀνθρώπων, ἐπὶ δὲ μνήσασθε ἕκαστος
παίδων ἠδ᾽ ἀλόχων καὶ κτήσιος ἠδὲ τοκήων,
ἠμὲν ὅτεῳ ζώουσι, καὶ ᾧ κατατεθνήκασιν.
τῶν ὕπερ ἐνθάδ᾽ ἐγὼ γουνάζομαι οὐ παρεόντων   665
ἑστάμεναι κρατερῶς· μηδὲ τρωπᾶσθε φόβονδε.”
   Ὣς εἰπὼν ὤτρυνε μένος καὶ θυμὸν ἑκάστου.
[τοῖσι δ᾽ ἀπ᾽ ὀφθαλμῶν νέφος ἀχλύος ὦσεν Ἀθήνη
θεσπέσιον· μάλα δέ σφι φόως γένετ᾽ ἀμφοτέρωθεν,
ἠμὲν πρὸς νηῶν καὶ ὁμοιίου πολέμοιο.   670
Ἕκτορα δὲ φράσσαντο βοὴν ἀγαθὸν καὶ ἑταίρους,
ἠμὲν ὅσοι μετόπισθεν ἀφέστασαν οὐδ᾽ ἐμάχοντο,
ἠδ᾽ ὅσσοι παρὰ νηυσὶ μάχην ἐμάχοντο θοῇσιν.]
οὐδ᾽ ἄρ᾽ ἔτ᾽ Αἴαντι μεγαλήτορι ἥνδανε θυμῷ
ἑστάμεν, ἔνθα περ ἄλλοι ἀφέστασαν υἷες Ἀχαιῶν·   675
ἀλλ᾽ ὅ γε νηῶν ἴκρι᾽ ἐπῴχετο μακρὰ βιβάσθων,
νώμα δὲ ξυστὸν μέγα ναύμαχον ἐν παλάμῃσιν,
κολλητὸν βλήτροισι, δυωκαιεικοσίπηχυ.
ὡς δ᾽ ὅτ᾽ ἀνὴρ ἵπποισι κελητίζειν εὖ εἰδώς,
ὅστ᾽ ἐπεὶ ἐκ πολέων πίσυρας συναείρεται ἵππους,   680
σεύας ἐκ πεδίοιο μέγα προτὶ ἄστυ δίηται
λαοφόρον καθ᾽ ὁδόν· πολέες τέ ἑ θηήσαντο
ἀνέρες ἠδὲ γυναῖκες· ὁ δ᾽ ἔμπεδον ἀσφαλὲς αἰεὶ
θρώσκων ἄλλοτ᾽ ἐπ᾽ ἄλλον ἀμείβεται, οἱ δὲ πέτονται·
ὣς Αἴας ἐπὶ πολλὰ θοάων ἴκρια νηῶν   685
φοίτα μακρὰ βιβάς, φωνὴ δέ οἱ αἰθέρ᾽ ἵκανεν,

αἰεὶ δὲ σμερδνὸν βοόων Δαναοῖσι κέλευεν
νηυσί τε καὶ κλισίῃσιν ἀμυνέμεν.   οὐδὲ μὲν Ἕκτωρ
μίμνεν ἐνὶ Τρώων ὁμάδῳ πύκα θωρηκτάων·
ἀλλ᾿ ὥστ᾿ ὀρνίθων πετεηνῶν αἰετὸς αἴθων   690
ἔθνος ἐφορμᾶται, ποταμὸν πάρα βοσκομενάων,
χηνῶν ἢ γεράνων ἢ κύκνων δουλιχοδείρων,
ὣς Ἕκτωρ ἴθυσε νεὸς κυανοπρώροιο
ἀντίος ἀΐξας.   τὸν δὲ Ζεὺς ὦσεν ὄπισθεν
χειρὶ μάλα μεγάλῃ, ὤτρυνε δὲ λαὸν ἅμ᾿ αὐτῷ.   695
    Αὖτις δὲ δριμεῖα μάχη παρὰ νηυσὶν ἐτύχθη.
φαίης κ᾿ ἀκμῆτας καὶ ἀτειρέας ἀλλήλοισιν
ἄντεσθ᾿ ἐν πολέμῳ· ὣς ἐσσυμένως ἐμάχοντο.
τοῖσι δὲ μαρναμένοισιν ὅδ᾿ ἦν νόος· ἤτοι Ἀχαιοὶ
οὐκ ἔφασαν φεύξεσθαι ὑπὲκ κακοῦ, ἀλλ᾿ ὀλέεσθαι,   700
Τρωσὶν δ᾿ ἔλπετο θυμὸς ἐνὶ στήθεσσιν ἑκάστου
νῆας ἐνιπρήσειν κτενέειν θ᾿ ἥρωας Ἀχαιούς.
οἱ μὲν τὰ φρονέοντες ἐφέστασαν ἀλλήλοισιν·
Ἕκτωρ δὲ πρύμνης νεὸς ἥψατο ποντοπόροιο,
καλῆς, ὠκυάλου, ἣ Πρωτεσίλαον ἔνεικεν   705
ἐς Τροίην, οὐδ᾿ αὖτις ἀπήγαγε πατρίδα γαῖαν.
τοῦ περ δὴ περὶ νηὸς Ἀχαιοί τε Τρῶές τε
δῄουν ἀλλήλους αὐτοσχεδόν.   οὐδ᾿ ἄρα τοί γε
τόξων ἀϊκὰς ἀμφὶς μένον οὐδέ τ᾿ ἀκόντων,
ἀλλ᾿ οἵ γ᾿ ἐγγύθεν ἱστάμενοι, ἕνα θυμὸν ἔχοντες,   710
ὀξέσι δὴ πελέκεσσι καὶ ἀξίνῃσι μάχοντο
καὶ ξίφεσιν μεγάλοισι καὶ ἔγχεσιν ἀμφιγύοισιν.
πολλὰ δὲ φάσγανα καλά, μελάνδετα, κωπήεντα,
ἄλλα μὲν ἐκ χειρῶν χαμάδις πέσον, ἄλλα δ᾿ ἀπ᾿ ὤμων
ἀνδρῶν μαρναμένων· ῥέε δ᾿ αἵματι γαῖα μέλαινα.   715
Ἕκτωρ δὲ πρύμνηθεν ἐπεὶ λάβεν, οὐχὶ μεθίει
ἄφλαστον μετὰ χερσὶν ἔχων, Τρωσὶν δὲ κέλευεν·
" οἴσετε πῦρ, ἅμα δ᾿ αὐτοὶ ἀολλέες ὄρνυτ᾿ ἀϋτήν.
νῦν ἡμῖν πάντων Ζεὺς ἄξιον ἦμαρ ἔδωκεν,
νῆας ἑλεῖν, αἳ δεῦρο θεῶν ἀέκητι μολοῦσαι   720
ἡμῖν πήματα πολλὰ θέσαν, κακότητι γερόντων,
οἵ μ᾿ ἐθέλοντα μάχεσθαι ἐπὶ πρύμνῃσι νέεσσιν
αὐτόν τ᾿ ἰσχανάασκον ἐρητύοντό τε λαόν.
ἀλλ᾿ εἰ δή ῥα τότε βλάπτε φρένας εὐρύοπα Ζεὺς
ἡμετέρας, νῦν αὐτὸς ἐποτρύνει καὶ ἀνώγει."   725

Ὣς ἔφαθ', οἱ δ' ἄρα μᾶλλον ἐπ' Ἀργείοισιν ὄρουσαν.
Αἴας δ' οὐκέτ' ἔμιμνε· βιάζετο γὰρ βελέεσσιν·
ἀλλ' ἀνεχάζετο τυτθόν, ὀϊόμενος θανέεσθαι,
θρῆνυν ἐφ' ἑπταπόδην, λίπε δ' ἴκρια νηὸς ἐΐσης.
ἔνθ' ἄρ' ὅ γ' ἑστήκει δεδοκημένος, ἔγχεϊ δ' αἰεὶ   730
Τρῶας ἄμυνε νεῶν, ὅστις φέροι ἀκάματον πῦρ.
αἰεὶ δὲ σμερδνὸν βοόων Δαναοῖσι κέλευεν·
"ὦ φίλοι, ἥρωες Δαναοί, θεράποντες Ἄρηος,
ἀνέρες ἔστε, φίλοι, μνήσασθε δὲ θούριδος ἀλκῆς.
ἠέ τινάς φαμεν εἶναι ἀοσσητῆρας ὀπίσσω,   735
ἠέ τι τεῖχος ἄρειον, ὅ κ' ἀνδράσι λοιγὸν ἀμύναι;
οὐ μέν τι σχεδόν ἐστι πόλις πύργοις ἀραρυῖα,
ᾗ κ' ἀπαμυναίμεσθ' ἑτεραλκέα δῆμον ἔχοντες·
ἀλλ' ἐν γὰρ Τρώων πεδίῳ πύκα θωρηκτάων,
πόντῳ κεκλιμένοι, ἑκὰς ἥμεθα πατρίδος αἴης·   740
τῷ ἐν χερσὶ φόως, οὐ μειλιχίῃ πολέμοιο."
Ἦ, καὶ μαιμώων ἔφεπ' ἔγχεϊ ὀξυόεντι.
ὅστις δὲ Τρώων κοίλῃς ἐπὶ νηυσὶ φέροιτο
σὺν πυρὶ κηλείῳ χάριν Ἕκτορος ὀτρύναντος,
τὸν δ' Αἴας οὔτασκε δεδεγμένος ἔγχεϊ μακρῷ.   745
δώδεκα δὲ προπάροιθε νεῶν αὐτοσχεδὸν οὖτα.

Π. 16.

Ὣς οἱ μὲν περὶ νηὸς ἐϋσσέλμοιο μάχοντο·
Πάτροκλος δ' Ἀχιλῆϊ παρίστατο, ποιμένι λαῶν,
δάκρυα θερμὰ χέων ὥστε κρήνη μελάνυδρος,
ἥτε κατ' αἰγίλιπος πέτρης δνοφερὸν χέει ὕδωρ.
τὸν δὲ ἰδὼν ᾤκτειρε ποδάρκης δῖος Ἀχιλλεύς,   5
καί μιν φωνήσας ἔπεα πτερόεντα προσηύδα·
"τίπτε δεδάκρυσαι, Πατρόκλεις, ἠΰτε κούρη
νηπίη, ἥ θ' ἅμα μητρὶ θέουσ' ἀνελέσθαι ἀνώγει,
εἱανοῦ ἁπτομένη, καί τ' ἐσσυμένην κατερύκει,
δακρυόεσσα δέ μιν ποτιδέρκεται, ὄφρ' ἀνέληται·   10
τῇ ἴκελος, Πάτροκλε, τέρεν κατὰ δάκρυον εἴβεις.
ἠέ τι Μυρμιδόνεσσι πιφαύσκεαι, ἦ ἐμοὶ αὐτῷ;
ἠέ τιν' ἀγγελίην Φθίης ἐξ ἔκλυες οἶος;

ζώειν μὰν ἔτι φασὶ Μενοίτιον, Ἄκτορος υἱόν,
ζώει δ' Αἰακίδης Πηλεὺς μετὰ Μυρμιδόνεσσιν,   15
τῶν κε μάλ' ἀμφοτέρων ἀκαχοίμεθα τεθνηώτων.
ἠὲ σύ γ' Ἀργείων ὀλοφύρεαι, ὡς ὀλέκονται
νηυσὶν ἔπι γλαφυρῇσιν ὑπερβασίης ἕνεκα σφῆς;
ἐξαύδα, μὴ κεῦθε νόῳ, ἵνα εἴδυμεν ἄμφω."
    Τὸν δὲ βαρὺ στενάχων προσέφης, Πατρόκλεις ἱππεῦ·   20
"ὦ Ἀχιλεῦ, Πηλέος υἱέ, μέγα φέρτατ' Ἀχαιῶν,
μὴ νεμέσα· τοῖον γὰρ ἄχος βεβίηκεν Ἀχαιούς.
οἱ μὲν γὰρ δὴ πάντες, ὅσοι πάρος ἦσαν ἄριστοι,
ἐν νηυσὶν κέαται βεβλημένοι οὐτάμενοί τε,
βέβληται μὲν ὁ Τυδείδης κρατερὸς Διομήδης,   25
οὔτασται δ' Ὀδυσεὺς δουρικλυτὸς ἠδ' Ἀγαμέμνων,
βέβληται δὲ καὶ Εὐρύπυλος κατὰ μηρὸν ὀϊστῷ.
τοὺς μέν τ' ἰητροὶ πολυφάρμακοι ἀμφιπένονται,
ἕλκε' ἀκειόμενοι· σὺ δ' ἀμήχανος ἔπλευ, Ἀχιλλεῦ.
μὴ ἔμεγ' οὖν οὗτός γε λάβοι χόλος, ὃν σὺ φυλάσσεις,   30
αἰναρέτη.   τί σευ ἄλλος ὀνήσεται ὀψίγονός περ,
αἴ κε μὴ Ἀργείοισιν ἀεικέα λοιγὸν ἀμύνῃς;
νηλεές, οὐκ ἄρα σοί γε πατὴρ ἦν ἱππότα Πηλεύς,
οὐδὲ Θέτις μήτηρ· γλαυκὴ δέ σε τίκτε θάλασσα
πέτραι τ' ἠλίβατοι, ὅτι τοι νόος ἐστὶν ἀπηνής.   35
εἰ δέ τινα φρεσὶ σῇσι θεοπροπίην ἀλεείνεις,
καί τινά τοι πὰρ Ζηνὸς ἐπέφραδε πότνια μήτηρ,
ἀλλ' ἐμέ περ πρόες ὦχ', ἅμα δ' ἄλλον λαὸν ὄπασσον
Μυρμιδόνων, ἤν πού τι φόως Δαναοῖσι γένωμαι.
δὸς δέ μοι ὤμοιϊν τὰ σὰ τεύχεα θωρηχθῆναι,   40
αἴ κ' ἐμὲ σοὶ ἴσκοντες ἀπόσχωνται πολέμοιο
Τρῶες, ἀναπνεύσωσι δ' ἀρήϊοι υἷες Ἀχαιῶν
τειρόμενοι· ὀλίγη δέ τ' ἀνάπνευσις πολέμοιο.
ῥεῖα δέ κ' ἀκμῆτες κεκμηότας ἄνδρας ἀϋτῇ
ὤσαιμεν προτὶ ἄστυ νεῶν ἄπο καὶ κλισιάων."   45
    Ὣς φάτο λισσόμενος μέγα νήπιος· ἦ γὰρ ἔμελλεν
οἷ αὐτῷ θάνατόν τε κακὸν καὶ κῆρα λιτέσθαι.
τὸν δὲ μέγ' ὀχθήσας προσέφη πόδας ὠκὺς Ἀχιλλεύς·
"ὤμοι, διογενὲς Πατρόκλεις, οἷον ἔειπες.
οὔτε θεοπροπίης ἐμπάζομαι, ἥντινα οἶδα,   50
οὔτε τί μοι πὰρ Ζηνὸς ἐπέφραδε πότνια μήτηρ·
ἀλλὰ τόδ' αἰνὸν ἄχος κραδίην καὶ θυμὸν ἱκάνει,

ὁππότε δὴ τὸν ὁμοῖον ἀνὴρ ἐθέλησιν ἀμέρσαι
καὶ γέρας ἂψ ἀφελέσθαι, ὅτε κράτεϊ προβεβήκῃ·
αἰνὸν ἄχος τό μοί ἐστιν, ἐπεὶ πάθον ἄλγεα θυμῷ.   55
κούρην, ἣν ἄρα μοι γέρας ἔξελον υἷες Ἀχαιῶν,
δουρὶ δ' ἐμῷ κτεάτισσα, πόλιν εὐτείχεα πέρσας,
τὴν ἂψ ἐκ χειρῶν ἕλετο κρείων Ἀγαμέμνων
Ἀτρεΐδης ὡς εἴ τιν' ἀτίμητον μετανάστην.
ἀλλὰ τὰ μὲν προτετύχθαι ἐάσομεν· οὐδ' ἄρα πως ἦν   60
ἀσπερχὲς κεχολῶσθαι ἐνὶ φρεσίν· ἤτοι ἔφην γε
οὐ πρὶν μηνιθμὸν καταπαυσέμεν, ἀλλ' ὁπότ' ἂν δὴ
νῆας ἐμὰς ἀφίκηται ἀϋτή τε πτόλεμός τε.
τύνη δ' ὤμοιϊν μὲν ἐμὰ κλυτὰ τεύχεα δῦθι,
ἄρχε δὲ Μυρμιδόνεσσι φιλοπτολέμοισι μάχεσθαι,   65
εἰ δὴ κυάνεον Τρώων νέφος ἀμφιβέβηκεν
νηυσὶν ἐπικρατέως, οἱ δὲ ῥηγμῖνι θαλάσσης
κεκλίαται, χώρης ὀλίγην ἔτι μοῖραν ἔχοντες,
Ἀργεῖοι· Τρώων δὲ πόλις ἐπὶ πᾶσα βέβηκεν
θάρσυνος.   οὐ γὰρ ἐμῆς κόρυθος λεύσσουσι μέτωπον   70
ἐγγύθι λαμπομένης· τάχα κεν φεύγοντες ἐναύλους
πλήσειαν νεκύων, εἴ μοι κρείων Ἀγαμέμνων
ἤπια εἰδείη· νῦν δὲ στρατὸν ἀμφιμάχονται.
οὐ γὰρ Τυδείδεω Διομήδεος ἐν παλάμῃσιν
μαίνεται ἐγχείη Δαναῶν ἀπὸ λοιγὸν ἀμῦναι·   75
οὐδέ πω Ἀτρεΐδεω ὀπὸς ἔκλυον αὐδήσαντος
ἐχθρῆς ἐκ κεφαλῆς· ἀλλ' Ἕκτορος ἀνδροφόνοιο
Τρωσὶ κελεύοντος περιάγνυται, οἱ δ' ἀλαλητῷ
πᾶν πεδίον κατέχουσι, μάχῃ νικῶντες Ἀχαιούς.
ἀλλὰ καὶ ὧς, Πάτροκλε, νεῶν ἀπὸ λοιγὸν ἀμύνων   80
ἔμπεσ' ἐπικρατέως, μὴ δὴ πυρὸς αἰθομένοιο
νῆας ἐνιπρήσωσι, φίλον δ' ἀπὸ νόστον ἕλωνται.
πείθεο δ', ὥς τοι ἐγὼ μύθου τέλος ἐν φρεσὶ θείω,
ὡς ἄν μοι τιμὴν μεγάλην καὶ κῦδος ἄρηαι
πρὸς πάντων Δαναῶν, ἀτὰρ οἱ περικαλλέα κούρην   85
ἂψ ἀπονάσσωσιν, ποτὶ δ' ἀγλαὰ δῶρα πόρωσιν.
ἐκ νηῶν ἐλάσας ἰέναι πάλιν· εἰ δέ κεν αὖ τοι
δώῃ κῦδος ἀρέσθαι ἐρίγδουπος πόσις Ἥρης,
μὴ σύ γ' ἄνευθεν ἐμεῖο λιλαίεσθαι πολεμίζειν
Τρωσὶ φιλοπτολέμοισιν· ἀτιμότερον δέ με θήσεις.   90
μηδ' ἐπαγαλλόμενος πολέμῳ καὶ δηϊοτῆτι,

D 3

Τρῶας ἐναιρόμενος, προτὶ Ἴλιον ἡγεμονεύειν,
μή τις ἀπ' Οὐλύμποιο θεῶν αἰειγενετάων
ἐμβήῃ· μάλα τούς γε φιλεῖ ἑκάεργος Ἀπόλλων·
ἀλλὰ πάλιν τρωπᾶσθαι, ἐπὴν φάος ἐν νήεσσιν   95
θήῃς, τοὺς δέ τ' ἐᾶν πεδίον κάτα δηριάασθαι.
[αἲ γάρ, Ζεῦ τε πάτερ καὶ Ἀθηναίη καὶ Ἄπολλον,
μήτε τις οὖν Τρώων θάνατον φύγοι, ὅσσοι ἔασιν,
μήτε τίς Ἀργείων, νῶϊν δ' ἐκδῦμεν ὄλεθρον,
ὄφρ' οἶοι Τροίης ἱερὰ κρήδεμνα λύωμεν,]"   100
    Ὣς οἱ μὲν τοιαῦτα πρὸς ἀλλήλους ἀγόρευον,
Αἴας δ' οὐκέτ' ἔμιμνε· βιάζετο γὰρ βελέεσσιν.
δάμνα μιν Ζηνός τε νόος καὶ Τρῶες ἀγαυοὶ
βάλλοντες· δεινὴν δὲ περὶ κροτάφοισι φαεινὴ
πήληξ βαλλομένη καναχὴν ἔχε, βάλλετο δ' αἰεὶ   105
κὰπ φάλαρ' εὐποίηθ'.   ὁ δ' ἀριστερὸν ὦμον ἔκαμνεν
ἔμπεδον αἰὲν ἔχων σάκος αἰόλον· οὐδ' ἐδύναντο
ἀμφ' αὐτῷ πελεμίξαι ἐρείδοντες βελέεσσιν.
αἰεὶ δ' ἀργαλέῳ ἔχετ' ἄσθματι, κὰδ δέ οἱ ἱδρὼς
πάντοθεν ἐκ μελέων πολὺς ἔρρεεν, οὐδέ πη εἶχεν   110
ἀμπνεῦσαι· πάντῃ δὲ κακὸν κακῷ ἐστήρικτο.
    Ἔσπετε νῦν μοι, Μοῦσαι, Ὀλύμπια δώματ' ἔχουσαι,
ὅππως δὴ πρῶτον πῦρ ἔμπεσε νηυσὶν Ἀχαιῶν.
Ἕκτωρ Αἴαντος δόρυ μείλινον ἄγχι παραστὰς
πλῆξ' ἄορι μεγάλῳ, αἰχμῆς παρὰ καυλὸν ὄπισθεν,   115
ἀντικρὺ δ' ἀπάραξε· τὸ μὲν Τελαμώνιος Αἴας
πῆλ' αὔτως ἐν χειρὶ κόλον δόρυ, τῆλε δ' ἀπ' αὐτοῦ
αἰχμὴ χαλκείη χαμάδις βόμβησε πεσοῦσα.
γνῶ δ' Αἴας κατὰ θυμὸν ἀμύμονα ῥίγησέν τε
ἔργα θεῶν, ὅ ῥα πάγχυ μάχης ἐπὶ μήδεα κεῖρεν   120
Ζεὺς ὑψιβρεμέτης, Τρώεσσι δὲ βούλετο νίκην·
χάζετο δ' ἐκ βελέων.   τοὶ δ' ἔμβαλον ἀκάματον πῦρ
νηὶ θοῇ· τῆς δ' αἶψα κατ' ἀσβέστη κέχυτο φλόξ.
    Ὣς τὴν μὲν πρύμνην πῦρ ἄμφεπεν· αὐτὰρ Ἀχιλλεὺς
μηρὼ πληξάμενος Πατροκλῆα προσέειπεν·   125
" ὄρσεο, διογενὲς Πατρόκλεις, ἱπποκέλευθε.
λεύσσω δὴ παρὰ νηυσὶ πυρὸς δηΐοιο ἰωήν.
μὴ δὴ νῆας ἕλωσι καὶ οὐκέτι φυκτὰ πέλωνται.
δύσεο τεύχεα θᾶσσον, ἐγὼ δέ κε λαὸν ἀγείρω."
    Ὣς φάτο, Πάτροκλος δὲ κορύσσετο νώροπι χαλκῷ·   130

κνημῖδας μὲν πρῶτα περὶ κνήμῃσιν ἔθηκεν
καλάς, ἀργυρέοισιν ἐπισφυρίοις ἀραρυίας·
δεύτερον αὖ θώρηκα περὶ στήθεσσιν ἔδυνεν
ποικίλον, ἀστερόεντα, ποδώκεος Αἰακίδαο.
ἀμφὶ δ' ἄρ' ὤμοισιν βάλετο ξίφος ἀργυρόηλον, 135
χάλκεον, αὐτὰρ ἔπειτα σάκος μέγα τε στιβαρόν τε.
κρατὶ δ' ἐπ' ἰφθίμῳ κυνέην εὔτυκτον ἔθηκεν,
ἵππουριν· δεινὸν δὲ λόφος καθύπερθεν ἔνευεν.
εἵλετο δ' ἄλκιμα δοῦρε, τά οἱ παλάμηφιν ἀρήρει.
ἔγχος δ' οὐχ ἕλετ' οἶον ἀμύμονος Αἰακίδαο, 140
βριθύ, μέγα, στιβαρόν· τὸ μὲν οὐ δύνατ' ἄλλος Ἀχαιῶν
πάλλειν, ἀλλά μιν οἶος ἐπίστατο πῆλαι Ἀχιλλεύς,
Πηλιάδα μελίην, τὴν πατρὶ φίλῳ πόρε Χείρων
Πηλίου ἐκ κορυφῆς, φόνον ἔμμεναι ἡρώεσσιν.
ἵππους δ' Αὐτομέδοντα θοῶς ζευγνῦμεν ἄνωγεν, 145
τὸν μετ' Ἀχιλλῆα ῥηξήνορα τῖε μάλιστα,
πιστότατος δέ οἱ ἔσκε μάχῃ ἔνι μεῖναι ὁμοκλήν.
τῷ δὲ καὶ Αὐτομέδων ὕπαγε ζυγὸν ὠκέας ἵππους,
Ξάνθον καὶ Βαλίον, τὼ ἅμα πνοιῇσι πετέσθην,
τοὺς ἔτεκε Ζεφύρῳ ἀνέμῳ Ἅρπυια Ποδάργη, 150
βοσκομένη λειμῶνι παρὰ ῥόον Ὠκεανοῖο.
ἐν δὲ παρηορίῃσιν ἀμύμονα Πήδασον ἵει,
τόν ῥά ποτ' Ἠετίωνος ἑλὼν πόλιν ἤγαγ' Ἀχιλλεύς,
ὃς καὶ θνητὸς ἐὼν ἕπεθ' ἵπποις ἀθανάτοισιν.

Μυρμιδόνας δ' ἄρ' ἐποιχόμενος θώρηξεν, Ἀχιλλεὺς 155
πάντας ἀνὰ κλισίας σὺν τεύχεσιν.   οἱ δὲ λύκοι ὡς
ὠμοφάγοι, τοῖσίν τε περὶ φρεσὶν ἄσπετος ἀλκή,
οἵτ' ἔλαφον κεραὸν μέγαν οὔρεσι δῃώσαντες
δάπτουσιν· πᾶσιν δὲ παρήϊον αἵματι φοινόν·
καί τ' ἀγεληδὸν ἴασιν ἀπὸ κρήνης μελανύδρου 160
λάψοντες γλώσσῃσιν ἀραιῇσιν μέλαν ὕδωρ
ἄκρον, ἐρευγόμενοι φόνον αἵματος· ἐν δέ τε θυμὸς
στήθεσιν ἄτρομός ἐστι, περιστένεται δέ τε γαστήρ·
τοῖοι Μυρμιδόνων ἡγήτορες ἠδὲ μέδοντες
ἀμφ' ἀγαθὸν θεράποντα ποδώκεος Αἰακίδαο 165
ῥώοντ'. ἐν δ' ἄρα τοῖσιν ἀρήϊος ἵστατ' Ἀχιλλεὺς
ὀτρύνων ἵππους τε καὶ ἀνέρας ἀσπιδιώτας.
Πεντήκοντ' ἦσαν νῆες θοαί, ᾗσιν Ἀχιλλεὺς
ἐς Τροίην ἡγεῖτο διΐφιλος· ἐν δὲ ἑκάστῃ

πεντήκοντ' ἔσαν ἄνδρες ἐπὶ κληῖσιν ἑταῖροι.   170
πέντε δ' ἄρ' ἡγεμόνας ποιήσατο, τοῖς ἐπεποίθει,
σημαίνειν· αὐτὸς δὲ μέγα κρατέων ἤνασσεν.
τῆς μὲν ἰῆς στιχὸς ἦρχε Μενέσθιος αἰολοθώρηξ,
υἱὸς Σπερχειοῖο διιπετέος ποταμοῖο,
ὃν τέκε Πηλῆος θυγάτηρ, καλὴ Πολυδώρη,   175
Σπερχειῷ ἀκάμαντι, γυνὴ θεῷ εὐνηθεῖσα,
αὐτὰρ ἐπίκλησιν Βώρῳ, Περιήρεος υἱῷ,
ὅς ῥ' ἀναφανδὸν ὄπυιε, πορὼν ἀπερείσια ἕδνα.
τῆς δ' ἑτέρης Εὔδωρος ἀρήϊος ἡγεμόνευεν,
παρθένιος, τὸν ἔτικτε χορῷ καλὴ Πολυμήλη,   180
Φύλαντος θυγάτηρ· τῆς δὲ κρατὺς ἀργειφόντης
ἠράσατ', ὀφθαλμοῖσιν ἰδὼν μετὰ μελπομένῃσιν
ἐν χορῷ Ἀρτέμιδος χρυσηλακάτου, κελαδεινῆς.
αὐτίκα δ' εἰς ὑπερῷ' ἀναβὰς παρελέξατο λάθρῃ
Ἑρμείας ἀκάκητα, πόρεν δέ οἱ ἀγλαὸν υἱὸν   185
Εὔδωρον, πέρι μὲν θείειν ταχὺν ἠδὲ μαχητήν.
αὐτὰρ ἐπειδὴ τόν γε μογοστόκος Εἰλείθυια
ἐξάγαγε πρὸ φόωσδε καὶ ἠελίου ἴδεν αὐγάς,
τὴν μὲν Ἐχεκλῆος κρατερὸν μένος Ἀκτορίδαο
ἠγάγετο πρὸς δώματ', ἐπεὶ πόρε μυρία ἕδνα,   190
τὸν δ' ὁ γέρων Φύλας εὖ ἔτρεφεν ἠδ' ἀτίταλλεν,
ἀμφαγαπαζόμενος ὡς εἴ θ' ἑὸν υἱὸν ἐόντα.
τῆς δὲ τρίτης Πείσανδρος ἀρήϊος ἡγεμόνευεν,
Μαιμαλίδης, ὃς πᾶσι μετέπρεπε Μυρμιδόνεσσιν
ἔγχεϊ μάρνασθαι μετὰ Πηλείωνος ἑταῖρον.   195
τῆς δὲ τετάρτης ἦρχε γέρων ἱππηλάτα Φοῖνιξ,
πέμπτης δ' Ἀλκιμέδων, Λαέρκεος υἱὸς ἀμύμων.
αὐτὰρ ἐπειδὴ πάντας ἅμ' ἡγεμόνεσσιν Ἀχιλλεὺς
στῆσεν ἐῢ κρίνας, κρατερὸν δ' ἐπὶ μῦθον ἔτελλεν·
" Μυρμιδόνες, μή τίς μοι ἀπειλάων λελαθέσθω,   200
ἃς ἐπὶ νηυσὶ θοῆσιν ἀπειλεῖτε Τρώεσσιν
πάνθ' ὑπὸ μηνιθμόν, καί μ' ἠτιάασθε ἕκαστος·
' σχέτλιε Πηλέος υἱέ, χόλῳ ἄρα σ' ἔτρεφε μήτηρ,
νηλεές, ὃς παρὰ νηυσὶν ἔχεις ἀέκοντας ἑταίρους.
οἴκαδέ περ σὺν νηυσὶ νεώμεθα ποντοπόροισιν   205
αὖτις, ἐπεί ῥά τοι ὧδε κακὸς χόλος ἔμπεσε θυμῷ.'
ταῦτά μ' ἀγειρόμενοι θάμ' ἐβάζετε· νῦν δὲ πέφανται
φυλόπιδος μέγα ἔργον, ἧς τὸ πρίν γ' ἐράασθε.

ἔνθα τις ἄλκιμον ἦτορ ἔχων Τρώεσσι μαχέσθω.''

  Ὣς εἰπὼν ὤτρυνε μένος καὶ θυμὸν ἑκάστου.   210
μᾶλλον δὲ στίχες ἄρθεν, ἐπεὶ βασιλῆος ἄκουσαν.
ὡς δ' ὅτε τοῖχον ἀνὴρ ἀράρῃ πυκινοῖσι λίθοισιν
δώματος ὑψηλοῖο, βίας ἀνέμων ἀλεείνων,
ὣς ἄραρον κόρυθές τε καὶ ἀσπίδες ὀμφαλόεσσαι.
ἀσπὶς ἄρ' ἀσπίδ' ἔρειδε, κόρυς κόρυν, ἀνέρα δ' ἀνήρ·   215
ψαῦον δ' ἱππόκομοι κόρυθες λαμπροῖσι φάλοισιν
νευόντων· ὣς πυκνοὶ ἐφέστασαν ἀλλήλοισιν.
πάντων δὲ προπάροιθε δύ' ἀνέρε θωρήσσοντο,
Πάτροκλός τε καὶ Αὐτομέδων, ἕνα θυμὸν ἔχοντες,
πρόσθεν Μυρμιδόνων πολεμιζέμεν. αὐτὰρ Ἀχιλλεὺς   220
βῆ ῥ' ἴμεν ἐς κλισίην, χηλοῦ δ' ἀπὸ πῶμ' ἀνέῳγεν
καλῆς, δαιδαλέης, τήν οἱ Θέτις ἀργυρόπεζα
θῆκ' ἐπὶ νηὸς ἄγεσθαι, ἐῢ πλήσασα χιτώνων
χλαινάων τ' ἀνεμοσκεπέων οὔλων τε ταπήτων.
ἔνθα δέ οἱ δέπας ἔσκε τετυγμένον, οὐδέ τις ἄλλος   225
οὔτ' ἀνδρῶν πίνεσκεν ἀπ' αὐτοῦ αἴθοπα οἶνον,
οὔ τέ τεῳ σπένδεσκε θεῶν, ὅτι μὴ Διὶ πατρί.
τό ῥα τότ' ἐκ χηλοῖο λαβὼν ἐκάθηρε θεείῳ
πρῶτον, ἔπειτα δὲ νίψ' ὕδατος καλῇσι ῥοῇσιν,
νίψατο δ' αὐτὸς χεῖρας, ἀφύσσατο δ' αἴθοπα οἶνον.   230
εὔχετ' ἔπειτα στὰς μέσῳ ἕρκεῖ, λεῖβε δὲ οἶνον
οὐρανὸν εἰσανιδών· Δία δ' οὐ λάθε τερπικέραυνον·
'' Ζεῦ ἄνα, Δωδωναῖε, Πελασγικέ, τηλόθι ναίων,
Δωδώνης μεδέων δυσχειμέρου· ἀμφὶ δὲ Σελλοὶ
σοὶ ναίουσ' ὑποφῆται ἀνιπτόποδες χαμαιεῦναι.   235
ἠμὲν δή ποτ' ἐμὸν ἔπος ἔκλυες εὐξαμένοιο,
τίμησας μὲν ἐμέ, μέγα δ' ἴψαο λαὸν Ἀχαιῶν·
ἠδ' ἔτι καὶ νῦν μοι τόδ' ἐπικρήηνον ἐέλδωρ.
αὐτὸς μὲν γὰρ ἐγὼ μενέω νηῶν ἐν ἀγῶνι,
ἀλλ' ἕταρον πέμπω πολέσιν μετὰ Μυρμιδόνεσσιν   240
μάρνασθαι· τῷ κῦδος ἅμα πρόες, εὐρύοπα Ζεῦ,
θάρσυνον δέ οἱ ἦτορ ἐνὶ φρεσίν, ὄφρα καὶ Ἕκτωρ
εἴσεται, ἦ ῥα καὶ οἶος ἐπίστηται πολεμίζειν
ἡμέτερος θεράπων, ἦ οἱ τότε χεῖρες ἄαπτοι
μαίνονθ', ὁππότ' ἐγώ περ ἴω μετὰ μῶλον Ἄρηος.   245
αὐτὰρ ἐπεί κ' ἀπὸ ναῦφι μάχην ἐνοπήν τε δίηται,
ἀσκηθής μοι ἔπειτα θοὰς ἐπὶ νῆας ἵκοιτο

τεύχεσί τε ξὺν πᾶσι καὶ ἀγχεμάχοις ἑτάροισιν."

    "Ως ἔφατ' εὐχόμενος, τοῦ δ' ἔκλυε μητίετα Ζεύς.
τῷ δ' ἕτερον μὲν ἔδωκε πατήρ, ἕτερον δ' ἀνένευσεν·   250
νηῶν μέν οἱ ἀπώσασθαι πόλεμόν τε μάχην τε
δῶκε, σόον δ' ἀνένευσε μάχης ἐξ ἀπονέεσθαι.

    Ἤτοι ὁ μὲν σπείσας τε καὶ εὐξάμενος Διὶ πατρὶ
ἂψ κλισίην εἰσῆλθε, δέπας δ' ἀπέθηκ' ἐνὶ χηλῷ,
στῆ δὲ πάροιθ' ἐλθὼν κλισίης, ἔτι δ' ἤθελε θυμῷ   255
εἰσιδέειν Τρώων καὶ Ἀχαιῶν φύλοπιν αἰνήν·
οἱ δ' ἅμα Πατρόκλῳ μεγαλήτορι θωρηχθέντες
ἔστιχον, ὄφρ' ἐν Τρωσὶ μέγα φρονέοντες ὄρουσαν.
αὐτίκα δὲ σφήκεσσιν ἐοικότες ἐξεχέοντο
εἰνοδίοις, οὓς παῖδες ἐριδμαίνωσιν ἔθοντες,   260
[αἰεὶ κερτομέοντες ὁδῷ ἔπι οἰκί' ἔχοντας,]
νηπίαχοι· ξυνὸν δὲ κακὸν πολέεσσι τιθεῖσιν.
τοὺς δ' εἴ περ παρά τίς τε κιὼν ἄνθρωπος ὁδίτης
κινήσῃ ἀέκων, οἱ δ' ἄλκιμον ἦτορ ἔχοντες
πρόσσω πᾶς πέτεται καὶ ἀμύνει οἷσι τέκεσσιν.   265
τῶν τότε Μυρμιδόνες κραδίην καὶ θυμὸν ἔχοντες
ἐκ νηῶν ἐχέοντο· βοὴ δ' ἄσβεστος ὀρώρει.
Πάτροκλος δ' ἑτάροισιν ἐκέκλετο μακρὸν ἀΰσας·
"Μυρμιδόνες, ἕταροι Πηληϊάδεω Ἀχιλῆος,
ἀνέρες ἔστε, φίλοι, μνήσασθε δὲ θούριδος ἀλκῆς,   270
ὡς ἂν Πηλείδην τιμήσομεν, ὃς μέγ' ἄριστος
Ἀργείων παρὰ νηυσὶ καὶ ἀγχέμαχοι θεράποντες,
γνῷ δὲ καὶ Ἀτρεΐδης εὐρυκρείων Ἀγαμέμνων
ἣν ἄτην, ὅτ' ἄριστον Ἀχαιῶν οὐδὲν ἔτισεν."

    "Ως εἰπὼν ὤτρυνε μένος καὶ θυμὸν ἑκάστου,   275
ἐν δ' ἔπεσον Τρώεσσιν ἀολλέες· ἀμφὶ δὲ νῆες
σμερδαλέον κονάβησαν ἀϋσάντων ὑπ' Ἀχαιῶν.
Τρῶες δ' ὡς εἴδοντο Μενοιτίου ἄλκιμον υἱόν,
αὐτὸν καὶ θεράποντα, σὺν ἔντεσι μαρμαίροντας,
πᾶσιν ὀρίνθη θυμός, ἐκίνηθεν δὲ φάλαγγες,   280
ἐλπόμενοι παρὰ ναῦφι ποδώκεα Πηλείωνα
μηνιθμὸν μὲν ἀπορρῖψαι, φιλότητα δ' ἑλέσθαι.
πάπτηνεν δὲ ἕκαστος, ὅπῃ φύγοι αἰπὺν ὄλεθρον.

    Πάτροκλος δὲ πρῶτος ἀκόντισε δουρὶ φαεινῷ
ἀντικρὺ κατὰ μέσσον, ὅθι πλεῖστοι κλονέοντο,   285
νηῒ πάρα πρύμνῃ μεγαθύμου Πρωτεσιλάου,

καὶ βάλε Πυραίχμην, ὃς Παίονας ἱπποκορυστὰς
ἤγαγεν ἐξ Ἀμυδῶνος ἀπ' Ἀξιοῦ εὐρυρέοντος.
τὸν βάλε δεξιὸν ὦμον· ὁ δ' ὕπτιος ἐν κονίῃσιν
κάππεσεν οἰμώξας, ἕταροι δέ μιν ἀμφεφόβηθεν   290
Παίονες· ἐν γὰρ Πάτροκλος φόβον ἧκεν ἅπασιν
ἡγεμόνα κτείνας, ὃς ἀριστεύεσκε μάχεσθαι.
ἐκ νηῶν δ' ἔλασεν, κατὰ δ' ἔσβεσεν αἰθόμενον πῦρ.
ἡμιδαὴς δ' ἄρα νηῦς λίπετ' αὐτόθι· τοὶ δ' ἐφόβηθεν
Τρῶες θεσπεσίῳ ὁμάδῳ· Δαναοὶ δ' ἐπέχυντο   295
νῆας ἀνὰ γλαφυράς· ὅμαδος δ' ἀλίαστος ἐτύχθη.
ὡς δ' ὅτ' ἀφ' ὑψηλῆς κορυφῆς ὄρεος μεγάλοιο
κινήσῃ πυκινὴν νεφέλην στεροπηγερέτα Ζεύς,
ἔκ τ' ἔφανεν πᾶσαι σκοπιαὶ καὶ πρώονες ἄκροι
καὶ νάπαι, οὐρανόθεν δ' ἄρ' ὑπερράγη ἄσπετος αἰθήρ, 300
ὣς Δαναοὶ νηῶν μὲν ἀπωσάμενοι δήϊον πῦρ
τυτθὸν ἀνέπνευσαν, πολέμου δ' οὐ γίγνετ' ἐρωή·
οὐ γάρ πώ τι Τρῶες ἀρηϊφίλων ὑπ' Ἀχαιῶν
προτροπάδην φοβέοντο μελαινάων ἀπὸ νηῶν,
ἀλλ' ἔτ' ἄρ' ἀνθίσταντο, νεῶν δ' ὑπόεικον ἀνάγκῃ.   305
    Ἔνθα δ' ἀνὴρ ἕλεν ἄνδρα κεδασθείσης ὑσμίνης
ἡγεμόνων.   πρῶτος δὲ Μενοιτίου ἄλκιμος υἱὸς
αὐτίκ' ἄρα στρεφθέντος Ἀρηϊλύκου βάλε μηρὸν
ἔγχεϊ ὀξυόεντι, διαπρὸ δὲ χαλκὸν ἔλασσεν·
ῥῆξεν δ' ὀστέον ἔγχος, ὁ δὲ πρηνὴς ἐπὶ γαίῃ   310
κάππεσ'.   ἀτὰρ Μενέλαος ἀρήϊος οὗτα Θόαντα
στέρνον γυμνωθέντα παρ' ἀσπίδα, λῦσε δὲ γυῖα.
Φυλείδης δ' Ἀμφικλον ἐφορμηθέντα δοκεύσας
ἔφθη ὀρεξάμενος πρυμνὸν σκέλος, ἔνθα πάχιστος
μυῶν ἀνθρώπου πέλεται· περὶ δ' ἔγχεος αἰχμῇ   315
νεῦρα διεσχίσθη, τὸν δὲ σκότος ὄσσε κάλυψεν.
Νεστορίδαι δ' ὁ μὲν οὔτασ' Ἀτύμνιον ὀξέϊ δουρὶ
Ἀντίλοχος, λαπάρης δὲ διήλασε χάλκεον ἔγχος·
ἤριπε δὲ προπάροιθε.   Μάρις δ' αὐτοσχεδὰ δουρὶ
Ἀντιλόχῳ ἐπόρουσε κασιγνήτοιο χολωθείς,   320
στὰς πρόσθεν νέκυος· τοῦ δ' ἀντίθεος Θρασυμήδης
ἔφθη ὀρεξάμενος πρὶν οὐτάσαι, οὐδ' ἀφάμαρτεν,
ὦμον ἄφαρ· πρυμνὸν δὲ βραχίονα δουρὸς ἀκωκὴ
δρύψ' ἀπὸ μυώνων, ἀπὸ δ' ὀστέον ἄχρις ἄραξεν.
δούπησεν δὲ πεσών, κατὰ δὲ σκότος ὄσσε κάλυψεν.   325

ὡς τὼ μὲν δοιοῖσι κασιγνήτοισι δαμέντε
βήτην εἰς Ἔρεβος, Σαρπηδόνος ἐσθλοὶ ἑταῖροι,
υἷες ἀκοντισταὶ Ἀμισωδάρου, ὅς ῥα Χίμαιραν
θρέψεν ἀμαιμακέτην, πολέσιν κακὸν ἀνθρώποισιν.
Αἴας δὲ Κλεόβουλον Ὀϊλιάδης ἐπορούσας　　　　330
ζωὸν ἕλε, βλαφθέντα κατὰ κλόνον· ἀλλά οἱ αὖθι
λῦσε μένος, πλήξας ξίφει αὐχένα κωπήεντι.
πᾶν δ' ὑπεθερμάνθη ξίφος αἵματι· τὸν δὲ κατ' ὄσσε
ἔλλαβε πορφύρεος θάνατος καὶ Μοῖρα κραταιή.
Πηνέλεως δὲ Λύκων τε συνέδραμον· ἔγχεσι μὲν γὰρ　　　335
ἤμβροτον ἀλλήλων, μέλεον δ' ἠκόντισαν ἄμφω·
τὼ δ' αὖτις ξιφέεσσι συνέδραμον. ἔνθα Λύκων μὲν
ἱπποκόμου κόρυθος φάλον ἤλασεν, ἀμφὶ δὲ καυλὸν
φάσγανον ἐρραίσθη· ὁ δ' ὑπ' οὔατος αὐχένα θεῖνεν
Πηνέλεως, πᾶν δ' εἴσω ἔδυ ξίφος, ἔσχεθε δ' οἶον　　　340
δέρμα, παρηέρθη δὲ κάρη, ὑπέλυντο δὲ γυῖα.
Μηριόνης δ' Ἀκάμαντα κιχεὶς ποσὶ καρπαλίμοισιν
νύξ' ἵππων ἐπιβησόμενον κατὰ δεξιὸν ὦμον·
ἤριπε δ' ἐξ ὀχέων, κατὰ δ' ὀφθαλμῶν μέχυτ' ἀχλύς.
Ἰδομενεὺς δ' Ἐρύμαντα κατὰ στόμα νηλέϊ χαλκῷ　　　345
νύξε· τὸ δ' ἀντικρὺ δόρυ χάλκεον ἐξεπέρησεν
νέρθεν ὑπ' ἐγκεφάλοιο, κέασσε δ' ἄρ' ὀστέα λευκά·
ἐκ δ' ἐτίναχθεν ὀδόντες, ἐνέπλησθεν δέ οἱ ἄμφω
αἵματος ὀφθαλμοί· τὸ δ' ἀνὰ στόμα καὶ κατὰ ῥῖνας
πρῆσε χανών· θανάτου δὲ μέλαν νέφος ἀμφεκάλυψεν.　　350
　Οὗτοι ἄρ' ἡγεμόνες Δαναῶν ἕλον ἄνδρα ἕκαστος.
ὡς δὲ λύκοι ἄρνεσσιν ἐπέχραον ἠ ἐρίφοισιν
σίνται, ὑπὲκ μήλων αἱρεύμενοι, αἵτ' ἐν ὄρεσσιν
ποιμένος ἀφραδίῃσι διέτμαγεν· οἱ δὲ ἰδόντες
αἶψα διαρπάζουσιν ἀνάλκιδα θυμὸν ἐχούσας·　　　355
ὡς Δαναοὶ Τρώεσσιν ἐπέχραον. οἱ δὲ φόβοιο
δυσκελάδου μνήσαντο, λάθοντο δὲ θούριδος ἀλκῆς.
　Αἴας δ' ὁ μέγας αἰὲν ἐφ' Ἕκτορι χαλκοκορυστῇ
ἵετ' ἀκοντίσσαι· ὁ δὲ ἰδρείῃ πολέμοιο,
ἀσπίδι ταυρείῃ κεκαλυμμένος εὐρέας ὤμους,　　　360
σκέπτετ' ὀιστῶν τε ῥοῖζον καὶ δοῦπον ἀκόντων.
ἦ μὲν δὴ γίγνωσκε μάχης ἑτεραλκέα νίκην·
ἀλλὰ καὶ ὣς ἀνέμιμνε, σάω δ' ἐρίηρας ἑταίρους.
　Ὡς δ' ὅτ' ἀπ' Οὐλύμπου νέφος ἔρχεται οὐρανὸν εἴσω

αἰθέρος ἐκ δίης, ὅτε τε Ζεὺς λαίλαπα τείνῃ, 365
ὡς τῶν ἐκ νηῶν γένετο ἰαχή τε φόβος τε,
οὐδὲ κατὰ μοῖραν πέραον πάλιν. Ἕκτορα δ' ἵπποι
ἔκφερον ὠκύποδες σὺν τεύχεσι, λεῖπε δὲ λαὸν
Τρωϊκόν, οὓς ἀέκοντας ὀρυκτὴ τάφρος ἔρυκεν.
πολλοὶ δ' ἐν τάφρῳ ἐρυσάρματες ὠκέες ἵπποι 370
ἄξαντ' ἐν πρώτῳ ῥυμῷ λίπον ἅρματ' ἀνάκτων.
Πάτροκλος δ' ἕπετο σφεδανὸν Δαναοῖσι κελεύων,
Τρωσὶ κακὰ φρονέων. οἱ δὲ ἰαχῇ τε φόβῳ τε
πάσας πλῆσαν ὁδούς, ἐπεὶ ἂρ τμάγεν· ὕψι δ' ἄελλα
σκίδναθ' ὑπὸ νεφέων, τανύοντο δὲ μώνυχες ἵπποι 375
ἄψορρον προτὶ ἄστυ νεῶν ἄπο καὶ κλισιάων.
Πάτροκλος δ' ᾗ πλεῖστον ὀρινόμενον ἴδε λαόν,
τῇ ῥ' ἔχ' ὁμοκλήσας· ὑπὸ δ' ἄξοσι φῶτες ἔπιπτον
πρηνέες ἐξ ὀχέων, δίφροι δ' ἀνακυμβαλίαζον.
ἀντικρὺ δ' ἄρα τάφρον ὑπέρθορον ὠκέες ἵπποι 380
[ἄμβροτοι, οὓς Πηλῆϊ θεοὶ δόσαν ἀγλαὰ δῶρα,]
πρόσσω ἱέμενοι, ἐπὶ δ' Ἕκτορι κέκλετο θυμός·
ἵετο γὰρ βαλέειν· τὸν δ' ἔκφερον ὠκέες ἵπποι.
ὡς δ' ὑπὸ λαίλαπι πᾶσα κελαινὴ βέβριθε χθὼν
ἤματ' ὀπωρινῷ, ὅτε λαβρότατον χέει ὕδωρ 385
Ζεύς, ὅτε δή ῥ' ἄνδρεσσι κοτεσσάμενος χαλεπήνῃ,
οἳ βίῃ εἰν ἀγορῇ σκολιὰς κρίνωσι θέμιστας,
ἐκ δὲ δίκην ἐλάσωσι, θεῶν ὄπιν οὐκ ἀλέγοντες·
τῶν δέ τε πάντες μὲν ποταμοὶ πλήθουσι ῥέοντες,
πολλὰς δὲ κλιτῦς τότ' ἀποτμήγουσι χαράδραι, 390
ἐς δ' ἅλα πορφυρέην μεγάλα στενάχουσι ῥέουσαι
ἐξ ὀρέων ἐπὶ κάρ, μινύθει δέ τε ἔργ' ἀνθρώπων·
ὣς ἵπποι Τρῳαὶ μεγάλα στενάχοντο θέουσαι.
 Πάτροκλος δ' ἐπεὶ οὖν πρώτας ἐπέκερσε φάλαγγας,
ἂψ ἐπὶ νῆας ἔεργε παλιμπετές, οὐδὲ πόληος 395
εἴα ἱεμένους ἐπιβαινέμεν, ἀλλὰ μεσηγὺς
νηῶν καὶ ποταμοῦ καὶ τείχεος ὑψηλοῖο
κτεῖνε μεταΐσσων, πολέων δ' ἀπετίνυτο ποινήν.
ἔνθ' ἤτοι Πρόνοον πρῶτον βάλε δουρὶ φαεινῷ,
στέρνον γυμνωθέντα παρ' ἀσπίδα, λῦσε δὲ γυῖα· 400
δούπησεν δὲ πεσών. ὁ δὲ Θέστορα, Ἤνοπος υἱόν,
δεύτερον ὁρμηθείς—ὁ μὲν εὐξέστῳ ἐνὶ δίφρῳ
ἧστο ἀλείς· ἐκ γὰρ πλήγη φρένας, ἐκ δ' ἄρα χειρῶν

ἡνία ἤῐχθησαν· ὁ δ' ἔγχεϊ νύξε παραστὰς
γναθμὸν δεξιτερόν, διὰ δ' αὐτοῦ πεῖρεν ὀδόντων,   405
ἕλκε δὲ δουρὸς ἑλὼν ὑπὲρ ἄντυγος, ὡς ὅτε τις φὼς
πέτρῃ ἔπι προβλῆτι καθήμενος ἱερὸν ἰχθὺν
ἐκ πόντοιο θύραζε λίνῳ καὶ ἤνοπι χαλκῷ.
ὣς ἕλκ' ἐκ δίφροιο κεχηνότα δουρὶ φαεινῷ,
κὰδ δ' ἄρ' ἐπὶ στόμ' ἔωσε· πεσόντα δέ μιν λίπε θυμός.   410
αὐτὰρ ἔπειτ' Ἐρύλαον ἐπεσσύμενον βάλε πέτρῳ
μέσσην κὰκ κεφαλήν· ἡ δ' ἄνδιχα πᾶσα κεάσθη
ἐν κόρυθι βριαρῇ· ὁ δ' ἄρα πρηνὴς ἐπὶ γαίῃ
κάππεσεν, ἀμφὶ δέ μιν θάνατος χύτο θυμοραϊστής.
αὐτὰρ ἔπειτ' Ἐρύμαντα καὶ Ἀμφοτερὸν καὶ Ἐπάλτην   415
Τληπόλεμόν τε Δαμαστορίδην Ἐχίον τε Πύριν τε
Ἰφέα τ' Εὔιππόν τε καὶ Ἀργεάδην Πολύμηλον
πάντας ἐπασσυτέρους πέλασε χθονὶ πουλυβοτείρῃ.

  Σαρπηδὼν δ' ὡς οὖν ἴδ' ἀμιτροχίτωνας ἑταίρους
χέρσ' ὕπο Πατρόκλοιο Μενοιτιάδαο δαμέντας,   420
κέκλετ' ἄρ' ἀντιθέοισι καθαπτόμενος Λυκίοισιν·
" αἰδώς, ὦ Λύκιοι.   πόσε φεύγετε; νῦν θοοὶ ἔστε·
ἀντήσω γὰρ ἐγὼ τοῦδ' ἀνέρος, ὄφρα δαείω,
ὅστις ὅδε κρατέει καὶ δὴ κακὰ πολλὰ ἔοργεν
Τρῶας, ἐπεὶ πολλῶν τε καὶ ἐσθλῶν γούνατ' ἔλυσεν."   425
  Ἦ ῥα, καὶ ἐξ ὀχέων σὺν τεύχεσιν ἆλτο χαμᾶζε.
Πάτροκλος δ' ἑτέρωθεν, ἐπεὶ ἴδεν, ἔκθορε δίφρου.
οἱ δ', ὥστ' αἰγυπιοὶ γαμψώνυχες ἀγκυλοχεῖλαι
πέτρῃ ἐφ' ὑψηλῇ μεγάλα κλάζοντε μάχωνται,
ὣς οἱ κεκληγῶτες ἐπ' ἀλλήλοισιν ὄρουσαν.   430
τοὺς δὲ ἰδὼν ἐλέησε Κρόνου παῖς ἀγκυλομήτεω,
Ἥρην δὲ προσέειπε κασιγνήτην ἄλοχόν τε·
" ὤμοι ἐγών, ὅτε μοι Σαρπηδόνα, φίλτατον ἀνδρῶν,
μοῖρ' ὑπὸ Πατρόκλοιο Μενοιτιάδαο δαμῆναι.
διχθὰ δέ μοι κραδίη μέμονε φρεσὶν ὁρμαίνοντι,   435
ἤ μιν ζωὸν ἐόντα μάχης ἄπο δακρυοέσσης
θείω ἀναρπάξας Λυκίης ἐν πίονι δήμῳ,
ἦ ἤδη ὑπὸ χερσὶ Μενοιτιάδαο δαμάσσω."
  Τὸν δ' ἠμείβετ' ἔπειτα βοῶπις πότνια Ἥρη·
" αἰνότατε Κρονίδη, ποῖον τὸν μῦθον ἔειπες;   140
ἄνδρα θνητὸν ἐόντα, πάλαι πεπρωμένον αἴσῃ,
ἂψ ἐθέλεις θανάτοιο δυσηχέος ἐξαναλῦσαι;

ἔρδ᾽· ἀτὰρ οὔ τοι πάντες ἐπαινέομεν θεοὶ ἄλλοι.
ἄλλο δέ τοι ἐρέω, σὺ δ᾽ ἐνὶ φρεσὶ βάλλεο σῇσιν.
αἴ κε ζῶν πέμψῃς Σαρπηδόνα ὅνδε δόμονδε,   445
φράζεο, μή τις ἔπειτα θεῶν ἐθέλῃσι καὶ ἄλλος
πέμπειν ὃν φίλον υἱὸν ἀπὸ κρατερῆς ὑσμίνης·
πολλοὶ γὰρ περὶ ἄστυ μέγα Πριάμοιο μάχονται
υἱέες ἀθανάτων, τοῖσιν κότον αἰνὸν ἐνήσεις·
ἀλλ᾽ εἴ τοι φίλος ἐστί, τεὸν δ᾽ ὀλοφύρεται ἦτορ,   450
ἤτοι μέν μιν ἔασον ἐνὶ κρατερῇ ὑσμίνῃ
χέρσ᾽ ὕπο Πατρόκλοιο Μενοιτιάδαο δαμῆναι·
αὐτὰρ ἐπὴν δὴ τόν γε λίπῃ ψυχή τε καὶ αἰών,
πέμπειν μιν Θάνατόν τε φέρειν καὶ νήδυμον Ὕπνον,
εἰς ὅ κε δὴ Λυκίης εὐρείης δῆμον ἵκωνται,   455
ἔνθα ἑ ταρχύσουσι κασίγνητοί τε ἔται τε
τύμβῳ τε στήλῃ τε· τὸ γὰρ γέρας ἐστί θανόντων.”
    Ὣς ἔφατ᾽, οὐδ᾽ ἀπίθησε πατὴρ ἀνδρῶν τε θεῶν τε.
αἱματοέσσας δὲ ψιάδας κατέχευεν ἔραζε
παῖδα φίλον τιμῶν, τόν οἱ Πάτροκλος ἔμελλεν   460
φθίσειν ἐν Τροίῃ ἐριβώλακι, τηλόθι πάτρης.
    Οἱ δ᾽ ὅτε δὴ σχεδὸν ἦσαν ἐπ᾽ ἀλλήλοισιν ἰόντες,
ἔνθ᾽ ἤτοι Πάτροκλος ἀγακλειτὸν Θρασύδημον,
ὅς ῥ᾽ ἠὺς θεράπων Σαρπηδόνος ἦεν ἄνακτος,
τὸν βάλε νείαιραν κατὰ γαστέρα, λῦσε δὲ γυῖα·   465
Σαρπηδὼν δ᾽ αὐτοῦ μὲν ἀπήμβροτε δουρὶ φαεινῷ
δεύτερος ὁρμηθείς, ὁ δὲ Πήδασον οὔτασεν ἵππον
ἔγχεϊ δεξιὸν ὦμον· ὁ δ᾽ ἔβραχε θυμὸν ἀΐσθων,
κὰδ δ᾽ ἔπεσ᾽ ἐν κονίῃσι μακών, ἀπὸ δ᾽ ἔπτατο θυμος.
τὼ δὲ διαστήτην, κρίκε δὲ ζυγόν, ἡνία δέ σφιν   470
σύγχυτ᾽, ἐπειδὴ κεῖτο παρήορος ἐν κονίῃσιν.
τοῖο μὲν Αὐτομέδων δουρικλυτὸς εὕρετο τέκμωρ·
σπασσάμενος τανύηκες ἄορ παχέος παρὰ μηροῦ,
ἀΐξας ἀπέκοψε παρήορον, οὐδ᾽ ἐμάτησεν·
τὼ δ᾽ ἰθυνθήτην, ἐν δὲ ῥυτῆρσι τάνυσθεν.   475
τὼ δ᾽ αὖτις συνίτην ἔριδος πέρι θυμοβόροιο.
    Ἔνθ᾽ αὖ Σαρπηδὼν μὲν ἀπήμβροτε δουρὶ φαεινῷ,
Πατρόκλου δ᾽ ὑπὲρ ὦμον ἀριστερὸν ἦλυθ᾽ ἀκωκὴ
ἔγχεος, οὐδ᾽ ἔβαλ᾽ αὐτόν· ὁ δ᾽ ὕστερος ὥρνυτο χαλκῷ
Πάτροκλος· τοῦ δ᾽ οὐχ ἅλιον βέλος ἔκφυγε χειρός,   480
ἀλλ᾽ ἔβαλ᾽, ἔνθ᾽ ἄρα τε φρένες ἔρχαται ἀμφ᾽ ἀδινὸν κῆρ.

ἤριπε δ', ὡς ὅτε τις δρῦς ἤριπεν ἢ ἀχερωῒς
ἠὲ πίτυς βλωθρή, τήντ' οὔρεσι τέκτονες ἄνδρες
ἐξέταμον πελέκεσσι νεήκεσι νήϊον εἶναι·
ὡς ὁ πρόσθ' ἵππων καὶ δίφρου κεῖτο τανυσθείς,   485
βεβρυχώς, κόνιος δεδραγμένος αἱματοέσσης.
ἠΰτε ταῦρον ἔπεφνε λέων ἀγέληφι μετελθών,
αἴθωνα, μεγάθυμον, ἐν εἰλιπόδεσσι βόεσσιν,
ὤλετό τε στενάχων ὑπὸ γαμφηλῇσι λέοντος,
ὡς ὑπὸ Πατρόκλῳ Λυκίων ἀγὸς ἀσπιστάων   490
κτεινόμενος μενέαινε, φίλον δ' ὀνόμηνεν ἑταῖρον·
"Γλαῦκε πέπον, πολεμιστὰ μετ' ἀνδράσι, νῦν σε μάλα χρὴ
αἰχμητήν τ' ἔμεναι καὶ θαρσαλέον πολεμιστήν.
νῦν τοι ἐελδέσθω πόλεμος κακός, εἰ θοός ἐσσι.
πρῶτα μὲν ὄτρυνον Λυκίων ἡγήτορας ἄνδρας   495
πάντη ἐποιχόμενος Σαρπηδόνος ἀμφιμάχεσθαι·
αὐτὰρ ἔπειτα καὶ αὐτὸς ἐμεῦ περιμάρναο χαλκῷ.
σοὶ γὰρ ἐγὼ καὶ ἔπειτα κατηφείη καὶ ὄνειδος
ἔσσομαι ἤματα πάντα διαμπερές, εἴ κέ μ' Ἀχαιοὶ
τεύχεα συλήσωσι νεῶν ἐν ἀγῶνι πεσόντα.   500
ἀλλ' ἔχεο κρατερῶς, ὄτρυνε δὲ λαὸν ἄπαντα."
῝Ως ἄρα μιν εἰπόντα τέλος θανάτοιο κάλυψεν
ὀφθαλμοὺς ῥῖνάς θ'. ὁ δὲ λὰξ ἐν στήθεσι βαίνων
ἐκ χροὸς ἕλκε δόρυ, προτὶ δὲ φρένες αὐτῷ ἕποντο·
τοῖο δ' ἅμα ψυχήν τε καὶ ἔγχεος ἐξέρυσ' αἰχμήν.   505
Μυρμιδόνες δ' αὐτοῦ σχέθον ἵππους φυσιόωντας,
ἱεμένους φοβέεσθαι, ἐπεὶ λίπον ἅρματ' ἀνάκτων.
Γλαύκῳ δ' αἰνὸν ἄχος γένετο φθογγῆς ἀΐοντι.
ὠρίνθη δέ οἱ ἦτορ, ὅτ' οὐ δύνατο προσαμῦναι.
χειρὶ δ' ἑλὼν ἐπίεζε βραχίονα· τεῖρε γὰρ αὐτὸν   510
ἕλκος, ὃ δή μιν Τεῦκρος ἐπεσσύμενον βάλεν ἰῷ
τείχεος ὑψηλοῖο, ἀρὴν ἑτάροισιν ἀμύνων.
εὐχόμενος δ' ἄρα εἶπεν ἑκηβόλῳ Ἀπόλλωνι·
"κλῦθι, ἄναξ, ὅς που Λυκίης ἐν πίονι δήμῳ
εἶς ἢ ἐνὶ Τροίῃ· δύνασαι δὲ σὺ πάντοσ' ἀκούειν   515
ἀνέρι κηδομένῳ, ὡς νῦν ἐμὲ κῆδος ἱκάνει.
ἕλκος μὲν γὰρ ἔχω τόδε καρτερόν, ἀμφὶ δέ μοι χεὶρ
ὀξείῃς ὀδύνῃσιν ἐλήλαται, οὐδέ μοι αἷμα
τερσῆναι δύναται, βαρύθει δέ μοι ὦμος ὑπ' αὐτοῦ·
ἔγχος δ' οὐ δύναμαι σχεῖν ἔμπεδον, οὐδὲ μάχεσθαι   520

ἐλθὼν δυσμενέεσσιν.   ἀνὴρ δ' ὤριστος ὄλωλεν,
Σαρπηδών, Διὸς υἱός· ὁ δ' οὐδ' οὗ παιδὸς ἀμύνει.
ἀλλὰ σύ πέρ μοι, ἄναξ, τόδε καρτερὸν ἕλκος ἄκεσσαι,
κοίμησον δ' ὀδύνας, δὸς δὲ κράτος, ὄφρ ἑτάροισιν
κεκλόμενος Λυκίοισιν ἐποτρύνω πολεμίζειν,   525
αὐτός τ' ἀμφὶ νέκυι κατατεθνηῶτι μάχωμαι."
    Ὣς ἔφατ' εὐχόμενος, τοῦ δ' ἔκλυε Φοῖβος Ἀπόλλων.
αὐτίκα παῦσ' ὀδύνας, ἀπὸ δ' ἕλκεος ἀργαλέοιο
αἷμα μέλαν τέρσηνε, μένος δέ οἱ ἔμβαλε θυμῷ.
Γλαῦκος δ' ἔγνω ᾗσιν ἐνὶ φρεσὶ γήθησέν τε,   530
ὅττι οἱ ὦκ' ἤκουσε μέγας θεὸς εὐξαμένοιο.
πρῶτα μὲν ὤτρυνεν Λυκίων ἡγήτορας ἄνδρας
πάντη ἐποιχόμενος Σαρπηδόνος ἀμφιμάχεσθαι.
αὐτὰρ ἔπειτα μετὰ Τρῶας κίε μακρὰ βιβάσθων,
Πουλυδάμαντ' ἔπι Πανθοΐδην καὶ Ἀγήνορα δῖον,   535
βῆ δὲ μετ' Αἰνείαν τε καὶ Ἕκτορα χαλκοκορυστήν.
ἀγχοῦ δ' ἱστάμενος ἔπεα πτερόεντα προσηύδα·
"Ἕκτορ, νῦν δὴ πάγχυ λελασμένος εἷς ἐπικούρων,
οἳ σέθεν εἵνεκα τῆλε φίλων καὶ πατρίδος αἴης
θυμὸν ἀποφθινύθουσι· σὺ δ' οὐκ ἐθέλεις ἐπαμύνειν.   540
κεῖται Σαρπηδών, Λυκίων ἀγὸς ἀσπιστάων,
ὃς Λυκίην εἴρυτο δίκῃσί τε καὶ σθένεϊ ᾧ·
τὸν δ' ὑπὸ Πατρόκλῳ δάμασ' ἔγχεϊ χάλκεος Ἄρης.
ἀλλά, φίλοι, πάρστητε, νεμεσσήθητε δὲ θυμῷ,
μὴ ἀπὸ τεύχε' ἕλωνται, ἀεικίσσωσι δὲ νεκρὸν   545
Μυρμιδόνες, Δαναῶν κεχολωμένοι ὅσσοι ὄλοντο,
τοὺς ἐπὶ νηυσὶ θοῇσιν ἐπέφνομεν ἐγχείῃσιν"
    Ὣς ἔφατο· Τρῶας δὲ κατὰ κρῆθεν λάβε πένθος
ἄσχετον, οὐκ ἐπιεικτόν, ἐπεί σφισιν ἔρμα πόληος
ἔσκε καὶ ἀλλοδαπός περ ἐών· πολέες γὰρ ἅμ' αὐτῷ   550
λαοὶ ἕποντ', ἐν δ' αὐτὸς ἀριστεύεσκε μάχεσθαι.
βὰν δ' ἰθὺς Δαναῶν λελιημένοι· ἦρχε δ' ἄρα σφιν
Ἕκτωρ χωόμενος Σαρπηδόνος.   αὐτὰρ Ἀχαιοὺς
ὦρσε Μενοιτιάδεω Πατροκλῆος λάσιον κῆρ.
Αἴαντε πρώτω προσέφη, μεμαῶτε καὶ αὐτώ·   555
"Αἴαντε, νῦν σφῶϊν ἀμύνεσθαι φίλον ἔστω,
οἷοί περ πάρος ἦτε μετ' ἀνδράσιν, ἢ καὶ ἀρείους.
κεῖται ἀνήρ, ὃς πρῶτος ἐσήλατο τεῖχος Ἀχαιῶν,
Σαρπηδών, ἀλλ' εἴ μιν ἀεικισσαίμεθ' ἑλόντες,

τεύχεά τ' ὤμοιϊν ἀφελοίμεθα, καί τιν' ἑταίρων   560
αὐτοῦ ἀμυνομένων δαμασαίμεθα νηλέϊ χαλκῷ."
Ὣς ἔφαθ'· οἱ δὲ καὶ αὐτοὶ ἀλέξασθαι μενέαινον.
οἱ δ' ἐπεὶ ἀμφοτέρωθεν ἐκαρτύναντο φάλαγγας,
Τρῶες καὶ Λύκιοι καὶ Μυρμιδόνες καὶ Ἀχαιοί,
σύμβαλον ἀμφὶ νέκυι κατατεθνηῶτι μάχεσθαι   565
δεινὸν ἀΰσαντες· μέγα δ' ἔβραχε τεύχεα φωτῶν·
Ζεὺς δ' ἐπὶ νύκτ' ὀλοὴν τάνυσε κρατερῇ ὑσμίνῃ,
ὄφρα φίλῳ περὶ παιδὶ μάχης ὀλοὸς πόνος εἴη.
Ὦσαν δὲ πρότεροι Τρῶες ἑλίκωπας Ἀχαιούς·
βλῆτο γὰρ οὔ τι κάκιστος ἀνὴρ μετὰ Μυρμιδόνεσσιν,   570
υἱὸς Ἀγακλῆος μεγαθύμου, δῖος Ἐπειγεύς,
ὅς ῥ' ἐν Βουδείῳ εὐναιομένῳ ἤνασσεν
τὸ πρίν· ἀτὰρ τότε γ' ἐσθλὸν ἀνεψιὸν ἐξεναρίξας
ἐς Πηλῆ' ἱκέτευσε καὶ ἐς Θέτιν ἀργυρόπεζαν·
οἱ δ' ἅμ' Ἀχιλλῆϊ ῥηξήνορι πέμπον ἕπεσθαι   575
Ἴλιον εἰς εὔπωλον, ἵνα Τρώεσσι μάχοιτο.
τόν ῥα τόθ' ἁπτόμενον νέκυος βάλε φαίδιμος Ἕκτωρ
χερμαδίῳ κεφαλήν· ἡ δ' ἄνδιχα πᾶσα κεάσθη
ἐν κόρυθι βριαρῇ· ὁ δ' ἄρα πρηνὴς ἐπὶ νεκρῷ
κάππεσεν, ἀμφὶ δέ μιν θάνατος χύτο θυμοραϊστής.   580
Πατρόκλῳ δ' ἄρ ἄχος γένετο φθιμένου ἑτάροιο,
ἴθυσεν δὲ διὰ προμάχων ἴρηκι ἐοικὼς
ὠκέϊ, ὅστ' ἐφόβησε κολοιούς τε ψῆράς τε.
ὣς ἰθὺς Λυκίων, Πατρόκλεις ἱπποκέλευθε,
ἔσσυο καὶ Τρώων, κεχόλωσο δὲ κῆρ ἑτάροιο.   585
καί ῥ' ἔβαλε Σθενέλαον, Ἰθαιμένεος φίλον υἱόν,
αὐχένα χερμαδίῳ, ῥῆξεν δ' ἀπὸ τοῖο τένοντας.
χώρησαν δ' ὑπό τε πρόμαχοι καὶ φαίδιμος Ἕκτωρ.
ὅσση δ' αἰγανέης ῥιπὴ ταναοῖο τέτυκται,
ἥν ῥά τ' ἀνὴρ ἀφέῃ πειρώμενος ἢ ἐν ἀέθλῳ   590
ἠὲ καὶ ἐν πολέμῳ, δηΐων ὕπο θυμοραϊστέων,
τόσσον ἐχώρησαν Τρῶες, ὤσαντο δ' Ἀχαιοί.
Γλαῦκος δὲ πρῶτος, Λυκίων ἀγὸς ἀσπιστάων,
ἐτράπετ', ἔκτεινεν δὲ Βαθυκλῆα μεγάθυμον,
Χάλκωνος φίλον υἱόν, ὃς Ἑλλάδι οἰκία ναίων   595
ὄλβῳ τε πλούτῳ τε μετέπρεπε Μυρμιδόνεσσιν.
τὸν μὲν ἄρα Γλαῦκος στῆθος μέσον οὔτασε δουρί,
στρεφθεὶς ἐξαπίνης, ὅτε μιν κατέμαρπτε διώκων·

δούπησεν δὲ πεσών· πυκινὸν δ’ ἄχος ἔλλαβ’ Ἀχαιούς,
ὡς ἔπεσ’ ἐσθλὸς ἀνήρ.   μέγα δὲ Τρῶες κεχάροντο,   600
στὰν δ’ ἀμφ’ αὐτὸν ἰόντες ἀολλέες· οὐδ’ ἄρ’ Ἀχαιοὶ
ἀλκῆς ἐξελάθοντο, μένος δ’ ἰθὺς φέρον αὐτῶν.
ἔνθ’ αὖ Μηριόνης Τρώων ἕλεν ἄνδρα κορυστήν,
Λαόγονον, θρασὺν υἱὸν Ὀνήτορος, ὃς Διὸς ἱρεὺς
Ἰδαίου ἐτέτυκτο, θεὸς δ’ ὣς τίετο δήμῳ.   605
τὸν βάλ’ ὑπὸ γναθμοῖο καὶ οὔατος· ὦκα δε θυμὸς
ᾤχετ’ ἀπὸ μελέων, στυγερὸς δ’ ἄρα μιν σκότος εἶλεν.
Αἰνείας δ’ ἐπὶ Μηριόνῃ δόρυ χάλκεον ἧκεν·
ἔλπετο γὰρ τεύξεσθαι ὑπασπίδια προβιβάντος.
ἀλλ’ ὁ μὲν ἄντα ἰδὼν ἠλεύατο χάλκεον ἔγχος·   610
πρόσσω γὰρ κατέκυψε, τὸ δ’ ἐξόπιθεν δόρυ μακρὸν
οὔδει ἐνισκίμφθη, ἐπὶ δ’ οὐρίαχος πελεμίχθη
ἔγχεος· ἔνθα δ’ ἔπειτ’ ἀφίει μένος ὄβριμος Ἄρης·
[αἰχμὴ δ’ Αἰνείαο κραδαινομένη κατὰ γαίης
ᾤχετ’, ἐπεί ῥ’ ἅλιον στιβαρῆς ἀπὸ χειρὸς ὄρουσεν.]   615
Αἰνείας δ’ ἄρα θυμὸν ἐχώσατο, φώνησέν τε·
“Μηριόνη, τάχα κέν σε καὶ ὀρχηστήν περ ἐόντα
ἔγχος ἐμὸν κατέπαυσε διαμπερές, εἴ σ’ ἔβαλόν περ.”
    Τὸν δ’ αὖ Μηριόνης δουρικλυτὸς ἀντίον ηὔδα·
“Αἰνεία, χαλεπόν σε καὶ ἴφθιμόν περ ἐόντα   620
πάντων ἀνθρώπων σβέσσαι μένος, ὅς κε σεῦ ἄντα
ἔλθῃ ἀμυνόμενος· θνητὸς δέ νυ καὶ σὺ τέτυξαι.
εἰ καὶ ἐγώ σε βάλοιμι τυχὼν μέσον ὀξέϊ χαλκῷ,
αἶψά κε καὶ κρατερός περ ἐὼν καὶ χερσὶ πεποιθὼς
εὖχος ἐμοὶ δοίης, ψυχὴν δ’ Ἄϊδι κλυτοπώλῳ.”   625
    Ὣς φάτο· τὸν δ’ ἐνένιπε Μενοιτίου ἄλκιμος υἱός·
“Μηριόνη, τί σὺ ταῦτα καὶ ἐσθλὸς ἐὼν ἀγορεύεις;
ὦ πέπον, οὔ τοι Τρῶες ὀνειδείοις ἐπέεσσιν
νεκροῦ χωρήσουσι· πάρος τινὰ γαῖα καθέξει.
ἐν γὰρ χερσὶ τέλος πολέμου, ἐπέων δ’ ἐνὶ βουλῇ·   630
τῷ οὔ τι χρὴ μῦθον ὀφέλλειν, ἀλλὰ μάχεσθαι.”
    Ὣς εἰπὼν ὁ μὲν ἦρχ’, ὁ δ’ ἅμ’ ἕσπετο ἰσόθεος φώς.
τῶν δ’ ὥστε δρυτόμων ἀνδρῶν ὀρυμαγδὸς ὀρώρει
οὔρεος ἐν βήσσῃς· ἕκαθεν δέ τε γίγνετ’ ἀκουή·
ὣς τῶν ὤρνυτο δοῦπος ἀπὸ χθονὸς εὐρυοδείης   635
χαλκοῦ τε ῥινοῦ τε βοῶν τ’ εὐποιητάων,
νυσσομένων ξίφεσίν τε καὶ ἔγχεσιν ἀμφιγύοισιν.

οὐδ' ἂν ἔτι φράδμων περ ἀνὴρ Σαρπηδόνα δῖον
ἔγνω, ἐπεὶ βελέεσσι καὶ αἵματι καὶ κονίῃσιν
ἐκ κεφαλῆς εἴλυτο διαμπερὲς ἐς πόδας ἄκρους.　　　　640
οἱ δ' αἰεὶ περὶ νεκρὸν ὁμίλεον, ὡς ὅτε μυῖαι
σταθμῷ ἔνι βρομέωσι περιγλαγέας κατὰ πέλλας
ὥρῃ ἐν εἰαρινῇ ὅτε τε γλάγος ἄγγεα δεύει·
ὣς ἄρα τοὶ περὶ νεκρὸν ὁμίλεον.　ʼ οὐδέ ποτε Ζεὺς
τρέψεν ἀπὸ κρατερῆς ὑσμίνης ὄσσε φαεινώ,　　　　645
ἀλλὰ κατ' αὐτοὺς αἰὲν ὅρα, καὶ φράζετο θυμῷ
πολλὰ μάλ' ἀμφὶ φόνῳ Πατρόκλου, μερμηρίζων,
ἢ ἤδη καὶ κεῖνον ἐνὶ κρατερῇ ὑσμίνῃ
αὐτοῦ ἐπ' ἀντιθέῳ Σαρπηδόνι φαίδιμος Ἕκτωρ
χαλκῷ δῃώσῃ, ἀπό τ' ὤμων τεύχε' ἕληται,　　　　650
ἢ ἔτι καὶ πλεόνεσσιν ὀφέλλειεν πόνον αἰπύν.
ὧδε δέ οἱ φρονέοντι δοάσσατο κέρδιον εἶναι,
ὄφρ' ἠῢς θεράπων Πηληϊάδεω Ἀχιλῆος
ἐξαῦτις Τρῶάς τε καὶ Ἕκτορα χαλκοκορυστὴν
ὤσαιτο προτὶ ἄστυ, πολέων δ' ἀπὸ θυμὸν ἕλοιτο.　　　655
Ἕκτορι δὲ πρωτίστῳ ἀνάλκιδα θυμὸν ἐνῆκεν·
ἐς δίφρον δ' ἀναβὰς φύγαδ' ἔτραπε, κέκλετο δ' ἄλλους
Τρῶας φευγέμεναι· γνῶ γὰρ Διὸς ἱρὰ τάλαντα.
ἔνθ' οὐδ' ἴφθιμοι Λύκιοι μένον, ἀλλ' ἐφόβηθεν
πάντες, ἐπεὶ βασιλῆα ἴδον βεβλαμμένον ἦτορ,　　　660
κείμενον ἐν νεκύων ἀγύρει· πολέες γὰρ ἐπ' αὐτῷ
κάππεσον, εὖτ' ἔριδα κρατερὴν ἐτάνυσσε Κρονίων.
οἱ δ' ἄρ' ἀπ' ὤμοιϊν Σαρπηδόνος ἔντε' ἕλοντο
χάλκεα, μαρμαίροντα, τὰ μὲν κοίλας ἐπὶ νῆας
δῶκε φέρειν ἑτάροισι Μενοιτίου ἄλκιμος υἱός.　　　　665
καὶ τότ' Ἀπόλλωνα προσέφη νεφεληγερέτα Ζεύς·
" εἰ δ' ἄγε νῦν, φίλε Φοῖβε, κελαινεφὲς αἷμα κάθηρον
ἐλθὼν ἐκ βελέων Σαρπηδόνα, καί μιν ἔπειτα
πολλὸν ἀποπρὸ φέρων λοῦσον ποταμοῖο ῥοῇσιν
χρῖσόν τ' ἀμβροσίῃ, περὶ δ' ἄμβροτα εἵματα ἕσσον,　　　670
πέμπε δέ μιν πομποῖσιν ἅμα κραιπνοῖσι φέρεσθαι,
Ὕπνῳ καὶ Θανάτῳ διδυμάοσιν, οἵ ῥά μιν ὦκα
θήσουσ' ἐν Λυκίης εὐρείης πίονι δήμῳ.
ἔνθα ἑ ταρχύσουσι κασίγνητοί τε ἔται τε
τύμβῳ τε στήλῃ τε· τὸ γὰρ γέρας ἐστὶ θανόντων."　　　675
Ὣς ἔφατ', οὐδ' ἄρα πατρὸς ἀνηκούστησεν Ἀπόλλων·

Βῆ δὲ κατ' Ἰδαίων ὀρέων ἐς φύλοπιν αἰνήν,
αὐτίκα δ' ἐκ βελέων Σαρπηδόνα δῖον ἀείρας,
πολλὸν ἀποπρὸ φέρων, λοῦσεν ποταμοῖο ῥοῇσιν
χρῖσέν τ' ἀμβροσίῃ, περὶ δ' ἄμβροτα εἵματα ἕσσεν,   680
πέμπε δέ μιν πομποῖσιν ἅμα κραιπνοῖσι φέρεσθαι,
Ὕπνῳ καὶ Θανάτῳ διδυμάοσιν, οἵ ῥά μιν ὦκα
κάτθεσαν ἐν Λυκίης εὐρείης πίονι δήμῳ.
   Πάτροκλος δ' ἵπποισι καὶ Αὐτομέδοντι κελεύσας
Τρῶας καὶ Λυκίους μετεκίαθε, καὶ μέγ' ἀάσθη   685
νήπιος· εἰ δὲ ἔπος Πηληϊάδαο φύλαξεν,
ἦ τ' ἂν ὑπέκφυγε Κῆρα κακὴν μέλανος θανάτοιο.
ἀλλ' αἰεί τε Διὸς κρείσσων νόος ἠέ περ ἀνδρῶν·
[ὅστε καὶ ἄλκιμον ἄνδρα φοβεῖ καὶ ἀφείλετο νίκην
ῥηϊδίως, ὁτὲ δ' αὐτὸς ἐποτρύνει μαχέσασθαι·]   690
ὅς οἱ καὶ τότε θυμὸν ἐνὶ στήθεσσιν ἀνῆκεν.
   Ἔνθα τίνα πρῶτον, τίνα δ' ὕστατον ἐξενάριξας,
Πατρόκλεις, ὅτε δή σε θεοὶ θάνατόνδε κάλεσσαν;
Ἄδρηστον μὲν πρῶτα καὶ Αὐτόνοον καὶ Ἔχεκλον
καὶ Πέριμον Μεγάδην καὶ Ἐπίστορα καὶ Μελάνιππον,   695
αὐτὰρ ἔπειτ' Ἔλασον καὶ Μούλιον ἠδὲ Πυλάρτην.
τοὺς ἕλεν· οἱ δ' ἄλλοι φύγαδε μνώοντο ἕκαστος.
   Ἔνθα κεν ὑψίπυλον Τροίην ἕλον υἷες Ἀχαιῶν
Πατρόκλου ὑπὸ χερσί· περιπρὸ γὰρ ἔγχεϊ θῦεν·
εἰ μὴ Ἀπόλλων Φοῖβος ἐϋδμήτου ἐπὶ πύργου   700
ἔστη, τῷ ὀλοὰ φρονέων, Τρώεσσι δ' ἀρήγων.
τρὶς μὲν ἐπ' ἀγκῶνος βῆ τείχεος ὑψηλοῖο
Πάτροκλος, τρὶς δ' αὐτὸν ἀπεστυφέλιξεν Ἀπόλλων,
χείρεσσ' ἀθανάτῃσι φαεινὴν ἀσπίδα νύσσων.
ἀλλ' ὅτε δὴ τὸ τέταρτον ἐπέσσυτο δαίμονι ἶσος,   705
δεινὰ δ' ὁμοκλήσας ἔπεα πτερόεντα προσηύδα·
" χάζεο, διογενὲς Πατρόκλεις. οὔ νύ πω αἶσα
σῷ ὑπὸ δουρὶ πόλιν πέρθαι Τρώων ἀγερώχων,
οὐδ' ὑπ' Ἀχιλλῆος, ὅς περ σέο πολλὸν ἀμείνων."
ὣς φάτο· Πάτροκλος δ' ἀνεχάζετο πολλὸν ὀπίσσω,   710
μῆνιν ἀλευάμενος ἑκατηβόλου Ἀπόλλωνος.
   Ἕκτωρ δ' ἐν Σκαιῇσι πύλης ἔχε μώνυχας ἵππους·
δίζε γάρ, ἠὲ μάχοιτο κατὰ κλόνον αὖτις ἐλάσσας,
ἦ λαοὺς ἐς τεῖχος ὁμοκλήσειεν ἀλῆναι.
ταῦτ' ἄρα οἱ φρονέοντι παρίστατο Φοῖβος Ἀπόλλων,   715

E

ἀνέρι εἰσάμενος αἰζηῷ τε κρατερῷ τε,
Ἀσίῳ, ὃς μήτρως ἦν Ἕκτορος ἱπποδάμοιο,
αὐτοκασίγνητος Ἑκάβης, υἱὸς δὲ Δύμαντος,
ὃς Φρυγίῃ ναίεσκε ῥοῆς ἔπι Σαγγαρίοιο.
τῷ μιν ἐεισάμενος προσέφη Διὸς υἱὸς Ἀπόλλων·   720
"Ἕκτορ, τίπτε μάχης ἀποπαύεαι; οὐδέ τί σε χρή.
αἴθ', ὅσον ἥσσων εἰμί, τόσον σέο φέρτερος εἴην·
τῷ κε τάχα στυγερῶς πολέμου ἀπερωήσειας.
ἀλλ' ἄγε Πατρόκλῳ ἔφεπε κρατερώνυχας ἵππους,
αἴ κέν πώς μιν ἕλῃς, δώῃ δέ τοι εὖχος Ἀπόλλων."   · 725
    Ὣς εἰπὼν ὁ μὲν αὖτις ἔβη θεὸς ἂμ πόνον ἀνδρῶν,
Κεβριόνῃ δ' ἐκέλευσε δαίφρονι φαίδιμος Ἕκτωρ
ἵππους ἐς πόλεμον πεπληγέμεν.   αὐτὰρ Ἀπόλλων
δύσεθ' ὅμιλον ἰών, ἐν δὲ κλόνον Ἀργείοισιν
ἧκε κακόν, Τρωσὶν δὲ καὶ Ἕκτορι κῦδος ὄπαζεν.   730
Ἕκτωρ δ' ἄλλους μὲν Δαναοὺς ἔα, οὐδ' ἐνάριζεν,
αὐτὰρ ὁ Πατρόκλῳ ἔφεπε κρατερώνυχας ἵππους.
Πάτροκλος δ' ἑτέρωθεν ἀφ' ἵππων ἆλτο χαμᾶζε
σκαιῇ ἔγχος ἔχων· ἑτέρῃφι δὲ λάζετο πέτρον
μάρμαρον, ὀκριόεντα, τόν οἱ περὶ χεὶρ ἐκάλυψεν.   735
ἧκε δ' ἐρεισάμενος, οὐδὲ δὴν χάζετο φωτός,
οὐδ' ἁλίωσε βέλος, βάλε δ' Ἕκτορος ἡνιοχῆα
Κεβριόνην, νόθον υἱὸν ἀγακλῆος Πριάμοιο,
ἵππων ἡνί' ἔχοντα, μετώπιον ὀξέϊ λᾶϊ.
ἀμφοτέρας δ' ὀφρῦς σύνελεν λίθος, οὐδέ οἱ ἔσχεν   •740
ὀστέον, ὀφθαλμοὶ δὲ χαμαὶ πέσον ἐν κονίῃσιν
αὐτοῦ πρόσθε ποδῶν· ὁ δ' ἄρ' ἀρνευτῆρι ἐοικὼς
κάππεσ' ἀπ' εὐεργέος δίφρου, λίπε δ' ὀστέα θυμός.
τὸν δ' ἐπικερτομέων προσέφης, Πατρόκλεις ἱππεῦ·
"ὢ πόποι, ἦ μάλ' ἐλαφρὸς ἀνήρ, ὡς ῥεῖα κυβιστᾷ.   745
εἰ δή που καὶ πόντῳ ἐν ἰχθυόεντι γένοιτο,
πολλοὺς ἂν κορέσειεν ἀνὴρ ὅδε τήθεα διφῶν,
νηὸς ἀποθρῴσκων, εἰ καὶ δυσπέμφελος εἴη,
ὡς νῦν ἐν πεδίῳ ἐξ ἵππων ῥεῖα κυβιστᾷ.
ἦ ῥα καὶ ἐν Τρώεσσι κυβιστητῆρες ἔασιν."   750
    Ὣς εἰπὼν ἐπὶ Κεβριόνῃ ἥρωϊ βεβήκει
οἶμα λέοντος ἔχων, ὅστε σταθμοὺς κεραΐζων
ἔβλητο πρὸς στῆθος, ἑή τέ μιν ὤλεσεν ἀλκή·
ὣς ἐπὶ Κεβριόνῃ, Πατρόκλεις, ἆλσο μεμαώς.

Ἕκτωρ δ᾽ αὖθ᾽ ἑτέρωθεν ἀφ᾽ ἵππων ἆλτο χαμᾶζε.   755
τὼ περὶ Κεβριόναο λέονθ᾽ ὣς δηρινθήτην,
ὥτ᾽ ὄρεος κορυφῇσι περὶ κταμένης ἐλάφοιο,
ἄμφω πεινάοντε, μέγα φρονέοντε μάχεσθον.
ὣς περὶ Κεβριόναο δύω μήστωρες ἀϋτῆς,
Πάτροκλός τε Μενοιτιάδης καὶ φαίδιμος Ἕκτωρ,   760
ἵεντ᾽ ἀλλήλων ταμέειν χρόα νηλέϊ χαλκῷ.
Ἕκτωρ μὲν κεφαλῆφιν ἐπεὶ λάβεν, οὐχὶ μεθίει·
Πάτροκλος δ᾽ ἑτέρωθεν ἔχεν ποδός.   οἱ δὲ δὴ ἄλλοι
Τρῶες καὶ Δαναοὶ σύναγον κρατερὴν ὑσμίνην.
ὡς δ᾽ Εὖρός τε Νότος τ᾽ ἐριδαίνετον ἀλλήλοιϊν   765
οὔρεος ἐν βήσσῃς βαθέην πελεμιζέμεν ὕλην,
φηγόν τε μελίην τε τανύφλοιόν τε κράνειαν,
αἵτε πρὸς ἀλλήλας ἔβαλον τανυήκεας ὄζους
ἠχῇ θεσπεσίῃ, πάταγος δέ τε ἀγνυμενάων,
ὣς Τρῶες καὶ Ἀχαιοὶ ἐπ᾽ ἀλλήλοισι θορόντες   770
δῄουν, οὐδ᾽ ἕτεροι μνώοντ᾽ ὀλοοῖο φόβοιο.
πολλὰ δὲ Κεβριόνην ἀμφ᾽ ὀξέα δοῦρα πεπήγει
ἰοί τε πτερόεντες ἀπὸ νευρῆφι θορόντες,
πολλὰ δὲ χερμάδια μεγάλ᾽ ἀσπίδας ἐστυφέλιξαν
μαρναμένων ἀμφ᾽ αὐτόν.   ὁ δ᾽ ἐν στροφάλιγγι κονίης   775
κεῖτο μέγας μεγαλωστί, λελασμένος ἱπποσυνάων.
    Ὄφρα μὲν Ἠέλιος μέσον οὐρανὸν ἀμφιβεβήκει,
τόφρα μάλ᾽ ἀμφοτέρων βέλε᾽ ἥπτετο, πῖπτε δὲ λαός·
ἦμος δ᾽ Ἠέλιος μετενίσσετο βουλυτόνδε,
καὶ τότε δή ῥ᾽ ὑπὲρ αἶσαν Ἀχαιοὶ φέρτεροι ἦσαν.   780
ἐκ μὲν Κεβριόνην βελέων ἥρωα ἔρυσσαν
Τρώων ἐξ ἐνοπῆς, καὶ ἀπ᾽ ὤμων τεύχε᾽ ἕλοντο,
Πάτροκλος δὲ Τρωσὶ κακὰ φρονέων ἐνόρουσεν.
τρὶς μὲν ἔπειτ᾽ ἐπόρουσε θοῷ ἀτάλαντος Ἄρηϊ,
σμερδαλέα ἰάχων, τρὶς δ᾽ ἐννέα φῶτας ἔπεφνεν.   785
ἀλλ᾽ ὅτε δὴ τὸ τέταρτον ἐπέσσυτο δαίμονι ἶσος,
ἔνθ᾽ ἄρα τοι, Πάτροκλε, φάνη βιότοιο τελευτή·
ἤντετο γάρ τοι Φοῖβος ἐνὶ κρατερῇ ὑσμίνῃ
δεινός.   ὁ μὲν τὸν ἰόντα κατὰ κλόνον οὐκ ἐνόησεν,
ἠέρι γὰρ πολλῇ κεκαλυμμένος ἀντεβόλησεν·   790
στῆ δ᾽ ὄπιθε, πλῆξεν δὲ μετάφρενον εὐρέε τ᾽ ὤμω
χειρὶ καταπρηνεῖ, στρεφεδίνηθεν δέ οἱ ὄσσε.
τοῦ δ᾽ ἀπὸ μὲν κρατὸς κυνέην βάλε Φοῖβος Ἀπόλλων·

E 2

ἡ δὲ κυλινδομένη καναχὴν ἔχε ποσσὶν ὑφ' ἵππων
αὐλῶπις τρυφάλεια, μιάνθησαν δὲ ἔθειραι   795
αἵματι καὶ κονίῃσι.   πάρος γε μὲν οὐ θέμις ἦεν
ἱππόκομον πήληκα μιαίνεσθαι κονίῃσιν,
ἀλλ' ἀνδρὸς θείοιο κάρη χαρίεν τε μέτωπον
ῥύετ', Ἀχιλλῆος· τότε δὲ Ζεὺς Ἕκτορι δῶκεν
ᾗ κεφαλῇ φορέειν, σχεδόθεν δέ οἱ ἦεν ὄλεθρος.   800
πᾶν δέ οἱ ἐν χείρεσσιν ἄγη δολιχόσκιον ἔγχος,
βριθύ, μέγα, στιβαρόν, κεκορυθμένον· αὐτὰρ ἀπ' ὤμων
ἀσπὶς σὺν τελαμῶνι χαμαὶ πέσε τερμιόεσσα.
λῦσε δέ οἱ θώρηκα ἄναξ Διὸς υἱὸς Ἀπόλλων.
τὸν δ' ἄτη φρένας εἷλε, λύθεν δ' ὑπὸ φαίδιμα γυῖα,   805
στῆ δὲ ταφών.   ὄπιθεν δὲ μετάφρενον ὀξέϊ δουρὶ
ὤμων μεσσηγὺς σχεδόθεν βάλε Δάρδανος ἀνήρ,
Πανθοΐδης Εὔφορβος, ὃς ἡλικίην ἐκέκαστο
ἔγχεΐ θ' ἱπποσύνῃ τε πόδεσσί τε καρπαλίμοισιν·
καὶ γὰρ δὴ τότε φῶτας ἐείκοσι βῆσεν ἀφ' ἵππων,   810
πρῶτ' ἐλθὼν σὺν ὄχεσφι, διδασκόμενος πολέμοιο·
ὅς τοι πρῶτος ἐφῆκε βέλος, Πατρόκλεις ἱππεῦ,
οὐδὲ δάμασσ'.   ὁ μὲν αὖτις ἀνέδραμε, μῖκτο δ' ὁμίλῳ
ἐκ χροὸς ἁρπάξας δόρυ μείλινον, οὐδ' ὑπέμεινεν
Πάτροκλον γυμνόν περ ἐόντ' ἐν δηϊοτῆτι·   815
Πάτροκλος δὲ θεοῦ πληγῇ καὶ δουρὶ δαμασθεὶς
ἂψ ἑτάρων εἰς ἔθνος ἐχάζετο κῆρ' ἀλεείνων.
 Ἕκτωρ δ' ὡς εἶδεν Πατροκλῆα μεγάθυμον
ἂψ ἀναχαζόμενον, βεβλημένον ὀξέϊ χαλκῷ,
ἀγχίμολόν ῥά οἱ ἦλθε κατὰ στίχας, οὖτα δὲ δουρὶ   820
νείατον ἐς κενεῶνα, διαπρὸ δὲ χαλκὸν ἔλασσεν.
δούπησεν δὲ πεσών, μέγα δ' ἤκαχε λαὸν Ἀχαιῶν.
ὡς δ' ὅτε σῦν ἀκάμαντα λέων ἐβιήσατο χάρμῃ,
ὥτ' ὄρεος κορυφῇσι μέγα φρονέοντε μάχεσθον
πίδακος ἀμφ' ὀλίγης· ἐθέλουσι δὲ πιέμεν ἄμφω·   825
πολλὰ δέ τ' ἀσθμαίνοντα λέων ἐδάμασσε βίηφιν·
ὣς πολέας πεφνόντα Μενοιτίου ἄλκιμον υἱὸν
Ἕκτωρ Πριαμίδης σχεδὸν ἔγχεϊ θυμὸν ἀπηύρα,
καὶ οἱ ἐπευχόμενος ἔπεα πτερόεντα προσηύδα·
"Πάτροκλ', ἦ που ἔφησθα πόλιν κεραϊζέμεν ἀμήν,   830
Τρωϊάδας δὲ γυναῖκας, ἐλεύθερον ἦμαρ ἀπούρας,
ἄξειν ἐν νήεσσι φίλην ἐς παιρίδα γαῖαν,

νήπιε. τάων δὲ πρόσθ' Ἕκτορος ὠκέες ἵπποι
ποσσὶν ὀρωρέχαται πολεμίζειν· ἔγχεϊ δ' αὐτὸς
Τρωσὶ φιλοπτολέμοισι μεταπρέπω, ὅ σφιν ἀμύνω 835
ἦμαρ ἀναγκαῖον· σὲ δέ τ' ἐνθάδε γῦπες ἔδονται.
ἆ δείλ', οὐδέ τοι ἐσθλὸς ἐὼν χραίσμησεν Ἀχιλλεύς,
ὅς πού τοι μάλα πολλὰ μένων ἐπετέλλετ' ἰόντι·
'μή μοι πρὶν ἰέναι, Πατρόκλεις ἱπποκέλευθε,
νῆας ἔπι γλαφυράς, πρὶν Ἕκτορος ἀνδροφόνοιο 840
αἱματόεντα χιτῶνα περὶ στήθεσσι δαΐξαι.'
ὣς πού σε προσέφη, σοὶ δὲ φρένας ἄφρονι πεῖθεν."
    Τὸν δ' ὀλιγοδρανέων προσέφης, Πατρόκλεις ἱππεῦ·
"ἤδη νῦν, Ἕκτορ, μεγάλ' εὔχεο· σοὶ γὰρ ἔδωκεν
νίκην Ζεὺς Κρονίδης καὶ Ἀπόλλων, οἵ μ' ἐδάμασσαν 845
ῥηϊδίως· αὐτοὶ γὰρ ἀπ' ὤμων τεύχε' ἕλοντο.
τοιοῦτοι δ' εἴ πέρ μοι ἐείκοσιν ἀντεβόλησαν,
πάντες κ' αὐτόθ' ὄλοντο ἐμῷ ὑπὸ δουρὶ δαμέντες.
ἀλλά με Μοῖρ' ὀλοὴ καὶ Λητοῦς ἔκτανεν υἱός,
ἀνδρῶν δ' Εὔφορβος· σὺ δέ με τρίτος ἐξεναρίζεις. 850
ἄλλο δέ τοι ἐρέω, σὺ δ' ἐνὶ φρεσὶ βάλλεο σῇσιν.
οὔ θην οὐδ' αὐτὸς δηρὸν βέῃ, ἀλλά τοι ἤδη
ἄγχι παρέστηκεν θάνατος καὶ Μοῖρα κραταιή,
χερσὶ δαμέντ' Ἀχιλῆος ἀμύμονος Αἰακίδαο."
    Ὣς ἄρα μιν εἰπόντα τέλος θανάτοιο κάλυψεν· 855
ψυχὴ δ' ἐκ ῥεθέων πταμένη Ἄϊδόσδε βεβήκει,
ὃν πότμον γοόωσα, λιποῦσ' ἀνδροτῆτα καὶ ἥβην.
τὸν καὶ τεθνηῶτα προσηύδα φαίδιμος Ἕκτωρ·
"Πατρόκλεις, τί νύ μοι μαντεύεαι αἰπὺν ὄλεθρον ;
τίς δ' οἶδ', εἴ κ' Ἀχιλεύς, Θέτιδος παῖς ἠϋκόμοιο, 860
φθήῃ ἐμῷ ὑπὸ δουρὶ τυπεὶς ἀπὸ θυμὸν ὀλέσσαι ;"
    Ὣς ἄρα φωνήσας δόρυ χάλκεον ἐξ ὠτειλῆς
εἴρυσε λὰξ προσβάς, τὸν δ' ὕπτιον ὦσ' ἀπὸ δουρός.
αὐτίκα δὲ ξὺν δουρὶ μετ' Αὐτομέδοντα βεβήκει,
ἀντίθεον θεράποντα ποδώκεος Αἰακίδαο· 865
ἵετο γὰρ βαλέειν. τὸν δ' ἔκφερον ὠκέες ἵπποι
ἄμβροτοι, οὓς Πηλῆϊ θεοὶ δόσαν ἀγλαὰ δῶρα.

P. 17.

Οὐδ' ἔλαθ' Ἀτρέος υἱόν, ἀρηΐφιλον Μενέλαον,
Πάτροκλος Τρώεσσι δαμεὶς ἐν δηϊοτῆτι.
βῆ δὲ διὰ προμάχων κεκορυθμένος αἴθοπι χαλκῷ,
ἀμφὶ δ' ἄρ' αὐτῷ βαῖν', ὥς τις περὶ πόρτακι μήτηρ
πρωτοτόκος, κινυρή, οὐ πρὶν εἰδυῖα τόκοιο·   5
ὣς περὶ Πατρόκλῳ βαῖνε ξανθὸς Μενέλαος.
πρόσθε δέ οἱ δόρυ τ' ἔσχε καὶ ἀσπίδα πάντοσ' ἐΐσην,
τὸν κτάμεναι μεμαώς, ὅστις τοῦ γ' ἀντίος ἔλθοι.
οὐδ' ἄρα Πάνθου υἱὸς ἐϋμμελίης ἀμέλησεν
Πατρόκλοιο πεσόντος ἀμύμονος· ἄγχι δ' ἄρ' αὐτοῦ   10
ἔστη, καὶ προσέειπεν ἀρηΐφιλον Μενέλαον·
"Ἀτρείδη Μενέλαε διοτρεφές, ὄρχαμε λαῶν,
χάζεο, λεῖπε δὲ νεκρόν, ἔα δ' ἔναρα βροτόεντα.
οὐ γάρ τις πρότερος Τρώων κλειτῶν τ' ἐπικούρων
Πάτροκλον βάλε δουρὶ κατὰ κρατερὴν ὑσμίνην·   15
τῷ με ἔα κλέος ἐσθλὸν ἐνὶ Τρώεσσιν ἀρέσθαι,
μή σε βάλω, ἀπὸ δὲ μελιηδέα θυμὸν ἕλωμαι."
    Τὸν δὲ μέγ' ὀχθήσας προσέφη ξανθὸς Μενέλαος·
"Ζεῦ πάτερ, οὐ μὲν καλὸν ὑπέρβιον εὐχετάασθαι.
οὔτ' οὖν παρδάλιος τόσσον μένος οὔτε λέοντος   20
οὔτε συὸς κάπρου ὀλοόφρονος, οὔτε μέγιστος
θυμὸς ἐνὶ στήθεσσι περὶ σθένεϊ βλεμεαίνει,
ὅσσον Πάνθου υἷες ἐϋμμελίαι φρονέουσιν.
αὐδὲ μὲν οὐδὲ βίη Ὑπερήνορος ἱπποδάμοιο
ἧς ἥβης ἀπόνηθ', ὅτε μ' ὤνατο καί μ' ὑπέμεινεν   25
καί μ' ἔφατ' ἐν Δαναοῖσιν ἐλέγχιστον πολεμιστὴν
ἔμμεναι· οὐδέ ἕ φημι πόδεσσί γε οἷσι κιόντα
εὐφρῆναι ἄλοχόν τε φίλην κεδνούς τε τοκῆας.
ὣς θην καὶ σὸν ἐγὼ λύσω μένος, εἴ κέ μευ ἄντα
στήῃς. ἀλλά σ' ἔγωγ' ἀναχωρήσαντα κελεύω   30
ἐς πληθὺν ἰέναι, μηδ' ἀντίος ἵστασ' ἐμεῖο,
πρίν τι κακὸν παθέειν· ῥεχθὲν δὲ τε νήπιος ἔγνω."
    Ὣς φάτο, τὸν δ' οὐ πεῖθεν· ἀμειβόμενος δὲ προσηύδα·
" νῦν μὲν δή, Μενέλαε διοτρεφές, ἦ μάλα τίσεις
γνωτὸν ἐμόν, τὸν ἔπεφνες, ἐπευχόμενος δ' ἀγορεύεις,   35
χήρωσας δὲ γυναῖκα μυχῷ θαλάμοιο νέοιο,

ἀρητὸν δὲ τοκεῦσι γόον καὶ πένθος ἔθηκας.
ἦ κέ σφιν δειλοῖσι γόου κατάπαυμα γενοίμην,
εἴ κεν ἐγὼ κεφαλήν τε τεὴν καὶ τεύχε᾽ ἐνείκας,
Πάνθῳ ἐν χείρεσσι βάλω καὶ Φρόντιδι δίῃ.   40
ἀλλ᾽ οὐ μὰν ἔτι δηρὸν ἀπείρητος πόνος ἔσται
οὐδέ τ᾽ ἀδήριτος, ἤτ᾽ ἀλκῆς ἤτε φόβοιο."
   ῝Ως εἰπὼν οὔτησε κατ᾽ ἀσπίδα πάντοσ᾽ ἐΐσην
οὐδ᾽ ἔρρηξεν χαλκός, ἀνεγνάμφθη δέ οἱ αἰχμὴ
ἀσπίδ᾽ ἔνι κρατερῇ.   ὁ δὲ δεύτερος ὤρνυτο χαλκῷ   45
᾽Ατρείδης Μενέλαος, ἐπευξάμενος Διὶ πατρί,
ἂψ δ᾽ ἀναχαζομένοιο κατὰ στομάχοιο θέμεθλα
νύξ᾽, ἐπὶ δ᾽ αὐτὸς ἔρεισε, βαρείῃ χειρὶ πιθήσας·
ἀντικρὺ δ᾽ ἀπαλοῖο δι᾽ αὐχένος ἤλυθ᾽ ἀκωκή.
δούπησεν δὲ πεσών, ἀράβησε δὲ τεύχε᾽ ἐπ᾽ αὐτῷ.   50
αἵματί οἱ δεύοντο κόμαι Χαρίτεσσιν ὁμοῖαι
πλοχμοί θ᾽, οἳ χρυσῷ τε καὶ ἀργύρῳ ἐσφήκωντο.
οἷον δὲ τρέφει ἔρνος ἀνὴρ ἐριθηλὲς ἐλαίης
χώρῳ ἐν οἰοπόλῳ, ὅθ᾽ ἅλις ἀναβέβρυχεν ὕδωρ,
καλόν, τηλεθάον· τὸ δέ τε πνοιαὶ δονέουσιν   55
παντοίων ἀνέμων, καί τε βρύει ἄνθεϊ λευκῷ·
ἐλθὼν δ᾽ ἐξαπίνης ἄνεμος σὺν λαίλαπι πολλῇ
βόθρου τ᾽ ἐξέστρεψε καὶ ἐξετάνυσσ᾽ ἐπὶ γαίῃ·
τοῖον Πάνθου υἱόν, ἐϋμμελίην Εὔφορβον,
᾽Ατρείδης Μενέλαος ἐπεὶ κτάνε, τεύχε᾽ ἐσύλα.   60
   ῝Ως δ᾽ ὅτε τίς τε λέων ὀρεσίτροφος, ἀλκὶ πεποιθώς,
βοσκομένης ἀγέλης βοῦν ἁρπάσῃ, ἥτις ἀρίστη·
τῆς δ᾽ ἐξ αὐχέν᾽ ἔαξε λαβὼν κρατεροῖσιν ὀδοῦσιν,
πρῶτον, ἔπειτα δέ θ᾽ αἷμα καὶ ἔγκατα πάντα λαφύσσει
δῃῶν· ἀμφὶ δὲ τόν γε κύνες ἄνδρες τε νομῆες   65
πολλὰ μάλ᾽ ἰύζουσιν ἀπόπροθεν, οὐδ᾽ ἐθέλουσιν
ἀντίον ἐλθέμεναι· μάλα γὰρ χλωρὸν δέος αἱρεῖ·
ὣς τῶν οὔ τινι θυμὸς ἐνὶ στήθεσσιν ἐτόλμα
ἀντίον ἐλθέμεναι Μενελάου κυδαλίμοιο.
ἔνθα κε ῥεῖα φέροι κλυτὰ τεύχεα Πανθοίδαο   70
᾽Ατρείδης, εἰ μή οἱ ἀγάσσατο Φοῖβος ᾽Απόλλων,
ὅς ῥά οἱ ῝Εκτερ᾽ ἐπῶρσε, θοῷ ἀτάλαντον ῎Αρηϊ,
ἀνέρι εἰσάμενος, Κικόνων ἡγήτορι Μέντῃ·
καί μιν φωνήσας ἔπεα πτερόεντα προσηύδα·
   "῝Εκτορ, νῦν σὺ μὲν ὧδε θέεις ἀκίχητα διώκων   75

ἵππους Αἰακίδαο δαΐφρονος· οἱ δ' ἀλεγεινοὶ
ἀνδράσι γε θνητοῖσι δαμήμεναι ἠδ' ὀχέεσθαι,
ἄλλῳ γ' ἢ Ἀχιλῆϊ, τὸν ἀθανάτη τέκε μήτηρ.
τόφρα δέ τοι Μενέλαος, ἀρήϊος Ἀτρέος υἱός,
Πατρόκλῳ περιβὰς Τρώων τὸν ἄριστον ἔπεφνεν,			80
Πανθοΐδην Εὔφορβον, ἔπαυσε δὲ θούριδος ἀλκῆς.''
	῝Ως εἰπὼν ὁ μὲν αὖτις ἔβη θεὸς ἂμ πόνον ἀνδρῶν,
Ἕκτορα δ' αἰνὸν ἄχος πύκασε φρένας ἀμφιμελαίνας.
πάπτηνεν δ' ἄρ' ἔπειτα κατὰ στίχας, αὐτίκα δ' ἔγνω
τὸν μὲν ἀπαινύμενον κλυτὰ τεύχεα, τὸν δ' ἐπὶ γαίη			85
κείμενον· ἔρρει δ' αἷμα κατ' οὐταμένην ὠτειλήν.
βῆ δὲ διὰ προμάχων κεκορυθμένος αἴθοπι χαλκῷ,
ὀξέα κεκληγώς, φλογὶ εἴκελος Ἡφαίστοιο
ἀσβέστῳ.   οὐδ' υἱὸν λάθεν Ἀτρέος ὀξὺ βοήσας·
ὀχθήσας δ' ἄρα εἶπε πρὸς ὃν μεγαλήτορα θυμόν·			90
'' ὤμοι ἐγών· εἰ μέν κε λίπω κάτα τεύχεα καλὰ
Πάτροκλόν θ', ὃς κεῖται ἐμῆς ἕνεκ' ἐνθάδε τιμῆς,
μή τίς μοι Δαναῶν νεμεσήσεται, ὅς κεν ἴδηται.
εἰ δέ κεν Ἕκτορι μοῦνος ἐὼν καὶ Τρωσὶ μάχωμαι
αἰδεσθείς, μή πώς με περιστήωσ' ἕνα πολλοί·			95
Τρῶας δ' ἐνθάδε πάντας ἄγει κορυθαίολος Ἕκτωρ.
ἀλλὰ τίη μοι ταῦτα φίλος διελέξατο θυμός ;
ὁππότ' ἀνὴρ ἐθέλῃ πρὸς δαίμονα φωτὶ μάχεσθαι,
ὅν κε θεὸς τιμᾷ, τάχα οἱ μέγα πῆμα κυλίσθη.
τῷ μ' οὔ τις Δαναῶν νεμεσήσεται, ὅς κεν ἴδηται			100
Ἕκτορι χωρήσαντ', ἐπεὶ ἐκ θεόφιν πολεμίζει.
εἰ δέ που Αἴαντός γε βοὴν ἀγαθοῖο πυθοίμην,
ἄμφω κ' αὖτις ἰόντες ἐπιμνησαίμεθα χάρμης
καὶ πρὸς δαίμονά περ, εἴ πως ἐρυσαίμεθα νεκρὸν
Πηλείδῃ Ἀχιλῆϊ· κακῶν δέ κε φέρτατον εἴη.''			105
	Ἕως ὁ ταῦθ' ὥρμαινε κατὰ φρένα καὶ κατὰ θυμόν,
τόφρα δ' ἐπὶ Τρώων στίχες ἤλυθον· ἦρχε δ' ἄρ' Ἕκτωρ.
αὐτὰρ ὅ γ' ἐξοπίσω ἀνεχάζετο, λεῖπε δὲ νεκρόν,
ἐντροπαλιζόμενος ὥστε λὶς ἠϋγένειος,
ὅν ῥα κύνες τε καὶ ἄνδρες ἀπὸ σταθμοῖο δίωνται			110
ἔγχεσι καὶ φωνῇ· τοῦ δ' ἐν φρεσὶν ἄλκιμον ἦτορ
παχνοῦται, ἀέκων δέ τ' ἔβη ἀπὸ μεσσαύλοιο.
ὣς ἀπὸ Πατρόκλοιο κίε ξανθὸς Μενέλαος.
στῆ δὲ μεταστρεφθείς, ἐπεὶ ἵκετο ἔθνος ἑταίρων,

παπταίνων Αἴαντα μέγαν, Τελαμώνιον υἱόν.   115
τὸν δὲ μάλ' αἶψ' ἐνόησε μάχης ἐπ' ἀριστερὰ πάσης
θαρσύνονθ' ἑτάρους καὶ ἐποτρύνοντα μάχεσθαι·
θεσπέσιον γάρ σφιν φόβον ἔμβαλε Φοῖβος Ἀπόλλων.
βῆ δὲ θέειν, εἶθαρ δὲ παριστάμενος ἔπος ηὔδα·
" Αἶαν, δεῦρο, πέπον, περὶ Πατρόκλοιο θανόντος   120
σπεύσομεν, αἴ κε νέκυν περ Ἀχιλλῆϊ προφέρωμεν
γυμνόν· ἀτὰρ τά γε τεύχε' ἔχει κορυθαίολος Ἕκτωρ."
    Ὣς ἔφατ', Αἴαντι δὲ δαΐφρονι θυμὸν ὄρινεν.
βῆ δὲ διὰ προμάχων, ἅμα δὲ ξανθὸς Μενέλαος·
Ἕκτωρ μὲν Πάτροκλον, ἐπεὶ κλυτὰ τεύχε' ἀπηύρα,   125
ἕλχ', ἵν' ἀπ' ὤμοιϊν κεφαλὴν τάμοι ὀξέϊ χαλκῷ·
τὸν δὲ νέκυν Τρωῇσιν ἐρυσσάμενος κυσὶ δοίη·
Αἴας δ' ἐγγύθεν ἦλθε, φέρων σάκος ἠΰτε πύργον.
Ἕκτωρ δ' ἂψ ἐς ὅμιλον ἰὼν ἀνεχάζεθ' ἑταίρων,
ἐς δίφρον δ' ἀνόρουσε· δίδου δ' ὅ γε τεύχεα καλὰ   130
Τρωσὶ φέρειν προτὶ ἄστυ, μέγα κλέος ἔμμεναι αὐτῷ.
Αἴας δ' ἀμφὶ Μενοιτιάδῃ σάκος εὐρὺ καλύψας
ἑστήκειν ὥς τίς τε λέων περὶ οἷσι τέκεσσιν,
ᾧ ῥά τε νήπι' ἄγοντι συναντήσωνται ἐν ὕλῃ
ἄνδρες ἐπακτῆρες· ὁ δέ τε σθένεϊ βλεμεαίνει,   135
πᾶν δέ τ' ἐπισκύνιον κάτω ἕλκεται ὄσσε καλύπτων·
ὣς Αἴας περὶ Πατρόκλῳ ἥρωϊ βεβήκει.
Ἀτρείδης δ' ἑτέρωθεν ἀρηΐφιλος Μενέλαος
ἑστήκει, μέγα πένθος ἐνὶ στήθεσσιν ἀέξων.
    Γλαῦκος δ', Ἱππολόχοιο πάϊς, Λυκίων ἀγὸς ἀνδρῶν,   140
Ἕκτορ' ὑπόδρα ἰδὼν χαλεπῷ ἠνίπαπε μύθῳ·
"Ἕκτορ εἶδος ἄριστε, μάχης ἄρα πολλὸν ἐδεύεο.
ἦ σ' αὔτως κλέος ἐσθλὸν ἔχει φύξηλιν ἐόντα.
φράζεο νῦν, ὅππως κε πόλιν καὶ ἄστυ σαώσῃς
οἶος σὺν λαοῖσι, τοὶ Ἰλίῳ ἐγγεγάασιν·   145
οὐ γάρ τις Λυκίων γε μαχησόμενος Δαναοῖσιν
εἶσι περὶ πτόλιος, ἐπεὶ οὐκ ἄρα τις χάρις ἦεν
μάρνασθαι δηΐοισιν ἐπ' ἀνδράσι νωλεμὲς αἰεί.
πῶς κε σὺ χείρονα φῶτα σαώσειας μεθ' ὅμιλον,
σχέτλ', ἐπεὶ Σαρπηδόν' ἅμα ξεῖνον καὶ ἑταῖρον   150
κάλλιπες Ἀργείοισιν ἕλωρ καὶ κύρμα γενέσθαι,
ὅς τοι πόλλ' ὄφελος γένετο, πτόλεΐ τε καὶ αὐτῷ,
ζωὸς ἐών· νῦν δ' οὔ οἱ ἀλαλκέμεναι κύνας ἔτλης.

                                    B 3

τῷ νῦν εἴ τις ἐμοὶ Λυκίων ἐπιπείσεται ἀνδρῶν,
οἴκαδ᾽ ἴμεν, Τροίῃ δὲ πεφήσεται αἰπὺς ὄλεθρος.   155
εἰ γὰρ νῦν Τρώεσσι μένος πολυθαρσὲς ἐνείη,
ἄτρομον, οἷόν τ᾽ ἄνδρας ἐσέρχεται, οἳ περὶ πάτρης
ἀνδράσι δυσμενέεσσι πόνον καὶ δῆριν ἔθεντο,
αἶψά κε Πάτροκλον ἐρυσαίμεθα Ἴλιον εἴσω.
εἰ δ᾽ οὗτος προτὶ ἄστυ μέγα Πριάμοιο ἄνακτος   160
ἔλθοι τεθνηὼς καί μιν ἐρυσαίμεθα χάρμης,
αἶψά κεν Ἀργεῖοι Σαρπηδόνος ἔντεα καλὰ
λύσειαν, καί κ᾽ αὐτὸν ἀγοίμεθα Ἴλιον εἴσω·
τοίου γὰρ θεράπων πέφατ᾽ ἀνέρος, ὃς μέγ᾽ ἄριστος
Ἀργείων παρὰ νηυσὶ καὶ ἀγχέμαχοι θεράποντες.   165
ἀλλὰ σὺ γ᾽ Αἴαντος μεγαλήτορος οὐκ ἐτάλασσας
στήμεναι ἄντα, κατ᾽ ὄσσε ἰδὼν δηΐων ἐν ἀϋτῇ,
οὐδ᾽ ἰθὺς μαχέσασθαι, ἐπεὶ σέο φέρτερός ἐστιν."
     Τὸν δ᾽ ἄρ᾽ ὑπόδρα ἰδὼν προσέφη κορυθαίολος Ἕκτωρ·
"Γλαῦκε, τίη δὲ σὺ τοῖος ἐὼν ὑπέροπλον ἔειπες;   170
ὢ πόποι, ἦ τ᾽ ἐφάμην σε περὶ φρένας ἔμμεναι ἄλλων,
τῶν ὅσσοι Λυκίην ἐριβώλακα ναιετάουσιν·
νῦν δέ σευ ὠνοσάμην πάγχυ φρένας, οἷον ἔειπες,
ὅστε με φὴς Αἴαντα πελώριον οὐχ ὑπομεῖναι.
οὔ τοι ἐγὼν ἔρριγα μάχην οὐδὲ κτύπον ἵππων·   175
ἀλλ᾽ αἰεί τε Διὸς κρείσσων νόος αἰγιόχοιο,
ὅστε καὶ ἄλκιμον ἄνδρα φοβεῖ καὶ ἀφείλετο νίκην
ῥηϊδίως, ὁτὲ δ᾽ αὐτὸς ἐποτρύνει μαχέσασθαι.
ἀλλ᾽ ἄγε δεῦρο, πέπον, παρ᾽ ἔμ᾽ ἵστασο καὶ ἴδε ἔργον,
ἠὲ πανημέριος κακὸς ἔσσομαι, ὡς ἀγορεύεις,   180
ἦ τινα καὶ Δαναῶν ἀλκῆς, μάλα περ μεμαῶτα,
σχήσω ἀμυνέμεναι περὶ Πατρόκλοιο θανόντος."
     Ὣς εἰπὼν Τρώεσσιν ἐκέκλετο μακρὸν ἀΰσας·
"Τρῶες καὶ Λύκιοι καὶ Δάρδανοι ἀγχιμαχηταί,
ἀνέρες ἔστε, φίλοι, μνήσασθε δὲ θούριδος ἀλκῆς,   185
ὄφρ᾽ ἂν ἐγὼν Ἀχιλῆος ἀμύμονος ἔντεα δύω
καλά, τὰ Πατρόκλοιο βίην ἐνάριξα κατακτάς."
     Ὣς ἄρα φωνήσας ἀπέβη κορυθαίολος Ἕκτωρ
δηΐου ἐκ πολέμοιο· θέων δ᾽ ἐκίχανεν ἑταίρους
ὦκα μάλ᾽, οὔ πω τῆλε, ποσὶ κραιπνοῖσι μετασπών,   190
οἳ προτὶ ἄστυ φέρον κλυτὰ τεύχεα Πηλείωνος.
στὰς δ᾽ ἀπάνευθε μάχης πολυδακρύου ἔντε᾽ ἄμειβεν·

ἤτοι ὁ μὲν τὰ ἃ δῶκε φέρειν προτὶ Ἴλιον ἱρην
Τρωσὶ φιλοπτολέμοισιν, ὁ δ' ἄμβροτα τεύχεα δῦνεν
Πηλείδεω Ἀχιλῆος, ἅ οἱ θεοὶ Οὐρανίωνες   195
πατρὶ φίλῳ ἔπορον· ὁ δ' ἄρα ᾧ παιδὶ ὄπασσεν
γηράς· ἀλλ' οὐχ υἱὸς ἐν ἔντεσι πατρὸς ἐγήρα.
    Τὸν δ' ὡς οὖν ἀπάνευθεν ἴδεν νεφεληγερέτα Ζεὺς
τεύχεσι Πηλείδαο κορυσσόμενον θείοιο,
κινήσας ῥα κάρη προτὶ ὃν μυθήσατο θυμόν·   200
"ἆ δείλ', οὐδέ τί τοι θάνατος καταθύμιός ἐστιν,
ὃς δή τοι σχεδὸν εἶσι· σὺ δ' ἄμβροτα τεύχεα δύνεις
ἀνδρὸς ἀριστῆος, τόντε τρομέουσι καὶ ἄλλοι.
τοῦ δὴ ἑταῖρον ἔπεφνες ἐνηέα τε κρατερόν τε,
τεύχεα δ' οὐ κατὰ κόσμον ἀπὸ κρατός τε καὶ ὤμων   205
εἵλευ.   ἀτάρ τοι νῦν γε μέγα κράτος ἐγγυαλίξω,
τῶν ποινήν, ὅ τοι οὔ τι μάχης ἐκ νοστήσαντι
δέξεται Ἀνδρομάχη κλυτὰ τεύχεα Πηλείωνος."
    Ἦ, καὶ κυανέῃσιν ἐπ' ὀφρύσι νεῦσε Κρονίων.
Ἕκτορι δ' ἥρμοσε τεύχε' ἐπὶ χροΐ, δῦ δέ μιν Ἄρης   210
δεινός, ἐννάλιος, πλῆσθεν δ' ἄρα οἱ μέλε' ἐντὸς
ἀλκῆς καὶ σθένεος.   μετὰ δὲ κλειτοὺς ἐπικούρους
βῆ ῥα μέγα ἰάχων· ἰνδάλλετο δέ σφισι πᾶσιν
τεύχεσι λαμπόμενος μεγαθύμῳ Πηλείωνι·
ὤτρυνεν δὲ ἕκαστον ἐποιχόμενος ἐπέεσσιν,   215
Μέσθλην τε Γλαῦκόν τε Μέδοντά τε Θερσίλοχόν τε
Ἀστεροπαῖόν τε Δεισήνορά θ' Ἱππόθοόν τε
Φόρκυν τε Χρομίον τε καὶ Ἔννομον οἰωνιστήν.
τοὺς ὅ γ' ἐποτρύνων ἔπεα πτερόεντα προσηύδα·
"κέκλυτε, μυρία φῦλα περικτιόνων ἐπικούρων.   220
οὐ γὰρ ἐγὼ πληθὺν διζήμενος οὐδὲ χατίζων
ἐνθάδ' ἀφ' ὑμετέρων πολίων ἤγειρα ἕκαστον,
ἀλλ' ἵνα μοι Τρώων ἀλόχους καὶ νήπια τέκνα
προφρονέως ῥύοισθε φιλοπτολέμων ὑπ' Ἀχαιῶν.
τὰ φρονέων δώροισί κατατρύχω καὶ ἐδωδῇ   225
λαούς, ὑμέτερον δὲ ἑκάστου θυμὸν ἀέξω.
τῷ τις νῦν ἰθὺς τετραμμένος ἢ ἀπολέσθω
ἠὲ σαωθήτω· ἡ γὰρ πολέμου ὀαριστύς.
ὃς δέ κε Πάτροκλον καὶ τεθνηῶτά περ ἔμπης
Τρῶας ἐς ἱπποδάμους ἐρύσῃ, εἴξῃ δέ οἱ Αἴας   230
ἥμισυ τῷ ἐνάρων ἀποδάσσομαι, ἥμισυ δ' αὐτὸς

ἔξω ἐγώ· τὸ δέ οἱ κλέος ἔσσεται, ὅσσον ἐμοί περ.''

῝Ως ἔφαθ'· οἱ δ' ἰθὺς Δαναῶν βρίσαντες ἔβησαν,
δούρατ' ἀνασχόμενοι· μάλα δέ σφισιν ἔλπετο θυμὸς
νεκρὸν ὑπ' Αἴαντος ἐρύειν Τελαμωνιάδαο·   235
νήπιοι· ἦ τε πολέσσιν ἐπ' αὐτῷ θυμὸν ἀπηύρα.
καὶ τότ' ἄρ' Αἴας εἶπε βοὴν ἀγαθὸν Μενέλαον·
'' ὦ πέπον, ὦ Μενέλαε διοτρεφές οὐκέτι νῶϊ
ἔλπομαι αὐτώ περ νοστησέμεν ἐκ πολέμοιο.
οὔ τι τόσον νέκυος περιδείδια Πατρόκλοιο,   240
ὅς κε τάχα Τρώων κορέει κύνας ἠδ' οἰωνους,
ὅσσον ἐμῇ κεφαλῇ περιδείδια, μή τι πάθῃσιν,
καὶ σῇ, ἐπεὶ πολέμοιο νέφος περὶ πάντα καλύπτει,
Ἕκτωρ, ἡμῖν δ' αὖτ' ἀναφαίνεται αἰπὺς ὄλεθρος.
ἀλλ' ἄγ' ἀριστῆας Δαναῶν κάλει, ἤν τις ἀκούσῃ.''   245

῝Ως ἔφατ', οὐδ' ἀπίθησε βοὴν ἀγαθὸς Μενέλαος
ἤϋσεν δὲ διαπρύσιον Δαναοῖσι γεγωνώς·
'' ὦ φίλοι, Ἀργείων ἡγήτορες ἠδὲ μέδοντες,
οἵτε παρ' Ἀτρείδῃς, Ἀγαμέμονι καὶ Μενελάῳ,
δήμια πίνουσιν καὶ σημαίνουσιν ἔκαστος   250
λαοῖς· ἐκ δὲ Διὸς τιμὴ καὶ κῦδος ὀπηδεῖ.
ἀργαλέον δέ μοί ἐστι διασκοπιᾶσθαι ἔκαστον
ἡγεμόνων· τόσση γάρ ἔρις πολέμοιο δέδηεν.
ἀλλά τις αὐτὸς ἴτω, νεμεσιζέσθω δ' ἐνὶ θυμῷ
Πάτροκλον Τρωῇσι κυσὶν μέλπηθρα γενέσθαι '   255

῝Ως ἔφατ'· ὀξὺ δ' ἄκουσεν Ὀϊλῆος ταχὺς Αἴας,
πρῶτος δ' ἀντίος ἦλθε θέων ἀνὰ δηϊοτῆτα,
τὸν δὲ μετ' Ἰδομενεὺς καὶ ὀπάων Ἰδομενῆος
Μηριόνης, ἀτάλαντος Ἐνναλίῳ ἀνδρειφόντῃ.
τῶν δ' ἄλλων τίς κεν ᾖσι φρεσὶν οὐνόματ' εἴποι,   260
ὅσσοι δὴ μετόπισθε μάχην ἤγειραν Ἀχαιῶν ;

Τρῶες δὲ προύτυψαν ἀολλέες· ἦρχε δ' ἄρ' Ἕκτωρ.
ὡς δ' ὅτ' ἐπὶ προχοῇσι διιπετέος ποταμοῖο
βεβρύχῃ μέγα κῦμα ποτὶ ρόον, ἀμφὶ δέ τ' ἄκραι
ἠϊόνες βοόωσιν ἐρευγομένης ἁλὸς ἔξω,   265
τόσσῃ ἄρα Τρῶες ἰαχῇ ἴσαν. αὐτὰρ Ἀχαιοὶ
ἔστασαν ἀμφὶ Μενοιτιάδῃ ἔνα θυμὸν ἔχοντες,
φραχθέντες σάκεσιν χαλκήρεσιν. ἀμφὶ δ' ἄρα σφιν
λαμπρῇσιν κορύθεσσι Κρονίων ἠέρα πολλὴν
χεῦ', ἐπεὶ οὐδὲ Μενοιτιάδην ἤχθαιρε πάρος γε,   270

ὄφρα ζωὸς ἐὼν θεράπων ἦν Αἰακίδαο·
μίσησεν δ' ἄρα μιν δηΐων κυσὶ κύρμα γενέσθαι
Τρωῇσιν· τῷ καί οἱ ἀμυνέμεν ὦρσεν ἑταίρους.

   Ὦσαν δὲ πρότεροι Τρῶες ἑλίκωπας Ἀχαιούς·
νεκρὸν δὲ προλιπόντες ὑπέτρεσαν, οὐδέ τιν' αὐτῶν   275
Τρῶες ὑπέρθυμοι ἕλον ἔγχεσιν ἱέμενοί περ,
ἀλλὰ νέκυν ἐρύοντο.   μίννυθα δὲ καὶ τοῦ Ἀχαιοὶ
μέλλον ἀπέσσεσθαι· μάλα γάρ σφέας ὦκ' ἐλέλιξεν
Αἴας, ὃς περὶ μὲν εἶδος περὶ δ' ἔργα τέτυκτο
τῶν ἄλλων Δαναῶν μετ' ἀμύμονα Πηλείωνα.   280
ἴθυσεν δὲ διὰ προμάχων συῒ εἴκελος ἀλκὴν
καπρίῳ, ὅστ' ἐν ὄρεσσι κύνας θαλερούς τ' αἰζηοὺς
ῥηϊδίως ἐκέδασσεν ἑλιξάμενος διὰ βήσσας.
ὣς υἱὸς Τελαμῶνος ἀγαυοῦ, φαίδιμος Αἴας,
ῥεῖα μετεισάμενος Τρώων ἐκέδασσε φάλαγγας,   285
οἳ περὶ Πατρόκλῳ βέβασαν, φρόνεον δὲ μάλιστα
ἄστυ πότι σφέτερον ἐρύειν καὶ κῦδος ἀρέσθαι.

   Ἤτοι τὸν Λήθοιο Πελασγοῦ φαίδιμος υἱός,
Ἱππόθοος, ποδὸς ἕλκε κατὰ κρατερὴν ὑσμίνην,
δησάμενος τελαμῶνι παρὰ σφυρὸν ἀμφὶ τένοντας,   290
Ἕκτορι καὶ Τρώεσσι χαριζόμενος· τάχα δ' αὐτῷ
ἦλθε κακόν, τό οἱ οὔ τις ἐρύκακεν ἱεμένων περ.
τὸν δ' υἱὸς Τελαμῶνος, ἐπαΐξας δι' ὁμίλου,
πλῆξ' αὐτοσχεδίην κυνέης διὰ χαλκοπαρήου·
ἤρικε δ' ἱπποδάσεια κόρυς περὶ δουρὸς ἀκωκῇ,   295
πληγεῖσ' ἔγχεΐ τε μεγάλῳ καὶ χειρὶ παχείῃ,
ἐγκέφαλος δὲ παρ' αὐλὸν ἀνέδραμεν ἐξ ὠτειλῆς
αἱματόεις.   τοῦ δ' αὖθι λύθη μένος, ἐκ δ' ἄρα χειρῶν
Πατρόκλοιο πόδα μεγαλήτορος ἧκε χαμᾶζε
κεῖσθαι· ὁ δ' ἄγχ' αὐτοῖο πέσε πρηνὴς ἐπὶ νεκρῷ,   300
τῆλ' ἀπὸ Λαρίσης ἐριβώλακος, οὐδὲ τοκεῦσιν
θρέπτρα φίλοις ἀπέδωκε, μινυνθάδιος δέ οἱ αἰὼν
ἔπλεθ' ὑπ' Αἴαντος μεγαθύμου δουρὶ δαμέντι.
Ἕκτωρ δ' αὖτ' Αἴαντος ἀκόντισε δουρὶ φαεινῷ.
ἀλλ' ὁ μὲν ἄντα ἰδὼν ἠλεύατο χάλκεον ἔγχος   305
τυτθόν· ὁ δὲ Σχεδίον, μεγαθύμου Ἰφίτου υἱόν,
Φωκήων ὄχ' ἄριστον, ὃς ἐν κλειτῷ Πανοπῆϊ
οἰκία ναιετάασκε πολέσσ' ἄνδρεσσιν ἀνάσσων,
τὸν βάλ' ὑπὸ κληῖδα μέσην· διὰ δ' ἀμπερὲς ἄκρη

αἰχμὴ χαλκείη παρὰ νείατον ὦμον ἀνέσχεν.   310
δούπησεν δὲ πεσών, ἀράβησε δὲ τεύχε' ἐπ' αὐτῷ.
Αἴας δ' αὖ Φόρκυνα δαΐφρονα, Φαίνοπος υἱόν,
'Ιπποθόῳ περιβάντα μέσην κατὰ γαστέρα τύψεν,
ῥῆξε δὲ θώρηκος γύαλον, διὰ δ' ἔντερα χαλκὸς
ἤφυσ'· ὁ δ' ἐν κονίῃσι πεσὼν ἕλε. γαῖαν ἀγοστῷ.   315
χώρησαν δ' ὑπό τε πρόμαχοι καὶ φαίδιμος Ἕκτωρ·
'Αργεῖοι δὲ μέγα ἴαχον, ἐρύσαντο δὲ νεκρούς,
Φόρκυν θ' 'Ιππόθοόν τε, λύοντο δὲ τεύχε' ἀπ' ὤμων.
    Ἔνθα κεν αὖτε Τρῶες ἀρηϊφίλων ὑπ' 'Αχαιῶν
'Ίλιον εἰσανέβησαν ἀναλκείῃσι δαμέντες,   320
'Αργεῖοι δέ κε κῦδος ἕλον καὶ ὑπὲρ Διὸς αἶσαν
κάρτεϊ καὶ σθένεϊ σφετέρῳ.   ἀλλ' αὐτὸς 'Απόλλων
Αἰνείαν ὤτρυνε, δέμας Περίφαντι ἐοικώς,
κήρυκ' 'Ηπυτίδῃ, ὅς οἱ παρὰ πατρὶ γέροντι
κηρύσσων γήρασκε, φίλα φρεσὶ μήδεα εἰδώς.   325
τῷ μιν ἐεισάμενος προσέφη Διὸς υἱὸς 'Απόλλων·
" Αἰνεία, πῶς ἂν καὶ ὑπὲρ θεὸν εἰρύσσαισθε
'Ίλιον αἰπεινήν; ὡς δὴ ἴδον ἀνέρας ἄλλους
κάρτεΐ τε σθένεΐ τε πεποιθότας ἠνορέῃ τε
πλήθεΐ τε σφετέρῳ, καὶ ὑπερδέα δῆμον ἔχοντας.   . 330
ἡμῖν δὲ Ζεὺς μὲν πολὺ βούλεται ἢ Δαναοῖσιν
νίκην· ἀλλ' αὐτοὶ τρεῖτ' ἄσπετον, οὐδὲ μάχεσθε."
    "Ὡς ἔφατ'· Αἰνείας δ' ἑκατηβόλον 'Απόλλωνα
ἔγνω ἐσάντα ἰδών, μέγα δ' Ἕκτορα εἶπε βοήσας·
"Ἕκτορ τ' ἠδ' ἄλλοι Τρώων ἀγοὶ ἠδ' ἐπικούρων,   335
αἰδὼς μὲν νῦν ἥδε γ', ἀρηϊφίλων ὑπ' 'Αχαιῶν
'Ίλιον εἰσαναβῆναι ἀναλκείῃσι δαμέντας.
ἀλλ' ἔτι γάρ τίς φησι θεῶν, ἐμοὶ ἄγχι παραστάς,
Ζῆν', ὕπατον μήστωρα, μάχης ἐπιτάρροθον εἶναι·
τῷ ῥ' ἰθὺς Δαναῶν ἴομεν, μηδ' οἵ γε ἕκηλοι   340
Πάτροκλον νηυσὶν πελασαίατο τεθνηῶτα."
    "Ὡς φάτο, καί ῥα πολὺ προμάχων ἐξάλμενος ἔστη·
οἱ δ' ἐλελίχθησαν καὶ ἐναντίοι ἔσταν 'Αχαιῶν.
ἔνθ' αὖτ' Αἰνείας Λειώκριτον οὔτασε δουρί,
υἱὸν 'Αρίσβαντος, Λυκομήδεος ἐσθλὸν ἑταῖρον.   345
τὸν δὲ πεσόντ' ἐλέησεν ἀρηΐφιλος Λυκομήδης,
στῆ δὲ μάλ' ἐγγὺς ἰών, καὶ ἀκόντισε δουρὶ φαεινῷ,
καὶ βάλεν 'Ιππασίδην 'Απισάονα, ποιμένα λαῶν,

ἦπαρ ὑπὸ πραπίδων, εἶθαρ δ' ὑπὸ γούνατ' ἔλυσεν,
ὅς ῥ' ἐκ Παιονίης ἐριβώλακος εἰληλούθει, 350
καὶ δὲ μετ' Ἀστεροπαῖον ἀριστεύεσκε μάχεσθαι.
τὸν δὲ πεσόντ' ἐλέησεν ἀρήϊος Ἀστεροπαῖος,
ἴθυσεν δὲ καὶ ὁ πρόφρων Δαναοῖσι μάχεσθαι.
ἀλλ' οὔ πως ἔτι εἶχε· σάκεσσι γὰρ ἔρχατο πάντῃ
ἑσταότες περὶ Πατρόκλῳ, πρὸ δὲ δούρατ' ἔχοντο. 355
Αἴας γὰρ μάλα πάντας ἐπῴχετο πολλὰ κελεύων·
οὔτε τιν' ἐξοπίσω νεκροῦ χάζεσθαι ἀνώγει
οὔτε τινὰ προμάχεσθαι Ἀχαιῶν ἔξοχον ἄλλων,
ἀλλὰ μάλ' ἀμφ' αὐτῷ βεβάμεν, σχεδόθεν δὲ μάχεσθαι.
ὣς Αἴας ἐπέτελλε πελώριος, αἵματι δὲ χθὼν 360
δεύετο πορφυρέῳ, τοὶ δ' ἀγχιστῖνοι ἔπιπτον
νεκροὶ ὁμοῦ Τρώων καὶ ὑπερμενέων ἐπικούρων
καὶ Δαναῶν. οὐδ' οἳ γὰρ ἀναιμωτί γ' ἐμάχοντο,
παυρότεροι δὲ πολὺ φθίνυθον· μέμνηντο γὰρ αἰεὶ
ἀλλήλοις καθ' ὅμιλον ἀλεξέμεναι φόνον αἰπύν. 365
   Ὣς οἱ μὲν μάρναντο δέμας πυρός, οὐδέ κε φαίης
οὔτε ποτ' ἠέλιον σόον ἔμμεναι οὔτε σελήνην·
ἠέρι γὰρ κατέχοντο μάχης ἔπι, ὅσσοι ἄριστοι
ἕστασαν ἀμφὶ Μενοιτιάδῃ κατατεθνηῶτι.
οἱ δ' ἄλλοι Τρῶες καὶ ἐϋκνήμιδες Ἀχαιοὶ 370
εὔκηλοι πολέμιζον ὑπ' αἰθέρι, πέπτατο δ' αὐγὴ
ἠελίου ὀξεῖα, νέφος δ' οὐ φαίνετο πάσης
γαίης οὐδ' ὀρέων· μεταπαυόμενοι δ' ἐμάχοντο,
ἀλλήλων ἀλεείνοντες βέλεα στονόεντα,
πολλὸν ἀφεσταότες. τοὶ δ' ἐν μέσῳ ἄλγε' ἔπασχον 375
ἠέρι καὶ πολέμῳ, τείροντο δὲ νηλέϊ χαλκῷ,
ὅσσοι ἄριστοι ἔσαν. δύο δ' οὔ πω φῶτε πεπύσθην,
ἀνέρε κυδαλίμω, Θρασυμήδης Ἀντίλοχός τε,
Πατρόκλοιο θανόντος ἀμύμονος, ἀλλ' ἔτ' ἔφαντο
ζωὸν ἐνὶ πρώτῳ ὁμάδῳ Τρώεσσι μάχεσθαι. 380
τὼ δ' ἐπιοσσομένω θάνατον καὶ φύζαν ἑταίρων
νόσφιν ἐμαρνάσθην, ἐπεὶ ὣς ἐπετέλλετο Νέστωρ
ὀτρύνων πόλεμόνδε μελαινάων ἀπὸ νηῶν.
   Τοῖς δὲ πανημερίοις ἔριδος μέγα νεῖκος ὀρώρει
ἀργαλέης· καμάτῳ δὲ καὶ ἱδρῷ νωλεμὲς αἰεὶ 385
γούνατά τε κνῆμαί τε πόδες θ' ὑπένερθεν ἑκάστου
χεῖρές τ' ὀφθαλμοί τε παλάσσετο μαρναμένοιϊν

ἀμφ' ἀγαθὸν θεράποντα ποδώκεος Αἰακίδαο.
ὡς δ' ὅτ' ἀνὴρ ταύροιο βοὸς μεγάλοιο βοείην
λαοῖσιν δώῃ τανύειν, μεθύουσαν ἀλοιφῇ·   390
δεξάμενοι δ' ἄρα τοί γε διαστάντες τανύουσιν
κυκλόσ', ἄφαρ δέ τε ἰκμὰς ἔβη, δύνει δέ τ' ἀλοιφὴ
πολλῶν ἑλκόντων, τάνυται δέ τε πᾶσα διαπρό·
ὡς οἵ γ' ἔνθα καὶ ἔνθα νέκυν ὀλίγῃ ἐνὶ χώρῃ
ἕλκεον ἀμφότεροι· μάλα γάρ σφισιν ἔλπετο θυμός, 395
Τρωσὶν μὲν ἐρύειν προτὶ Ἴλιον, αὐτὰρ Ἀχαιοῖς
νῆας ἔπι γλαφυράς.   περὶ δ' αὐτοῦ μῶλος ὀρώρει
ἄγριος· οὐδέ κ' Ἄρης λαοσσόος οὐδέ κ' Ἀθήνη
τόν γε ἰδοῦσ' ὀνόσαιτ', οὐδ' εἰ μάλα μιν χόλος ἵκοι.
    Τοῖον Ζεὺς ἐπὶ Πατρόκλῳ ἀνδρῶν τε καὶ ἵππων 400
ἤματι τῷ ἐτάνυσσε κακὸν πόνον.   οὐδ' ἄρα πώ τι
ᾔδεε Πάτροκλον τεθνηότα δῖος Ἀχιλλεύς·
πολλὸν γὰρ ἀπάνευθε νεῶν μάρναντο θοάων,
τείχει ὕπο Τρώων.   τό μιν οὔ ποτε ἔλπετο θυμῷ
τεθνάμεν, ἀλλὰ ζωόν, ἐνιχριμφθέντα πύλῃσιν,   405
ἂψ ἀπονοστήσειν, ἐπεὶ οὐδὲ τὸ ἔλπετο πάμπαν,
ἐκπέρσειν πτολίεθρον ἄνευ ἔθεν, οὐδὲ σὺν αὐτῷ·
πολλάκι γὰρ τό γε μητρὸς ἐπεύθετο νόσφιν ἀκούων,
ἥ οἱ ἀπαγγέλλεσκε Διὸς μεγάλοιο νόημα.
δὴ τότε γ' οὔ οἱ ἔειπε κακὸν τόσον, ὅσσον ἐτύχθη, 410
μήτηρ, ὅττι ῥά οἱ πολὺ φίλτατος ὤλεθ' ἑταῖρος.
    Οἱ δ' αἰεὶ περὶ νεκρὸν ἀκαχμένα δούρατ' ἔχοντες
νωλεμὲς ἐγχρίμπτοιντο καὶ ἀλλήλους ἐνάριζον.
ὧδε δέ τις εἴπεσκεν Ἀχαιῶν χαλκοχιτώνων·
" ὦ φίλοι, οὐ μὰν ἡμῖν ἐϋκλεὲς ἀπονέεσθαι   415
νῆας ἔπι γλαφυράς· ἀλλ' αὐτοῦ γαῖα μέλαινα
πᾶσι χάνοι.   τό κεν ἡμῖν ἄφαρ πολὺ κέρδιον εἴη,
εἰ τοῦτον Τρώεσσι μεθήσομεν ἱπποδάμοισιν
ἄστυ πότι σφέτερον ἐρύσαι καὶ κῦδος ἀρέσθαι."
    Ὣς δέ τις αὖ Τρώων μεγαθύμων αὐδήσασκεν· 420
" ὦ φίλοι, εἰ καὶ μοῖρα παρ' ἀνέρι τῷδε δαμῆναι
πάντας ὁμῶς, μή πώ τις ἐρωείτω πολέμοιο."
ὣς ἄρα τις εἴπεσκε, μένος δ' ὄρσασκεν ἑταίρου.
    Ὣς οἱ μὲν μάρναντο, σιδήρειος δ' ὀρυμαγδὸς
χάλκεον οὐρανὸν ἷκε δι' αἰθέρος ἀτρυγέτοιο·   425
ἵπποι δ' Αἰακίδαο μάχης ἀπάνευθεν ἐόντες

κλαῖον, ἐπειδὴ πρῶτα πυθέσθην ἡνιόχοιο
ἐν κονίῃσι πεσόντος ὑφ' Ἕκτορος ἀνδροφόνοιο.
ἦ μὰν Αὐτομέδων, Διώρεος ἄλκιμος υἱός,
πολλὰ μὲν ἂρ μάστιγι θοῇ ἐπεμαίετο θείνων,   430
πολλὰ δὲ μειλιχίοισι προσηύδα, πολλὰ δ' ἀρειῇ·
τὼ δ' οὔτ' ἂψ ἐπὶ νῆας ἐπὶ πλατὺν Ἑλλήσποντον
ἠθελέτην ἰέναι, οὔτ' ἐς πόλεμον μετ' Ἀχαιούς,
ἀλλ' ὥστε στήλη μένει ἔμπεδον, ἥτ' ἐπὶ τύμβῳ
ἀνέρος ἑστήκῃ τεθνηότος ἠὲ γυναικός,   435
ὣς μένον ἀσφαλέως περικαλλέα δίφρον ἔχοντες,
οὔδει ἐνισκίμψαντε καρήατα.   δάκρυα δέ σφιν
θερμὰ κατὰ βλεφάρων χαμάδις ῥέε μυρομένοισιν
ἡνιόχοιο πόθῳ· θαλερὴ δὲ μιαίνετο χαίτη
ζεύγλης ἐξεριποῦσα παρὰ ζυγὸν ἀμφοτέρωθεν.   440
μυρομένω δ' ἄρα τώ γε ἰδὼν ἐλέησε Κρονίων,
κινήσας δὲ κάρη προτὶ ὃν μυθήσατο θυμόν·
" ἆ δειλώ, τί σφῶϊ δόμεν Πηλῆϊ ἄνακτι
θνητῷ, ὑμεῖς δ' ἐστὸν ἀγήρω τ' ἀθανάτω τε;
ἦ ἵνα δυστήνοισι μετ' ἀνδράσιν ἄλγε' ἔχητον;   445
οὐ μὲν γάρ τί πού ἐστιν ὀϊζυρώτερον ἀνδρὸς
πάντων, ὅσσα τε γαῖαν ἔπι πνείει τε καὶ ἕρπει.
ἀλλ' οὐ μὰν ὑμῖν γε καὶ ἅρμασι δαιδαλέοισιν
Ἕκτωρ Πριαμίδης ἐποχήσεται· οὐ γὰρ ἐάσω.
ἦ οὐχ ἅλις, ὡς καὶ τεύχε' ἔχει καὶ ἐπεύχεται αὔτως; 450
σφῶϊν δ' ἐν γούνεσσι βαλῶ μένος ἠδ' ἐνὶ θυμῷ,
ὄφρα καὶ Αὐτομέδοντα σαώσετον ἐκ πολέμοιο
νῆας ἔπι γλαφυράς· ἔτι γάρ σφισι κῦδος ὀρέξω,
κτείνειν, εἰς ὅ κε νῆας ἐϋσσέλμους ἀφίκωνται
δύῃ τ' ἠέλιος καὶ ἐπὶ κνέφας ἱερὸν ἔλθῃ."   455
ᾮς εἰπὼν ἵπποισιν ἐνέπνευσεν μένος ἠΰ.
τὼ δ' ἀπὸ χαιτάων κονίην οὐδάσδε βαλόντε
ῥίμφ' ἔφερον θοὸν ἅρμα μετὰ Τρῶας καὶ Ἀχαιούς.
τοῖσι δ' ἐπ' Αὐτομέδων μάχετ' ἀχνύμενός περ ἑταίρου,
ἵπποις ἀΐσσων ὥστ' αἰγυπιὸς μετὰ χῆνας·   460
ῥέα μὲν γὰρ φεύγεσκεν ὑπὲκ Τρώων ὀρυμαγδοῦ,
ῥεῖα δ' ἐπαΐξασκε πολὺν καθ' ὅμιλον ὀπάζων.
ἀλλ' οὐχ ᾕρει φῶτας, ὅτε σεύαιτο διώκειν·
οὐ γάρ πως ἦν οἶον ἐόνθ' ἱερῷ ἐνὶ δίφρῳ
ἔγχει ἐφορμᾶσθαι καὶ ἐπίσχειν ὠκέας ἵππους.   465

ὀψὲ δὲ δή μιν ἑταῖρος ἀνὴρ ἴδεν ὀφθαλμοῖσιν
Ἀλκιμέδων, υἱὸς Λαέρκεος Αἱμονίδαο·
στῆ δ' ὄπιθεν δίφροιο, καὶ Αὐτομέδοντα προσηύδα·
"Αὐτόμεδον, τίς τοί νυ θεῶν νηκερδέα βουλὴν
ἐν στήθεσσιν ἔθηκε, καὶ ἐξέλετο φρένας ἐσθλάς;   470
οἷον πρὸς Τρῶας μάχεαι πρώτῳ ἐν ὁμίλῳ
μοῦνος· ἀτάρ τοι ἑταῖρος ἀπέκτατο, τεύχεα δ' Ἕκτωρ
αὐτὸς ἔχων ὤμοισιν ἀγάλλεται Αἰακίδαο."
   Τὸν δ' αὖτ' Αὐτομέδων προσέφη, Διώρεος υἱός·
"Ἀλκίμεδον, τίς γάρ τοι Ἀχαιῶν ἄλλος ὁμοῖος   475
ἵππων ἀθανάτων ἐχέμεν δμῆσίν τε μένος τε,
εἰ μὴ Πάτροκλος, θεόφιν μήστωρ ἀτάλαντος,
ζωὸς ἐών; νῦν αὖ θάνατος καὶ μοῖρα κιχάνει.
ἀλλὰ σὺ μὲν μάστιγα καὶ ἡνία σιγαλόεντα
δέξαι, ἐγὼ δ' ἵππων ἀποβήσομαι, ὄφρα μάχωμαι.   480
   Ὣς ἔφατ', Ἀλκιμέδων δὲ βοηθόον ἅρμ' ἐπορούσας
καρπαλίμως μάστιγα καὶ ἡνία λάζετο χερσίν,
Αὐτομέδων δ' ἀπόρουσε. νόησε δὲ φαίδιμος Ἕκτωρ,
αὐτίκα δ' Αἰνείαν προσεφώνεεν ἐγγὺς ἐόντα·
"Αἰνεία, Τρώων βουληφόρε χαλκοχιτώνων,   485
ἵππω τώδ' ἐνόησα ποδώκεος Αἰακίδαο
ἐς πόλεμον προφανέντε σὺν ἡνιόχοισι κακοῖσιν.
τώ κεν ἐελποίμην αἱρησέμεν, εἰ σύ γε θυμῷ
σῷ ἐθέλεις, ἐπεὶ οὐκ ἂν ἐφορμηθέντε γε νῶϊ
τλαῖεν ἐναντίβιον στάντες μαχέσασθαι Ἄρηϊ."   490
   Ὣς ἔφατ'· οὐδ' ἀπίθησεν ἐῢς πάϊς Ἀγχίσαο.
τὼ δ' ἰθὺς βήτην βοέῃς εἰλυμένω ὤμους
αὔῃσι, στερεῇσι· πολὺς δ' ἐπελήλατο χαλκός.
τοῖσι δ' ἅμα Χρομίος τε καὶ Ἄρητος θεοειδὴς
ἤϊσαν ἀμφότεροι· μάλα δέ σφισιν ἔλπετο θυμὸς   495
αὐτώ τε κτενέειν ἐλάαν τ' ἐριαύχενας ἵππους·
νήπιοι, οὐδ' ἄρ' ἔμελλον ἀναιμωτί γε νέεσθαι
αὖτις ἀπ' Αὐτομέδοντος. ὁ δ' εὐξάμενος Διὶ πατρὶ
ἀλκῆς καὶ σθένεος πλῆτο φρένας ἀμφιμελαίνας.
αὐτίκα δ' Ἀλκιμέδοντα προσηύδα, πιστὸν ἑταῖρον·   500
"Ἀλκίμεδον, μὴ δή μοι ἀπόπροθεν ἰσχέμεν ἵππους,
ἀλλὰ μάλ' ἐμπνείοντε μεταφρένῳ· οὐ γὰρ ἔγωγε
Ἕκτορα Πριαμίδην μένεος σχήσεσθαι ὀΐω,
πρίν γ' ἐπ' Ἀχιλλῆος καλλίτριχε βήμεναι ἵππω

νῶϊ κατακτείναντα, φοβῆσαί τε στίχας ἀνδρῶν   505
Ἀργείων, ἤ κ' αὐτὸς ἐνὶ πρώτοισιν ἀλοίη."
    Ὣς εἰπὼν Αἴαντε καλέσσατο καὶ Μενέλαον·
" Αἶαντ', Ἀργείων ἡγήτορε, καὶ Μενέλαε,
ἤτοι μὲν τὸν νεκρὸν ἐπιτράπεθ', οἵ περ ἄριστοι,
ἀμφ' αὐτῷ βεβάμεν καὶ ἀμύνεσθαι στίχας ἀνδρῶν   510
νῶϊν δὲ ζωοῖσιν ἀμύνετε νηλεὲς ἦμαρ·
τῇδε γὰρ ἔβρισαν πόλεμον κάτα δακρυόεντα
Ἕκτωρ Αἰνείας θ', οἳ Τρώων εἰσὶν ἄριστοι.
ἀλλ' ἤτοι μὲν ταῦτα θεῶν ἐν γούνασι κεῖται·
ἤσω γὰρ καὶ ἐγώ, τὰ δέ κεν Διὶ πάντα μελήσει."   515
    Ἦ ῥα, καὶ ἀμπεπαλὼν προΐει δολιχόσκιον ἔγχος,
καὶ βάλεν Ἀρήτοιο κατ' ἀσπίδα πάντοσ' ἐΐσην·
ἢ δ' οὐκ ἔγχος ἔρυτο, διαπρὸ δὲ εἴσατο χαλκός,
νειαίρῃ δ' ἐν γαστρὶ διὰ ζωστῆρος ἔλασσεν.
ὡς δ' ὅτ' ἂν ὀξὺν ἔχων πέλεκυν αἰζήϊος ἀνήρ,   520
κόψας ἐξόπιθεν κεράων βοὸς ἀγραύλοιο,
ἵνα τάμῃ διὰ πᾶσαν, ὁ δὲ προθορὼν ἐρίπῃσιν,
ὣς ἄρ' ὅ γε προθορὼν πέσεν ὕπτιος· ἐν δέ οἱ ἔγχος
νηδυίοισι μάλ' ὀξὺ κραδαινόμενον λύε γυῖα.
Ἕκτωρ δ' Αὐτομέδοντος ἀκόντισε δουρὶ φαεινῷ·   525
ἀλλ' ὁ μὲν ἄντα ἰδὼν ἠλεύατο χάλκεον ἔγχος·
πρόσσω γὰρ κατέκυψε, τὸ δ' ἐξόπιθεν δόρυ μακρὸν
οὔδει ἐνισκίμφθη, ἐπὶ δ' οὐρίαχος πελεμίχθη
ἔγχεος· ἔνθα δ' ἔπειτ' ἀφίει μένος ὄβριμος Ἄρης.
καὶ νύ· κε δὴ ξιφέεσσ' αὐτοσχεδὸν ὁρμηθήτην,   530
εἰ μή σφω' Αἴαντε διέκριναν μεμαῶτε,
οἳ ῥ' ἦλθον καθ' ὅμιλον ἑταίρου κικλήσκοντος.
τοὺς ὑποταρβήσαντες ἐχώρησαν πάλιν αὖτις
Ἕκτωρ Αἰνείας τ' ἠδὲ Χρομίος θεοειδής,
Ἄρητον δὲ κατ' αὖθι λίπον δεδαϊγμένον ἦτορ,   535
κείμενον.   Αὐτομέδων δέ, θοῷ ἀτάλαντος Ἄρηϊ,
τεύχεά τ' ἐξενάριξε καὶ εὐχόμενος ἔπος ηὔδα·
" ἦ δὴ μὰν ὀλίγον γε Μενοιτιάδαο θανόντος
κῆρ ἄχεος μεθέηκα, χερείονά περ καταπεφνών."
    Ὣς εἰπὼν ἐς δίφρον ἑλὼν ἔναρα βροτόεντα   540
θῆκ', ἂν δ' αὐτὸς ἔβαινε, πόδας καὶ χεῖρας ὕπερθεν
αἱματόεις ὥς τίς τε λέων κατὰ ταῦρον ἐδηδώς.
    Ἂψ δ' ἐπὶ Πατρόκλῳ τέτατο κρατερὴ ὑσμίνη

ἀργαλέη, πολύδακρυς, ἔγειρε δὲ νεῖκος Ἀθήνη
οὐρανόθεν καταβᾶσα· προῆκε γὰρ εὐρύοπα Ζεὺς   545
ὀρνύμεναι Δαναούς· δὴ γὰρ νόος ἐτράπετ᾽ αὐτοῦ.
ἠΰτε πορφυρέην ἶριν θνητοῖσι τανύσσῃ
Ζεὺς ἐξ οὐρανόθεν, τέρας ἔμμεναι ἢ πολέμοιο
ἢ καὶ χειμῶνος δυσθαλπέος, ὅς ῥά τε ἔργων
ἀνθρώπους ἀνέπαυσεν ἐπὶ χθονί, μῆλα δὲ κήδει,   550
ὣς ἡ πορφυρέη νεφέλῃ πυκάσασα ἓ αὐτὴν
δύσετ᾽ Ἀχαιῶν ἔθνος, ἔγειρε δὲ φῶτα ἕκαστον.
πρῶτον δ᾽ Ἀτρέος υἱὸν ἐποτρύνουσα προσηύδα,
ἴφθιμον Μενέλαον—ὁ γάρ ῥά οἱ ἐγγύθεν ἦεν—,
εἰσαμένη Φοίνικι δέμας καὶ ἀτειρέα φωνήν·   555
" σοὶ μὲν δή, Μενέλαε, κατηφείῃ καὶ ὄνειδος
ἔσσεται, εἴ κ᾽ Ἀχιλῆος ἀγαυοῦ πιστὸν ἑταῖρον
τείχει ὕπο Τρώων ταχέες κύνες ἑλκήσουσιν.
ἀλλ᾽ ἔχεο κρατερῶς, ὄτρυνε δὲ λαὸν ἅπαντα."
        Τὴν δ᾽ αὖτε προσέειπε βοὴν ἀγαθὸς Μενέλαος·   560
" Φοῖνιξ, ἄττα γεραιὲ παλαιγενές, εἰ γὰρ Ἀθήνη
δοίη κάρτος ἐμοί, βελέων δ᾽ ἀπερύκοι ἐρωήν·
τῶ κεν ἔγωγ᾽ ἐθέλοιμι παρεστάμεναι καὶ ἀμύνειν
Πατρόκλῳ· μάλα γάρ με θανὼν ἐσεμάσσατο θυμόν.
ἀλλ᾽ Ἕκτωρ πυρὸς αἰνὸν ἔχει μένος, οὐδ᾽ ἀπολήγει   565
χαλκῷ δηϊόων· τῷ γὰρ Ζεὺς κῦδος ὀπάζει."
        Ὣς φάτο· γήθησεν δὲ θεὰ γλαυκῶπις Ἀθήνη,
ὅττι ῥά οἱ πάμπρωτα θεῶν ἠρήσατο πάντων.
ἐν δὲ βίην ὤμοισι καὶ ἐν γούνεσσιν ἔθηκεν,
καί οἱ μυίης θάρσος ἐνὶ στήθεσσιν ἐνῆκεν,   570
ἥτε καὶ ἐργομένη μάλα περ χροὸς ἀνδρομέοιο
ἰσχανάᾳ δακέειν, λαρόν τέ οἱ αἷμ᾽ ἀνθρώπου·
τοίου μιν θάρσευς πλῆσε φρένας ἀμφιμελαίνας.
βῆ δ᾽ ἐπὶ Πατρόκλῳ, καὶ ἀκόντισε δουρὶ φαεινῷ.
ἔσκε δ᾽ ἐνὶ Τρώεσσι Ποδῆς, υἱὸς Ἠετίωνος,   575
ἀφνειός τ᾽ ἀγαθός τε· μάλιστα δέ μιν τίεν Ἕκτωρ
δήμου, ἐπεί οἱ ἑταῖρος ἔην φίλος εἰλαπιναστής.
τόν ῥα κατὰ ζωστῆρα βάλε ξανθὸς Μενέλαος
ἀΐξαντα φόβονδε, διαπρὸ δὲ χαλκὸν ἔλασσεν·
δούπησεν δὲ πεσών.   ἀτὰρ Ἀτρεΐδης Μενέλαος   580
νεκρὸν ὑπὲκ Τρώων ἔρυσεν μετὰ ἔθνος ἑταίρων.
        Ἕκτορα δ᾽ ἐγγύθεν ἱστάμενος ὤτρυνεν Ἀπόλλων,

Φαίνοπι Ασιάδη ἐναλίγκιος, ὅς οἱ ἀπάντων
ξείνων φίλτατος ἔσκεν, Ἀβυδόθι οἰκία ναίων·
[τῷ μιν ἐεισάμενος προσέφη ἑκάεργος Ἀπόλλων·]
"Ἕκτορ, τίς κέ σ' ἔτ' ἄλλος Ἀχαιῶν ταρβήσειεν;   585
οἷον δὴ Μενέλαον ὑπέτρεσας, ὃς τὸ πάρος περ
μαλθακὸς αἰχμητής· νῦν δ' οἴχεται οἶος ἀείρας
νεκρὸν ὑπὲκ Τρώων, σὸν δ' ἔκτανε πιστὸν ἑταῖρον,
ἐσθλὸν ἐνὶ προμάχοισι, Ποδῆν, υἱὸν Ἠετίωνος·"   590
Ὣς φάτο· τὸν δ' ἄχεος νεφέλη ἐκάλυψε μέλαινα,
βῆ δὲ διὰ προμάχων κεκορυθμένος αἴθοπι χαλκῷ.
καὶ τότ' ἄρα Κρονίδης ἕλετ' αἰγίδα θυσσανόεσσαν,
μαρμαρέην, Ἴδην δὲ κατὰ νεφέεσσι κάλυψεν,
ἀστράψας δὲ μάλα μεγάλ' ἔκτυπε, τὴν δ' ἐτίναξεν,   595
νίκην δὲ Τρώεσσι δίδου, ἐφόβησε δ' Ἀχαιούς.
Πρῶτος Πηνέλεως Βοιώτιος ἦρχε φόβοιο.
βλῆτο γὰρ ὦμον δουρί, πρόσω τετραμμένος αἰεί,
ἄκρον ἐπιλίγδην· γράψεν δέ οἱ ὀστέον ἄχρις
αἰχμὴ Πουλυδάμαντος· ὁ γάρ ῥ' ἔβαλε σχεδὸν ἐλθών.   600
Λήϊτον αὖθ' Ἕκτωρ σχεδὸν οὔτασε χεῖρ' ἐπὶ καρπῷ,
υἱὸν Ἀλεκτρυόνος μεγαθύμου, παῦσε δὲ χάρμης·
τρέσσε δὲ παπτήνας, ἐπεὶ οὐκέτι ἔλπετο θυμῷ
ἔγχος ἔχων ἐν χειρὶ μαχήσεσθαι Τρώεσσιν.
Ἕκτορα δ' Ἰδομενεὺς μετὰ Λήϊτον ὁρμηθέντα   605
βεβλήκει θώρηκα κατὰ στῆθος παρὰ μαζόν·
ἐν καυλῷ δ' ἐάγη δολιχὸν δόρυ, τοὶ δ' ἐβόησαν
Τρῶες.   ὁ δ' Ἰδομενῆος ἀκόντισε Δευκαλίδαο
δίφρῳ ἐφεσταότος.   τοῦ μέν ῥ' ἀπὸ τυτθὸν ἅμαρτεν·
αὐτὰρ ὁ Μηριόναο ὀπάονά θ' ἡνίοχόν τε,   610
Κοίρανον, ὅς ῥ' ἐκ Λύκτου ἐϋκτιμένης ἔπετ' αὐτῷ—
πεζὸς γὰρ τὰ πρῶτα λιπὼν νέας ἀμφιελίσσας
ἤλυθε, καί κε Τρωσὶ μέγα κράτος ἐγγυάλιξεν,
εἰ μὴ Κοίρανος ὦκα ποδώκεας ἤλασεν ἵππους·
καὶ τῷ μὲν φάος ἦλθεν, ἄμυνε δὲ νηλεὲς ἦμαρ,   615
αὐτὸς δ' ὤλεσε θυμὸν ὑφ' Ἕκτορος ἀνδροφόνοιο—
τὸν βάλ' ὑπὸ γναθμοῖο καὶ οὔατος, ἐκ δ' ἄρ' ὀδόντας
ὦσε δόρυ πρυμνόν, διὰ δὲ γλῶσσαν τάμε μέσσην.
ἤριπε δ' ἐξ ὀχέων, κατὰ δ' ἡνία χεῦεν ἔραζε.
καὶ τά γε Μηριόνης ἔλαβεν χείρεσσι φίλῃσιν   620
κύψας ἐκ πεδίοιο, καὶ Ἰδομενῆα προσηύδα·

" μάστιε νῦν, εἴως κε θοὰς ἐπὶ νῆας ἵκηαι·
γιγνώσκεις δὲ καὶ αὐτός, ὅτ' οὐκέτι κάρτος Ἀχαιῶν."
    Ὣς ἔφατ'· Ἰδομενεὺς δ' ἵμασεν καλλίτριχας ἵππους
νῆας ἔπι γλαφυράς· δὴ γὰρ δέος ἔμπεσε θυμῷ.   6

    Οὐδ' ἔλαθ' Αἴαντα μεγαλήτορα καὶ Μενέλαον
Ζεύς, ὅτε δὴ Τρώεσσι δίδου ἑτεραλκέα νίκην.
τοῖσι δὲ μύθων ἦρχε μέγας Τελαμώνιος Αἴας·
"ὢ πόποι, ἤδη μέν κε, καὶ ὃς μάλα νήπιός ἐστιν,
γνοίη, ὅτι Τρώεσσι πατὴρ Ζεὺς αὐτὸς ἀρήγει.   63
τῶν μὲν γὰρ πάντων βέλε' ἅπτεται, ὅστις ἀφείη,
ἢ κακὸς ἢ ἀγαθός· Ζεὺς δ' ἔμπης πάντ' ἰθύνει·
ἡμῖν δ' αὔτως πᾶσιν ἐτώσια πίπτει ἔραζε.
ἀλλ' ἄγετ', αὐτοί περ φραζώμεθα μῆτιν ἀρίστην,
ἠμὲν ὅπως τὸν νεκρὸν ἐρύσσομεν, ἠδὲ καὶ αὐτοὶ   63
χάρμα φίλοις ἑτάροισι γενώμεθα νοστήσαντες,
οἵ που δεῦρ' ὁρόωντες ἀκηχέδατ', οὐδ' ἔτι φασὶν
Ἕκτορος ἀνδροφόνοιο μένος καὶ χεῖρας ἀάπτους
σχήσεσθ', ἀλλ' ἐν νηυσὶ μελαίνῃσιν πεσέεσθαι.
εἴη δ' ὅστις ἑταῖρος ἀπαγγείλειε τάχιστα   64
Πηλεΐδῃ, ἐπεὶ οὔ μιν ὀίομαι οὐδὲ πεπύσθαι
λυγρῆς ἀγγελίης, ὅτι οἱ φίλος ὤλεθ' ἑταῖρος.
ἀλλ' οὔ πῃ δύναμαι ἰδέειν τοιοῦτον Ἀχαιῶν·
ἠέρι γὰρ κατέχονται ὁμῶς αὐτοί τε καὶ ἵπποι.
Ζεῦ πάτερ, ἀλλὰ σὺ ῥῦσαι ὑπ' ἠέρος υἷας Ἀχαιῶν,   6
ποίησον δ' αἴθρην, δὸς δ' ὀφθαλμοῖσιν ἰδέσθαι·
ἐν δὲ φάει καὶ ὄλεσσον, ἐπεί νύ τοι εὔαδεν οὕτως."

    Ὣς φάτο, τὸν δὲ πατὴρ ὀλοφύρατο δακρυχέοντα·
αὐτίκα δ' ἠέρα μὲν σκέδασεν καὶ ἀπῶσεν ὀμίχλην,
ἠέλιος δ' ἐπέλαμψε, μάχη δ' ἐπὶ πᾶσα φαάνθη.   65
καὶ τότ' ἄρ' Αἴας εἶπε βοὴν ἀγαθὸν Μενέλαον·
"σκέπτεο νῦν, Μενέλαε διοτρεφές, αἴ κεν ἴδηαι
ζωὸν ἔτ' Ἀντίλοχον, μεγαθύμου Νέστορος υἱόν,
ὄτρυνον δ' Ἀχιλῆι δαΐφρονι θᾶσσον ἰόντα
εἰπεῖν, ὅττι ῥά οἱ πολὺ φίλτατος ὤλεθ' ἑταῖρος."   655

    Ὣς ἔφατ'· οὐδ' ἀπίθησε βοὴν ἀγαθὸς Μενέλαος,
βῆ δ' ἰέναι ὥς τίς τε λέων ἀπὸ μεσσαύλοιο,
ὅστ' ἐπεὶ ἄρ κε κάμῃσι κύνας τ' ἄνδρας τ' ἐρεθίζων,
οἵτε μιν οὐκ εἰῶσι βοῶν ἐκ πῖαρ ἑλέσθαι
πάννυχοι ἐγρήσσοντες· ὁ δὲ κρειῶν ἐρατίζων   660

ἱύει, ἀλλ' οὔ τι πρήσσει· θαμέες γὰρ ἄκοντες
ἀντίοι ἀΐσσουσι θρασειάων ἀπὸ χειρῶν,
βαλλόμεναί τε δεταί, τάστε τρεῖ ἐσσύμενός περ·
ὅθεν δ' ἀπονόσφιν ἔβη τετιηότι θυμῷ·
ὣς ἀπὸ Πατρόκλοιο βοὴν ἀγαθὸς Μενέλαος 665
ἷε πόλλ' ἀέκων· περὶ γὰρ δίε, μή μιν Ἀχαιοὶ
ἀργαλέου πρὸ φόβοιο ἕλωρ δηΐοισι λίποιεν.
πολλὰ δὲ Μηριόνῃ τε καὶ Αἰάντεσσ' ἐπέτελλεν·
Αἴαντ', Ἀργείων ἡγήτορε, Μηριόνῃ τε,
νῦν τις ἐνηείης Πατροκλῆος δειλοῖο 670
μνησάσθω· πᾶσιν γὰρ ἐπίστατο μείλιχος εἶναι
ζωὸς ἐών· νῦν αὖ θάνατος καὶ μοῖρα κιχάνει."
Ὣς ἄρα φωνήσας ἀπέβη ξανθὸς Μενέλαος,
πάντοσε παπταίνων ὥστ' αἰετός, ὅν ῥά τέ φασιν
ὀξύτατον δέρκεσθαι ὑπουρανίων πετεηνῶν, 675
ὄντε καὶ ὑψόθ' ἐόντα πόδας ταχὺς οὐκ ἔλαθε πτὼξ
θάμνῳ ὑπ' ἀμφικόμῳ κατακείμενος, ἀλλά τ' ἐπ' αὐτῷ
ἔσσυτο, καί τέ μιν ὦκα λαβὼν ἐξείλετο θυμόν.
ὣς τότε σοί, Μενέλαε διοτρεφές, ὄσσε φαεινὼ
πάντοσε δινείσθην πολέων κατὰ ἔθνος ἑταίρων, 680
εἴ που Νέστορος υἱὸν ἔτι ζώοντα ἴδοιτο.
τὸν δὲ μάλ' αἶψ' ἐνόησε μάχης ἐπ' ἀριστερὰ πάσης
θαρσύνονθ' ἑτάρους καὶ ἐποτρύνοντα μάχεσθαι.
ἀγχοῦ δ' ἱστάμενος προσέφη ξανθὸς Μενέλαος·
Ἀντίλοχ', εἰ δ' ἄγε δεῦρο, διοτρεφές, ὄφρα πύθηαι 685
λυγρῆς ἀγγελίης, ἣ μὴ ὤφελλε γενέσθαι.
ἤδη μὲν σὲ καὶ αὐτὸν ὀΐομαι εἰσορόωντα
γιγνώσκειν, ὅτι πῆμα θεὸς Δαναοῖσι κυλίνδει,
νίκη δὲ Τρώων· πέφαται δ' ὤριστος Ἀχαιῶν 690
Πάτροκλος, μεγάλη δὲ ποθὴ Δαναοῖσι τέτυκται.
ἀλλὰ σύ γ' αἶψ' Ἀχιλῆϊ, θέων ἐπὶ νῆας Ἀχαιῶν,
εἰπεῖν, αἴ κε τάχιστα νέκυν ἐπὶ νῆα σαώσῃ
γυμνόν· ἀτὰρ τά γε τεύχε' ἔχει κορυθαίολος Ἕκτωρ."
Ὣς ἔφατ', Ἀντίλοχος δὲ κατέστυγε μῦθον ἀκούσας. 695
δὴν δέ μιν ἀμφασίη ἐπέων λάβε, τὼ δέ οἱ ὄσσε
δακρυόφι πλῆσθεν, θαλερὴ δέ οἱ ἔσχετο φωνή.
ἀλλ' οὐδ' ὣς Μενελάου ἐφημοσύνης ἀμέλησεν,
βῆ δὲ θέειν, τὰ δὲ τεύχε' ἀμύμονι δῶκεν ἑταίρῳ,
Λαοδόκῳ, ὅς οἱ σχεδὸν ἔστρεφε μώνυχας ἵππους.

Τὸν μὲν δακρυχέοντα πόδες φέρον ἐκ πολέμοιο,   700
Πηλείδη Ἀχιλῆϊ κακὸν ἔπος ἀγγελέοντα.
οὐδ᾽ ἄρα σοί, Μενέλαε διοτρεφές, ἤθελε θυμὸς
τειρομένοις ἑτάροισιν ἀμυνέμεν, ἔνθεν ἀπῆλθεν
Ἀντίλοχος, μεγάλη δὲ ποθὴ Πυλίοισιν ἐτύχθη·
ἀλλ᾽ ὅ γε τοῖσιν μὲν Θρασυμήδεα δῖον ἀνῆκεν,   705
αὐτὸς δ᾽ αὖτ᾽ ἐπὶ Πατρόκλῳ ἥρωϊ βεβήκει,
στῆ δὲ παρ᾽ Αἰάντεσσι θέων, εἶθαρ δὲ προσηύδα·
" κεῖνον μὲν δὴ νηυσὶν ἐπιπροέηκα θοῇσιν,
ἐλθεῖν εἰς Ἀχιλῆα πόδας ταχύν· οὐδέ μιν οἴω
νῦν ἰέναι, μάλα περ κεχολωμένον Ἕκτορι δίῳ·   710
οὐ γάρ πως ἂν γυμνὸς ἐὼν Τρώεσσι μάχοιτο.
ἡμεῖς δ᾽ αὐτοί περ φραζώμεθα μῆτιν ἀρίστην,
ἠμὲν ὅπως τὸν νεκρὸν ἐρύσσομεν, ἠδὲ καὶ αὐτοὶ
Τρώων ἐξ ἐνοπῆς θάνατον καὶ κῆρα φύγωμεν."
    Τὸν δ᾽ ἠμείβετ᾽ ἔπειτα μέγας Τελαμώνιος Αἴας·   715
" πάντα κατ᾽ αἶσαν ἔειπες, ἀγακλεὲς ὦ Μενέλαε·
ἀλλὰ σὺ μὲν καὶ Μηριόνης ὑποδύντε μάλ᾽ ὦκα
νεκρὸν ἀείραντες φέρετ᾽ ἐκ πόνου· αὐτὰρ ὄπισθεν
νῶϊ μαχησόμεθα Τρωσίν τε καὶ Ἕκτορι δίῳ,
ἶσον θυμὸν ἔχοντες ὁμώνυμοι, οἳ τὸ πάρος περ   720
μίμνομεν ὀξὺν Ἄρηα παρ᾽ ἀλλήλοισι μένοντες."
    Ὣς ἔφαθ᾽· οἱ δ᾽ ἄρα νεκρὸν ἀπὸ χθονὸς ἀγκάζοντο
ὕψι μάλα μεγάλως. ἐπὶ δ᾽ ἴαχε λαὸς ὄπισθεν
Τρωϊκός, ὡς εἴδοντο νέκυν αἴροντας Ἀχαιούς.
ἴθυσαν δὲ κύνεσσιν ἐοικότες, οἵτ᾽ ἐπὶ κάπρῳ   725
βλημένῳ ἀΐξωσι πρὸ κούρων θηρητήρων·
ἕως μὲν γάρ τε θέουσι διαρραῖσαι μεμαῶτες,
ἀλλ᾽ ὅτε δή ῥ᾽ ἐν τοῖσιν ἑλίξεται ἀλκὶ πεποιθώς,
ἄψ τ᾽ ἀνεχώρησαν διά τ᾽ ἔτρεσαν ἄλλυδις ἄλλος.
ὣς Τρῶες εἷως μὲν ὁμιλαδὸν αἰὲν ἕποντο,   730
νύσσοντες ξίφεσίν τε καὶ ἔγχεσιν ἀμφιγύοισιν·
ἀλλ᾽ ὅτε δή ῥ᾽ Αἴαντε μεταστρεφθέντε κατ᾽ αὐτοὺς
σταίησαν, τῶν δὲ τράπετο χρώς, οὐδέ τις ἔτλη
πρόσσω ἀΐξας περὶ νεκροῦ δηριάασθαι.
    Ὣς οἵ γ᾽ ἐμμεμαῶτε νέκυν φέρον ἐκ πολέμοιο   735
νῆας ἔπι γλαφυράς· ἐπὶ δὲ πτόλεμος τέτατό σφιν
ἄγριος ἠΰτε πῦρ, τότ᾽ ἐπεσσύμενον πόλιν ἀνδρῶν
ὄρμενον ἐξαίφνης φλεγέθει, μινύθουσι δὲ οἶκοι

ἐν σέλαϊ μεγάλῳ· τὸ δ' ἐπιβρέμει ἲς ἀνέμοιο.
ὣς μὲν τοῖς ἵππων τε καὶ ἀνδρῶν αἰχμητάων   740
ἀζηχὴς ὀρυμαγδὸς ἐπήϊεν ἐρχομένοισιν·
οἱ δ', ὥσθ' ἡμίονοι κρατερὸν μένος ἀμφιβαλόντες
ἕλκωσ' ἐξ ὄρεος κατὰ παιπαλόεσσαν ἀταρπὸν
ἢ δοκὸν ἠὲ δόρυ μέγα νήϊον· ἐν δέ τε θυμὸς
τείρεθ' ὁμοῦ καμάτῳ τε καὶ ἱδρῷ σπευδόντεσσιν·   745
ὣς οἵ γ' ἐμμεμαῶτε νέκυν φέρον.   αὐτὰρ ὄπισθεν
Αἴαντ' ἰσχανέτην, ὥστε πρὼν ἰσχάνει ὕδωρ
ὑλήεις, πεδίοιο διαπρύσιον τετυχηκώς,
ὅστε καὶ ἰφθίμων ποταμῶν ἀλεγεινὰ ῥέεθρα
ἴσχει, ἄφαρ δέ τε πᾶσι ῥόον πεδίονδε τίθησιν   750
πλάζων· οὐδέ τί μιν σθένεϊ ῥηγνῦσι ῥέοντες.
ὣς αἰεὶ Αἴαντε μάχην ἀνέεργον ὀπίσσω
Τρώων· οἱ δ' ἅμ' ἕποντο, δύω δ' ἐν τοῖσι μάλιστα,
Αἰνείας τ' Ἀγχισιάδης καὶ φαίδιμος Ἕκτωρ.
τῶν δ', ὥστε ψαρῶν νέφος ἔρχεται ἠὲ κολοιῶν,   755
οὖλον κεκληγῶτες, ὅτε προΐδωσιν ἰόντα
κίρκον, ὅτε σμικρῇσι φόνον φέρει ὀρνίθεσσιν,
ὣς ἄρ' ὑπ' Αἰνείᾳ τε καὶ Ἕκτορι κοῦροι Ἀχαιῶν
οὖλον κεκληγῶτες ἴσαν, λήθοντο δὲ χάρμης.
πολλὰ δὲ τεύχεα καλὰ πέσον περί τ' ἀμφί τε τάφρον   760
φευγόντων Δαναῶν· πολέμου δ' οὐ γίγνετ' ἐρωή.

Σ. 18.

Ὣς οἱ μὲν μάρναντο δέμας πυρὸς αἰθομένοιο,
Ἀντίλοχος δ' Ἀχιλῆϊ πόδας ταχὺς ἄγγελος ἦλθεν.
τὸν δ' εὗρε προπάροιθε νεῶν ὀρθοκραιράων,
τὰ φρονέοντ' ἀνὰ θυμόν, ἃ δὴ τετελεσμένα ἦεν.
ὀχθήσας δ' ἄρα εἶπε πρὸς ὃν μεγαλήτορα θυμόν·   5
" ὤμοι ἐγώ, τί τ' ἄρ' αὖτε καρηκομόωντες Ἀχαιοὶ
νηυσὶν ἔπι κλονέονται ἀτυζόμενοι πεδίοιο;
μὴ δή μοι τελέσωσι θεοὶ κακὰ κήδεα θυμῷ,
ὥς ποτέ μοι μήτηρ διεπέφραδε, καί μοι ἔειπεν
Μυρμιδόνων τὸν ἄριστον ἔτι ζώοντος ἐμεῖο   10
χερσὶν ὑπὸ Τρώων λείψειν φάος ἠελίοιο.

η μάλα δὴ τέθνηκε Μενοιτίου ἄλκιμος υἱός,
σχέτλιος· ἦ τ' ἐκέλευον ἀπωσάμενον δήϊον πῦρ
ἂψ ἐπὶ νῆας ἴμεν, μηδ' Ἕκτορι ἶφι μάχεσθαι."

  Ἕως ὁ ταῦθ' ὥρμαινε κατὰ φρένα καὶ κατὰ θυμόν,   15
τόφρα οἱ ἐγγύθεν ἦλθεν ἀγανοῦ Νέστορος υἱὸς
δάκρυα θερμὰ χέων, φάτο δ' ἀγγελίην ἀλεγεινήν·
" ὤμοι, Πηλέος υἱὲ δαΐφρονος, ἦ μάλα λυγρῆς
πεύσεαι ἀγγελίης, ἢ μὴ ὤφελλε γενέσθαι.
κεῖται Πάτροκλος, νέκυος δὲ δὴ ἀμφιμάχονται   20
γυμνοῦ· ἀτὰρ τά γε τεύχε' ἔχει κορυθαίολος Ἕκτωρ."

  Ὣς φάτο, τὸν δ' ἄχεος νεφέλη ἐκάλυψε μέλαινα.
ἀμφοτέρῃσι δὲ χερσὶν ἑλὼν κόνιν αἰθαλόεσσαν
χεύατο κὰκ κεφαλῆς, χαρίεν δ' ᾔσχυνε πρόσωπον·
νεκταρέῳ δὲ χιτῶνι μέλαιν' ἀμφίζανε τέφρη.   25
αὐτὸς δ' ἐν κονίῃσι μέγας μεγαλωστὶ τανυσθεὶς
κεῖτο, φίλῃσι δὲ χερσὶ κόμην ᾔσχυνε δαΐζων.
δμωαὶ δ', ἃς Ἀχιλεὺς ληΐσσατο Πάτροκλός τε,
θυμὸν ἀκηχέμεναι μεγάλ' ἴαχον, ἐκ δὲ θύραζε
ἔδραμον ἀμφ' Ἀχιλῆα δαΐφρονα, χερσὶ δὲ πᾶσαι   30
στήθεα πεπλήγοντο, λύθεν δ' ὑπὸ γυῖα ἑκάστης.
  Ἀντίλοχος δ' ἑτέρωθεν ὀδύρετο δάκρυα λείβων,
χεῖρας ἔχων Ἀχιλῆος—ὁ δ' ἔστενε κυδάλιμον κῆρ—·
δείδιε γὰρ μὴ λαιμὸν ἀπαμήσειε σιδήρῳ.
σμερδαλέον δ' ᾤμωξεν· ἄκουσε δὲ πότνια μήτηρ   35
ἡμένη ἐν βένθεσσιν ἁλὸς παρὰ πατρὶ γέροντι,
κώκυσέν τ' ἄρ' ἔπειτα· θεαὶ δέ μιν ἀμφαγέροντο,
πᾶσαι ὅσαι κατὰ βένθος ἁλὸς Νηρηΐδες ἦσαν.
[ἔνθ' ἄρ' ἔην Γλαύκη τε Θάλειά τε Κυμοδόκη τε,
Νησαίη Σπειώ τε Θόη θ' Ἁλίη τε βοῶπις,   40
Κυμοθόη τε καὶ Ἀκταίη καὶ Λιμνώρεια
καὶ Μελίτη καὶ Ἴαιρα καὶ Ἀμφιθόη καὶ Ἀγαυή,
Δωτώ τε Πρωτώ τε Φέρουσά τε Δυναμένη τε
Δεξαμένη τε καὶ Ἀμφινόμη καὶ Καλλιάνειρα,
Δωρὶς καὶ Πανόπη καὶ ἀγακλειτὴ Γαλάτεια,   45
Νημερτής τε καὶ Ἀψευδὴς καὶ Καλλιάνασσα·
ἔνθα δ' ἔην Κλυμένη Ἰάνειρά τε καὶ Ἰάνασσα,
Μαῖρα καὶ Ὠρείθυια ἐϋπλόκαμός τ' Ἀμάθεια
ἄλλαι θ' αἳ κατὰ βένθος ἁλὸς Νηρηΐδες ἦσαν.]
τῶν δὲ καὶ ἀργύφεον πλῆτο σπέος· αἱ δ' ἄμα πᾶσαι   50

στήθεα πεπλήγοντο, Θέτις δ' ἐξῆρχε γόοιο·
" κλῦτε, κασίγνηται Νηρηΐδες, ὄφρ' εὖ πᾶσαι
εἴδετ' ἀκούουσαι, ὅσ' ἐμῷ ἔνι κήδεα θυμῷ.
ὤμοι ἐγὼ δειλή, ὤμοι δυσαριστοτόκεια,
ἥτ' ἐπεὶ ἂρ τέκον υἱὸν ἀμύμονά τε κρατερόν τε,   55
ἔξοχον ἡρώων—ὁ δ' ἀνέδραμεν ἔρνεϊ ἶσος—,
τὸν μὲν ἐγὼ θρέψασα, φυτὸν ὡς γουνῷ ἀλωῆς,
νηυσὶν ἐπιπροέηκα κορωνίσιν Ἴλιον εἴσω
Τρωσὶ μαχησόμενον· τὸν δ' οὐχ ὑποδέξομαι αὖτις
οἴκαδε νοστήσαντα, δόμον Πηλήϊον εἴσω.   60
ὄφρα δέ μοι ζώει καὶ ὁρᾷ φάος ἠελίοιο,
ἄχνυται, οὐδέ τί οἱ δύναμαι χραισμῆσαι ἰοῦσα.
ἀλλ' εἶμ', ὄφρα ἴδωμι φίλον τέκος, ἠδ' ἐπακούσω,
ὅττι μιν ἵκετο πένθος ἀπὸ πτολέμοιο μένοντα."
    Ὣς ἄρα φωνήσασα λίπε σπέος· αἱ δὲ σὺν αὐτῇ   65
δακρυόεσσαι ἴσαν, περὶ δέ σφισι κῦμα θαλάσσης
ῥήγνυτο.   ταὶ δ' ὅτε δὴ Τροίην ἐρίβωλον ἵκοντο,
ἀκτὴν εἰσανέβαινον ἐπισχερώ, ἔνθα θαμειαὶ
Μυρμιδόνων εἴρυντο νέες ταχὺν ἀμφ' Ἀχιλῆα.
τῷ δὲ βαρὺ στενάχοντι παρίστατο πότνια μήτηρ,   70
ὀξὺ δὲ κωκύσασα κάρη λάβε παιδὸς ἑῆος,
καί ῥ' ὀλοφυρομένη ἔπεα πτερόεντα προσηύδα·
" τέκνόν, τί κλαίεις; τί δέ σε φρένας ἵκετο πένθος;
ἐξαύδα, μὴ κεῦθε· τὰ μὲν δή τοι τετέλεσται
ἐκ Διός, ὡς ἄρα δὴ πρίν γ' εὔχεο χεῖρας ἀνασχών,   75
πάντας ἐπὶ πρύμνῃσιν ἀλήμεναι υἷας Ἀχαιῶν
σεῦ ἐπιδευομένους, παθέειν τ' ἀεκήλια ἔργα."
    Τὴν δὲ βαρὺ στενάχων προσέφη πόδας ὠκὺς Ἀχιλλεύς·
" μῆτερ ἐμή, τὰ μὲν ἄρ μοι Ὀλύμπιος ἐξετέλεσσεν·
ἀλλὰ τί μοι τῶν ἦδος, ἐπεὶ φίλος ὤλεθ' ἑταῖρος,   80
Πάτροκλος, τὸν ἐγὼ περὶ πάντων τῖον ἑταίρων,
ἶσον ἐμῇ κεφαλῇ.   τὸν ἀπώλεσα, τεύχεα δ' Ἕκτωρ
δῃώσας ἀπέδυσε πελώρια, θαῦμα ἰδέσθαι,
καλά· τὰ μὲν Πηλῆϊ θεοὶ δόσαν ἀγλαὰ δῶρα,
ἤματι τῷ, ὅτε σε βροτοῦ ἀνέρος ἔμβαλον εὐνῇ.   85
αἴθ' ὄφελες σὺ μὲν αὖθι μετ' ἀθανάτῃς ἁλίῃσιν
ναίειν, Πηλεὺς δὲ θνητὴν ἀγαγέσθαι ἄκοιτιν.
νῦν δ', ἵνα καὶ σοὶ πένθος ἐνὶ φρεσὶ μυρίον εἴη
παιδὸς ἀποφθιμένοιο, τὸν οὐχ ὑποδέξεαι αὖτις

οἴκαδε νοστήσαντ᾽, ἐπεὶ οὐδ᾽ ἐμὲ θυμὸς ἀνώγει   90
ζώειν οὐδ᾽ ἄνδρεσσι μετέμμεναι, αἴ κε μὴ Ἕκτωρ
πρῶτος ἐμῷ ὑπὸ δουρὶ τυπεὶς ἀπὸ θυμὸν ὀλέσσῃ,
Πατρόκλοιο δ᾽ ἕλωρα Μενοιτιάδεω ἀποτίσῃ.᾽᾽
   Τὸν δ᾽ αὖτε προσέειπε Θέτις κατὰ δάκρυ χέουσα·
᾽᾽ὠκύμορος δή μοι, τέκος, ἔσσεαι, οἷ᾽ ἀγορεύεις·   ·95
αὐτίκα γάρ τοι ἔπειτα μεθ᾽ Ἕκτορα πότμος ἑτοῖμος.᾽
   Τὴν δὲ μέγ᾽ ὀχθήσας προσέφη πόδας ὠκὺς Ἀχιλλεύς·
᾽᾽αὐτίκα τεθναίην, ἐπεὶ οὐκ ἄρ᾽ ἔμελλον ἑταίρῳ
κτεινομένῳ ἐπαμῦναι· ὁ μὲν μάλα τηλόθι πάτρης
ἔφθιτ᾽, ἐμεῖο δὲ δῆσεν ἀρῆς ἀλκτῆρα γενέσθαι.   100
νῦν δ᾽, ἐπεὶ οὐ νέομαί γε φίλην ἐς πατρίδα γαῖαν
οὐδέ τι Πατρόκλῳ γενόμην φάος, οὐδ᾽ ἑτάροισιν
τοῖς ἄλλοις, οἳ δὴ πολέες δάμεν Ἕκτορι δίῳ,
ἀλλ᾽ ἧμαι παρὰ νηυσὶν ἐτώσιον ἄχθος ἀρούρης,
τοῖος ἐών, οἷος οὔ τις Ἀχαιῶν χαλκοχιτώνων   · 105
ἐν πολέμῳ· ἀγορῇ δέ τ᾽ ἀμείνονές εἰσι καὶ ἄλλοι.
ὡς ἔρις ἔκ τε θεῶν ἔκ τ᾽ ἀνθρώπων ἀπόλοιτο,
καὶ χόλος, ὅστ᾽ ἐφέηκε πολύφρονά περ χαλεπῆναι,
ὅστε πολὺ γλυκίων μέλιτος καταλειβομένοιο
ἀνδρῶν ἐν στήθεσσιν ἀέξεται ἠΰτε καπνός·   110
ὡς ἐμὲ νῦν ἐχόλωσεν ἄναξ ἀνδρῶν Ἀγαμέμνων.
ἀλλὰ τὰ μὲν προτετύχθαι ἐάσομεν ἀχνύμενοί περ,
θυμὸν ἐνὶ στήθεσσι φίλον δαμάσαντες ἀνάγκῃ·
νῦν δ᾽ εἶμ᾽, ὄφρα φίλης κεφαλῆς ὀλετῆρα κιχείω
Ἕκτορα.   Κῆρα δ᾽ ἐγὼ τότε δέξομαι, ὁππότε κεν δὴ   115
Ζεὺς ἐθέλῃ τελέσαι ἠδ᾽ ἀθάνατοι θεοὶ ἄλλοι.
οὐδὲ γὰρ οὐδὲ βίη Ἡρακλῆος φύγε Κῆρα,
ὅς περ φίλτατος ἔσκε Διὶ Κρονίωνι ἄνακτι·
ἀλλά ἑ Μοῖρ᾽ ἐδάμασσε καὶ ἀργαλέος χόλος Ἥρης·
ὣς καὶ ἐγών, εἰ δή μοι ὁμοίη μοῖρα τέτυκται,   120
κείσομ᾽, ἐπεί κε θάνω.   νῦν δὲ κλέος ἐσθλὸν ἀροίμην
καί τινα Τρωϊάδων καὶ Δαρδανίδων βαθυκόλπων,
ἀμφοτέρῃσιν χερσὶ παρειάων ἀπαλάων
δάκρυ᾽ ὀμορξαμένην, ἀδινὸν στοναχῆσαι ἐφείην·
γνοῖεν δ᾽, ὡς δὴ δηρὸν ἐγὼ πολέμοιο πέπαυμαι.   125
μηδέ μ᾽ ἔρυκε μάχης φιλέουσά περ· οὐδέ με πείσεις.᾽᾽
   Τὸν δ᾽ ἠμείβετ᾽ ἔπειτα θεὰ Θέτις ἀργυρόπεζα·
᾽᾽ναὶ δὴ ταῦτά γε, τέκνον, ἐτήτυμον· οὐ κακόν ἐστιν

τειρομένοις ἑτάροισιν ἀμυνέμεν αἰπὺν ὄλεθρον.
ἀλλά τοι ἔντεα καλὰ μετὰ Τρώεσσιν ἔχονται,   130
χάλκεα, μαρμαίροντα.   τὰ μὲν κορυθαίολος Ἕκτωρ
αὐτὸς ἔχων ὤμοισιν ἀγάλλεται· οὐδέ ἕ φημι
δηρὸν ἐπαγλαϊεῖσθαι, ἐπεὶ φόνος ἐγγύθεν αὐτῷ.
ἀλλὰ σὺ μὲν μή πω καταδύσεο μῶλον Ἄρηος,
πρίν γ᾽ ἐμὲ δεῦρ᾽ ἐλθοῦσαν ἐν ὀφθαλμοῖσιν ἴδηαι·   135
ἠῶθεν γὰρ νεῦμαι, ἅμ᾽ ἠελίῳ ἀνιόντι,
τεύχεα καλὰ φέρουσα παρ᾽ Ἡφαίστοιο ἄνακτος.”
   Ὣς ἄρα φωνήσασα πάλιν τράπεθ᾽ υἷος ἑῆος,
καὶ στρεφθεῖσ᾽ ἁλίῃσι κασιγνήτῃσι μετηύδα·
“ὑμεῖς μὲν νῦν δῦτε θαλάσσης εὐρέα κόλπον,   140
ὀψόμεναί τε γέρονθ᾽ ἅλιον καὶ δώματα πατρός,
καὶ οἱ πάντ᾽ ἀγορεύσατ᾽· ἐγὼ δ᾽ ἐς μακρὸν Ὄλυμπον
εἶμι παρ᾽ Ἥφαιστον κλυτοτέχνην, αἴ κ᾽ ἐθέλῃσιν
υἱεῖ ἐμῷ δόμεναι κλυτὰ τεύχεα παμφανόωντα.”
   Ὣς ἔφαθ᾽, αἱ δ᾽ ὑπὸ κῦμα θαλάσσης αὐτίκ᾽ ἔδυσαν.   145
ἡ δ᾽ αὖτ᾽ Οὔλυμπόνδε θεὰ Θέτις ἀργυρόπεζα
ἤϊεν, ὄφρα φίλῳ παιδὶ κλυτὰ τεύχε᾽ ἐνείκαι.
   Τὴν μὲν ἄρ᾽ Οὔλυμπόνδε πόδες φέρον· αὐτὰρ Ἀχαιοὶ
θεσπεσίῳ ἀλαλητῷ ὑφ᾽ Ἕκτορος ἀνδροφόνοιο
φεύγοντες νῆάς τε καὶ Ἑλλήσποντον ἵκοντο.   150
οὐδέ κε Πάτροκλόν περ ἐϋκνήμιδες Ἀχαιοὶ
ἐκ βελέων ἐρύσαντο νέκυν, θεράποντ᾽ Ἀχιλῆος·
αὖτις γὰρ δὴ τόν γε κίχον λαός τε καὶ ἵπποι
Ἕκτωρ τε Πριάμοιο πάϊς, φλογὶ εἴκελος ἀλκήν.
τρὶς μέν μιν μετόπισθε ποδῶν λάβε φαίδιμος Ἕκτωρ   155
ἑλκέμεναι μεμαώς, μέγα δὲ Τρώεσσιν ὁμόκλα·
τρὶς δὲ δύ᾽ Αἴαντες, θοῦριν ἐπιειμένοι ἀλκήν,
νεκροῦ ἀπεστυφέλιξαν. ὁ δ᾽ ἔμπεδον, ἀλκὶ πεποιθώς,
ἄλλοτ᾽ ἐπαΐξασκε κατὰ μόθον, ἄλλοτε δ᾽ αὖτε
στάσκε μέγα ἰάχων· ὀπίσω δ᾽ οὐ χάζετο πάμπαν.   160
ὡς δ᾽ ἀπὸ σώματος οὔ τι λέοντ᾽ αἴθωνα δύνανται
ποιμένες ἄγραυλοι μέγα πεινάοντα δίεσθαι,
ὣς ῥα τὸν οὐκ ἐδύναντο δύω Αἴαντε κορυστὰ
Ἕκτορα Πριαμίδην ἀπὸ νεκροῦ δειδίξασθαι.
καὶ νύ κεν εἴρυσσέν τε καὶ ἄσπετον ἤρατο κῦδος,   165
εἰ μὴ Πηλείωνι ποδήνεμος ὠκέα Ἶρις
ἄγγελος ἦλθε θέουσ᾽ ἀπ᾽ Ὀλύμπου θωρήσσεσθαι,

κρύβδα Διὸς ἄλλων τε θεῶν· πρὸ γὰρ ἧκέ μιν Ἥρη.
ἀγχοῦ δ' ἱσταμένη ἔπεα πτερόεντα προσηύδα·
"ὄρσεο, Πηλείδη, πάντων ἐκπαγλότατ' ἀνδρῶν·   170
Πατρόκλου ἐπάμυνον, οὗ εἵνεκα φύλοπις αἰνὴ
ἔστηκε πρὸ νεῶν. οἱ δ' ἀλλήλους ὀλέκουσιν,
οἱ μὲν ἀμυνόμενοι νέκυος πέρι τεθνηῶτος,
οἱ δὲ ἐρύσσασθαι ποτὶ Ἴλιον ἠνεμόεσσαν
Τρῶες ἐπιθύουσι. μάλιστα δὲ φαίδιμος Ἕκτωρ   175
ἑλκέμεναι μέμονεν· κεφαλὴν δέ ἑ θυμὸς ἀνώγει
πῆξαι ἀνὰ σκολόπεσσι, ταμόνθ' ἁπαλῆς ἀπὸ δειρῆς.
ἀλλ' ἄνα, μηδ' ἔτι κεῖσο· σέβας δέ σε θυμὸν ἱκέσθω
Πάτροκλον Τρῶῃσι κυσὶν μέλπηθρα γενέσθαι.
σοὶ λώβη, αἴ κέν τι νέκυς ᾐσχυμμένος ἔλθῃ."   180
   Τὴν δ' ἠμείβετ' ἔπειτα ποδάρκης δῖος Ἀχιλλεύς·
"Ἴρι θεά, τίς γάρ σε θεῶν ἐμοὶ ἄγγελον ἧκεν;"
   Τὸν δ' αὖτε προσέειπε ποδήνεμος ὠκέα Ἴρις·
"Ἥρη με προέηκε, Διὸς κυδρὴ παράκοιτις·
οὐδ' οἶδε Κρονίδης ὑψίζυγος, οὐδέ τις ἄλλος   185
ἀθανάτων, οἳ Ὄλυμπον ἀγάννιφον ἀμφινέμονται."
   Τὴν δ' ἀπαμειβόμενος προσέφη πόδας ὠκὺς Ἀχιλλεύς·
"πῶς τ' ἄρ' ἴω μετὰ μῶλον; ἔχουσι δὲ τεύχε' ἐκεῖνοι.
μήτηρ δ' οὔ με φίλη πρίν γ' εἴα θωρήσσεσθαι,
πρίν γ' αὐτὴν ἐλθοῦσαν ἐν ὀφθαλμοῖσιν ἴδωμαι·   190
στεῦτο γὰρ Ἡφαίστοιο πάρ' οἰσέμεν ἔντεα καλά.
ἄλλου δ' οὔ τευ οἶδα, τεῦ ἂν κλυτὰ τεύχεα δύω,
εἰ μὴ Αἴαντός γε σάκος Τελαμωνιάδαο.
ἀλλὰ καὶ αὐτὸς ὅδ', ἔλπομ', ἐνὶ πρώτοισιν ὁμιλεῖ,
ἔγχεϊ δηϊόων περὶ Πατρόκλοιο θανόντος."   195
   Τὸν δ' αὖτε προσέειπε ποδήνεμος ὠκέα Ἴρις·
"εὖ νυ καὶ ἡμεῖς ἴδμεν, ὅ τοι κλυτὰ τεύχε' ἔχονται·
ἀλλ' αὔτως ἐπὶ τάφρον ἰὼν Τρώεσσι φάνηθι,
αἴ κέ σ' ὑποδδείσαντες ἀπόσχωνται πολέμοιο
Τρῶες, ἀναπνεύσωσι δ' ἀρήϊοι υἷες Ἀχαιῶν   200
τειρόμενοι· ὀλίγη δέ τ' ἀνάπνευσις πολέμοιο."
   Ἦ μὲν ἄρ' ὣς εἰποῦσ' ἀπέβη πόδας ὠκέα Ἴρις,
αὐτὰρ Ἀχιλλεὺς ὦρτο διίφιλος· ἀμφὶ δ' Ἀθήνη
ὤμοις ἰφθίμοισι βάλ' αἰγίδα θυσσανόεσσαν,
ἀμφὶ δέ οἱ κεφαλῇ νέφος ἔστεφε δῖα θεάων   205
χρύσεον, ἐκ δ' αὐτοῦ δαῖε φλόγα παμφανόωσαν.

ὡς δ' ὅτε καπνὸς ἰὼν ἐξ ἄστεος αἰθέρ' ἵκηται,
τηλόθεν ἐκ νήσου, τὴν δήϊοι ἀμφιμάχωνται,
οἵτε πανημέριοι στυγερῷ κρίνονται Ἄρηϊ
ἄστεος ἐκ σφετέρου· ἅμα δ' ἠελίῳ καταδύντι   210
πυρσοί τε φλεγέθουσιν ἐπήτριμοι, ὑψόσε δ' αὐγὴ
γίγνεται ἀΐσσουσα, περικτιόνεσσιν ἰδέσθαι,
αἵ κέν πως σὺν νηυσὶν ἀρῆς ἀλκτῆρες ἵκωνται·
ὡς ἀπ' Ἀχιλλῆος κεφαλῆς σέλας αἰθέρ' ἵκανεν.
στῆ δ' ἐπὶ τάφρον ἰὼν ἀπὸ τείχεος, οὐδ' ἐς Ἀχαιοὺς   215
μίσγετο· μητρὸς γὰρ πυκινὴν ὠπίζετ' ἐφετμήν.
ἔνθα στὰς ἤϋσ', ἀπάτερθε δὲ Παλλὰς Ἀθήνη
φθέγξατ'· ἀτὰρ Τρώεσσιν ἐν ἄσπετον ὦρσε κυδοιμόν.
ὡς δ' ὅτ' ἀριζήλη φωνή, ὅτε τ' ἴαχε σάλπιγξ
ἄστυ περιπλομένων δηΐων ὕπο θυμοραϊστέων,   220
ὣς τότ' ἀριζήλη φωνὴ γένετ' Αἰακίδαο.
οἱ δ' ὡς οὖν ἄϊον ὄπα χάλκεον Αἰακίδαο,
πᾶσιν ὀρίνθη θυμός. ἀτὰρ καλλίτριχες ἵπποι
ἂψ ὄχεα τρόπεον· ὄσσοντο γὰρ ἄλγεα θυμῷ.
ἡνίοχοι δ' ἔκπληγεν, ἐπεὶ ἴδον ἀκάματον πῦρ   225
δεινὸν ὑπὲρ κεφαλῆς μεγαθύμου Πηλεΐωνος
δαιόμενον· τὸ δὲ δαῖε θεὰ γλαυκῶπις Ἀθήνη.
τρὶς μὲν ὑπὲρ τάφρου μεγάλ' ἴαχε δῖος Ἀχιλλεύς,
τρὶς δὲ κυκήθησαν Τρῶες κλειτοί τ' ἐπίκουροι.
ἔνθα δὲ καὶ τότ' ὄλοντο δυώδεκα φῶτες ἄριστοι   230
ἀμφὶ σφοῖς ὀχέεσσι καὶ ἔγχεσιν. αὐτὰρ Ἀχαιοὶ
ἀσπασίως Πάτροκλον ὑπὲκ βελέων ἐρύσαντες
κάτθεσαν ἐν λεχέεσσι· φίλοι δ' ἀμφέσταν ἑταῖροι
μυρόμενοι. μετὰ δέ σφι ποδώκης εἶπετ' Ἀχιλλεὺς
δάκρυα θερμὰ χέων, ἐπεὶ εἴσιδε πιστὸν ἑταῖρον   235
κείμενον ἐν φέρτρῳ, δεδαϊγμένον ὀξέϊ χαλκῷ.
τόν ῥ' ἤτοι μὲν ἔπεμπε σὺν ἵπποισιν καὶ ὄχεσφιν
ἐς πόλεμον, οὐδ' αὖτις ἐδέξατο νοστήσαντα.
Ἠέλιον δ' ἀκάμαντα βοῶπις πότνια Ἥρη
πέμψεν ἐπ' Ὠκεανοῖο ῥοὰς ἀέκοντα νέεσθαι.   240
ἠέλιος μὲν ἔδυ, παύσαντο δὲ δῖοι Ἀχαιοὶ
φυλόπιδος κρατερῆς καὶ ὁμοιΐου πολέμοιο.
Τρῶες δ' αὖθ' ἑτέρωθεν ἀπὸ κρατερῆς ὑσμίνης
χωρήσαντες ἔλυσαν ὑφ' ἅρμασιν ὠκέας ἵππους,
ἐς δ' ἀγορὴν ἀγέροντο πάρος δόρποιο μέδεσθαι.   245

ὀρθῶν δ' ἑσταότων ἀγορὴ γένετ', οὐδέ τις ἔτλη
ἕζεσθαι· πάντας γὰρ ἔχε τρόμος, οὕνεκ' Ἀχιλλεὺς
ἐξεφάνη, δηρὸν δὲ μάχης ἐπέπαυτ' ἀλεγεινῆς.
τοῖσι δὲ Πουλυδάμας πεπνυμένος ἦρχ' ἀγορεύειν
Πανθοΐδης· ὁ γὰρ οἶος ὅρα πρόσσω καὶ ὀπίσσω.   250
Ἕκτορι δ' ἦεν ἑταῖρος, ἰῇ δ' ἐν νυκτὶ γένοντο·
ἀλλ' ὁ μὲν ἂρ μύθοισιν, ὁ δ' ἔγχεϊ πολλὸν ἐνίκα.
ὅ σφιν ἐϋφρονέων ἀγορήσατο καὶ μετέειπεν·
" ἀμφὶ μάλα φράζεσθε, φίλοι· κέλομαι γὰρ ἔγωγε
ἄστυδε νῦν ἰέναι, μὴ μίμνειν ἠῶ δῖαν   255
ἐν πεδίῳ παρὰ νηυσίν· ἑκὰς δ' ἀπὸ τείχεός εἰμεν.
ὄφρα μὲν οὗτος ἀνὴρ Ἀγαμέμνονι μήνιε δίῳ,
τόφρα δὲ ῥηΐτεροι πολεμίζειν ἦσαν Ἀχαιοί·
χαίρεσκον γὰρ ἔγωγε θοῇς ἐπὶ νηυσὶν ἰαύων,
ἐλπόμενος νῆας αἱρησέμεν ἀμφιελίσσας.   260
νῦν δ' αἰνῶς δείδοικα ποδώκεα Πηλείωνα·
οἷος ἐκείνου θυμὸς ὑπέρβιος, οὐκ ἐθελήσει
μίμνειν ἐν πεδίῳ, ὅθι περ Τρῶες καὶ Ἀχαιοὶ
ἐν μέσῳ ἀμφότεροι μένος Ἄρηος δατέονται,
ἀλλὰ περὶ πτόλιός τε μαχήσεται ἠδὲ γυναικῶν.   265
ἀλλ' ἴομεν προτὶ ἄστυ, πίθεσθέ μοι· ὧδε γὰρ ἔσται.
νῦν μὲν νὺξ ἀπέπαυσε ποδώκεα Πηλείωνα
ἀμβροσίη· εἰ δ' ἄμμε κιχήσεται ἐνθάδ' ἐόντας
αὔριον ὁρμηθεὶς σὺν τεύχεσιν, εὖ νύ τις αὐτὸν
γνώσεται· ἀσπασίως γὰρ ἀφίξεται Ἴλιον ἱρήν,   270
ὅς κε φύγῃ, πολλοὺς δὲ κύνες καὶ γῦπες ἔδονται
Τρώων· αἲ γὰρ δή μοι ἀπ' οὔατος ὧδε γένοιτο.
εἰ δ' ἂν ἐμοῖς ἐπέεσσι πιθώμεθα κηδόμενοί περ,
νύκτα μὲν εἰν ἀγορῇ σθένος ἕξομεν, ἄστυ δὲ πύργοι
ὑψηλαί τε πύλαι σανίδες τ' ἐπὶ τῆς ἀραρυῖαι   275
μακραί, εὔξεστοι, ἐζευγμέναι εἰρύσσονται·
πρωῒ δ' ὑπηοῖοι σὺν τεύχεσι θωρηχθέντες
στησόμεθ' ἂμ πύργους. τῷ δ' ἄλγιον, αἴ κ' ἐθέλησιν
ἐλθὼν ἐκ νηῶν περὶ τείχεος ἄμμι μάχεσθαι.
ἂψ πάλιν εἶσ' ἐπὶ νῆας, ἐπεί κ' ἐριαύχενας ἵππους   280
παντοίου δρόμου ἄσῃ ὑπὸ πτόλιν ἠλασκάζων.
εἴσω δ' οὔ μιν θυμὸς ἐφορμηθῆναι ἐάσει,
οὐδέ ποτ' ἐκπέρσει· πρίν μιν κύνες ἀργοὶ ἔδονται."
     Τὸν δ' ἄρ' ὑπόδρα ἰδὼν προσέφη κορυθαίολος Ἕκτωρ·

" Πουλυδάμα, σὺ μὲν οὐκέτ' ἐμοὶ φίλα ταῦτ' ἀγορεύεις, 285
ὃς κέλεαι κατὰ ἄστυ ἀλήμεναι αὖτις ἰόντας.
ἦ οὔ πω κεκόρησθε ἐελμένοι ἔνδοθι πύργων ;
πρὶν μὲν γὰρ Πριάμοιο πόλιν μέροπες ἄνθρωποι
πάντες μυθέσκοντο πολύχρυσον, πολύχαλκον·
νῦν δὲ δὴ ἐξαπόλωλε δόμων κειμήλια καλά, 290
πολλὰ δὲ δὴ Φρυγίην καὶ Μῃονίην ἐρατεινὴν
κτήματα περνάμεν' ἵκει, ἐπεὶ μέγας ὠδύσατο Ζεύς.
νῦν δ' ὅτε πέρ μοι ἔδωκε Κρόνου παῖς ἀγκυλομήτεω
κῦδος ἀρέσθ' ἐπὶ νηυσί, θαλάσσῃ τ' ἔλσαι Ἀχαιούς,
νήπιε, μηκέτι ταῦτα νοήματα φαῖν' ἐνὶ δήμῳ· 295
οὐ γάρ τις Τρώων ἐπιπείσεται· οὐ γὰρ ἐάσω.
ἀλλ' ἄγεθ' ὡς ἂν ἐγὼν εἴπω, πειθώμεθα πάντες.
νῦν μὲν δόρπον ἕλεσθε κατὰ στρατὸν ἐν τελέεσσιν,
καὶ φυλακῆς μνήσασθε, καὶ ἐγρήγορθε ἕκαστος·
Τρώων δ' ὃς κτεάτεσσιν ὑπερφιάλως ἀνιάζει, 300
συλλέξας λαοῖσι δότω καταδημοβορῆσαι,
τῶν τινα βέλτερόν ἐστιν ἐπαυρέμεν ἤ περ Ἀχαιούς.
πρωῒ δ' ὑπηοῖοι σὺν τεύχεσι θωρηχθέντες
νηυσὶν ἔπι γλαφυρῇσιν ἐγείρομεν ὀξὺν Ἄρηα.
εἰ δ' ἐτεὸν παρὰ ναῦφιν ἀνέστη δῖος Ἀχιλλεύς, 305
ἄλγιον, αἴ κ' ἐθέλῃσι, τῷ ἔσσεται.   οὔ μιν ἔγωγε
φεύξομαι ἐκ πολέμοιο δυσηχέος, ἀλλὰ μάλ' ἄντην
στήσομαι, ἤ κε φέρῃσι μέγα κράτος ἤ κε φεροίμην.
ξυνὸς Ἐνυάλιος, καί τε κτανέοντα κατέκτα."
    Ὣς Ἕκτωρ ἀγόρευ', ἐπὶ δὲ Τρῶες κελάδησαν 310
νήπιοι· ἐκ γάρ σφεων φρένας εἵλετο Παλλὰς Ἀθήνη.
Ἕκτορι μὲν γὰρ ἐπῄνησαν κακὰ μητιόωντι,
Πουλυδάμαντι δ' ἄρ' οὔ τις, ὃς ἐσθλὴν φράζετο βουλήν.
δόρπον ἔπειθ' εἵλοντο κατὰ στρατόν· αὐτὰρ Ἀχαιοὶ
παννύχιοι Πάτροκλον ἀνεστενάχοντο γοῶντες. 315
τοῖσι δὲ Πηλείδης ἀδινοῦ ἐξῆρχε γόοιο,
χεῖρας ἐπ' ἀνδροφόνους θέμενος στήθεσσιν ἑταίρου,
πυκνὰ μάλα στενάχων ὥστε λὶς ἠϋγένειος,
ᾧ ῥά θ' ὑπὸ σκύμνους ἐλαφηβόλος ἁρπάσῃ ἀνὴρ
ὕλης ἐκ πυκινῆς· ὁ δέ τ' ἄχνυται ὕστερος ἐλθών, 320
πολλὰ δέ τ' ἄγκε' ἐπῆλθε μετ' ἀνέρος ἴχνι' ἐρευνῶν,
εἰ ποθεν ἐξεύροι· μάλα γὰρ δριμὺς χόλος αἱρεῖ.
ὡς ὁ βαρὺ στενάχων μετεφώνεε Μυρμιδόνεσσιν·

" ὦ πόποι, ἦ ῥ' ἅλιον ἔπος ἔκβαλον ἤματι κείνῳ,
θαρσύνων ἥρωα Μενοίτιον ἐν μεγάροισιν·   325
φῆν δέ οἱ εἰς Ὀπόεντα περικλυτὸν υἱὸν ἀπάξειν
Ἴλιον ἐκπέρσαντα, λαχόντα τε ληίδος αἶσαν.
ἀλλ' οὐ Ζεὺς ἄνδρεσσι νοήματα πάντα τελευτᾷ·
ἄμφω γὰρ πέπρωται ὁμοίην γαῖαν ἐρεῦσαι
αὐτοῦ ἐνὶ Τροίῃ, ἐπεὶ οὐδ' ἐμὲ νοστήσαντα   330
δέξεται ἐν μεγάροισι γέρων ἱππηλάτα Πηλεύς,
οὐδὲ Θέτις μήτηρ, ἀλλ' αὐτοῦ γαῖα καθέξει.
νῦν δ' ἐπεὶ οὖν, Πάτροκλε, σεῦ ὕστερος εἶμ' ὑπὸ γαῖαν,
οὔ σε πρὶν κτεριῶ, πρίν γ' Ἕκτορος ἐνθάδ' ἐνεῖκαι
τεύχεα καὶ κεφαλήν, μεγαθύμου σοῖο φονῆος·   335
δώδεκα δὲ προπάροιθε πυρῆς ἀποδειροτομήσω
Τρώων ἀγλαὰ τέκνα, σέθεν κταμένοιο χολωθείς.
τόφρα δέ μοι παρὰ νηυσὶ κορωνίσι κείσεαι αὔτως,
ἀμφὶ δὲ σὲ Τρωαὶ καὶ Δαρδανίδες βαθύκολποι
κλαύσονται νύκτας τε καὶ ἤματα δακρυχέουσαι,   340
τὰς αὐτοὶ καμόμεσθα βίηφί τε δουρί τε μακρῷ,
πιείρας πέρθοντε πόλεις μερόπων ἀνθρώπων."
    Ὣς εἰπὼν ἑτάροισιν ἐκέκλετο δῖος Ἀχιλλεὺς
ἀμφὶ πυρὶ στῆσαι τρίποδα μέγαν, ὄφρα τάχιστα
Πάτροκλον λούσειαν ἄπο βρότον αἱματόεντα.   345
οἱ δὲ λοετροχόον τρίποδ' ἵστασαν ἐν πυρὶ κηλέῳ,
ἐν δ' ἄρ' ὕδωρ ἔχεαν, ὑπὸ δὲ ξύλα δαῖον ἑλόντες.
γάστρην μὲν τρίποδος πῦρ ἄμφεπε, θέρμετο δ' ὕδωρ.
αὐτὰρ ἐπειδὴ ζέσσεν ὕδωρ ἐνὶ ἤνοπι χαλκῷ,
καὶ τότε δὴ λοῦσάν τε καὶ ἤλειψαν λίπ' ἐλαίῳ,   350
ἐν δ' ὠτειλὰς πλῆσαν ἀλείφατος ἐννεώροιο.
ἐν λεχέεσσι δὲ θέντες ἑανῷ λιτὶ κάλυψαν
ἐς πόδας ἐκ κεφαλῆς, καθύπερθε δὲ φάρεϊ λευκῷ.
    Παννύχιοι μὲν ἔπειτα πόδας ταχὺν ἀμφ' Ἀχιλῆα
Μυρμιδόνες Πάτροκλον ἀνεστενάχοντο γοῶντες·   355
[Ζεὺς δ' Ἥρην προσέειπε κασιγνήτην ἄλοχόν τε·
" ἔπρηξας καὶ ἔπειτα, βοῶπις πότνια Ἥρη,
ἀνστήσασ' Ἀχιλῆα πόδας ταχύν.   ἦ ῥά νυ σεῖο
ἐξ αὐτῆς ἐγένοντο καρηκομόωντες Ἀχαιοί."
    Τὸν δ' ἠμείβετ' ἔπειτα βοῶπις πότνια Ἥρη·   360
" αἰνότατε Κρονίδη, ποῖον τὸν μῦθον ἔειπες ;
καὶ μὲν δή πού τις μέλλει βροτὸς ἀνδρὶ τελέσσαι,

ὅς περ θνητός τ᾽ ἐστὶ καὶ οὐ τόσα μήδεα οἶδεν·
πῶς δὴ ἔγωγ᾽, ἥ φημι θεάων ἔμμεν ἀρίστη,
ἀμφότερον, γενεῇ τε καὶ οὕνεκα σὴ παράκοιτις   365
κέκλημαι, σὺ δὲ πᾶσι μετ᾽ ἀθανάτοισιν ἀνάσσεις,
οὐκ ὄφελον Τρώεσσι κοτεσσαμένη κακὰ ῥάψαι;᾽᾽
    ῝Ως οἱ μὲν τοιαῦτα πρὸς ἀλλήλους ἀγόρευον·]
῾Ηφαίστου δ᾽ ἵκανε δόμον Θέτις ἀργυρόπεζα
ἄφθιτον, ἀστερόεντα, μεταπρεπέ᾽ ἀθανάτοισιν,   370
χάλκεον, ὅν ῥ᾽ αὐτὸς ποιήσατο κυλλοποδίων.
τὸν δ᾽ εὗρ᾽ ἱδρώοντα, ἑλισσόμενον περὶ φύσας,
σπεύδοντα· τρίποδας γὰρ ἐείκοσι πάντας ἔτευχεν
ἑστάμεναι περὶ τοῖχον ἐϋσταθέος μεγάροιο,
χρύσεα δέ σφ᾽ ὑπὸ κύκλα ἑκάστῳ πυθμένι θῆκεν,   375
ὄφρα οἱ αὐτόματοι θεῖον δυσαίατ᾽ ἀγῶνα,
ἠδ᾽ αὖτις πρὸς δῶμα νεοίατο, θαῦμα ἰδέσθαι.
οἱ δ᾽ ἤτοι τόσσον μὲν ἔχον τέλος, οὔατα δ᾽ οὔ πω
δαιδάλεα προσέκειτο· τά ῥ᾽ ἤρτυε, κόπτε δὲ δεσμούς.
ὄφρ᾽ ὅ γε ταῦτ᾽ ἐπονεῖτο ἰδυίῃσι πραπίδεσσιν,   380
τόφρα οἱ ἐγγύθεν ἦλθε θεὰ Θέτις ἀργυρόπεζα.
τὴν δὲ ἴδε προμολοῦσα Χάρις λιπαροκρήδεμνος,
καλή, τὴν ὤπυιε περικλυτὸς ἀμφιγυήεις·
ἔν τ᾽ ἄρα οἱ φῦ χειρί, ἔπος τ᾽ ἔφατ᾽ ἔκ τ᾽ ὀνόμαζεν·
᾽᾽τίπτε, Θέτι τανύπεπλε, ἱκάνεις ἡμέτερον δῶ   385
αἰδοίη τε φίλη τε; πάρος γε μὲν οὔ τι θαμίζεις.
ἀλλ᾽ ἕπεο προτέρω, ἵνα τοι πὰρ ξείνια θείω.᾽᾽
    ῝Ως ἄρα φωνήσασα πρόσω ἄγε δῖα θεάων.
τὴν μὲν ἔπειτα καθεῖσεν ἐπὶ θρόνου ἀργυροήλου,
καλοῦ, δαιδαλέου· ὑπὸ δὲ θρῆνυς ποσὶν ἦεν·   390
κέκλετο δ᾽ ῞Ηφαιστον κλυτοτέχνην, εἶπέ τε μῦθον·
᾽᾽῞Ηφαιστε, πρόμολ᾽ ὧδε. Θέτις νύ τι σεῖο χατίζει.᾽᾽
τὴν δ᾽ ἠμείβετ᾽ ἔπειτα περικλυτὸς ἀμφιγυήεις·
᾽᾽ἦ ῥά νύ μοι δεινή τε καὶ αἰδοίη θεὸς ἔνδον,
ἥ μ᾽ ἐσάωσ᾽, ὅτε μ᾽ ἄλγος ἀφίκετο τῆλε πεσόντα   395
μητρὸς ἐμῆς ἰότητι κυνώπιδος, ἥ μ᾽ ἐθέλησεν
κρύψαι, χωλὸν ἐόντα. τότ᾽ ἂν πάθον ἄλγεα θυμῷ,
εἰ μή μ᾽ Εὐρυνόμη τε Θέτις θ᾽ ὑπεδέξατο κόλπῳ,
Εὐρυνόμη, θυγάτηρ ἀψορρόου Ὠκεανοῖο.
τῇσι παρ᾽ εἰνάετες χάλκευον δαίδαλα πολλά,   400
πόρπας τε γναμπτάς θ᾽ ἕλικας κάλυκάς τε καὶ ὅρμους

ἐν σπῆϊ γλαφυρῷ· περὶ δὲ ῥόος Ὠκεανοῖο
ἀφρῷ μορμύρων ῥέεν ἄσπετος· οὐδέ τις ἄλλος
ἤδεεν οὔτε θεῶν οὔτε θνητῶν ἀνθρώπων,
ἀλλὰ Θέτις τε καὶ Εὐρυνόμη ἴσαν, αἵ μ᾽ ἐσάωσαν.   405
ἣ νῦν ἡμέτερον δόμον ἵκει· τῷ με μάλα χρεὼ
πάντα Θέτι καλλιπλοκάμῳ ζωάγρια τίνειν.
ἀλλὰ σὺ μὲν νῦν οἱ παράθες ζεινήϊα καλά,
ὄφρ᾽ ἂν ἐγὼ φύσας ἀποθείομαι ὅπλα τε πάντα."

Ἦ, καὶ ἀπ᾽ ἀκμοθέτοιο πέλωρ αἴητον ἀνέστη   410
χωλεύων· ὑπὸ δὲ κνῆμαι ῥώοντο ἀραιαί.
φύσας μέν ῥ᾽ ἀπάνευθε τίθει πυρός, ὅπλα τε πάντα
λάρνακ᾽ ἐς ἀργυρέην συλλέξατο, τοῖς ἐπονεῖτο·
σπόγγῳ δ᾽ ἀμφὶ πρόσωπα καὶ ἄμφω χεῖρ᾽ ἀπομόργνυ
αὐχένα τε στιβαρὸν καὶ στήθεα λαχνήεντα,   415
δῦ δὲ χιτῶν᾽, ἕλε δὲ σκῆπτρον παχύ, βῆ δὲ θύραζε
χωλεύων· ὑπὸ δ᾽ ἀμφίπολοι ῥώοντο ἄνακτι
χρύσειαι, ζωῇσι νεήνισιν εἰοικυῖαι.
τῇ ἐν μὲν νόος ἐστὶ μετὰ φρεσίν, ἐν δὲ καὶ αὐδὴ
καὶ σθένος, ἀθανάτων δὲ θεῶν ἄπο ἔργα ἴσασιν.   420
αἱ μὲν ὕπαιθα ἄνακτος ἐποίπνυον· αὐτὰρ ὁ ἔρρων
πλησίον, ἔνθα Θέτις περ, ἐπὶ θρόνου ἷζε φαεινοῦ,
ἔν τ᾽ ἄρα οἱ φῦ χειρί, ἔπος τ᾽ ἔφατ᾽ ἔκ τ᾽ ὀνόμαζεν·
"τίπτε, Θέτι τανύπεπλε, ἱκάνεις ἡμέτερον δῶ
αἰδοίη τε φίλη τε; πάρος γε μὲν οὔ τι θαμίζεις.   425
αὔδα, ὅ τι φρονέεις· τελέσαι δέ με θυμὸς ἄνωγεν,
εἰ δύναμαι τελέσαι γε καὶ εἰ τετελεσμένον ἐστίν."

Τὸν δ᾽ ἠμείβετ᾽ ἔπειτα Θέτις κατὰ δάκρυ χέουσα·
"Ἥφαιστ᾽, ἦ ἄρα δή τις, ὅσαι θεαί εἰσ᾽ ἐν Ὀλύμπῳ,
τοσσάδ᾽ ἐνὶ φρεσὶν ᾗσιν ἀνέσχετο κήδεα λυγρά,   430
ὅσσ᾽ ἐμοὶ ἐκ πασέων Κρονίδης Ζεὺς ἄλγε᾽ ἔδωκεν;
ἐκ μέν μ᾽ ἀλλάων ἁλιάων ἀνδρὶ δάμασσεν,
Αἰακίδῃ Πηλῆϊ, καὶ ἔτλην ἀνέρος εὐνὴν
πολλὰ μάλ᾽ οὐκ ἐθέλουσα.   ὁ μὲν δὴ γήραϊ λυγρῷ
κεῖται ἐνὶ μεγάροις ἀρημένος, ἄλλα δέ μοι νῦν.   435
υἱὸν ἐπεί μοι δῶκε γενέσθαι τε τραφέμεν τε,
ἔξοχον ἡρώων — ὁ δ᾽ ἀνέδραμεν ἔρνεϊ ἶσος —
τὸν μὲν ἐγὼ θρέψασα, φυτὸν ὣς γουνῷ ἀλωῆς,
νηυσὶν ἐπιπροέηκα κορωνίσιν Ἴλιον εἴσω
Τρωσὶ μαχησόμενον· τὸν δ᾽ οὐχ ὑποδέξομαι αὖτις   440

οἴκαδε νοστήσαντα, δόμον Πηλήϊον εἴσω.
ὄφρα δέ μοι ζώει καὶ ὁρᾷ φάος ἠελίοιο,
ἄχνυται, οὐδέ τί οἱ δύναμαι χραισμῆσαι ἰοῦσα.
κούρην, ἣν ἄρα οἱ γέρας ἔξελον υἷες Ἀχαιῶν,
τὴν ἂψ ἐκ χειρῶν ἕλετο κρείων Ἀγαμέμνων.   445
ἤτοι ὁ τῆς ἀχέων φρένας ἔφθιεν· αὐτὰρ Ἀχαιοὺς
Τρῶες ἐπὶ πρύμνῃσιν ἐείλεον, οὐδὲ θύραζε
εἴων ἐξιέναι.   τὸν δὲ λίσσοντο γέροντες
Ἀργείων, καὶ πολλὰ περικλυτὰ δῶρ' ὀνόμαζον.
ἔνθ' αὐτὸς μὲν ἔπειτ' ἠναίνετο λοιγὸν ἀμῦναι,   450
αὐτὰρ ὁ Πάτροκλον περὶ μὲν τὰ ἃ τεύχεα ἕσσεν,
πέμπε δέ μιν πόλεμόνδε, πολὺν δ' ἅμα λαὸν ὄπασσεν.
πᾶν δ' ἦμαρ μάρναντο περὶ Σκαιῇσι πύλῃσιν·
καί νύ κεν αὐτῆμαρ πόλιν ἔπραθον, εἰ μὴ Ἀπόλλων
πολλὰ κακὰ ῥέξαντα Μενοιτίου ἄλκιμον υἱὸν   455
ἔκταν' ἐνὶ προμάχοισι καὶ Ἕκτορι κῦδος ἔδωκεν.
τοὔνεκα νῦν τὰ σὰ γούναθ' ἱκάνομαι, αἴ κ' ἐθέλησθα
υἱεῖ ἐμῷ ὠκυμόρῳ δόμεν ἀσπίδα καὶ τρυφάλειαν
καὶ καλὰς κνημῖδας, ἐπισφυρίοις ἀραρυίας,
καὶ θώρηχ'· ὃ γὰρ ἦν οἱ, ἀπώλεσε πιστὸς ἑταῖρος   460
Τρωσὶ δαμείς· ὁ δὲ κεῖται ἐπὶ χθονὶ θυμὸν ἀχεύων."
   Τὴν δ' ἠμείβετ' ἔπειτα περικλυτὸς ἀμφιγυήεις·
"θάρσει· μή τοι ταῦτα μετὰ φρεσὶ σῇσι μελόντων.
αἲ γάρ μιν θανάτοιο δυσηχέος ὧδε δυναίμην
νόσφιν ἀποκρύψαι, ὅτε μιν μόρος αἰνὸς ἱκάνοι,   465
ὥς οἱ τεύχεα καλὰ παρέσσεται, οἷά τις αὖτε
ἀνθρώπων πολέων θαυμάσσεται, ὅς κεν ἴδηται."
   Ὣς εἰπὼν τὴν μὲν λίπεν αὐτοῦ, βῆ δ' ἐπὶ φύσας,
τὰς δ' ἐς πῦρ ἔτρεψε, κέλευσέ τε ἐργάζεσθαι.
φῦσαι δ' ἐν χοάνοισιν ἐείκοσι πᾶσαι ἐφύσων,   470
παντοίην εὔπρηστον ἀϋτμὴν ἐξανιεῖσαι,
ἄλλοτε μὲν σπεύδοντι παρέμμεναι, ἄλλοτε δ' αὖτε,
ὅππως Ἥφαιστός τ' ἐθέλοι καὶ ἔργον ἄνοιτο.
χαλκὸν δ' ἐν πυρὶ βάλλεν ἀτειρέα κασσίτερόν τε
καὶ χρυσὸν τιμῆντα καὶ ἄργυρον· αὐτὰρ ἔπειτα   475
θῆκεν ἐν ἀκμοθέτῳ μέγαν ἄκμονα, γέντο δὲ χειρὶ
ῥαιστῆρα κρατερήν, ἑτέρηφι δὲ γέντο πυράγρην.
   Ποίει δὲ πρώτιστα σάκος μέγα τε στιβαρόν τε
πάντοσε δαιδάλλων, περὶ δ' ἄντυγα βάλλε φαεινήν,

τρίπλακα, μαρμαρέην, ἐκ δ᾽ ἀργύρεον τελαμῶνα.   480
πέντε δ᾽ ἄρ᾽ αὐτοῦ ἔσαν σάκεος πτύχες· αὐτὰρ ἐν αὐτῷ
ποίει δαίδαλα πολλὰ ἰδυίῃσι πραπίδεσσιν.

   Ἐν μὲν γαῖαν ἔτευξ᾽, ἐν δ᾽ οὐρανόν, ἐν δὲ θάλασσαν,
ἠέλιόν τ᾽ ἀκάμαντα σελήνην τε πλήθουσαν,
ἐν δὲ τὰ τείρεα πάντα, τά τ᾽ οὐρανὸς ἐστεφάνωται,   485
Πληϊάδας θ᾽ Ὑάδας τε τό τε σθένος Ὠρίωνος
ἄρκτον θ᾽, ἣν καὶ ἄμαξαν ἐπίκλησιν καλέουσιν,
ἥ τ᾽ αὐτοῦ στρέφεται καί τ᾽ Ὠρίωνα δοκεύει,
οἴη δ᾽ ἄμμορός ἐστι λοετρῶν Ὠκεανοῖο.

   Ἐν δὲ δύω ποίησε πόλεις μερόπων ἀνθρώπων   490
καλάς.   ἐν τῇ μέν ῥα γάμοι τ᾽ ἔσαν εἰλαπίναι τε,
νύμφας δ᾽ ἐκ θαλάμων δαΐδων ὕπο λαμπομενάων
ἠγίνεον ἀνὰ ἄστυ, πολὺς δ᾽ ὑμέναιος ὀρώρει·
κοῦροι δ᾽ ὀρχηστῆρες ἐδίνεον, ἐν δ᾽ ἄρα τοῖσιν
αὐλοὶ φόρμιγγές τε βοὴν ἔχον· αἱ δὲ γυναῖκες   495
ἱστάμεναι θαύμαζον ἐπὶ προθύροισιν ἑκάστη.
λαοὶ δ᾽ εἰν ἀγορῇ ἔσαν ἀθρόοι· ἔνθα δὲ νεῖκος
ὠρώρει, δύο δ᾽ ἄνδρες ἐνείκεον εἵνεκα ποινῆς
ἀνδρὸς ἀποφθιμένου.   ὁ μὲν εὔχετο πάντ᾽ ἀποδοῦναι,
δήμῳ πιφαύσκων, ὁ δ᾽ ἀναίνετο μηδὲν ἑλέσθαι·   500
ἄμφω δ᾽ ἱέσθην ἐπὶ ἴστορι πεῖραρ ἑλέσθαι.
λαοὶ δ᾽ ἀμφοτέροισιν ἐπήπυον, ἀμφὶς ἀρωγοί·
κήρυκες δ᾽ ἄρα λαὸν ἐρήτυον.   οἱ δὲ γέροντες
εἵατ᾽ ἐπὶ ξεστοῖσι λίθοις ἱερῷ ἐνὶ κύκλῳ,
σκῆπτρα δὲ κηρύκων ἐν χέρσ᾽ ἔχον ἠεροφώνων·   505
τοῖσιν ἔπειτ᾽ ἤϊσσον, ἀμοιβηδὶς δὲ δίκαζον.
κεῖτο δ᾽ ἄρ᾽ ἐν μέσσοισι δύω χρυσοῖο τάλαντα,
τῷ δόμεν, ὃς μετὰ τοῖσι δίκην ἰθύντατα εἴποι.

   Τὴν δ᾽ ἑτέρην πόλιν ἀμφὶ δύω στρατοὶ εἴατο λαῶν
τεύχεσι λαμπόμενοι.   δίχα δέ σφισιν ἥνδανε βουλή,   510
ἠὲ διαπραθέειν ἢ ἄνδιχα πάντα δάσασθαι,
κτῆσιν ὅσην πτολίεθρον ἐπήρατον ἐντὸς ἐέργοι.
οἱ δ᾽ οὔ πω πείθοντο, λόχῳ δ᾽ ὑπεθωρήσσοντο.
τεῖχος μέν ῥ᾽ ἄλοχοί τε φίλαι καὶ νήπια τέκνα
ῥύατ᾽ ἐφεσταότες, μετὰ δ᾽ ἀνέρες, οὓς ἔχε γῆρας·   515
οἱ δ᾽ ἴσαν.   ἦρχε δ᾽ ἄρα σφιν Ἄρης καὶ Παλλὰς Ἀθήνη,
ἄμφω χρυσείω, χρύσεια δὲ εἵματα ἕσθην,
καλὼ καὶ μεγάλω σὺν τεύχεσιν ὥστε θεώ περ,

ἀμφὶς ἀριζήλω· λαοὶ δ' ὑπ' ὀλίζονες ἦσαν.
οἱ δ' ὅτε δή ῥ' ἵκανον, ὅθι σφίσιν εἶκε λοχῆσαι,   520
ἐν ποταμῷ, ὅθι τ' ἀρδμὸς ἔην πάντεσσι βοτοῖσιν,
ἔνθ' ἄρα τοί γ' ἵζοντ' εἰλυμένοι αἴθοπι χαλκῷ.
τοῖσι δ' ἔπειτ' ἀπάνευθε δύω σκοποὶ εἵατο λαῶν,
δέγμενοι, ὁππότε μῆλα ἰδοίατο καὶ ἕλικας βοῦς.
οἱ δὲ τάχα προγένοντο, δύω δ' ἅμ' ἕποντο νομῆες   525
τερπόμενοι σύριγξι· δόλον δ' οὔ τι προνόησαν.
οἱ μὲν τὰ προϊδόντες ἐπέδραμον, ὦκα δ' ἔπειτα
τάμνοντ' ἀμφὶ βοῶν ἀγέλας καὶ πώεα καλὰ
ἀργεννέων ὀίων, κτεῖνον δ' ἐπὶ μηλοβοτῆρας·
οἱ δ' ὡς οὖν ἐπύθοντο πολὺν κέλαδον παρὰ βουσὶν   530
εἰράων προπάροιθε καθήμενοι, αὐτίκ' ἐφ' ἵππων
βάντες ἀερσιπόδων μετεκίαθον, αἶψα δ' ἵκοντο.
στησάμενοι δ' ἐμάχοντο μάχην ποταμοῖο παρ' ὄχθας,
βάλλον δ' ἀλλήλους χαλκήρεσιν ἐγχείῃσιν.
ἐν δ' Ἔρις, ἐν δὲ Κυδοιμὸς ὁμίλεον, ἐν δ' ὀλοὴ Κήρ,   535
ἄλλον ζωὸν ἔχουσα νεούτατον, ἄλλον ἄουτον,
ἄλλον τεθνηῶτα κατὰ μόθον ἕλκε ποδοῖιν·
εἷμα δ' ἔχ' ἀμφ' ὤμοισι δαφοινεὸν αἵματι φωτῶν.
ὡμίλευν δ' ὥστε ζωοὶ βροτοί, ἠδ' ἐμάχοντο,
νεκρούς τ' ἀλλήλων ἔρυον κατατεθνηῶτας.   540
     Ἐν δ' ἐτίθει νειὸν μαλακήν, πίειραν ἄρουραν,
εὐρεῖαν, τρίπολον· πολλοὶ δ' ἀροτῆρες ἐν αὐτῇ
ζεύγεα δινεύοντες ἐλάστρεον ἔνθα καὶ ἔνθα.
οἱ δ' ὁπότε στρέψαντες ἱκοίατο τέλσον ἀρούρης,
τοῖσι δ' ἔπειτ' ἐν χερσὶ δέπας μελιηδέος οἴνου   545
δόσκεν ἀνὴρ ἐπιών· τοὶ δὲ στρέψασκον ἀν' ὄγμους,
ἱέμενοι νειοῖο βαθείης τέλσον ἱκέσθαι.
ἡ δὲ μελαίνετ' ὄπισθεν, ἀρηρομένη δὲ ἐῴκει
χρυσείη περ ἐοῦσα· τὸ δὴ πέρι θαῦμα τέτυκτο.
     Ἐν δ' ἐτίθει τέμενος βαθυλήιον· ἔνθα δ' ἔριθοι   550
ἤμων ὀξείας δρεπάνας ἐν χερσὶν ἔχοντες.
δράγματα δ' ἄλλα μετ' ὄγμον ἐπήτριμα πῖπτον ἔραζε,
ἄλλα δ' ἀμαλλοδετῆρες ἐν ἐλλεδανοῖσι δέοντο.
τρεῖς δ' ἄρ' ἀμαλλοδετῆρες ἐφέστασαν· αὐτὰρ ὄπισθεν
παῖδες δραγμεύοντες, ἐν ἀγκαλίδεσσι φέροντες,   555
ἀσπερχὲς πάρεχον. βασιλεὺς δ' ἐν τοῖσι σιωπῇ
σκῆπτρον ἔχων ἑστήκει ἐπ' ὄγμου γηθόσυνος κῆρ.

κήρυκες δ' ἀπάνευθεν ὑπὸ δρυῒ δαῖτα πένοντο,
βοῦν δ' ἱερεύσαντες μέγαν ἄμφεπον. αἱ δε γυναῖκες
δεῖπνον ἐρίθοισιν λεύκ' ἄλφιτα πολλὰ πάλυνον.   560
    Ἐν δ' ἐτίθει σταφυλῇσι μέγα βρίθουσαν ἀλωήν,
καλήν, χρυσείην· μέλανες δ' ἀνὰ βότρυες ἦσαν,
ἐστήκει δὲ κάμαξι διαμπερὲς ἀργυρέῃσιν.
ἀμφὶ δὲ κυανέην κάπετον, περὶ δ' ἕρκος ἔλασσεν
κασσιτέρου· μία δ' οἴη ἀταρπιτὸς ἦεν ἐπ' αὐτήν,   565
τῇ νίσσοντο φορῆες, ὅτε τρυγόῳεν ἀλωήν.
παρθενικαὶ δὲ καὶ ἠίθεοι ἀταλὰ φρονέοντες
πλεκτοῖς ἐν ταλάροισι φέρον μελιηδέα καρπόν.
τοῖσιν δ' ἐν μέσσοισι πάϊς φόρμιγγι λιγείῃ
ἱμερόεν κιθάριζε, λίνον δ' ὑπὸ καλὸν ἄειδεν   570
λεπταλέῃ φωνῇ· τοὶ δὲ ῥήσσοντες ἀμαρτῇ
μολπῇ τ' ἰυγμῷ τε ποσὶ σκαίροντες ἔποντο.
    Ἐν δ' ἀγέλην ποίησε βοῶν ὀρθοκραιράων.
αἱ δὲ βόες χρυσοῖο τετεύχατο κασσιτέρου τε,
μυκηθμῷ δ' ἀπὸ κόπρου ἐπεσσεύοντο νομόνδε   575
πὰρ ποταμὸν κελάδοντα, παρὰ ῥοδανὸν δονακῆα.
χρύσειοι δὲ νομῆες ἅμ' ἐστιχόωντο βόεσσιν
τέσσαρες, ἐννέα δέ σφι κύνες πόδας ἀργοὶ ἔποντο.
σμερδαλέω δὲ λέοντε δύ' ἐν πρώτῃσι βόεσσιν
ταῦρον ἐρύγμηλον ἐχέτην· ὁ δὲ μακρὰ μεμυκὼς   580
ἕλκετο· τὸν δὲ κύνες μετεκίαθον ἠδ' αἰζηοί.
τὼ μὲν ἀναρρήξαντε βοὸς μεγάλοιο βοείην
ἔγκατα καὶ μέλαν αἷμα λαφύσσετον· οἱ δὲ νομῆες
αὔτως ἐνδίεσαν ταχέας κύνας ὀτρύνοντες.
οἱ δ' ἤτοι δακέειν μὲν ἀπετρωπῶντο λεόντων   585
ἱστάμενοι δὲ μάλ' ἐγγὺς ὑλάκτεον ἔκ τ' ἀλέοντο.
    Ἐν δὲ νομὸν ποίησε περικλυτὸς ἀμφιγυήεις,
ἐν καλῇ βήσσῃ, μέγαν οἰῶν ἀργεννάων,
σταθμούς τε κλισίας τε κατηρεφέας ἰδὲ σηκούς.
    Ἐν δὲ χορὸν ποίκιλλε περικλυτὸς ἀμφιγυήεις,   590
τῷ ἴκελον, οἷόν ποτ' ἐνὶ Κνωσῷ εὐρείῃ
Δαίδαλος ἤσκησεν καλλιπλοκάμῳ Ἀριάδνῃ.
ἔνθα μὲν ἠίθεοι καὶ παρθένοι ἀλφεσίβοιαι
ὠρχεῦντ', ἀλλήλων ἐπὶ καρπῷ χεῖρας ἔχοντες.
τῶν δ' αἱ μὲν λεπτὰς ὀθόνας ἔχον, οἱ δὲ χιτῶνας   595
εἵατ' ἐϋννήτους, ἦκα στίλβοντας ἐλαίῳ·

καί ῥ' αἱ μὲν καλὰς στεφάνας ἔχον, οἱ δὲ μαχαίρας
εἶχον χρυσείας ἐξ ἀργυρέων τελαμώνων.
οἱ δ' ὀτὲ μὲν θρέξασκον ἐπισταμένοισι πόδεσσιν
ῥεῖα μάλ', ὡς ὅτε τις τροχὸν ἄρμενον ἐν παλάμῃσιν   600
ἑζόμενος κεραμεὺς πειρήσεται, αἴ κε θέῃσιν·
ἄλλοτε δ' αὖ θρέξασκον ἐπὶ στίχας ἀλλήλοισιν.
πολλὸς δ' ἱμερόεντα χορὸν περιίσταθ' ὅμιλος
τερπόμενοι· μετὰ δέ σφιν ἐμέλπετο θεῖος ἀοιδὸς
φορμίζων· δοιὼ δὲ κυβιστητῆρε κατ' αὐτοὺς   605
μολπῆς ἐξάρχοντος ἐδίνευον κατὰ μέσσους.
    Ἐν δ' ἐτίθει ποταμοῖο μέγα σθένος Ὠκεανοῖο
ἄντυγα πὰρ πυμάτην σάκεος πύκα ποιητοῖο.
    Αὐτὰρ ἐπειδὴ τεῦξε σάκος μέγα τε στιβαρόν τε,
τεῦξ' ἄρα οἱ θώρηκα φαεινότερον πυρὸς αὐγῆς,   610
τεῦξε δέ οἱ κόρυθα βριαρήν, κροτάφοις ἀραρυῖαν,
καλήν, δαιδαλέην, ἐπὶ δὲ χρύσεον λόφον ἧκεν,
τεῦξε δέ οἱ κνημῖδας ἑανοῦ κασσιτέροιο.
    Αὐτὰρ ἐπεὶ πάνθ' ὅπλα κάμε κλυτὸς ἀμφιγυήεις,
μητρὸς Ἀχιλλῆος θῆκε προπάροιθεν ἀείρας.   615
ἡ δ' ἴρηξ ὣς ἆλτο κατ' Οὐλύμπου νιφόεντος,
τεύχεα μαρμαίροντα παρ' Ἡφαίστοιο φέρουσα.

NOTES ON THE ILIAD.

BOOK XIII.

SUMMARY.—Zeus, still seated on Mount Ida, turns his eye to another region of the earth. Poseidon takes advantage of this, and, in the form of Calchas, rallies the Greeks, disheartened by the loss of so many of their heroes, and deprived, through Agamemnon's *infatuation*, of their bravest champion—Achilles. Zeus continues to make good his promise to Thetis, by giving glory and victory to the Trojans. Idomeneus kills Asius, and other Trojan heroes. Deiphobus kills Ascalaphus, a son of Mars, without the knowledge of that god, who is kept away from the battle-field by the injunction of Zeus. Hector leads the assault on the Greek lines, in front of the ship of Protesilaus, their weakest point.

Hermann supposed that a "singulum carmen" was *encased* in this (thirteenth) book, ver. 344—674, because he finds there exulting addresses by victorious heroes to their fallen enemies. This test, however, will be seen to prove too much by a reference to the following passages: Iliad xiv. 453, 469, 478; xvi. 744, 829; xx. 388; xxi. 121, 183; xi. 362, 379, 449 (Mure).

1—50. ἱπποπόλων Θρηκῶν : see Eurip. Hecub. 9, φίλιππος λαός, and Thucyd. ii. 96.

πάλιν τρέπεν : so Iliad iii. 427, ὄσσε πάλιν κλίνασα.

Ἱππημολγῶν = "mare-milkers" (of the Scythians). Compare Hesiod. Fragment. 63, 64. Marktscheffel.

> Γλακτοφάγων εἰς αἶαν, ἀπήναις οἴκι' ἐχόντων . . . .
> Αἰθίοπας, Λίγυάς τε, ἰδὲ Σκύθας ἱππημόλγους.

Ἀβίων τε, δικαιοτάτων ἀνθρώπων. Newman makes ἀβίων a simple attribute = "*without bows.*" It seems hard to reconcile this with the fame the Scythians acquired at all times for *archery*. It would be much more consistent then to render it in an *intensive* sense = "good marksmen," their undoubted character. Dictionary of Geography (Dr. Smith's) makes the term = "*poor,*" with *scanty* means of life (from α, "not," and βίος, "life"), and considers the people thus described to answer to the later notions respecting the *Hyperboreans*, whose name does not occur in Homer. Others, however, take Ἄβιοι as a *proper name*, following the example of Aristarchus. Æschylus, in a fragment of the " Prometheus Delivered," thus speaks of them :

> δῆμον ἐνδικώτατον
> θνητῶν ἀπάντων καὶ φιλοξενώτατον,
> Ἀβίους.

Fäsi, however, with others, takes it as a *simple* attribute, deriving it from βία. This would accord with Curtius' description of them as "liberi" = "*free from tyranny*." Compare Horace, "Vivunt et rigidi Getæ, Immetata quibus jugera *liberas* fruges et Cererem ferunt."

Σάμου Θρηῖκίης. Samothracia, now "*Samothraki*."

Αἰγάς, in Euboea, celebrated for its worship of Poseidon, whose temple on a lofty mountain existed when Strabo wrote; that writer derived the name of the Ægean sea from this town. Leake supposes it to have stood near *Limni*.

φλογὶ ἴσοι = δέμας πυρὸς αἰθομένοιο. See Iliad xi. 595, and note thereon. Milton has, in his battle of the angels, "all air seemed then *conflicting fire*," Paradise Lost, bk. vi.

ἄμοτον μεμαῶτες = "*immeasurably* eager," Newman, who considers ἄμοτον to be an older form of ἄμετρον, from a lost verb, μέτω = Latin "metor."

ἄβρομοι, αὔιαχοι = ἄγαν βρομοῦντες καὶ ἄγαν ἰαχοῦντες, according to Aristarchus. Büttman and Newman would make α here equal to ἅμα = "*unà* strepentes, *unà* sonantes," "and roared and skirled *in unison*."

ἕλποντο = "*continued* to hope." Imperfect tense.

50—100. ἕξουσιν = ἐφέξουσιν = "will hold off."

τῇ δὲ .... ᾗ ῥ' = "but it is exactly in that quarter .... *just* where." δὴ αἰνότατον = "*quite* most dreadful" (is my fear).

ἀπ' αἰγλίπος πέτρης περιμήκεος = "from the *storm-capt* far-reaching precipice:" see note on Iliad ix. 15.

οὐδ' ὅ γε Κάλχας ἐστί = "ay, that one is not Chalcas." Compare Virgil's similar expression (Æn. iii. 173), "*Nec* super *illud* erat."

χάρμῃ γηθόσυνοι, κ.τ.λ. = "exulting in the *battle-joy*, which the god had *shot* into their soul." Compare Livy xxii. 15, "extemplo *occupatus certamine* est *animus*."

οὐ γὰρ ἔφαν, κ.τ.λ. = "for they *thought* they could not make their escape from under the calamity" (that was oppressing them).

κοῦροι = "*boys*," and not men: a term of disgrace.

νέας ἁμάς = νέας ἡμετέρας.

μεθήσετε = "relax from," intransitive, like Lat. "remittere," for "remissus esse."

ὑπὸ Τρώεσσι δαμῆναι = "to *lie* prostrate beneath the Trojans." Aor. 2 denotes, here, as often elsewhere in Homer, the *consequence* of the action denoted by the verb.

Ὃ οὔ ποτ' ἔγωγε, κ.τ.λ. = "that which I would have *maintained*, could never happen."

φάσκω, is intensive and frequentative of φημί: sometimes it has, in Homer, the force of "deeming," "thinking," and admits of such an interpretation here.

100—150. ἤϊα = ἐφόδια—βρώματα, Scholiast.

οὐδ' ἔτι χάρμη = "and suited for battle (which gives joy)."

ἀμυνέμεν: supply Τρῶας.

ἀκεώμεθα = "let us *heal* (the mischief)." Some refer "the mischief" here to the quarrel of Achilles and Agamemnon. Fäsi refers it to the μεθημοσύνη ("remissness") spoken of in ver. 97, 118. Compare Hesiod 167, βουλόμενοι ἀκέσασθαι τὴν ἁμαρτάδα. This view of Fäsi's is evidently supported by the following verse,—ὑμεῖς δ' οὐκέτι καλὰ μεθίετε θούριδος ἀλκῆς, κ.τ.λ.

δή τι κακὸν = "some evil or-another, I cannot tell what:" Lat. "quiddam nescio quid." According to rule, the particle δὴ renders a *definite* term still more *definite*, and gives additional *indefiniteness* to an *indefinite* term.

αἰδῶ καὶ νέμεσιν: Eustathius, ἡ μὲν αἰδῶς ἐξ ἡμῶν αὐτῶν· ἡ δὲ νέμεσις ἐξ ἄλλων.

Ὣs ῥα κελευτιόων, κ.τ.λ., "exactly thus the earth-sustaining (god) continued to order the Achæans, and cheered them on."

οὔτ' ἂν κεν = "could not possibly *under any circumstance*." This rare junction of ἂν κεν gives greater force to the *conditional* nature of the sentence.

λαοσσόος: Fäsi, ἡ τοὺς λαοὺς σόουσα (σεύουσα, σοβοῦσα) καὶ ἐπὶ πόλεμον ὁρμῶσα.

σάκος σάκεϊ προθελύμνῳ = "shield on shield *close-pressed*." It may be understood of the whole phalanx, fixing their shields *one over the other*, so that each became a *foundation* to the one next it, somewhat like the Roman "*testudo*," after Greek συνασπισμός (from θέλυμνον = "a *foundation*"). The word is purely poetic. Compare Virgil's Æn. x. 361, "hæret pede pes, densus que viro vir." Furius of Antium has, "Pessatur pede pes, mucro mucrone, viro vir." See also Statius, Theb. viii. 398. Tyrtæus has,

καὶ πόδα πὰρ ποδὶ θεὶς, καὶ ἐπ' ἀσπίδος ἀσπίδ' ἐρείσας
ἐν δὲ λόφον τε λόφῳ, καὶ κυνέην κυνέῃ,
καὶ στέρνον στέρνῳ, πεπλημένος ἀνδρὶ μαχέσθω.

ψαῦον δ' ἱππόκομοι, κ.τ.λ., Newman translates by "the horsetail helmets waving with ridges bright each other touched." Fäsi makes ψαῦον transitive, and governing φάλοισιν: Passow supports this view. It seems better to take, with Fäsi, νευόντων as *genitive absolute* = "and the horsetail helmets kept touching the bright crests, as the horses stooped forwards."

ἐπτύσσοντο: Scholiast, κραδαινόμενα πτυσσομένοις ἔοικε (εἰς τὸ αὐτὸ συνήγετο καὶ ἐκάμπτετο). Virgil's Æn. iii. 384,

" Trinacriâ *lentandus* remus in undâ."

ὀλοοίτροχος = prose ὀλοίτροχος, not ὀλοίτροχος, according to Nitszch, from ὅλος, τρέχω, and so either = "*quite round*," or = "*massive (whole)* rolling stone." The old derivation from ὀλοός = "*destructive*," is universally exploded.

ὤσῃ = "is *wont* to dash" (aorist: the tense appropriate to *comparisons*). Virgil has happily imitated this simile, Æn. xii. 684.

ἀμφιγύοισιν = "two-edged," Arnold = "two-handed" (pikes), Newman; i. e. to be flung or handled with both hands; or="shod with iron *at both ends*," Liddell and Scott.

150—200. ὑπασπίδια προποδίζων = "moving *step by step*, so as to be covered by the shield."

νίκης τε καὶ ἔγχεος: *causal* genitives.

οἰσόμενος δόρυ = "to fetch his *own* lance" (force of the middle).

Πήδαιον, a town in the *Troad*, according to Eustathius.

μελιή ὥς: see Virgil's Æn. ii. 626.

πελάσσῃ: supply ἐάν. Observe the aorist in the *comparison*.

ἀλλ' οὔ πῃ, κ.τ.λ. = "but it did not *in any quarter* reach his flesh, for he was *completely wrapped* in dire-gleaming bronze."

ὥστε δύ' αἶγα λέοντε, κ.τ.λ.: compare a fragment of the Glaucus of Æschylus :—

Εἷλκον δ' ἄνω λυκηδόν, ὥστε διπλόοι λύκοι
Νεβρὸν φέρουσιν ἀμφὶ μασχάλαις.

200—250. ἀλλά που οὕτως μέλλει δή = "but *methinks* it is thus *quite destined.*"

ὅθι, in a *temporal* not *local* sense = "when ;" like Latin "*ubi*," it admits of *both* senses.

μέλπηθρα: Scholiast, ἐμπαίγματα.

αἴ κ' ὀφελός τι γενώμεθα, κ.τ.λ. = "if haply only two may yet achieve some succour. Consorted valour tells for much: yea, e'en of sorry fighters," Newman. Aristarchus explains by καὶ σφόδρα κακῶν, δειλῶν, ἀνθρώπων εἰς ταὐτὸν συνελθόντων γίγνεταί τις ἀρετή. So Juvenal, Sat. ii. 46 :

" *Defendit numerus*, junctæque umbone phalanges."

συμφερτὴ = συμφορητὴ οὖσα.

250—300. τευ ἀγγελίης: the former word depends on the latter, which is the genitive of *cause* = " because of a message *concerning anything.*"

κατεδξαμεν, ὃ πρὶν ἔχεσκον. This change of *number*, from the plural to the singular, is not unfrequent in Homer : so in Latin the plural is sometimes used for the singular, when it is implied *that others share the action.*

πρὸς ἐνώπια : see on Iliad viii. 435.

τοῦ μὲν γάρ, κ.τ.λ. = "for the colour of the coward changes, *now one way, now another.*"

μετοκλάζει = "keeps *shifting* or fidgetting with his knees." Of the *coward* in ambush. The force of the preposition μετὰ denotes the " *change*" of posture made by the coward.

ἐπειδάν : found nowhere else in Homer. Thiersch proposes to read ἐπὴν δή. There is no MS. authority for the change.

βλεῖο : 2 aor. opt., formed from βλῆμι = βληθείης.

βῆ δὲ μετ' Ἰδομενῆα = "he went *after* Idomeneus" (to join him).

ὅστ' ἐφόβησε, κ.τ.λ. = "who is *wont* to terrify the warrior, though he be stout of heart."

300—350. Θρήκης. Thrace, being a warlike country, is represented by the Poet as the home of Ares, the god of war. So Virgil, Æn. iii. 35,

" Gradivumque patrem, *Geticis* qui præsidet arvis."

Ἐφύρους—Φλεγύας : both in Thessaly. The Scholiast gives *four* Ephyras ; we find *seven* in the Dictionary of Geography (Dr. Smith's).

ἑτέροισι δὲ κῦδος ἔδωκαν. Compare the Homeric expression ἑτεραλκὴς νίκη.

δεύεσθαι πολέμοιο = " are in want of war;" or better, with Fäsi, = " are *inferior* to the war," i. e. *unequal* to the brunt of war. See Iliad xvii. 142, μάχης ἄρα πολλὸν ἐδεύεο. In this vein Newman translates,

" for nowhere else so sorely,
Doth want of champions distress the streaming-haired Achaians."

αἰπύ: figuratively = Lat. "arduum," "a difficult thing."

ὅτε μὴ = prose form εἰ μὴ . . . .

τῶν δ᾽ ὁμὸν ἵστατο νεῖκος = ὁμόσε ἐρχομένων ἵστατο νεῖκος.

σπέρχωσιν ἄελλαι = "tornadoes *happen* to rush." The *subjunctive* here expresses a *supposition* and a *probability*. σπέρχω in Homer is both *active* and *intransitive*.

ἔφριξεν δὲ μάχη, κ.τ.λ. Compare Virgil, Æn. vii. 525, "Atraque latè *Horrescit* strictis seges ensibus." Horace has, "*horrentia* pilis agmina." Macrobius has, "sparsis hastis longis campus splendet et *horret*." Milton (Paradise Lost, bk. vi.) :

> "*Bristled* with upright beams innumerable
> Of rigid spears, and helmets thronged, and shields."

αὐγὴ . . . . ἄπο: Lucretius, following the Greek form, has "fulgor *ab* auro." Virgil and Horace have "auri," and "armorum :" the former is more forcible and poetical.

350—400. λάθρῃ ὑπεξαναδὺς πολιῆς ἁλὸς = "having come up secretly *out of the depths* of the hoary brine." The best explanation of ὑπεξαναδὺς is to be found in ver. 44, βαθείης ἐξ ἅλος ἐλθών.

ἤχθετο = "was indignant that" (with the accusative, as the Latin "indignari ").

πεῖραρ ἐπαλλάξαντες (πολέμοιο) = "having made war's rope-end go now this way, now that," i. e. fighting with doubtful victory (the metaphor being taken from a common child's game). For the sense of πεῖραρ, see Odyss. xii. 51, 162.

ἔνδον ἐόντα = παρόντα, ἐνδημοῦντα. Fäsi.

πολέμοιο μετὰ κλέος. Either = "after hearing of the war," or, better, = "in pursuit of *glory* (gained in) war." Compaare Iliad xi. 227, μετὰ κλέος ἵκετ᾽ Ἀχαιῶν.

Κασσάνδρην ἀνάεδνον. Compare the case of Michal and David, I Samuel, xviii. 25.

ὑπό τ᾽ ἔσχετο = "held himself under," i. e. bound himself. ὑπὸ is a *local* adverb, not a preposition in tmesis. See Iliad i. 67.

εἰ ἐτεὸν δὴ = "if in *very* truth." Observe also in this sentence, that πάντα is followed, as in Attic Greek, by ὅσα, not by ἅ or ἅπερ.

ἀχερωΐς = "the *white* poplar."

βλωθρὴ = "tall," from βλώσκω = "to spring up" (Virgil's "subjecit," Eclog. x. 74), as βληχρός, from βλίττω : see Büttman.

πελέκεσσι νεήκεσι = with axes, newly whetted," νεωστὶ ἠκονημένοις. Schol.

περόνησε = "pinned." See Iliad v. 426.

400—450. ἄντα ἰδὼν = ἄντιον ἰδὼν = "seeing it in front."

τῇ ὕπο πᾶς ἐάλη. See Virgil's Æn. xii. 491, "et *se collegit in arma*, Poplite subsidens."

καρφαλέον . . . . ἄυσεν = αὖον ἀΰτευν, Iliad xii. 160. So Lucretius has "*aridus* sonus," and Virgil "*aridus* fragor," to denote a *dry, grating* sound.

ἄτιτος = ἀτιμώρητος. Schol.

ὑποδύντε = "stooping under" (the burden). Compare Virgil, Æn. ii. 722, "*succedo*que oneri."

οὐ λῆγε μένος. The verb is here *transitive*, as in Iliad xxi. 305, οὐδὲ Σκάμανδρος ἔληγε τὸ ὃν μένος.

κάλλεϊ καὶ ἔργοισιν, κ.τ.λ. Compare Iliad i. 115.

ἐρεικόμενος: onomatop. = ῥηγνύμενος. Compare Iliad xvii. 295, ἤρικε δ' ἱπποδάσεια κόρυς περὶ δουρὸς ἀκωκῇ.

Κρήτῃ ἐπίουρον = "ruler of Crete," dative for genitive, as below, ἄνδρεσσιν ἄνακτα. So, in old English, we have father to, brother to, servant to, instead of father of, brother of, &c.

450—500. διάνδιχα μερμήριξεν. See note on v. 189, Iliad i.

ἑταρίσσαιτο = συνεργὸν λάβοι. Compare ἔταρον ἑλέσθαι, Iliad x. 242.

δοάσσατο = ἔδοξε, Attic; Schol., always Epic and impersonal. It is akin to δοκεῖν, not to δοιή, according to Büttman: yet Schneider and Passow admit δοιάζω; the latter translates it = "to double," and thence interprets the middle voice "to be doubled" or "divided," *in thought*, i. e. "*to doubt.*" Büttman completely rejects the notion of "*doubt,*" and rather dogmatically tells us that we cannot carry on the idea of doubt (already expressed in διάνδιχα μερμήριξεν) to the latter part of the paragraph. Here we must reluctantly express our grounds of difference with so great an authority: firstly, the etymology is *apparently* more in favour of δοιάζω than of δοκεῖν, which seems far-fetched; secondly, the word occurs in cases where *doubt* is expressed, and in *no other case*; thirdly, the word φρονέοντι in the sentence seems to imply a degree of *consideration* scarcely consistent with the notion of *fixed resolution* and cessation of doubt, assumed by Büttman; fourthly, the word κέρδιον, in the same sentence, by its *comparative* force, explains why doubt still clings to the mind, which *still* sees advantages on *both* sides, though it gives a preference to that which *seems the more advantageous* course; fifthly, even Büttman acknowledges that in Virgil's imitation, Æn. xi. 550, "omnia secum Versanti, subitò vix hæc sententia sedit," the "vix" is an endeavour to introduce, as well as his poetical feeling would allow, the expression δοιή—an attempt exactly similar to that of Voss, in his translation: "This determination appeared at last to him *doubting* to be the best."

οὕνεκ' ἄρ' = "just because." See note on ver. 96, Iliad i.

τίεσκεν (from τίω) = "was *wont* to honour," frequentative form. See note on v. 189, Iliad ii.

δουρικλυτὸς. Observe the accent. Jelf well explains this: "in the Homeric compounds of κλυτός and κλειτός, where the first part is an indeclinable word, as τηλεκλυτὸς = τῆλε κλυτός, or a real case, as δουρικλυτὸς = δουρὶ κλυτός, it is not a *real* compound, but only ἐν παραθέσει, in juxta-position, so that the accent is not thrown back from the ultima; but when the first part is in actual composition (ἐν συνθέσει) with the latter, its original form being changed thereby, as ὀνομάκλυτος = ὀνόματι κλυτός, the accent is thrown back according to the general rule of compounds.

φόβος λάβε: see note on v. 342, Iliad iii.

τηλύγετον: see note on v. 175, Iliad iii.

νῶτον: the accusative of *closer* definition.

μ' οἴῳ = μοι οἴῳ. Compare Odyssey iv. 367, ἥ μ' οἴῳ ἔρροντι συνήντετο.

ὁμηλικίη: abstract for the concrete ὁμήλικες. Newman well renders these two lines:

"For if, with such a heart as this, my years to his were equal,
    Full shortly would he take or yield the primacy of valour."

ὡς ἔι τε = ὡσείπερ = "*exactly* as."

μετὰ κτίλον = "*close after* the ram," or the *bell-wether*. See note on v. 196, Iliad iii.

πιόμενα: future = "for the *purpose* of drinking:" flocks in sound health generally move eagerly to their drinking places.

500—550. κατὰ γαίης ᾤχετο = bk. xi. 358, ὅθι οἱ καταείσατο γαίης. ἅλιον, an adverb, here to be taken with μέλεον = ματαίως.

ἔνιερα = Lat. "viscera," English "entrails," and vulgar "in'ards."

διὰ: adverbial = "continually," or "thoroughly."

ἤφυσε = "drained," i.e. drank (the *blood*) of; so in Latin "quos *hauserit* ensis," Æn. ii. 600. "Shall the sword *devour* for ever?" Holy Scriptures.

μεθ' ἐὸν βέλος: i.e. for the purpose of *recovering* it.

τρέσσαι = ὥστε φεύγειν ἐκ πολέμου.

οἱ ἔχεν κότον, κ.τ.λ. Both of them had been suitors for the hand of Helen.

ἄλλα: adjective for adverb = "besides."

ἔσχεν: intransitive = "held its way;" Lat. "pertinebat" = Iliad v. 100, ἀντικρὺ δὲ διέσχε.

βριήπυος = "loud-shouting," from ἀπύω, and βρῖ, contracted form of βριθὺ, according to Liddell and Scott. This is the only passage in Homer where we find the word. According to Scholiast = ὁ μέγα καὶ βαρὺ βοῶν, or ἐρίγδουπος.

ἐελμένος. See note on Iliad xii. 38.

ἐεργόμενοι πολέμοιο, transitive verbs for εἴργειν, &c. of *driving away from*, keeping off, &c., may take a *genitive*, though it need not be expressed, to make up the objective constructions, as these verbs take also an accusative of that which is the immediate patient of the transitive action.

αὐλῶπις τρυφάλεια = either a helmet visored, having the openings for the eyes oblong (παραμήκεις ἔχουσα τὰς τῶν ὀφθαλμῶν ὀπάς) according to Hesychius, or a helmet with a long crest.

πρυμνοῖο βραχίονος = τοῦ ἐσχάτου βραχίονος = "the end of the arm." πρυμνὸς is one of those adjectives (like Latin "extremus") which qualify a *part only*, and not the *whole* of the object.

περὶ μέσσῳ χεῖρε τιτήνας = περὶ τὰ μέσα αὐτοῦ τὰς χεῖρας διατείνας καὶ συλλαβὼν νεουτάτου χειρὸς = "from his hand, recently wounded:" local genitive.

οἱ δ' ἄλλοι μάρναντο = Lat. "cæteri pugnabant," "all the others *continued* to fight."

Αἰνέας: elsewhere Αἰνείας. Here the word must be scanned as *disyllabic*.

ἐπὶ οἷ τετραμμένον = "who had turned *himself* towards him:" passive, used in a *middle* sense.

ἐπὶ δ' ἀσπὶς ἐάφθη καὶ κόρυς = "and thereto (i.e. to the head) was fastened the shield, as well as the helmet:" both were really fastened to the *neck* (the shield by the shoulder-strap, and the helmet by the thong), and tended to draw the head heavily to one side. See Iliad iii. 369, and Herod. i. 171.

θυμοραϊστής = διαφθαρτικὸς τῆς ψυχῆς, Apollon. φλέβα πᾶσαν = ὅλην τὴν κοίλην φλέβα, Scholiast. = "the whole venous cavity."

ἥτ' ἀνὰ νῶτα, κ.κ.λ. This Jelf treats as an accusative of extension

G

of *place*, analogous to that of extension of *time* (ἀνὰ νύκτα = "through-out the night"): he translates as follows, "ab infimâ dorsi parte usque ad cervicem."

550—600. καὶ ἐν πολλοῖσι βέλεσσιν = "*even* in the midst of many weapons." καὶ is here *emphatic*, and *not connective* merely. Observe that Poseidon was the founder and tutelary god of the family of Nestor: see especially the beginning of the Odyssey, bk. iii.

τιτύσκετο δὲ φρεσὶν ᾗσιν = "continued *aiming* (i. e. intending) in his soul." This *metaphorical* use of the word is very *rare*.

βιότοιο μεγήρας = "having grudged him the life (of Antilochus)," the Schol. explains by φθονήσας Ἀδάμαντι, μὴ τὸν βίον Ἀντιλόχου ἀφέληται.

καὶ τὸ μὲν αὐτοῦ μεῖν. κ.τ.λ. = "and part of it remained there, as a stake burnt by the fire." Observe that αὐτοῦ is here adverbial. Compare Odyssey iv. 508, καὶ τὸ μὲν αὐτόθι μεῖνε, τὸ δὲ τρύφος ἔμπεσε πόντῳ. The σκῶλος was among the earliest weapons of antiquity, used by peasants for a pike. These are the "the præustæ sudes" of Virgil and Cæsar.

ἐσπόμενος = "forward falling," Newman. Compare Virgil's "super ipse *secutus*," Æn. xii. 301.

οὐκ ἐθέλοντα: to be taken with ἄγουσιν, but βίῃ with δήσαντες.

ξίφεϊ Θρηϊκίῳ, μεγάλῳ. These *long* straight swords of the Thracians are mentioned by Livy, who says "Thracum rhomphææ, ingentis longitudinis," bk. xxxi. cap. 39.

πτυόφιν, "the winnowing shovel," called in Latin "pala lignea," or "ventilabrum." This is still used in Greece, after the following manner:—The corn which has been thrashed lies in a heap upon the floor, and the labourer *throws it to a distance with his shovel*, whilst the wind blowing strongly across the direction in which it is thrown, drives the chaff and refuse to one side (Theocr. vii. 156; Matt. iii. 12; Luke iii. 17). In the same manner the fruit of *leguminous* plants (as in this passage) was purified and prepared to be used for food. See also Iliad v. 499—502.

ἣ ῥ' ἔχε = "*just* the one (hand) in which he held."

600—650. θανάτοιο τέλοσδε. Compare Pindar, Oly. ii. 57, πεῖρας θανάτου, and Virgil, Æn. x. 472.

ἐτράπετ' ἔγχυς. The verb is here *middle*, not passive, "non *repulsa est*, sed *avertit sese*." Clarke.

ὑπ' ἀσπίδος = "under covert of his shield."

Ἀξίνην . . . . πελέκκῳ. The latter word signifies the *handle* of the axe, which was *fixed into* the brass of the axe; hence the expression ἀμφὶ πελέκκῳ. The Romans called such an axe "bipennis."

ἀλλήλων ἐφίκοντο = "they reached each other, i. e. they hit each other."

ἤτοι ὁ μὲν i. e. Peisander.

λείψετέ θην, κ.τ.λ. = "thus, ay thus, in sooth, shall ye leave the barques of the fleet-horsed Danai." θην is *ironical* in *affirmation*, just as it is in *negation* in viii. 448, οὐ μέν θην, κ.τ.λ.

ἐπὶ δενεῖς, supply ἐστέ. The abduction of Helen is evidently re-ferred to in ἄλλης λώβης.

ἣν (λώβην) ἐμὲ λωβήσασθε. Observe that the verb here has *two* accusative cases, one of the insult, and another of the person insulted : with ἦν supply λώβην, and compare Iliad i. 132, ὕστατα λωβήσαιο.

κακαὶ κύνες : the *feminine* adds to the contumely, as in our own language, *used vulgarly*.

Ξεινίου : see Ody. i. 270.

μάψ = ἐμμαπέως = " recklessly."

νῦν αὖτ' = "nunc hanc gratiam rependentes," Clarke, manifestly referring it to the hospitality received by Paris.

οὐδὲ δύνανται = καὶ οἳ οὐ δύνανται.

ἐξ ἔρον εἶναι : see notes on Iliad i. 469.

ἐς Τροίην : see note on Iliad ii. 237.

χρόα χαλκῷ ἐπαύρῃ.   Compare Λ. 573, πάρος χρόα λευκὸν ἐπαυρεῖν.

χαλκήρε' ὀϊστὸν = " the arrow fitted with a bronze head," 650—700.

ἀντικρὺ : observe that the penultima and ultima of this are *long* here:

ὥστε σκώληξ.   This comparison aptly expresses the *writhing* agony of the hero, under his mortal wound.

μετὰ δέ σφι πατὴρ κίε.   Knight and others condemn these four verses, because Pylœmenes, king of the Paphlagonians, was killed before this time according to E. 576.   On this account others would read, μετὰ δ' οὔ σφι πατὴρ κίε.   This is needless; because firstly, the Pylœmenes here mentioned is not identical with the hero of the same name in E. 576; in the present passage the hero is merely βασιλῆος (ver. 643), whereas in the former passage Homer speaks of the "*general* of the Paphlagonians," ἀρχὸς Παφλαγόνων.   Secondly, the term Pylœmenes appears to have been not so much a *name* as a *title*, among the Paphlagonians, or at all events a kind of hereditary kingly appellation, like that of Pharoah or Ptolemy in Egypt, and Arsaces in Parthia, and Cæsar in the Roman empire, Czar in the Russian; hence the same name is applied to different kings or chieftains.

τοῦ . . . . ἀποκταμένοιο χολώθη : *causal* genitive.   Compare Euripides' Alcestes, 3, οὗ δὴ χολωθείς.

ποινὴ = "the price of *blood*;" here in its *first* sense (from φένω, φόνος) it was the fine, or penalty (Lat. pœna) paid by the slayer to the kinsman of the slain, as a *ransom* from all consequences = Old English "were," "were-gelt," or "were-geld."   When personified it became the Goddess of Vengeance.

θωὴν : a fine imposed on those refusing military service.   So Echepolus gave as a fine a beautiful mare, according to Ψ. 296.   The Scholiast explains the word here in a figurative sense, equal to *blame*.

δέμας πυρὸς αἰθομένοιο : see on Iliad Λ. 595.

διὰ τὸ θερμὸν, καὶ τὸ σύντονον, καὶ εὐκίνητων τῶν μαχυμένων : Scholia inedita a Th. Bentleio communicata apud Clarkium.

τοῖος γὰρ = μετὰ γὰρ τοσαύτης προθυμίας.

ὑπ' Ἀργείων . . . . κῦδος Ἀχαιῶν.   On this passage Gladstone observes that, " the nearness of the words, and the place of Ἀχαιοὶ between the twice-used Ἀργεῖοι is highly insipid and un-Homeric, if they are pure equivalents."   He may have meant to say : " Hector had not yet learned that his men were suffering havoc on the left from the Greek troops. But so it was; and the chiefs might now perhaps have won fame, such was the might with which Neptune urged on their forces."   According to Gladstone, 'Αχαιὸs = "the *aristocratic* Greek, superior in *birth*, beauty, intellect, and equipment. And the passage, Iliad iii. 226, τίς τ' ἄρ' ὅδ' ἄλλος 'Αχαιὸs, κ.τ.λ., he translates,

> "Who is the Achæan chieftain
>   So beautiful and tall?
> His shoulders broad surmount the crowd,
>   His head out-tops them all."

ἄμυνεν = ἐπεκούρει.

ἔχεν: intransitive = "stayed."

αὐτοί τε καὶ ἵπποι: the latter word = ἱπποκορυσταὶ = "those who fought on foot and from chariots."

'Ιάονες: the Athenians; so called from Javan, son of Japet, who (Gen. x.) is said to have peopled with his brethren, the isles of the Gentiles.

Φθίοι: these were the troops of Protesilaus and Philoctetes, and *not* the troops of Achilles, which were called *Phthiotes.*

οἱ μὲν 'Αθηναίων προλελεγμένοι = "those were the chosen (champions) of the Athenians," namely, Menestheus, Phidas, Stichius, and Bias, of whom Menestheus took the lead. The poet first names the nations, then their chieftains.

700—750. τιταίνετον. The indicative mood is used in comparisons, when the object of comparison is to be expressed as a *real fact.*

ἀμφὶ πρυμνοῖσι κεράεσσι = ἀμφὶ ταῖς ῥίζαις τῶν κεράτων.

ὦλκα: poetical = prose form αὔλακα. See Odyss. σ. 375.

τέμει: supply τὸ ἄροτρον from ver. 705, and not ζυγὸν. The old reading, τέμνει, is against the *metre.* Brandreth has proposed τάμεσθαι, from I. 576.

ὁππότε . . . , ἵκοιτο. The optative here expresses indefinite frequency = "as often as it *might* visit."

ἐϋστρόφῳ οἰὸς ἀώτῳ = "the sling:" see ver. 599.

οἱ μὲν πρόσθε, κ.τ.λ. This manœuvre has been compared with that by which William the Conqueror won the Battle of Hastings, 1066. In this passage, by οἱ μὲν πρόσθε, Homer means the soldiers of Ajax; by οἱ δ' ὄπιθεν, the Locrians, "who shot under covert," βάλλοντες ἐλάνθανον.

ἀμήχανός ἐσσι = ἀμήχανόν ἐστί σε. Observe the change of the impersonal into the personal construction. The Greeks avoided the impersonal construction as tame and formal in various ways; here it is done by separating the noun in the accusative case, from the infinitive, and making it the nominative as the subject of the verb εἶναι, and making the adjective, which with ἐστὶ makes up the verbal notion, agree with it; this is especially the case with δίκαιος, ἄξιος, δυνατὸς, and ἀμήχανος.

αὐτὸς ἑλέσθαι: here αὐτὸς = Lat. "ipse," in the sense of solus, non alius, "alone."

στέφανος πολέμοιο = κύκλος πολέμου. So in Latin, "corona" is used for "turba."

μὴ τὸ χθιζὸν ἀποστήσωνται, κ.τ.λ. = "lest the Achæans should quickly repay us the debt of yesterday," This is the interpretation of Barnes. Hesychius, Eustathius, and others read ἀποτίσωνται, which is against the *metre.* The verb ἱστάναι is used of the *balance,* and ἀφιστάναι is "to *weigh fully* out," and so, "to repay."

ἀνήρ, i. e. Achilles.

750—800. ὄρεϊ νιφόεντι ἐοικώς: so Virgil, Æn. xii. 703, "gaudetque nivali vertice se attollens pater Apenninus ad auras." Compare also Scott's Lady of the Lake,

> " As *wreath of snow* on mountain breast,
> *Slides from the* rock that gave it rest,
> Poor Ellen glided from her stay,
> And at the monarch's feet she lay."

We are inclined to take Brandreth's interpretation of this passage, who says, " monti nivoso similis, id est, nivis *moli* a monte *cadenti.*" This comparison of Hector's descending impetuosity to an *avalanche* is further borne out by the expression κεκληγώs, as we are told by those who have witnessed the fall of the avalanche, that it makes mountain and valley tremble, and is accompanied by a *noise like thunder.* Newman strangely translates the passage, " then as a *raging bird* onward the hero darted, With piercing scream;" and adds, in a note, " The Greek, instead of ' *raging* bird,' has ' snowy mountain,' which I cannot believe Homer said. I have imagined orëi niphoënti to be a corruption of orneoi thuonti." This conjecture certainly finds some warranty in the verb πέτετ'.

Δύσπαρι, κ.τ.λ. See on Iliad iii. 39.

νῦν ὤλετο πᾶσα, κ.τ.λ. So Virgil, Æn. ii. 240, "ruit alta a culmine Troja."

κατ' ἄκρης = ἀπ' ἀκροτάτης κορύφης. So κατακρῆθεν, Iliad ii. 548.

σῶς = σάος, " safe," and so " *certain.*"

δή ποτε = Lat. " quondam nescio quando," " on some other occasion, I care not when."

ἀμοιβοὶ: explained by Eustathius as πολέμου διάδοχοι, fresh troops to relieve the wounded or fatigued.

800—835. Διὸς μάστιγι: see on Iliad M. 37.

σοὶ δ' αὐτῷ, κ.τ.λ. = " Yea to thyself, I say, the time is near when thou shalt quickly make thy vows to Father Zeus and other deathless gods." With σχεδὸν supply καιρὸν, and observe the force of immediateness in the aorist, ἀρήσῃ.

πεδίοιο: genitive of the space over which the *motion* passes; peculiar to Epic.

δεξιὸς = " on the right hand," its figurative sense, " lucky," is *post-Homeric.*

βουγάϊε: see Odyssey, σ. 79. According to Hesychius, from γαίω = " to boast." βου, of course, is *intensive.*

ὡς .... φέρει. The particle ὡς is used in wishes followed by protestations, as in Latin: " Ita me Dii ament, ut ego haud lætor," Terence, in Heautontimorumenos.

χρόα λειριόεντα = " lily-white skin," soft and effeminate, probably in contempt, as Shakespear's "lily-livered."

κορέεις: Ionic future of κορέννυμι = "thou thyself shalt glut."

δημῷ = " fat," from δημός; but δήμῳ, from δῆμος = " district."

Διὸς αὐγὰς = " τὸν οὐρανόν. So Pindar has, Olym. iii., αὐγαῖς ἀλίου. Lucretius, " dias luminis auras," and Virgil, " auras ætherias," Geor. ii. 291. Barnes conjectured αὐλὰς, from Odyss. δ. 74, but the word does not occur in the plural *in Homer.*

BOOK XIV.

SUMMARY.—Agamemnon and the other wounded chiefs visit the battle with Nestor. Herè, having borrowed the cestus of Venus, first obtains the aid of Sleep, and then hastens to Ida to inveigle Zeus. She prevails, Zeus sleeps, and Neptune seizes the opportunity to aid the Trojans.

1—50. θερμὰ λοετρὰ—θερμήνῃ : *proleptic*, see ζ 261, μένος μέγα ἀέξει. In the former passage the adjective θερμὰ is applied to the substantive, though the property expressed by it does not exist until after the *action* of the verb is *completed*. Compare Virgil's "age diversos."

περιωπὴν = τόπον ὑψηλόν, ἐξ οὗ περιωπίσασθαι καὶ περιβλέψαι ἔστι πάντα, Scholiast.

τετυγμένον = εὔτυκτον, as in Latin, "factus" = "affabre factus" = French, "travaillé" = English, "wrought," for "well-wrought."

ἐρέριπτο : from ἐρείπω, Attic ἐρήριπτο.

κύματι κωφῷ = "with *noiseless* wave." So Ovid (Epist. xviii) has "surdi fluctus." Compare with the entire passage,

> "Sicut aquæ tremulum labris ubi lumen ahenis
> Sole repercussum, aut radiantis imagine lunæ,
> Omnia pervolitat latè loca, jamque per auras
> Erigitur, summique ferit laquearia tecti."—Æn. viii. 22.

ὀσσόμενον = "having a presentiment of." Compare Virgil, Æn. x. 97,—

> "ceu flamina prima
> Cùm deprensa fremunt sylvis, et *cæca* volutant
> Murmura, venturos nautis *prodentia* ventos."

ανέμων κέλευθα = Virgil's "venturos ventos."

ὥρμαινε : supply ὁρμήματα, the cognate accusative of the cognate substantive. The imperfect denotes the *continuance* of the action.

νῆες, i. e., of Diomede, Ulysses, and Agamemnon; between the first ships (πρῶται), greatly advanced towards the plain, and the greater number ranged along shore (αἰγιαλὸς), were the places for the assemblies, the division of the booty and the provisions, &c.

προκρόσσας ἔρυσαν = "with hulls alternate placed, poop before poop, they drew them," Newman. According to Fäsi πρόκροσσας = κλιμακηδὸν.

ἄκραι. The two promontories were Rheteium and Sigæum. The coast lying between is low and sandy, and peculiarly fitted for drawing ships to land : a thousand ships seem to have occupied five miles of a space along this coast, and there appears to have been three rows of them : the breadth of the camp seems to have been about five hundred paces.

ὀψείοντες ἀϋτῆς καὶ πολέμοιο = "*fain* to see the onset and the battle," Newman. Payne Knight rejects ὀψείοντες as un-Homeric. Brandreth would read ὀψ᾽ ἀΐοντες = "hearing, though late." The ending of Greek desideratives in ειω = Lat. ending in "urio." The genitive case here is *partitive*.

πτῆξε δὲ θυμὸν = "*made to quail* the heart." Here, contrary to general usage, the verb is *transitive*. Ernesti would read θυμὸς, and make it (the verb) *intransitive*, as usual.

50—100. οὐδ' ἐθέλουσι = regular participial form of μὴ ἐθέλοντες.

ἐτοῖμα τετεύχαται: compare Odyssey, Θ. 384, ἠδ' ἄρ' ἐτοῖμα τέτυκτο.

παρατεκτήναιτο = "could transform," literally = "could build *other wise* or *in another form*."

κατερήριπεν, 2 perf., with intransitive sense from κατερείπω.

νωλεμές : this is the only case in which Homer does not join αἰεὶ with νωλέμες ; the latter word is not an adjective for the adverb, because we nowhere find an adjective νωλεμής.

οὐδ' ἄν γνοίης = "and thou couldest not *possibly* know." Observe how ἄν here, as elsewhere, strengthens the *negation*.

οὕτω που = "thus, methinks."

νωνύμνους : Epic = νωνύμους, as ἀπάλαμνος for ἀπάλαμος.

ἀπ' Ἄργεος = "*far away* from Argolis" (prepositional adverb = ἄποθεν).

ἤδεα = ἤδειν, pluperfect = "I had known" (that such evils would happen to us). Observe that κυδάνει is here transitive.

ἀλλ' ἄγεθ' : see on Iliad i. 32.

ὅσαι πρῶται : "*Primas* hîc dicit à parte *maris; nempe mari maximè propinquas. Primas* antea (ver. 31) dixerat a parte Terræ; nempe a *mari* maximè *remotas*," Clarke.

πάσας = ταύτας πάσας (ἀπάσας, in ver. 79).

ὕψε δ' ἐπ' ἐννάων ὁρμίσσομεν = "let us at once ride at anchor in *deep water*" (literally, *above* the land). εὐναί : stones used as anchors, literally = "*sleepers*." Compare Odyss. Δ. 785, and Apollon. Rhod. ii. 1282, ὑψόθι νῆ' ἐκέλευσεν ἐπ' εὐναίῃσιν ἐρύσσαι.

ἀβρότη = ἀμβροσίη (Iliad ii. 57) = either "the gift of the gods," divine, or = "undying," referring to the *endless* succession of nights, or = καθ' ἣν βροτοὶ οὐ φοιτῶσιν. Compare "the night cometh when *no man* can work."

ἣν καὶ τῇ = "if even in that (night):" here καὶ is *emphatic*, and not destitute of meaning, according to Ernesti.

ἀνὰ νύκτα = νύκτος (accusative of extension or duration of time).

προφύγῃ = "anticipate by flight."

βέλτερον ὃς φεύγων, κ.τ.λ. = βέλτερον φεύγοντα προφυγεῖν κακόν ἠὲ ἁλῶναι. Compare Iliad ii. 274.

οὐλύμενε : see on Iliad i. 2.

100—150. καθίκεο θυμὸν : accusative of *closer* definition = "thou hast visited my soul," or more literally, "thou hast *come down upon* my soul." Heyne rightly considers it a metaphor from the charioteer bringing the *lash down upon* his horses. Compare καθάπτεσθαι, ἐπιμαίεσθαι, and Horace's "verbera linguæ." Shakespeare has (King John, act ii. sc. 2),

> "He gives the bastinado with his tongue.
>   Our ears are *cudgeled*; not a word of his
>   But *buffets* better than a *fist* of France:
>   Zounds ! I was never so *bethumped* with words."

ἐμοὶ δέ κεν ἀσμένῳ εἴη = "to me it would be a delight." Compare Æschylus Prom., ἀσμένῳ δέ σοι ἡ ποικιλείμων νὺξ ἀποκρύψει φάος, and Tacitus, Agricola, "quibus bellum *volentibus* erat."

ἐγγὺς ἀνήρ : elliptical : supply ὃς ἀμείνονα μῆτιν ἐνίψει.

ὁ μὲν, i. e. Œneus.

αὐτόθι : in Calydon.

νάσθη = "was *made* to dwell." The *active* form of this verb is found in Od. iv. 174.

πρόβατα : Scholiast, πάντα τὰ τετράποδα, διὰ τὸ ἑτέραν βάσιν ἔχειν πρὸ τῆς ὀπισθίας.

μέλλετ᾽ ἀκουέμεν = ταῦτα εἰκὸς ὑμᾶς ἀκηκοέναι, Scholiast.

ἐχώμεθα = ἀπεχώμεθα, Scholiast, the simple for the compound verb, common in poetry.

ἦρα φέροντες : see on Iliad i. 572.

ἐνήσομεν : supply εἰς δηϊοτῆτα.

ἦρχε σφιν. This is the *local* dative = "*among* them," "*over* them," would require the *genitive* case.

ἄναξ ἀνδρῶν. Gladstone's view of this title is equally original and well-sustained ; we subjoin his results. The title is very frequently applied to Agamemnon, but is also applied to Anchises, Æneas, Augeias, Euphetes, and Eumelus. The term is scarcely ever subjected to *inflexion*, or to *tmesis ;* it occurs fifty-six times in the *nominative singular*, and never in any *other* form. Its commanding place in the sentence implies a reverence for it, and its use bears some analogy to the term, "your majesty," as used by British ministers in addressing the sovereign, founded on the prevailing usage of addressing among ourselves the very highest ranks, and in some languages all persons of consideration in the *third* rather than the *second person*. The *patriarchal* character of the title may be inferred from the fact that it *disappeared* with Homer. The title always implies, 1. Descent from *Zeus* ab antiquo. 2. The tenure of a sovereignty. either paramount or secondary, and either in whole, or like Æneas, by devolution in part, over some given place and tribe. 3. That his family must have held this sovereignty continuously from the time of the primary ancestor. 4. The headship of a ruling tribe or house of the original Hellenic stock, and must be connected with marks of the presence of Hellenic settlement. See Gladstone's Studies on Homer, vol. i. p. 531, 543, and 544.

παλαιῷ φωτὶ ἐοικώς. Compare Odyss. Θ. 194, ἀνδρὶ δέμας εἰκυῖα.

δερκυμένῳ : observe the dative here, although 'Αχιλλῆος had gone before. A similar anacolouthon is found in Iliad x. 187, τῶν νήδυμος ὕπνος—φυλασσομένοισι.

σιφλώσειε = ἀφανίσειεν : the aorist is used to express *immediateness*, and to harmonise with ἀπόλοιτο.

οὔπω μάλα . . . . κοτέουσιν. Compare Virgil, Æn. i. 387, "haud, credo, *invisus* cœlestibus auras vitales carpis."

πεδίοιο : genitive of the *place*, over which the *motion* passes.

'Ενοσίχθων = "the land-shaking" ruler, i. e., Neptune. This term (according to Gladstone) is used by Homer forty times, and only once out of the nominative. διογενὴς is used in the nominative and vocative only, and κύδιστος is used sixteen times, and in the vocative alone. The feminine form, however, is found in the nominative, but only in two passages (one of them with a rival reading) applied to Minerva. Εὐρυκρείων is found twelve times, and only in the *nominative*.

150—200. 'Αχαιοῖσι. According to Gladstone (vol. i. p. 403, Homeric

Studies) the name Ἀχαιοί is employed from seven to eight hundred times in the *plural*, besides thirty-two places in the *singular*, or in its derivatives, Ἀχαιΐς or Ἀχαιϊκός. Homer uses with this word Ἀχαιοί, and with this word only, epithets indicating firstly, high *spirit*, secondly, *personal* beauty, and thirdly, finished armour, showing that the Achæans was properly the ruling class, or aristocracy of the heroic age. It is remarkable that Homer applies the highly complimentary epithet δῖοι to the Achæans and *never* to the Danaans or Argives. By Danaans, Gladstone would understand = "the soldiery," and by Argives = "the masses," by Achæans = "the chiefs."

ἐξαπάφοιτο = ἐξαπατήσειεν, Scholiast.

ἀνῷγεν = "was *wont* to open." The custom or habit is denoted by the *imperfect* tense.

σταθμοῖσιν = "postibus," Latin.

ἐπῆρσε = ἐφήρμοσεν, Scholiast, from ἐπάρω.

λύματα : see on Iliad i. 314.

ἀλείψατο = "anointed *herself*." Observe the force of the middle voice.

λίπ᾽ ἐλαίῳ : see on Iliad x. 577.

ἐδανῷ. Büttmann regards this as a more expressive and higher meaning of ἐός or ἑός, "good," which may be compared with οὐτιδανός.

πλοκάμους ἀμβροσίους. Compare Virgil i. 408, "Ambrosiæque comæ divinum vertice odorem spiravere."

ἀμβρόσιον ἑανόν : see on Iliad iii. 385.

ἀμφὶ δ᾽ ἄρ᾽ = "all around." See on Iliad i. 96.

ἔξυσ᾽ ἀσκήσασα : Scholiast renders by λεπτὸν εἰργάσατο. Dr. Kennedy thinks the allusion is to some kind of *calendering* or *glazing*, by means of which a *fine* and shining appearance was given to clothes. Compare also Virgil's "tonsis mantilia villis." The verb, ξύω "to *scrape*," here probably refers to the process of *picking*, so called, by which weavers *pick* or *scratch* out any *lumps* or inequalities on the surface of the cloth woven.

τίθει δ᾽ ἐνὶ = ἐντιθεῖσα.

ζώσατο ζώνην = "she girded on her girdle." Observe the force of the middle voice. The expression is *cognate*, as above (in 176), πλοκάμους ἔπλεξε : a construction very common in Greek, and full of poetry, clearness, and energy.

ἐν δ᾽ ἄρα ἔρματα, κ.τ.λ. Heyne proposes to read ἐν δ᾽ τ᾽ ἄρ᾽ ἔρματ᾽ ἐνῆκεν : whatever is really the reading, one thing is almost certain, that this emendation of Heyne cannot be the reading, as Homer never *doubles the preposition.*

ἔρματα = post-Homeric ἐνώτια = "ear-rings." From Genesis we learn that these ornaments were early known.

τρίγληνα = τρίκοκκα = "pendants with three drops," according to Heyne = "very precious," according to others, but = "three-eyed," according to Newman.

μορόεντα = "elaborately wrought," Hesychius. Brandreth proposes, and most happily, ἱμερόεντα.

αὔδα ὅτι φρονέεις. Compare Virgil, Æn. i. 76,

> "tuus, o regina, quid optes
> Explorare labor : mihi jussa capessere fas est."

G 3

εἰ τετελεσμένον ἐστί: the participle for the gerund, according to Hesychius, τὸ τελεσθῆναι πεφυκὸς καὶ δυνάμενον. Compare Sallust (Jugurthine War), "Genus hominum mobile, infidum, neque beneficio, neque metu coercendum."

εἰ δύναμαι τελέσαι γε, κ.τ.λ. = "ay, if I can at once accomplish it, and if it is capable of being accomplished."

200—250. Ὠκεανόν τε θεῶν γένεσιν = (the abstract for the concrete) γεννήτορα. So Thales taught that water was the origin of all things, following a perverted form of the Mosaic account of the creation. So Virgil, "Oceanumque patrem rerum," Georg. iv. 382.

δεξάμενοι Ῥείης = "having received me from Rhea:" so in Iliad i. 596, παιδὸς ἐδέξατο. Rhea is the same divinity as the Teutonic Freia, and the Anglo-Saxon Friga, whence our Friday is called.

ἄκριτα = δύσκριτα.

εἰς εὐνὴν ἀνέσαιμι: compare Θ. 291.

ὁμωθῆναι = ὁμόσε ἐλθεῖν.

κεστὸν ἱμάντα. Compare πολυκεστος ἱμάς. Iliad iii. 371, κεστός ἀπὸ τοῦ διὰ τὰς ῥαφὰς κεκεντῆσθαι. According to Brandreth, ἱμὰς girdled the breast, but ζώνη the waist.

ἔπος τ' ἔφατ', κ.τ.λ.: see Iliad i. 361.

τῇ νυν: see on Iliad i. 591.

κόλπῳ = τῷ κατὰ τὸ στῆθος κολπώματι τοῦ πέπλου. So Virgil, Æn. i. 320, "nodoque sinus collecta fluentis."

Ἠμαθίην ἐρατεινήν. Observe that Homer places Emathia, not Macedonia, between Pieria and Chalcidice. The term ἐρατεινὴν (= "lovely") is applied by Homer to mountainous countries, particularly to the picturesque Lacedæmon; it is never applied by him to flat countries.

Θρηκῶν ὄρεα. By the snowy mountains of the Thracians are meant the mountains of the Bisaltæ to the north of Edessa, since the goddess next rests her foot on Mount Athos and the Island of Lemnos.

Ἀθόω: a well-known mountain of Macedonia, visible from the Troad, although distant from it a hundred miles.

Θόαντος. Compare Herodotus vi. 138, αἱ γυναῖκες τοὺς ἅμα Θόαντι ἄνδρας σφετέρους ἀποκτέκνασαι.

κασιγνήτῳ Θανάτοιο. So Virgil, Æn. vi. 278, "Consanguineis Leti sopor."

ἰδέω χάριν = ὀφλήσω χάριν of the Attic period of the language = "I shall owe a debt of gratitude."

ὅτε μὴ = "unless when."

250—350. ἔλεξα = "I laid to rest," or "lulled to slumber," in its first sense; some read ἔθελξα, but without sufficient reason.

καί κέ μ' ἄϊστον, κ.τ.λ. = "and probably would have hurled me to destruction from the clear bright air (of heaven) into the deep (of ocean)." Observe that ἄϊστον is here proleptic.

ἱκόμην = ἱκέτευσα = "went as a suppliant" (ἱκέτης).

ἅζετο γὰρ, μὴ = "for he shrank from." Observe, this verb ἅζομαί is used to express the operation of conscience on the mind of a god: σεβάζομαι, its working on the conscience of man (see Iliad vi. 167).

ἦ φῄς = "num dicis" = "you do not say, do you?" Irony.

Ἡρακλῆος πέρι χώσατο = Ἡρακλῆϊ χωσάμενος ἤρκεσεν.

σὴν κεκλῆσθαι ἄκοιτιν. Compare Virgil, Æn. i. 73,

"Connubio jungam stabili propriamque dicabo."

Χαρίτων μίαν ὁπλοτεράων = "one of the younger Graces." Observe that Homer knew nothing of the subsequent limitation of the number of the Graces to *three*.

ἀάατον Στυγὸς ὕδωρ. Compare Virgil, Æn. xii. 816,

"Adjuro Stygii caput implacabile fontis."

χειρὶ δὲ τῇ ἑτέρῃ, κ.τ.λ. Compare Rev. x. 5, "And the angel which saw stand upon the sea and upon the earth, lifted up his hand to heaven, and *sware* by Him that liveth for ever."

οἱ ἔνερθε θεοί = (ver. 279) ὑποταρτάριοι. Virgil has "sub Tartara tristia mittit," and "manes sub imos."

Λεκτὸν: a promontary of Mount Ida, towards the Ægean sea.

δι᾽ ἠέρος αἰθέρ᾽ ἵκανεν = "went up to the *clear upper* air, through and from the *dense lower* air."

Ὄρνιθι λιγυρῇ ἐναλίγκιος. Compare Virgil, Æn. xii. 862,

"Alitis in parvæ subitò collecta figuram."

ἔρος = post-Homeric, ἔρως = "passion."

στῆ δ᾽ αὐτῆς, κ.τ.λ = "And he stood right in front of her, and thought the word, and gave it utterance." See Iliad i. 361.

τραφερήν = ξηράω, Hesychius. According to others "fostering," from τρέφω: as "almus," in Latin, from "alo."

σιωπῇ = "secretly."

οὐ πώποτε = οὐδὲ πώποτε = "never at any time as yet."

τραπείομεν, from τέρπω = "to delight," *not* from τρέπω = "to turn."

Φοινίκος κούρης = Europe, who is made here the daughter of Phœnix, not as commonly, the daughter of Agenor. This catalogue of the loves of Zeus is inserted, according to Mure, to ridicule the *current* mythology.

Ἥ τέκε μοι Μίνω: see Appendix on Minos.

Διώνυσον .... χάρμα βροτοῖσιν. Virgil has, Æn. i. 738, "lætitiæ Bacchus dator," and Pindar has διώνυσος πολυγαθής. In the Holy Scriptures we have "wine that maketh glad the heart of men."

καί με γλυκὸς, κ.τ.λ. = "and a delicious longing seizes me." See on Iliad iii. 342.

εὖαδεν = "has pleased thee well."

οὐδ᾽ ἂν νῶϊ διαδράκοι Ἥλιός περ = "and it would not be *possible* even for the Sun-god to look through (it, i. e. the cloud) upon us two." Muir well observes, "Not only is the sun assigned a separate personality by the poet, but Apollo is frequently introduced under circumstances incompatible with the character of the Sun-god (Iliad xxiii. 190). The popular explanation, therefore, of the pestilence of the Iliad (i.) as an effect of the burning rays of the midsummer sun, is out of place. Homer has himself confuted it by the epithet νυκτὶ ἐοικώς, applied to the god (i. 47), an illustration to which no rational poet could well have resorted, to figure the influence of the sun. The Dog-star, not the sun, is Homer's agent of pestilential heats."

Τοῖσι δ᾽ ὑπὸ Χθὼν, κ.τ.λ. Clarke and others have seen in this passage, an allegorical representation of the fertilisation of the earth (Juno), by the upper air (Jupiter). As in Virgil, Georg. ii. 324:

"Vere tument terræ, et genitalia semina poscunt,
Tum Pater omnipotens fœcundis imbribus Æther
Conjugis in gremium lætæ descendit, et omnes
Magnus alit, magno commixtus corpore, fœtus."

Milton has finely imitated the whole of this episode in bks. iv. viii. and ix.

ἀτρέμας εὗδε πατήρ. With this *sleep* of Zeus on Mount Ida, and with his *journey* to Æthiopia mentioned by Homer in the first book of the Iliad, compare the expressive words of Elijah to the worshippers of Baal, "Cry aloud, for he is a god! either he is talking, or he is pursuing, or he *is on a journey* : or peradventure he *sleepeth* and must be awakened."

350—450. μαλακὸν περὶ κῶμα κάλυψα = "I have wrapped soft slumber round him." κῶμα = κοίμημα = Lat. "sopor."

παρήπαφεν = "talked him over," seduced.

κλυτὰ φῦλ' ἀνθρώπων = "*shouting* tribes of men." Compare Od. i. 308, κλυτὰ μῆλα, and Soph. Ajax, 375, κλυτοῖς αἰπολίοις.

ὅ κέν οὗτω φησὶ καὶ εὔχεται. This is said of *Hector*, whose name has come down to us as a synonyme of "boaster," or "braggart." The much he talks of himself is very absurd compared with the little he does after all in the exploits of the war. The word "rhodomontade" has a similar origin.

ἀσπίδες ὅσσαι ἄρισται : inverse attraction, as the *substantive* is attracted into the case of the *relative*.

ἐσσάμενοι = "putting on," as the shields were *strapped* by a belt, and were ἀμφίβροτοι and ποδήρεις.

οἰχόμενοι δ' ἐπὶ πάντας = πάντας ἐποιχόμενοι, ἐπιπωλοῦντες.

οὔτε θαλάσσης κῦμα. So Virgil, Georg. iv. 260:

"Tum sonus auditur gravior, tractimque susurrant
Frigidus ut quondam sylvis immurmurat Auster,
Ut mare sollicitum stridet refluentibus undis;
Æstuat ut clausis rapidus fornacibus ignis."

Gladstone (vol. iii. p. 424) well remarks, "Mr. Ruskin most justly tells us, with reference to the sea, that *he* (Homer) cuts off from the material object the sense of something living, and fashions it into a great abstract image of a sea-power (Modern Painters, part iv. p. 174). Yet it is not, I think, quite true that the poet leaves in the watery mass no element of life. On the contrary, I should say the key to his whole treatment of external nature is to be found in this one proposition,— wheresoever we look for figure he looks for life. His waves (as well as his fire), when they are stirred, shout, in the very word (ἰάχειν) that he gives to the assembly of the Achæans; when they break into foam they put on the plume of the warrior's helmet (κορύσσεσθαι); when their lord drives over them they open wide for joy (γηθοσύνῃ δὲ θάλασσα διίστατο, Iliad xiii. 29); and when he strides upon the field of battle, they, too, boil upon the shore, in an irrepressible sympathy with his effort and emotion."

δρυσὶν ὑψικόμοισιν. Virgil has "posuitque comas;" Horace has "arboribusque comæ;" and Moore (in the Light of the Harem) has,

"Our rocks are rough, but smiling there
The acacia waves her *yellow* hair."

And Milton speaks of "golden-*tressed* trees."

στρόμβον δ᾽ ὡς ἔσσευε, κ.τ.λ. Compare Virgil, Æn. vii. 378, "ceu quondam *torto volitans* sub verbere *turbo*."

ὑπὸ πληγῆς πατρός. Compare Virgil, v. 447, "graviterque ad terram pondere vasto Concidit ut quondam, cava concidit aut Erymantho, aut Ida in magnâ, radicibus eruta pinus."

ἔκβαλεν = "let fall."

ἐάφθη: see Iliad xiii. 543. Brandreth would read ἀνήφθη.

θεείου = "brimstone."

εὖ = ἕο = οὖ.

ἀκήδεσεν = "neglected."

εὐῤῥεῖος = "rapidly flowing" = ἀγάῤῥοος, so εὐάνεμος = "exposed to a *violent* wind." The εὖ being in this case an *intensive* particle.

πλῆτο = ἐπλῆτο : imperfect passive Ionic from πλάω, contracted from πελάω. Compare ver. 435.

βέλος = "the anguish of the wound caused by the dart." The *cause* put for the *effect*.

450—520. ἄχος . . . . εὐξαμένοιο: the *objective* or attributive genitive case, "grief for him that had cried aloud."

αὐτῷ σκηπτόμενον = "making that (dart) a staff," he will journey down to Hades.

λικριφὶς ἀΐξας = "having sprung aside." See Odyssey i. 451.

κόμισε = κόμισε χροΐ (456). δόρυ φαεινόν understood.

τῷ γάρ ῥα θεοί, κ.τ.λ. "for *just on* that account the gods designed their destruction." Compare 1 Samuel ii. 25, "Notwithstanding they hearkened not unto the voice of their father, *because the Lord would slay them*."

οὐ μέν μοι κακὸς εἴδεται, κ.τ.λ. = "Not assuredly does he seem to me to be a coward, nor sprung from cowards."

ἦ ῥ᾽, εὖ γιγνώσκων = ὡς ἔφατο, καὶ περ εὖ γιγνώσκων. Compare φ. 361, φῆ πυρὶ καιόμενος.

θυμόν : the accusative of closer definition.

ὃ δ᾽ ὕφελκε, i. e. Promachos withdrew Archilochus.

Ἀργεῖοι ἰόμωροι. Gladstone (Homeric Studies, vol. i. p. 356) observes "For I must follow those who do not translate ἰόμωροι as corresponding with ἐγχεσίμωροι, 1, because the Greeks were *not archers* ; 2, because the derivation from ἴα = "the voice," giving the sense of the braggart, harmonises exactly with the accompanying phrase ἀπειλάων ἀκόρητοι, as well as 3, for the presumptive, but in Homer by no means conclusive reason, that ἴον in composition is *long*."

οὔ θην οἵοισί γε, κ.τ.λ. = "Ay, assuredly, we shall have toil and sorrow, but the time shall come when you too shall thus be stricken down in death. Consider," &c.

κτῆσιν ὄπασσε : Pausanius says, "Ἑρμῆς μάλιστα δοκεῖ θεῶν ἐφορᾶν καὶ αὔξειν ποίμνας.

ὀφθαλμοῖο διαπρό = "through the eye, and outwards." Compare διὰ ὤμου ἦλθεν ἔγχος = "through the shoulder and outward went the lance," and also διὰ Σκαιῶν = "through and out of the Scæan gate."

ἀπήραξε δὲ χαμᾶζε : Virgil, Æn. ix. 771 ; "huic uno dejectum cominus ictu Cum galeâ longe jacuit caput."

ἀνδράγρια = σκῦλα ἠγρευμένα παρὰ ἀνδρῶν.

ἔσπετε. Compare Virgil's Æn. ix. 525 :

> " Vos, o Calliope, precor aspirate canenti ;
> Quas ibi tum ferro strages, quæ funera Turnus
> Ediderat, quem quisque virûm demiserit oves ;
> Et mecum ingentes oras evolvite belli."

'Ατρείδης : Menelaus, as Agamemnon had retired wounded from the battle.

ἀνδρῶν τρεσσάντων. Compare Virgil, Æn. iv. 522, " Nox erat—quum volvuntur."

φόβον = "*flight*," not *fear*.

ψυχὴ δὲ, κ.τ.λ. Compare Virgil, Æn. x. 486 :

> " Una eademque viâ sanguisque animusque sequuntur."

BOOK XV.

SUMMARY.—The Greeks drive the Trojans from the lines. Jupiter, waking on Ida, reproaches Juno, and orders Neptune from the field of battle. He then decrees that the Greeks shall be routed until danger threatens the quarters of Achilles, who will then send Patroclus into action. After slaying Sarpedon, Patroclus will himself fall under Hector. Achilles will avenge his friend's death. But no relief can be granted, until the wrath of Achilles be satiated, as promised to Thetis, and confirmed by the nod of Jupiter's head. Mars, informed of the death of his son Ascalaphus, arms for vengeance, but is restrained by Minerva from his disobedience. Jupiter then dispatches Apollo to restore the disabled Hector, and complete the rout of the Greeks suspended by the interference of Neptune. They are again driven back with great loss to their lines. Patroclus, alarmed for the safety of the camp, returns from the tent of Eurypylus to that of Achilles, for the purpose of again imploring him to relent. The Trojans surmount the rampart; and Hector, seizing the ship which had brought Protesilaus to Troy, but which never restored him to his native land," and rejoicing in the glorious change of the late timid line of Trojan tactics, orders his troops to advance with torches, and set fire to the fleet.

1—100. εἶαθ = ἧντο.

κῆρ ἀπινύσσων = "fainting in heart." πινυτός = "sage ;" hence πινύσσειν τινά = "to bring one to his senses ;" and on the contrary, ἀπινύσσειν = "to disturb in spirit."

ἀμήχανε = "unmanageable one."

οὐ μὰν οἶδ' = "haud scio an" = "I do not know whether," or, in familiar English, "I have a great mind to."

ἐκρέμω = "you hung."

ὀδύνη 'Ηρακλῆος : the objective genitive = "grief for Heracles."

ἦ οὐ μέμνῃ, ὅτε : elliptical, supply τοῦ χρόνου after verbs of remembering.

ὄφρα ἴδῃς, ἤν = ἐὰν (not εἰ), is used, as something is expected, which is as yet untried.

ἴστω νῦν τόδε Γαῖα, κ.τ.λ. Compare Æn. xii. 176 :

> " Esto nunc Sol testis, et hæ mihi Terra precanti ; "

and Isaiah i. 2, " Hear, O heavens ; and give ear, O earth."

νῶίτερον λέχος αὐτῶν. Observe the addition of the genitive αὐτῶν to the possessive pronoun to give *emphasis*, and compare Herod. vi. 97, ἐπὶ τὰ ὑμέτερα αὐτέων. With the *sense*, compare Virgil, Æn. iv. 316 :

" Per connubia nostra, per inceptos Hymenæos,
  Si benè quid de te merui."

ὀμόσαιμι—μὴ . . . . σημαίνει. Observe that in *oaths* μή is sometimes used with the *indicative*, in place of the positive negation οὐ, as the negation is conceived as *dependent* on *the oath*, and the determination resulting therefrom in the mind = " as surely as there is a god, I am determined not," or it may be referred to the knowledge of the god who is thus invoked as a witness.

παραμυθησαίμην = " I wish I could persuade."

τῷ κε Ποσειδάων γε = " ay, since he is only Neptune."

μετὰ σὸν καὶ ἐμὸν κῆρ = " according to the desire of thy heart and my heart."

τὰ ἅ = τὰ ἕα = " his own."

Ἰλιόφι. This is Bentley's emendation of the common reading Ἰλίου, which, to suit the metre, should lengthen the iota.

μετὰ δέ = " but among the number of these."

ὅταν ἀίξη : the subjunctives here denote *indefinite frequency.*

νόος ἀνέρος, κ.τ.λ. Compare Cowper (Lines on Alexander Selkirk),

" How fleet is a glance of the mind !
    Compared with the speed of its flight,
  The tempest itself lags behind,
    And the swift-winged arrows of light.
  When I think of my own native land,
    In a moment I seem to be there ;
  But, alas, recollection at hand,
    Soon hurries me back to despair."

Milton has,

" the speed of gods
Time counts not, though with swiftest minutes winged."

δεικανόωντο = " continued to extend to her their hands (with the cups) :" intensive and frequentative form of δεικνύμι.

ἔνθ᾽ εἴην ἢ ἔνθα = 1. " huc iret, an huc," the optative from εἶμι, according to Brandreth : 2, = " in such a place was I, and such," Newman. 3, = " utinam illic essem, vel illic !" according to Voss. But according to Thiersch, εἴην is the Æolic infinitive of ἰέναι.

Θέμιστι. The dative of advantage is especially joined to δέχομαι : to receive at his hands as a *compliment.* This is called σχῆμα Σικελικόν.

100—200. ἣ δέ γέλασσε χείλεσιν = " but she smiled with her lips." This the ancients called the *Sardonic smile ;* it is opposed to ἡδὺ γελᾶν, the hearty natural smile or laugh of joy.

ἤδη γὰρ νῦν ἔλπομαι = " for even before this I feared (or expected)."

νῦν = Lat. " nunc vero " = " therefore," with μή and the imperative mood.

ἰόντ᾽ = ἰόντα : observe that here the participle is in the accusative case (not the *dative*) after the infinitive mood, as it is understood not referring to the *object of the verb*, but as forming with the infinitive the compound notion cognate to the verb.

Δεῖμον τε Φόβον τε: not the *horses* of Ares as some falsely interpreted it, but the *sons* of Ares: it is the verb κέλετο governs Δεῖμόν τε Φόβον τε and not ζευγνύμεν.

διέφθορας. Here the perfect, like the present, implies the future, but with an emphatical notion of the immediate occurence of the action, and of its continuance, as if it were already done.

οὔατ' ἀκουέμεν, κ.τ.λ. Compare Jeremiah v. 21, "Hear now this, O foolish people, and without understanding; which have eyes and see not; which have ears and hear not."

φυτεῦσαι: compare Odyss. ii. 165, φόνον καὶ κῆρα φυτεύει πάντεσσιν. Ajax, 952, ἡ δεινὴ θεὸς Παλλὰς φυτεύει πῆμα. So in Latin we have "serere discordias," "*peperit* triumphos." So also "breed," and "begetteth," passim in Shakespeare (as in All's Well that ends Well), "And these breed honour."

μάρψει: see Iliad ξ, 257, ῥιπτάζων κατὰ δῶμα θεούς.

ἐῆος: see on Iliad i. 393.

ἴδησθε = εἰσίδησθε: *simple* for the *compound* verb.

βάσκ' ἴθι: see Iliad ii. 8.

μετάγγελος = Lat. "internuncius." Others read μέτ' ἄγγελος.

φραζέσθω: see Iliad i. 361.

ἐκ νεφέων πτῆται νιφὰς, κ.τ.λ. Compare,

> "For mine is the lay that lightly floats,
> And mine are the murmuring, dying notes,
> That *fall as soft as snow* on the sea,
> And melt in the heart as instantly."

μή μ' οὐδὲ, κ.τ.λ. = μή, καὶ κρατερός περ ἐων, οὐ ταλάσσῃ μεῖναι με ἐπιόντα.

ἐπεὶ εὖ φημι. Compare Iliad iv. 293, καί εὖ κράτος ἐστὶ μέγιστον.

αἰθρηγενέος = "born in the clear bright air."

εἰ .... καθέξει = εἰ φησί με καθέξειν παλλομένον = "when the lots were cast," supply τόν κλῆρον. See Herod. iii. 128, παλλομένων δὲ λαγχάνει ἐκ πάντων Βαγαῖοι.

οὐρανὸν ἐν αἰθέρι και νεφέλῃσι = "enveloped in the upper air and in the clouds."

ξυνή. See Iliad i. 193.

ἀκούσονται: verbs of hearing, otherwise governing the dative case, take the genitive in the sense of "*obey*," the person who is heard being considered the *source* from which the object arises.

200—300. στρεπται μέν (observe that μὲν here is the *confirmative* adverb, not the *connective* = μὴν) = "are *scarcely* to be turned." See Iliad vii. 89.

ὅτ' .... εἰδῇ. Observe the *subjunctive* mood of εἰδῇ after ὅτε: so in Latin we have the phrases "memini, quum darem," "vidi, quum proderit," "audivi eum, quum diceret."

ἀνέν ἐμέθεν = "against my will," without my authority, opposed to σὺν ἐμοι = "with my sanction."

ὑπόειξε. This verb exchanges its neuter sense for an equivalent *transitive* sense, and then it takes the accusative of the patient.

ἐπεὶ οὔ κεν, κ.τ.λ. = "(he retreated) since, if he had not, it could not have been accomplished without exertion."

ὄφρ' ἂν .... ἔκωνται. The aorist conjunctive expresses something conceived by the mind as likely to be completed at some future time, and is to be translated into the Latin by futurum exactum, here ἵκωνται = Lat. "*pervenerint.*"

ἀνηκούστησεν. See bk. v. 199.

φασσοφόνῳ = "dove-killer."

ὀλιγηπελέων ="almost breathless." Newman renders it "faint at heart."

ὀλιγοδρανέων = "with puny vigour left." Newman, from δοαίνω and ὀλιγός.

οὐκ ἄιεις, ὅ = οὐκ ἄιεις, ὅτι. "Hearest thou not that."

ἐπεὶ φίλον ἄιον ἦτορ = "nam flabam (i.e. efflabam, exspirabam, agebam) caram animam." Compare Iliad χ. 467, ἀπὸ δὲ ψυχὴν ἐκάπυσσεν. Fäsi. Newman renders this difficult passage pretty much after the same manner as Fäsi, "so near did I gasp forth my tender spirit." Brandreth renders it by "postquàm carum sentirem cor," and observes, "Forsitan αεον, spirarem, vel, αεσεν, dormiret, legendum."

ἀοσσητῆρα = "one who renders assistance without being (commanded) by an oracle, or prophetic voice," from ἄ not, and ὄσση, a prophetic declaration.

ὅς σε πάζος, κ.τ.λ. = "who guards thee, as in time past."

λειανέω = "I will smooth" (the Ionic future, from λεαίνω.)

στατὸς ἵππος: see Iliad vi. 506.

ἠλίβατος = ἠλιτόβατος = δύσβατος = "*inaccessible*," steep.

ὑπὸ ἰαχῆς = "attracted by their shouting."

ἐφάνη—εἰς ὁδόν. Here the verb of rest is considered as signifying the notion of the previous motion implied in it, when the preposition εἰς with the accusative is used instead of ἐν with the dative.

πᾶσι δὲ, κ.τ.λ = "and the soul of all, beside their feet, lay prostrate." Newman. Others explain this as stating the full confidence of the Greeks in their *flight.*

οἷον δ' αὖτ' = οἷον δὴ αὖτε.

ὡς καὶ νῦν, κ.τ.λ. Supply πολλῶν Δαναῶν ὑπὸ γούνατα λύσειν Ἕκτορα.

300—400. πληθὺς .... Ἀχαιῶν = πολλοὶ Ἀχαιοί. Observe the verb is in the *plural*, with this *multitudinous* noun. Compare Livy v. 48, " pars per agros dilapsi, pars urbes petunt protinus."

εἱμένος νεφέλην. Compare Horace, "Nube candentes humeros amictus Augur Apollo."

τόφρα μάλ', κ.τ.λ. Compare Exodus xvii. 11.

κατενῶπα = κατὰ πρόσοψιν. Scholiast.

ἀνάλκιδες (τότε γενόμενοι) ἐφόβηθει: from the effect of the aegis.

πρώτῃ ἐν ὑσμίνῃ = ἐν ταῖς πρωταγωνισταῖς κεδασθείσης ὑσμίνης = " pugnâ per plura loca sparsâ," according to Heyne.

λελάχωσι = "sortiri faciant." Brandreth.

ἐρυσάρματας = ἐρύσαρμάτους: a *metaplasm,* being a change of declension in some of the cases.

ὅσον τ' ἐπὶ = καθ' ὅσον τ' ἐπιγίγνεται, as Iliad κ. 351.

ῥσι: from ἵημι = "to hurl." Supply τὸ δόρυ; and compare Iliad xxii. 432, ὅν τ' (δίσκον) αἰζηὸς ἀφῆκεν ἀνὴρ πειρώμενος ἥβης.

σθένεος πειρώμενος = "testing *his own* strength." (Middle voice.)

προχέοντο: zeugma, as besides doing duty for itself, it does duty for κίε (with Ἀπόλλων.)

νηπιέῃσιν = "in the freaks of childhood."

ἤϊε = ἑκάεργε, ἑκατηβόλε, ἀφήτωρ (Iliad κ. 404), from ἴημι; and so the Scholiast interprets it, τοξικέ παρὰ τὴν ἄφεσιν τῶν βελῶν. Others derive it from ἰάομαι = "to heal:" see Soph. Œdipus Tyrannus. Others, again, derive it from the cry ἰή, ἰή: see Hymn Apoll., ἰηπαιήον' ἀείδειν, v. 501.   Büttman, however, makes ἤϊος a dialectic form of ἠΰς (ἐΰς), "bonus," "præstans," Newman observes that Eïus is clearly a surname of Apollo; its meaning is less certain. Sophocles makes it Jeïus.

Ἄργεΐ περ πολυπύρῳ = "in Greece (southern) all rich in corn." The Scholiast explains by πολυσίτῳ.

τῶν μνῆσαι. Compare Odys. iv. 331, τῶν νῦν μοι μνῆσαι.

καταβήσεται = "is going to dash down." The future indicative is used here, as elsewhere, as the similitude deduced from past experience expresses an occasion will happen in futuro: here, too, the fact is expressed as actually happening in future time.

ἐπιβάντες. Supply αὐτάς, i.e. the ships.

ξυστοῖσι: literally "polished (ξέω) spear shafts. Compare 677, ξυστὸν μέγα: δυωκαιεικοσίπηχυ. ναύμαχα. Herodotus vii. 89, has δόρατα ναύμαχα κολλήεντα: see v. 671, κολλητὸν βλήτροισι.

εἱμένα χαλκῷ = "clad in bronze."

ὣ πεπλήγετο μηρώ = "smote on his thighs" (middle voice).   Compare Jeremiah xxxi. 19, "and after that I was instructed, I smote upon my thigh;" and Ezekiel xxi. 12, "for terrors, by reason of the sword, shall be upon my people: smite, therefore, upon thy thigh."

400—500. οὐκέτι τοι δύναμαι, κ.τ.λ.   Compare Marmion, Canto vi.,

> "No longer Blount the view could bear:—
>   By Heaven and all its saints, I swear,
>   I will not see it lost !
>   Fitz-Eustace, you, with Lady Clare,
>   May bid your beads, and patter prayer,—
>   I gallop to the host."

οὐδέ ποτε ἐδύναντο = ἀλλ' ὅμως οὐκ' ἐδύναντο.

πόδες φέρον. Virgil (Eclog. ix. 1), has "quò te, Mœri pedes?"

στάθμη = "a carpenter's rule;" Lat. "amussis." The Scholiast explains by σχοινίον λεπτὸν.

δόρυ νήϊον = "the plank or beams for (making) a ship."

πάσης σοφίης = παντόιας σοφίας = "all kinds of cunning," (in the old and good sense of "cunning," = skill.

στείνεῖ = "in the strait," or emergency.

νεῶν ἐν ἀγῶνι. Compare ἐν-ῷ ναυστάθμῳ.

ἰοὶ ὠκύμοροι. Virgil has "fatifer arcus," Æn. ix. 631.

ἔνδον ἐόντα = παρ' ἡμῖν ἐπιδημοῦντα.

φαρέτρην. Supply φορῶν, implied by the verb ἔχων, which is here a participial zeugma.

τῇ γὰρ ἔχ', κ.τ.λ. Supply τοὺς ἵππους. Compare Virgil, Æn. ix. 554,

> "in hostes
> Irruit, ut quâ tela videt densissima tendit."

ὃ μὲν πεπόνητο, κ.τ.λ. Heyne interprets by "occupatus erat Clitus in equis regendis."

ὅς οἱ, κ.τ.λ. ὅς = Ζεύς: the construction = ὅς ἔρρηξε νευρὴν ἐν τόξῳ οἱ ἐπερύοντι (τόξον) τῷ, i.e., in Hectorem = "against Hector."

μήδεα κείρε = "lops off the counsels," destroys the plans: so in Latin we have "spem, consilium præcidere."

ὅ τέ μοι = Latin "ut qui mihi."

συνέχευε. Supply βιὸν καὶ ἰούς.

ἀσπουδί = ἄνευ σπουδῆς; and supply φυλασσώμεθα = "let us be on our guard."

βλαφθέντα = "damaged," or "rendered useless."

ὁτέοισιν = οἷστισι, and ὅτινας = οὕστινας.

σόη. Supply ἔσται.

ἀκήρατος = ἀκέρμος, the predicate of the sentence.

500—600. νῦν ἄρκιον. Compare Odyss. X. 65, νῦν ὑμῖν παράκειται, and Herodotus vii. 11, ἀλλὰ ποιέειν ἢ παθέειν προκέεται ἀγών. ἢ ἀπολέσθαι, κ.τ.λ. Compare Soph. Ajax, 479, ἀλλ' ἢ καλῶς ζῆν, ἢ καλῶς τεθνηκέναι τὸν εὐγενῆ χρή.

ἐμβαδὸν = πεζῇ διὰ θαλάσσης πορευόμενοι.

τοῦδε. Supply νοῦ.

στρεύγεσθαι = "ebb away one's life." Compare with the sentiment here expressed, Horace. Sat. I. i. 7: "horæ momento cita mors venit aut victoria læta."

δαμῆναι = "to lie prostrate:" δμηθῆναι = "to be overcome."

ὕπαιθα = ὑπαί = ὑπό.

ὄφρα. The *relative* conjunction ὄφρα is here used for the *demonstrative* conjunction τόφρα.

ὡς σὺ, μάχεσθαι. Observe that Homer uses the infinitive with adjectives, as if a substantive. This was more fully developed in Attic Greek, by the addition of the *article* to the infinitive.

ὅστ' ἀίξῃ. Supply ἐὰν, seldom omitted in Attic prose; sometimes by Herodotus, but frequently by Homer, and the Attic tragedians.

θηρὶ κακὸν, κ.τ.λ. Compare Virgil. Æn. xi. 809 :

"Ac velut ille, priusquam tela inimica sequantur,
Continuo in montes sese avius abdidit altos,
Occiso pastore lupus magnove juvenco,
Conscius audacis facti."

ἐξαίσιον ἀρὴν = "the unrighteous prayer."

τό γὰρ = "wherefore."

μένε .... ἰδέσθαι. Jelf observes that the former sentence expresses the immediate result of the favour of Jove; the latter the consequences of the result.

ὡς ὅτε μαίνηται. In the subjunctive, as the simile is only *conceived*, not considered a *reality*.

600—740. θεσπεσίως ἐφόβηθεν = Virgil's "ingenti trepidare metu."

ἀγγελίης : genitive of the antecedent notion whence the action arises.

οἴχνεσκε = "was wont to go."

ἀρετὰς = "excellencies," or "accomplishments of *body* and mind."

νέφος ἀχλύος ὦσεν = "dispersed the cloud of (battle) mist." Compare Scott's Marmion, Canto vi. (The Battle),

"Aside the shroud of battle cast."

θρώσκων .... ἀμείβεται = ἀμειβόμενος θρώσκει.

ἀμφὶς μένον = χωρὶς ἀλλήλων ἔμενον.

μελάνδετα = · σιδηρόδετα. Compare Hesiod's Opera et Dies, μέλας δ' οὐκ ἔσκε σίδηρος.

κωπήεντα: referring to the *massiveness*, as μελάνδετα referred to the *colour* of the *hilt*.

ἀσφαλὲς: this is the adverbial accusative of the cognate notion.

οὐ μέν τίς σχεδόν ἐστι πόλις (μέν = μήν) = "but truly there is not any city near."

BOOK · 16.

SUMMARY.—Patroclus, by the advice of Nestor, describes to Achilles the rout of the Greeks, and begs permission to put on the hero's armour, and go forth with the Myrmidons to the aid of his country-men. Achilles consents, and enjoins Patroclus to abstain from hostile pursuit: and as he observes the nearer approach of the flames, he becomes urgent with Patroclus and his men to arm and sally forth.

Patroclus accordingly advanced with 2500 Myrmidons, fifty from each of the fifty ships of the hero, to the burning vessel of Protesilaus, where the brunt of the battle still continued. The Trojans are seized with panic, and repulsed. Sarpedon is slain by Patroclus. Apollo is sent by Zeus to rescue the body. Glaucus, though wounded, mounts the wall and defends the corpse of his brother. Patroclus pursues the enemy towards the city, is stunned by Apollo, and killed by Euphorbus and Hector. Automedon, the charioteer of Achilles, with difficulty escapes.

1—100. χέων : verbs of pouring take an *accusative* of the stream, or that which is poured.

ὥστε κρήνη μελάνυδρος. See Iliad, i. 14 ; and compare Spenser's Misopotmos,

> "Who now shall give unto my heavie eyes
> A *well of tears*, that all may *overflow*."

Virgil has " largo humectat *flumine* voltus."

ἠέ τι Μυρμιδόνεσσι, κ.τ.λ. = "An Myrmidonibus aliquid affers an mihi ipsi ?"

δὴ πάντες = "quite all" = "all, without exception." Latin, " cuncti."

ἀκειόμενοι = ἀκεόμενοι = " curantes," vulnera.

σὺ δ' ἀμήχανος ἔπλευ = " but thou hast been and still art hard to deal with."

αἰναρέτη = " Woe attends thy valour !" According to Eustathius = ὁ ἐπὶ κακῷ τὴν ἀρετὴν ἔχων. Compare the similar expressions, αἰνόπαρις, αἰνελένη, αἰνόμορος.

οὐκ ἄρα σοί γε = " ay—not to thee *then*." Compare Virgil's imita-tion, Æn. iv. 365,

> "Nec tibi diva parens generis, nec Dardanus auctor,
> Perfide, sed duris genuit te cautibus horrens
> Caucasus Hyrcanæque admôrunt ubera tigres."

τεύχεα θωρήσσεσθαι : the accusative of *cognate* notion.

ἄλγεα = "the woes" (of war).

ἀλλὰ τὰ μὲν προτετύχθαι ἐάσομεν = Iliad T. 65 = ἀλλὰ τὰ μὲν προτετυγμένα τετύχθαι ἐάσωμεν. Compare the Irish proverb, "Let byegones be byegones."

οὐδ' ἄρα πως ἦν, κ.τ.λ. = "and it was by no means my intention to continue unceasingly in my anger."

ἐκ κεφαλῆς. Compare Iliad Λ. 462, ὅσον κεφαλὴ χάδε φωτός.

πυρὸς αἰθομένοιο = "by means of blazing fire," the *material* genitive.

περιάγνυται = "rings hoarsely around."

κατέχουσι = Lat. "complent," "fill fully."

ἰέναι πάλιν = "return." Infinitive for imperative.

φαός θήῃς = "establish the light of *safety*."

νῶϊν δ' ἐκδῦμεν ὄλεθρον, κ.τ.λ. Compare Shakespeare's Henry IV. Part II.,

> "Now let not Nature's hand
> Keep the wild flood confined ! Let order die !
> And let this world no longer be a stage,
> To feed contention in a lingering act ;
> But let one spirit of the first-born Cain
> Reign in all bosoms, that each heart being set
> On bloody courses, the rude scene may end,
> And darkness be the burier of the dead."

100—200. Αἴας δ' οὐκέτ' ἔμιμνε. Virgil has carefully imitated this in Æn. ix. 806,

> "Ergo nec clypeo juvenis subsistere tantùm,
> Nec dextrâ valet : injectis sic undique telis
> Obruitur. Strepit assiduo cava tempora circùm
> Tinnitu galea, et *saxis solida æra fatiscunt* ;
> *Discussæque jubæ capiti, nec sufficit umbo*
> Ictibus."

δεινὴν καναχὴν ἔχε = δεινὸν ἐκανάχιζε.

κὰπ φάλαρα (compare Λ. 350, καὶ βάλεν .... ἄκρην κὰκ κόρυθα) κατὰ φάλαρα.

ἔμπεδον αἰὲν = ἔμπεδον ἀσφαλὲς αἰεὶ, Iliad O. 683.

πελεμίξαι. Supply τὸ σάκος.

πάντη δὲ, κ.τ.λ. = "but everywhere was evil heaped on evil." Newman.

αἰχμῆς παρὰ καυλὸν ὄπισθεν = "ad caulem post cuspidem." Brandreth.

νὴ δή. Supply δέδοικα.

εἵλετο δ' ἄλκιμα δοῦρε. A very unusual construction ; the *dual* here is considered a *plural*, and is joined with a *singular* verb.

βριθὺ, μέγα, στιβαρὸν "In poetry (especially epic) two or four adjectives, each pair whereof forms one whole notion, or also *three adjectives belonging to one* substantive, follow one another without any conjunction, if they are merely epithets and ornaments of the substantive. The greatest effect is produced by the adjectives being divided into pairs, as the sentence is broken off suddenly, and contrary to our expectation; while, on the other hand, *three* adjectives form a natural and pleasing period." Jelf's Greek Grammar, vol. ii. p. 400.

Πηλιάδα μελίην = "an ash, cut on Mount Pelion."

Ἅρπυια Ποδάργη. Newman observes, in a note, that "Homer perhaps conceived of the Harpy as a flying mare. The Harpies, elsewhere, are ravenous monsters, griffins. Harpy there may be translated *rapacious*, but here *Rapid*. The Greek root *harp*, is the Latin *rap;* and in Homer, the cognate roots karp, krap, denote "speed." Some may choose to render it "The Harpy splay-foot bare of yore." See Iliad xix. 400. See Virgil Georg. iii. 271.

ἔπετο = "æquabat sequendo," Virgil Æn. iii. 671.

θώρηξεν = ἄμεινον ἐκόσμησεν.

οὔρεον. See note on Iliad ii. 210.

περὶ φρεσὶν = περὶ κῆρι. See on Iliad i. 317.

μέλαν ὕδωρ = "water *in the shade*," not exposed to the *sun*.

ἄκρον = τὸ ἐξ ἐπιπολῆς = "on the surface."

φόνον αἵματος = φόνον αἱματόεντα.

ἐπὶ κλήϊσιν = "at the rower's benches."

τὸν ἔτικτε χορῷ. Müller (Dorians) explains this: "she produced him in the *chorus*—i.e., while she belonged to the ἀγελή of the virgins—before being taken home to the house of her husband."

ἀναφανδὸν ὄπυιε = κατὰ νόμον συνῴκει. And compare Odyssey E. 119: παρ' ἀνδράσιν εὐνάζεσθαι ἀμφαδίην, ἣν τίς τε φίλον, ποιήσετ' ἀκοίτην.

ἑτέρης = δευτέρας: just as Latin "alter" = "secundus."

ἀκάκητα = "good fellow:" Newman. Elsewhere Hermes is called ἐριούνιος, δώτωρ ἐάων = Latin "dator bonorum." Others derive the term from Æacus, a mountain in Arcadia, as Cyllenius from Cyllene.

ἐξάγαγε πρὸ φόωσδε = "in lucem prodidit."

κρατερὸν δ' ἐπὶ μῦθον ἔτελλε. Observe that the copulative δὲ joins together the protasis and apodosis, as if they were *co-ordinate*, which seems to arise from the old idioms of the language, which loved to give an independent character to subordinate clauses. Hence mostly in epic and Herodotus, but very rarely in the more accurate Attic idiom, it is used after a protasis expressive of a relation of time. (Jelf.)

200—300. πάνθ' ὑπὸ μηνιθμόν = κατὰ πάντα τὸν τῆς ὀργῆς χρόνον.

ἄρθεν = ἤρθησαν: from ἄρω = "to fit."

πέφανται—Perf. pass. 3 pres. sing.: from φαίνω.

ἀνέρε θωρήσσοντο. The dual, here or elsewhere, is joined with a plural verb, when the *dual* notion, as not requiring to be distinctly *marked*, is merged in the plural, of which it forms a *modification*.

μέσῳ ἕρκεῖ. According to Heyne, Achilles had in front of his tent, as was usual in the mansions of the ancients, a space of ground enclosed, in the midst of which was erected an altar to the Hercean Zeus.

Ζεῦ ἄνα, κ.τ.λ. Gladstone observes (vol. i. p. 461 of Homeric Age): "Perhaps the most solemn invocation of Jupiter as the great deity of the Greeks, in the whole of the poems, is where Achilles, sending forth Patroclus to battle, prays that glory may be given him. It seems not too much to say upon this remarkable passage, that it shows us, as it were, the nation pitching its first altar upon its arrival in the country. It bears witness that those who brought the worship of Dodonæan Jupiter were Pelasgians, as well as that the spot which they chose for the principal seat of their worship was Dodona. For the appeal of

Achilles on this occasion is evidently the most forcible that he has it in his power to make, and is addressed to the highest source of divine power he knew. It has been debated, but apparently without any conclusive result, what was the site of the Dodona so famous in the after ages of Greece. It seems clear, however, that it was a Dodona to the westward of Pindus, and belonging to Thesprotia or Molossia. But this plainly was not the position of the Dodona we have now before us. For in a passage of the Catalogue Homer distinctly places this Dodona in Thessaly, giving it the same epithet (δυσχείμερος) as Achilles applies to it in Iliad xvi. Gouneus, he says, was followed by the Enienes and Perrhœbi:

οἱ περὶ Δωδώνην δυσχείμερον οἰκί' ἔθεντο,
οἵ τ' ἀμφ' ἱμερτὸν Τιταρήσιον ἔργ' ἐνέμοντο.—Il. ii. 750.

Both the name of Perrhœbi and that of the river Titaresius fix the Dodona of Homer in the north of Thessaly; and the character assigned to the Titaresius, so near Dodona, as a branch of the Styx, 'the mighty adjuration of the Gods' well illustrates the close connection between that river, by which the other deities were to swear, and Jupiter, who was their chief, and was in a certain sense the administrator of justice among them. In the Odyssey, indeed, Ulysses, in his fictitious narrations to Eumæus and Penelope, represents himself as having travelled from Thesprotia to consult the oracle of Jupiter, that was delivered from a lofty oak (Odyssey xvi. 327). But no presumption of nearness can be founded on this passage such as to justify our assuming the existence of a separate Dodona westward to the mountains in the Homeric age; and there was no reason why Ulysses should not represent himself as travelling through the passes of Mount Pindus from the Ambracian Gulf into Thessaly to learn his fate. Nor, upon the other hand, is there any vast difficulty in adopting the supposition which the evidence in the case suggests,—that the oracle of Dodonæan Jupiter may have changed its seat before the historic age. The evidence of Homer places it in Thessaly, and Homer is, as we shall see, corroborated by Hesiod. After them, we hear nothing of a Dodona having its seat in Thessaly, but much of one on the western side of the peninsula. As in later times we find Perrhœbi and Dolopes to the westward of Pindus, whom Homer shows us only in the east, even so in the course of time the oracle may have travelled in the same direction. It is highly improbable, from the manner in which the name is used, that there should have been two Greek Dodonas in the Homeric age. However, the very passage before us indicates that revolution had already laid its hand on this ancient seat of Greek religion; for, though the Dodona of Homer was Pelasgic by its origin, its neighbourhood was now inhabited by a different race—the Selli, or Helli—and these Helli were also the ὑποφῆται, or ministers of the deity. While their rude and filthy habits of life mark them as probably a people of recent arrival, who had not themselves yet emerged from their highland home, and from the struggle with want and difficulty, into civilised life. Still they had begun to encroach upon the Pelasgians, with their inviting possessions and more settled habits, and had acquired, by force or otherwise, the control of the temple, though without obliterating the tradition of its Pelasgic origin. The very fact that the Helli were at the time the ministers of Jupiter, tends to confirm the belief that the Pelasgians were those who originally established it : for how otherwise could the name of the Pelasgic race have found its way into an Hellenic invocation? .... We must not quit this subject without referring to the evidence of Hesiod, which, though second in importance to that of Homer, is before any other literary testimony. He refers twice to Dodona. Neither time does he appear to carry it to the westward. In one passage he connects it immediately with the Pelasgians :

Δωδώνην, φηγόν τε, Πελασγῶν ἕδρανον, ἧκεν.

In the other passage he associates it with the Hellic name, through the medium of the territorial designation of Hellopia :

ἐστί τις Ἑλλοπίη πολυλήϊος ἠδ' εὐλείμων,
ἔνθα τε Δωδώνη τις ἐπ' ἐσχατίῃ πεπόλισται.

Thus, in exact accordance with Homer, he associates Dodona with two, and only two, names of race,—the same two as those with which it is associated in the invocation of Achilles."

ὣς ἔφατ' εὐχόμενος. Compare Virgil, Æn. xi. 794:

"Audiit, et voti Phœbus succedere partem
Mente dedit ; partem volucres dispersit in auras.
Sterneret ut subitâ turbatam morte Camillam,
Annuit oranti ; reducem ut patria alta videret,
Non dedit ; inque Notos vocem vertêre procellæ.

πᾶς πέτεται καὶ ἀμύνει. An instance of σχῆμα καθ' ὅλον καὶ μέρος.
τιθεῖσι. Supply οἱ σφῆκες.
φάλαγγες ἐλπόμενοι. The construction κατὰ σύνεσιν.
καὶ ἀγχέμαχοι θεράποντες = σὺν ἀγχεμάχοις ἑτάροισιν.
ἔφανεν = ἐφάνησαν. The simile turns on the idea implied in φῶς, that of *light* and *safety*. Compare Milton's Paradise Lost, ii. 492: "As when from mountain-tops," &c.
πρώονες = οἱ λόφοι τῶν ὀρῶν.
ὑπερράγη αἰθήρ = τῶν νεφῶν διαρραγέντων ὤφθη ὁ αἰθήρ.
300—400. ἐρωή = ἀνάπαυσις: Lat. "cessatio."
προτροπάδην = Lat. "effusé et sine respectu." English, "indiscriminately."
στέρνον : the accusative of *nearer* definition.
ἔφθη = προέλαβεν.
κασιγνήτοιο χολωθείς : the genitive of the antecedent notion.
πᾶν δ' ὑπεθερμάνθη. See Virgil's Æn. ix. 701 :

"Fixo ferrum in pulmone *tepescit*."

ὡς λύκοι ... σίνται = "lupi *ceu raptores*" (Virgil's Æn. ii. 355).
φόβοιο ... μνήσαντο : verbs of remembering and forgetting govern the genitive, as implying the *antecedent notion*.
λαὸν, οὕς : not ὅν, constructed κατὰ σύνεσιν.
ἵπποι ἄξαντε : the dual is used, as they are conceived, in pairs.
ὡς δ' ὑπὸ λαίλαπι, κ.τ.λ. Compare Virgil's Georgics, i. 322 :

"Sæpe etiam immensum cœlo venit agmen aquarum,
Et fœdam glomerant tempestatem imbribus atris

Collectæ ex alto nubes; ruit arduus æther
Et pluviâ ingenti sata læta boumque labores
Diluit; inplentur fossæ et cava flumina crescunt
Cum sonitu, fervetque fretis spirantibus æquor."

οἱ ... κρίνωσι = " who (be they who they may) decide."

σκολιὰς κρίνωσι θέμιστας = κακῶς κρίνοντες σκολιὰς ποιήσωσι τὰς θέμιστας.

ἐπὶ κὰρ = ἐπὶ κάρα = Lat. " præcipites"—"headlong."

400—500. ὡς ὅτε τις φώς. Observe here the unusual position of τις, which precedes instead of succeeding its noun.

ἱερὸν ἰχθὺν = ἄνετον: Fäsi, "sacred fish."—Newman; who observes, " I cannot be pleased by the interpretation 'a fish of God,'—i.e., huge whales and grampuses are not caught by line and hook, nor sharks by one man sitting on a rock. I think a special kind of fish must be intended."

ἀντιθέοισι Λυκίοισιν (see v. 659). Homer praises the Lycians beyond all the Trojan auxiliaries (see Iliad, xvii. 426) = " the Lycians a match for a God."

αἰδώς, ὦ Λύκιοι: this term αἰδὼς = " self-respect," is applied by Homer to his favourite Lycians alone among the Trojans.

ποῖον τὸν μῦθον ἔειπες; elliptical for ποῖος ἐστὶν ὁ μῦθος ὅν ἔειπες; τὸν βάλε, νείαιραν: the accusative of closer definition.

λῦσε δὲ γυῖα. See on Iliad iii. 438.

ἤριπεν = " is wont to fall." See Iliad ii. 33—36.

οὔρεσι: local dative. See Iliad ii. 210.

κόνιος δεδραγμένος: genitive of the part touched.

ἔρχαται = ἐεργμένοι εἰσί.

500—600. ψυχήν τε καὶ ἔγχεος, κ.τ.λ.: a zeugma. Compare Virgil's Æn. iv. 621: " hanc vocem extremam cum sanguine fundo."

ἀκούειν ἀνέρι κηδομένῳ. This is an unusual construction of the dative for the genitive after ἀκούειν, which is here put for ὑπακούειν, the simple for the compound verb, in Lat. as " audio" for " obedio."

ὑπ' αὐτοῦ = τοῦ ἕλκους.

Δαναῶν κεχολωμένοι: genitive of the antecedent notion; and so also χωόμενος Σαρπηδόνος, a few lines lower.

ἦρχε δ' ἄρα σφιν. Observe the dative case after ἦρχε in Homer. In prose it always governs the genitive case, and in Attic poetry it also generally governs the genitive. Compare ἀρχεύειν τίνι in Homer, but in later Greek τινος. This dative is either the dativus commodi, or the local dative, which, in some cases, is more fully expressed by the local prepositions, εἰς and μετά.

ἀλλ' εἴ: Lat. " o si,"—with a wish.

ἰθὺς Λυκίων = " straight up to the Lycians."

Ἑλλάδι οἰκία ναίων. See Iliad, ii. 210.

600—800. νεκροῦ χωρήσουσι. All verbs of motion may have a genitive case of the part whence the motion begins.

νόος ἠέ περ ἀνδρῶν = οὔπερ ἀνδρῶν.

ἔθειραι: " a head of hair very carefully drest." See Scholiast ad Theocritum Idyll. i. 34.

ἐλεύθερον ἦμαρ = " day of freedom."

ἦμαρ ἀναγκαῖον = " day of destiny," or " the day of slavery." The

H

latter is rather the post-Homeric notion. Compare νόστιμον ἦμασ =
" the day of return."

φθήῃ ἐμῷ ὑπὸ, κ.τ.λ. Here ὀλέσσαι θυμὸν is the consequence of τυπείς,
supply ὥστε, and does not depend on φθήῃ. Newman translates :

" Who knoweth whether Achileus, though child of bright-hair'd Thetis
May earlier, perchance, of life beneath my spear be rieved."

BOOK 17.

SUMMARY.—The death of Euphorbus. Fight over the body of Pa-
troclus. The chariot of Achilles defended by Automedon. Meriones
and Menelaus succeed in carrying off the body of Patroclus, although
the Greeks are completely routed.

1—100. οὐδ' ἔλαθε—Πάτροκλος δαμεὶς = τὸ δαμῆναι Πάτροκλον οὐκ ἔλαθε.
πρωτοτόκος = " giving birth for the *first time :*" but πρωτότοκος =
"*first*-born."
περὶ σθένεῖ = περισσῶς σθενεῖ.
ἀπόνηθ' = ἀπόνητο : from ἀπονίναμαι = " to profit by."
ὄνατο—imperf. mid. from ὄναμαι = " to injure," " abuse."
ρεχθὲν . . . ἔγνω. Hesiod has παθὼν δέ τε νήπιος ἔγνω. Livy has
(Bk. xxii. 39), " Nec eventus modo hoc docet ; stultorum iste magister
est." ἀντίος ἐμεῖο = " fronting me," genitive of position.
τίσεις γνωτὸν ἐμὸν (Brachylogy) = τιμωρίαν δώσεις : or, δίκας τίσεις
ὑπὲρ (περὶ) τοῦ ἐμοῦ ἀδελφου (Ὑπερήνορος).
μυχῷ θαλάμοιο νέοιο. See on Iliad ii. 210. The term " new " shows
that they were recently married.
δειλοῖσι = δειλαίοισι, ἀθλίοις.
κατάπαυμα = " the means of stopping," the " res pro personâ."
αἵματί οἱ δεύοντο, κ.τ.λ. Comparatio Compendiaria. Supply ταῖς
κόμαις τῶν Χαρίτων. The word is not always repeated when the sub-
stantive compared, and that with which it is compared, are the same
word.
ἐσφήκωντο = " were bound by a wasp ;" a golden clasp or hook worn
to fasten the hair, as the little golden grasshopper mentioned by
Thucydides (Bk. i.), as worn by the Athenians ; or = "*collected* into
the shape or form of a *wasp.*" Compare the Irish expression, a " wisp"
of hay, for a wasp-like, tapering heap of hay. See also Virgil's Æn.
iv. 138, and Horace's Carm. ii. 19.
ἰύζουσιν = " they shout ἰοῦ, ἰοῦ." By the same analogy, φεύζω is from
φεῦ, αἰάζω from αἶ αἶ, οἰμώζω from οἴμοι, and ὀτοτύζω from ὀτοτοῖ.
ἀκίχητα = ἀκατάληπτα. Hesychius.
Τρώων . . . Εὔφορβον. In Iliad xvi. 806, he is called a *Dardan.*
Ἕκτορα δ' αἰνὸν ἄχος, κ.τ.λ. See on Iliad iii. 438.
κυλίσθη = " will roll itself upon him." The aorist passive (in a mid.
sense) here expresses a future event that will certainly happen.
100—200. μ' οὔ τις = μοι ὄν τις.
ἐκ θεόφιν = θείᾳ ὁρμῇ = " deo auctore," or " divinitus."

εἴ πως ἐρυσαίμεθα = πειρώμενοι εἴ πως, κ.τ.λ.

ἐντροπαλιζόμενος. See on Iliad vi. 496.

δίωνται. Supply ἐάν.

ἐπισκύνιον = " the eye-brow skin " = τὸ περὶ τὰς ὀφρῦς δέρμα.

συναντήσωνται = "should they engage with." Supply ἐὰν οἴκαδ' ἴμεν. The verb δεῖ is understood.

φαίνεσθαι = " to show oneself " = Lat. "adesse."

αὐτὸν : Sarpedon.

κατ' ὄσσε ἰδὼν = " looking down into his eyes :" seeing him face to face.

καὶ ἀφείλετο νίκην = "and is wont to take to itself the victory."

οἱ πατρὶ φίλῳ = πατρὶ αὐτοῦ.

γηρὰς = "when he grew old :" from γηράναι.

200—300. ἐκ νοστήσαντι. See Iliad xv. 87.

ἰθὺς Δαναῶν = "straight up to the Danai."

βρίσαντες ἔβησαν = "with full weight" (i.e., impetus) "they went." The Scholiast explains, στίφος ποιήσαντες, συνασπίσαντες, εἰς τὸ αὐτὸ πάντες ὁρμήσαντες.

ἐμῇ κεφαλῇ : the dative of advantage.

πολέμοιο νέφος = "the cloud of war." Compare Virgil's Æn. x. 809:

> " Æneas, nubem belli, dùm detonet, omnem
>   Sustinet."

δήμια πίνουσι = " drink at the public cost :" analogus to the γερούσιος οἶνος of Iliad iv. 259. In Homer the kings are represented as having *three* sources of *revenue* : 1. The produce of their demesnes (τεμένη); 2. Fees for judicial decisions (δῶρα); 3. Public banquets (as here) at the public expense. Compare Herodotus vi. 57 : σιτεόμενοι τὰ δημόσια, and see especially Odyssey xi. 184, and Müller's Dorians, vol. ii. p. 109.

αὐτὸς ἴτω = " go of *his own accord :*" "sponte suâ eat."

ὡς δ' ὅτ' ἐπὶ προχοῇσι, κ.τ.λ. Newman translates :

> " As at the mouth, where shoals hem in a Jove-descended river
>   Against the current rage and roar huge billows, and beside them
>   The ridges of the circling beach with splashing surf rebellow."

The river here alluded to is supposed to be the Nile. The exquisite beauty and wonderful power of these lines, which so perfectly echo the sense in their sound, induced Solon and Plato to give up all their attempts at poetry.

ἴθυσεν δὲ διὰ προμάχων = " he went straight on through and out of the champions in front."

Πελασγοῦ φαίδιμος υἱός. Gladstone (vol. i. p. 114) observes : " Homer never calls a single Greek Δαναὸς nor Ἀργεῖος (though in the particular cases of Juno and, of Helen he uses the singular feminine, of which more hereafter), but only Ἀχαιός : and we shall find that this fact is not without its meaning. It is therefore worthy of note, that he uses the term Πελασγὸς in the singular. The chiefs of the Pelasgian ἐπίκουροι at at Troy were Hippothous and Pulæus (Il. ii. 843), who were υἷε δύω Λήθοιο Πελασγοῦ Τευταμίδαο. And again (xvii. 288), "the illustrious son of Lethus the Pelasgian." It seems uncertain, from their place in the Trojan Catalogue, whether these Pelasgians were European or Asiatic, nor is it material to which region they belonged.

ἤρικε = "leaped asunder," was shivered : from ἐρείκω.

παρ' αὐλὸν = "alongside of the *visor*." Some take the αὐλὸς to be that part of the helmet in which the crest was fastened; some take it to be a *metaphor* = "that *pipe-like* stream of blood."

ἐγκέφαλος δέ, κ.τ.λ. Compare Virgil x. 416:

"Ossaque dispergit cerebro permista cruento,"

With ἐγκέφαλος: supply μύελος = "head-marrow" = "brains."

300—400. τῆλ' ἀπὸ Λαρίσης ἐριβώλακος. Gladstone (vol. i. p. 105) observes: "Homer mentions Larissa but twice,—once here, and once in the Catalogue:

'Ιππόθοος δ' ἄγε φῦλα Πελασγῶν ἐγχεσιμώρων
τῶν, οἳ Λάρισαν ἐριβώλακα ναιετάασκον.

The fertility of Larissa tends, as far as it goes, to mark the Pelasgi as a people of cultivators, having settled habits of life. There is some difficulty, however, connected with the particular sign which Homer has employed to distinguish these Pelasgians. 'Hippothous led the Pelasgi: those Pelasgi, I mean, who inhabit productive Larissa.' From this it would appear that in the days of Homer, though there were many Pelasgi in various places, there was but one Larissa. And, accordingly, the name never appears within the Greece of Homer, either in the Catalogue or elsewhere. Yet tradition hands down to us many Larissas, both in Greece and beyond it; and critics hold it to be reasonably presumed, wherever we find a Larissa, that there Pelasgi had been settled. But this name of Larissa apparently was not, and probably could not have been, thus largely employed in Homer's time; for if it had been so, the poet's use of the term Larissa would not have been in this case what he meant it to be,—namely, distinctive. Yet the Pelasgians were, even at that time, apparently falling, or even fallen, into decay. How, then, could they have built many new cities in the subsequent ages? And, except in that way, how could the name Larissa have revived, and acquired its peculiar signification? In six places of the Iliad we hear of a particular part of the city of Troy which was built upon a height, and in which the temple of Apollo was situated (v. 446). This affords us an example of a separate name Πέργαμος, affixed to a separate part of a city, that part apparently being the citadel. In like manner the citadel of Argos (which stood upon an eminence) had, at a later day, a distinct name, which was Larissa, and was said to have been derived from a daughter of Pelasgus, so called. Now, it may have been the general rule to call the citadels of the Pelasgian towns, Larissa. If so, then we can readily understand that, so long as the towns themselves, or rather, it might be, the scattered hamlets, remained, the name of the citadels would be rarely heard; but when the former fell into decay, the solid masonry which the Pelasgi used for walls and for public buildings, but which did not extend to private dwellings, would remain. Thus the citadels would naturally retain their own old name, which had been originally attached to them with reference to their fortifications. This hypothesis will fully account for the absorption of the particular and separate names of towns in the original and common name of their citadels."

Θρέπτρα. See on Iliad iv. 478. See also Genesis xlv. 40; St. Mat. xv. 6.

Πανοπῆϊ: a town of Phocis, on the frontier of Bœòtia.

Ἱπποθόῳ: the dative of advantage.

ὑπὲρ Διὸς αἶσαν = "contrary to the *destined will* of Zeus."

καὶ ὑπερδέα δῆμον ἔχοντας [ὑπερδέα = (by syncope) ὑπερδεέα] = "even though they have but a very scanty body of people." Others explain ὑπερδέα = "inaccessible to, or above the reach of fear."

ἔρχατο = πεφραγμένοι ἦσαν. As Ajax had drawn up the Greeks in a circle around the body of Patroclus.

ἀγχιστῖνοι (*adjective* used for *adverb*) = ἄγχι ἀλλήλων.

Ἠέρι γὰρ κατέχοντο, κ.τ.λ. Virgil's Æn. xi. 610: "fundunt simul undique tela Crebra nivis ritu, cœlumque obtexitur umbrâ."

εὔκηλοι = Lat. "securi" = "without care or anxiety :" adjective for adverb.

πάσης (see Iliad i. 317) = in post-Homeric Greek, ἀπὸ πάσης.

ἐπιοσσομένω θάνατον = "looking on death with the mind's eye." In a previous note it was shown that this verb, ὄσσομαι, relates *to the mind* and *its vision*, not to the *outward eye* or the *outward vision*.

χεῖρές τ' ὀφθαλμοί τε παλάσσετο. This rare construction of the plural substantives, being followed by a verb singular, is called the schema Pindaricum, as it is more generally found in Pindar. It tends to give unity of design to the picture presented to the view by the poet.

ταύροιο βοός: after the analogy of σῦς κάπριος, or κάπρος.

βοείην: supply δοράν.

λαοῖσιν = "men of mettle."

μεθύουσαν = "impregnated with :" Latin, "ebriam."

400—500. τό μιν οὔ ποτε, here τὸ = διὰ τοῦτο = "therefore," "on that account."

ἔλπετο θυμῷ. Thetis had several times told her son Achilles of his premature death, but had not informed him that he was to survive Patroclus.

ἄνευ ἔθεν = "without his aid."

οὔ οἱ ἔειπε κακὸν, κ.τ.λ. Tantumne nefas mens conscia vatum conticuit. . . . Et tot acerba canens (Val. Flacc. iii. 301).

γαῖα μέλαινα πᾶσι χάνοι. Compare Virgil's Æn. iv. 24 :

"Sed mihi vel tellus optem priùs ima dehiscat."

σιδήρειος δ' ὀρυμαγδός. Virgil has (Æn. xii. 283), "et *ferreus* ingruit *imber*." Compare Scott's Marmion, canto vi. 26 :

"Spears shook, and falchions flashed amain,
Fell England's *arrow-flight like rain*."

Gray has, "iron sleet of *arrowy shower*, hurtles in the murky air."

ἵπποι . . . κλαῖον. Pliny tells us (Hist. Nat. viii. 42, 641), "Equi præsagiunt pugnam et *amissos lugent dominos lacrymasque interdum desiderio fundent*." And Virgil has (Æn. xi. 89) :

"Pòst bellator equus, positis insignibus, Æthon,
It lacrymans, guttisque humectat grandibus ora."

ὣς μένον ἀσφαλέως = "thus they remained immovable." Compare Lord Macaulay's Lays of Ancient Rome, Battle of the Lake Regillus, canto xxx. :

"But, like a graven image, black Anster kept his place,
And ever wistfully he look'd into his master's face."

And Glover's Leonidas (bk. ix.) :

"as a marble form,
Fix'd on the solemn sepulchre, inclines
The silent head in imitated woe
O'er some dead hero whom his country loved :
Entranced by anguish, o'er the breathless clay
So hung the princess."

ζεύγλης. There were two of these collars connected by cross-beams through which the heads of the animals were put.

οὐ μὲν γάρ τί πού, κ.τ.λ. So Job, chap. vii. : "Man is born to trouble as the sparks fly upwards." Herodotus, i. 32 : πᾶν ἐστιν ἄνθρωπος συμφορή. Tennyson has (Lotus-Eaters):

"Why are we weighed upon with heaviness,
And utterly consumed with sharp distress,
While all things else have rest from weariness?
All things have rest; why should we toil alone;
We only toil, who are the first of things,
And make perpetual moan,
Still from one sorrow to another thrown."

And Burns has :

"But, oh, what crowds in every land
Are wretched and forlorn !
Through weary life this lesson learn,
That man was made to mourn."

See also Œd. Colo. 1139 ; and Odyss. xviii., 129.

ἱερῷ ἐνὶ δίφρῳ. Scholiast ἤτοι μεγάλῳ, ἢ ἱεροὺς ἐλαύνοντι ἵππους.

Αὐτόμεδον. Alcimedon here condemns the imprudence of his friend, who in this dreadful crisis takes upon himself the twofold office of warrior (παραιβάτης) and charioteer (ἡνίοχος).

ἐχέμεν δμῆσιν = δαμάζειν.

νήπιοι, οὐδ' ἄρ' ἔμελλον, κ.τ.λ. Compare Æn. x. 501 ; and Milton's Paradise Lost, ix. 404 :

"O much deceived, much failing, hapless Eve,
Of thy presumed return ! event perverse !"

500—700. ἰσχέμεν ἵππους : supply ἔθελε, an instance of the elliptical infinitive.

οἵ περ ἄριστοι : supply τούτοις.

στίχας ἀνδρῶν : of the Trojans.

νηλεὲς ἦμαρ = "the day of cruelty."

ταῦτα θεῶν ἐν γούνασι κεῖται = "these things rest in the power of the gods." The images of the gods were in a sitting posture, and the gifts were left on their knees (see Iliad vi. 273).

τὰ δέ κεν Διὶ πάντα μελήσει = Deus providebit" (Fäsi).

κατ' αὖθι λίπον, κ.τ.λ. αὖθι κείμενον κατέλιπον δεδαϊγμένον ἦτορ.

πορφυρέῃ νεφέλῃ πυκάσασα.   Compare Virgil ii. 615

"Tritonia Pallas nimbo effulgens."

φρένας ἀμφὶ μελαίνας.   Byron (Bride of Abydos) has—

"With *thoughts* that long *in darkness dwelt.*"

ἄχεος νεφέλη :

"I may not, dare not, fancy now
The *grief* that *clouds* thy lovely brow."
SCOTT'S Lady of the Lake.

δίδου; ἐφόβησε.   When we find an imperfect and an aorist verb in the same sentence, the latter represents the action as *momentary*, and the former as *continuous*, and a *forcible contrast* is intended.
ἐπιλίγδην = "scantly."
πεζός : i.e., Idomeneus.
οὐ δ᾽ ἔλαθε . . . Ζεὺς, ὅτε . . . δίδου.   The usual construction of λανθάνειν is with a *participle*.
ἐν δέ φάει καὶ ὄλεσσον.   See Longfellow :

"The prayer of Ajax was for *light*," &c.

Longinus praises the sublimity and beauty of this prayer, and Lucan imitated it :

"Non tamen in coecâ bellorum nube cadendum est."

πρὸ φόβοιο = "præ metu" = "for fear."
ἐπίστατο μείλιχος εἶναι = "he well knew how to be gentle :" i.e., he practised kindness.   See Herod. vii. 153.
εὧς μέν = "at times indeed."
τῶν δὲ τράπετο χρὼς = "and their complexion was changed."
ἰσχανέτην : that is, the Trojans.
μένος ἀμφιβαλόντες = "wrapping themselves in their strength " = μεγάλην ἐπιειμένος ἀλκήν.
κίρκον : a sort of hawk.

BOOK XVIII.

SUMMARY.—Achilles bewails the death of his dear friend Patroclus, and is comforted by his mother Thetis, who promises him new armour from Vulcan.   At the instigation of Juno, Achilles comes forth and strikes terror into the enemy.   They rescue the body of Patroclus, and prepare it for funeral honours.   Vulcan forges a suit of armour and a magnificent shield for Achilles, whose armour Patroclus had lost in his combat with Hector.

1—100. δέμας πυρός.   See on Iliad xi., 596.
νεῶν ὀρθοκραιράων = "lofty-crested galleys" (Newman) = κατὰ πρύμναν καὶ πρῶραν ἀνατεταμένων (Fäsi).

πεδίοιο : genitive of the place, or the space over which the motion passes. See on Iliad vi. 38.

μὴ δή μοι : supply δέδοικα.

λείψειν φάος = Virgil's " lucemque relinquo."

ἦ μάλα δὴ = " nimirum verò," Latin, = " full surely now."

σχέτλιος = " too daring," or reckless : not = " wretched," which is a post-Homeric sense.

Ἕως : scanned as a monosyllable.

φάτο δ' ἀγγελίην ἀλεγεινήν = " and spake his own woeful tidings : " the accusative of the cognate notion.

κεῖται = " lies " dead. So Virgil's Æn. i. 99 : " Sævus ubi Æacidæ telo jacet Hector." Quintilian observes, " Nonne vero quis breviùs potest, quàm qui mortem narrat Patrocli."

ἀμφοτέρῃσι δέ χερσίν. This shows the utter intensity of Achilles' passionate grief for his darling Patroclus, which is so much censured by Plato (Rep. bk. iii). Compare David's grief for the loss of his child by Bathsheba, and for Absalom's death.

κόνιν αἰθαλόεσσαν = " the smouldering dust." Compare Æn. x. 844 :

> " Canitiem immundo deformat pulvere."

νεκταρέῳ δὲ χιτῶνι, κ.τ.λ. See on Iliad iii. 385.

μέγας μεγαλωστί = " the tall (hero) in all his tallness."

χερσὶ δὲ πᾶσαι στήθεα, κ.τ.λ. = " tristes et tunsæ pectora palmis," Æn. i. 481.

Ἀντίλοχος δ' ἑτέρωθεν ὀδύρετο. Observe that Antilochus weeps and sheds tears copiously in his sorrow, but Achilles " groaned " (ἔστενε), feeling a " grief too deep for tears." Compare Scott's Lay of the Last Minstrel :

> " In sorrow, o'er Lord Walter's bier
> The warlike foresters had bent ;
> And many a flower, and many a tear,
> Old Teviot's maids and matrons lent.
> But o'er her warrior's bloody bier
> The Ladye dropp'd nor flower nor tear !
> Vengeance, deep brooding o'er the slain,
> Had lock'd the source of softer woe,
> And burning pride, and high disdain,
> Forbade the rising tear to flow."

Compare Byron :

> " and when he was gone,
> His nearest messmate told his sire, who threw
> One glance at him, and said, ' Heaven's will be done !
> I can do nothing,' and he saw him thrown
> Into the deep without a tear or groan."

δείδιε γὰρ (Ἀντίλοχος). The verb is here the imperfect = ἐδεδίει.

Νηρηΐδες. Compare with this Virgil's Catalogue of these nymphs in the Fourth Book of his Georgics (536). As a prophetic god, Nereus is represented as having such daughters as Νημέρτης, Ἀψεύδης, Πανόπη.

ὁ δ' ἀνέδραμεν ἔρνεϊ ἶσος = " and that (son) ran up (in growth) like a sapling." See Psalm cxxvii. 3, and Herodotus, viii. 55 : ὥρων βλαστὸν ἐκ τοῦ στελέχεος ὅσοντε πηχυαῖον ἀναδεδραμηκότα.

ὤμοι δυσαριστοτόκεια = "ah, me, the hapless mother of the noblest son."

γουνῷ ἀλωῆς. Compare Odys. i. 193: ἀνὰ γουνὸν ἀλωῆς. And Horace: "velut arbor in occulto ævo."

κῦμα θαλάσσης, κ.τ.λ. Virgil (Georg. iv. 360) has:

"Curvatâ in montis speciem circumstitit unda."

ἐπισχερώ. Scholiast, ἐφεξῆς.

ἀπὸ πτολέμοιο = ἀποθεν πτολέμοιο = "away from the war," as in Iliad i. 353: ἀπὸ τείχεος.

παιδὸς ἑῆος = "of her bonny child," or "of her brave child;" from ἐῢς, connected with εὖ. See Büttman. Some read παιδὸς ἑοῖο = "of her own child," less poetic.

τί δέ σε φρένας, κ.τ.λ. = "What is this grief for the dead which has visited thy soul?" The double accusative is here used, by closer definition.

ἀλήμεναι = ἀλῆναι, the uncontracted Epic passive of ἔλλω, or εἴλω = "closely pressed." See Iliad i. 409.

πρῶτος ... ὀλέσσῃ = "previously perish."

ἕλωρα... ἀποτίσῃ, κ.τ.λ = (Iliad xxi., 28) ποινὴν Πατρόκλοιο Μενοιτιαδαο θανόντος. Newman translates here:

"for neither doth my spirit
Bid me to live, or among men to dwell, unless that Hector,
Smitten beneath my javelin, shall first of life be rieved,
A forfeit for Patroclus dead unto Patroclus' father."

Heyne makes the ἕλωρα here = τιμήματα, penalty for the exposure of Patroclus' body,—"solvet mihi ποινὴν pro cadavere abjecto." According to Liddell and Scott = "may pay for Patroclus' being left a prey to all dishonour." Kennedy well observes: "ἕλωρον is from ἕλωρ, signifying the price of slaughter, by the same analogy as θρέπτρον = the price of nutrition."

ὠκύμορος δὴ = "all speedy-fated:" δὴ is here intensive, as μονὸς δὴ = "quite alone,"—πολλοὶ δὴ = "very many,"—οἷ' ἀγορεύεις = κατὰ τοῖα, οἷα = "according to the things which you declare before all men."

αὐτίκα τεθναίην, κ.τ.λ. Cicero (writing to Atticus) adopts this line to express his own regret for the murdered Pompey.

100—200. ἐμεῖο δὲ δῆσεν = ἐδέησεν, κ.τ.λ. = "he needed me" to save him from his calamity.

ἀρῆς ἀλκτῆρα = "a protector against injury." Objective genitive.

τοῖος ἐών, οἷος οὔ τις = "since I am really such as no other."

ὣς ἔρις. Compare "en, quò discordia cives Produxit miseros," Virgil, Ecl. i. 72.

ἐφέηκε = "is wont to impel" (force of the aorist).

ἠΰτε καπνός. This metaphor represents the anger of Jehovah in Psalms xviii. 8. Anger and smoke gather volume as they rise.

ἀργαλέος χόλος. Compare Horace, Od. i. 134: "fervens difficili bile tumet jecur" = "anger hard to restrain."

βαθυκόλπων = βαθύζωνον (Iliad ix. 590).

στοναχῆσαι: intensive and frequentative of στένω, "to keep groaning deeply."

ἐφείην = "I might set on."

ἐτήτυμον: adverbially for ἐτητύμως. Supply εἶπες.

ἐν ὀφθαλμοῖσιν ἴδηαι. See Iliad i. 587.

ἔντεα ... ἔχονται: here the *plural* verb indicates the several *pieces* of which the armour was made up.

νεῦμαι = νεύσομαι (as εἶμι) = ἐλεύσομαι = "I will go."

θαλάσσης εὐρέα κόλπον: not = "the Hellespont," as some suppose, but literally = "into the wide bosom of the sea,"—i.e., the _depths_ of the sea.

σώματος = "*dead* body" (in Homer).

κρύβδα Διὸς = "without the *authority* of Zeus."—κρύβδα = post-Homeric κρύβδην.

ἔστηκεν = "has been, and now is." Compare Virgil's Æn. i. 646 : "omnis in Ascanio *stat* cura parentis."

ἐπιθύουσι = "strive eagerly." The iota in this verb is *long* by arsis, but the iota in ἐπῐθύω = "to *sacrifice*," is *short*.

ἀνὰ σκολόπεσσιν = "aloft upon the spikes."

σέβας ... ἱκέσθω. See on Iliad vi. 167 : σεβάσσατο γὰρ τὸ γε θυμῷ (always used in Homer of the power of *conscience*).

αἴ κέν τι νέκυς ᾐσχυμμένος ἔλθη = "if his corpse should *come to be* at all mangled or dishonoured." As "*venias*" for *fias* in Virgil's Georg. i. 29.

ἐκεῖνοι = "the foes yonder."

οὗ τευ οἶδα: observe that τευ = τινος, but τεῦ = οὗ, or οὗτινος, or ὅτου. The question why did not Achilles wear the armour of Patroclus, as Patroclus had worn his armour, is equally old and silly.

ἔχονται: i.e., by Hector.

αὔτως = "just as you are,"—i.e., without armour.

200—300. πυρσοὶ = "torches kindled from towers."

ἀριζήλη φωνὴ = "clear as the trumpet note." Homer does not recognise the use of *the trumpet in war*, and he introduces it only in *comparisons*, as, though known in his time, it had been but recently introduced from Etruria, where it was invented.

ἄϊον: short; the first syllable is often made long by ictus.

ὄπα χάλκεον: Virgil's "vox ferrea."

ἀμφὶ σφοῖς ὀχέεσσι = "suis obtriti curribus" (Heyne). Here ἀμφὶ is used for διά.

φέρτρῳ = "a bier" (from "to bear"), from φέρω, as Latin "*feretrum*" from "*fero*."

ὁμοιΐου = "impartial," destructive to all alike.

ἔλυσαν ὑφ' ἅρμασιν = "unyoked (the swift mares) that were under the chariot."

ὃ γὰρ οἶος, κ.τ.λ. = "alone who forward saw and backward" (Newman).

πρόσσω = τὸ παρελθὸν = "the gone-by" "past," but ὀπίσσω = τὸ μέλλον = "the future."

ἀμφὶ μάλα φράζεσθε = think all about it,"—i.e., consider it very carefully *on all sides*.

ῥηΐτεροι πολεμίζειν ἦσαν Ἀχαιοὶ = "the Achæans were more easy to war upon."

οἶος ἐκείνου = ὅτι τοιοῦτος: Jelf 413. Lat. "quæ ejus est atrocitas."

ἐν μέσῳ = ἐν τῷ μεταιχμίῳ = "in the interval between the two armies."

μένος Ἄρηος = Ἄρηα, some say = νίκην.

περὶ πτόλιος . . . ἠδὲ γυναικῶν = " to gain our city and our wives :" an unusual construction.

νύκτα μὲν εἰν ἀγορῇ σθένος ἕξομεν = (1.) "our elders nightly strength shall give in council" (Newman) = (2.) " we will during the night hold our forces in the agora "—Fäsi, who makes σθένος here = δύναμιν—(3.) = " we will gain strength by deliberations during night " (Scholiast). —κρατήσομεν ἐν τῇ βουλῇ.

δρόμου ἄσῃ = " weary out with running."

πρίν μιν κύνες ἀργοὶ ἔδονται = " sooner shall the sprightly dogs devour him."

περνάμεν' = "offered for sale," πωλούμενα = " sold."

300—400. τῶν τινὰ = τούτων λαῶν τινά.

παρὰ ναῦφιν : Scholiast, ἀπὸ τῶν νεῶν.

αἵ κ' ἐθέλῃσι : supply μάχεσθαι.

ξυνὸς Ἐννάλιος, κ.τ.λ. Compare Cicero pro Tito Annio Milone, xxi. 56 : " Adde casus, adde incertos exitus pugnarum, martemque communem, qui sæpe jam spoliantem jam et exsultantem evertit et percutit ab abjecto (manu abjecti)."

ἄρ' οὔ τις : supply ἐπῄνησε.

λὶς ἠϋγένειος = "the full-bearded lioness." The lion has a mane, but the lioness a beard. Scholiast, αἱ θήλειαι (λέαιναι) κάλλιστον ἔχουσι γένειον. The " cubs" here mentioned show the lioness to be intended. λέαινα is post-Homeric.

περικλυτὸν = " rendered very glorious." Observe the accent.

ἐρεῦσαι. See Iliad xi. 394 : αἵματι γαῖαν ἐρεύθων πύθεται. The women who discharged this office to the dead among the Romans were called " Præficæ."

καμόμεσθα : pregnant construction = κάμνοντες. ἐκτησάμεθα = " we have won by our own toil."

λούσειαν ἄπο (adverbial) = " wash quickly away." The aorist to harmonise with τάχιστα.

ὕδωρ ἔχεαν . . . θέρμετο δ' ὕδωρ. Observe that in the first ὕδωρ the upsilon is short by thesis, in the second it is long by arsis.

ἤνοπι = " glittering," or = " singing" (as we say of a boiling or bubbling kettle).

λοῦσάν τε καὶ ἤλειψαν. Compare Virgil's Æn. vi. 218 :

" Pars calidos latices, et ahena undantia flammis,
Expediunt, corpusque lavant frigentis et unguent."

See also John xi. 44, xx. 7.

λίπ' ἐλαίῳ = " richly, with oil," adverbially, or according to Donaldson, " with olive oil."

ἐννεώροιο = "nine years old :" i.e., brought with him from home nine years ago, on setting out for the Trojan expedition.

ἑανῷ λιτί : " with gauzy (fine) linĕn. ἑανὸς is here an adjective, as it has the alpha long, and is derived from ἕαω : the substantive ἑᾰνὸς is from ἕννυμι, "to clothe." See Büttman's Lexilogus.

ἔπρηξας καὶ ἔπειτα. Schol. ἐξετέλεσας δὴ καὶ ἤνυσας ὃ ἠβουλήθης = " Thou hast then gained thy purpose " (in having roused).

πῶς δὴ ἔγωγ', κ.τ.λ. Virgil's Æn. i. 46 :

" Ast ego, quæ Divûm incedo regina, Jovisque,
Et soror et conjux, unâ cum gente tot annos
Bella gero."

κυλλοποδίων = "darling little lame-foot:" a pet-name for Vulcan, called elsewhere ἀμφιγυήεις (κυλλὸς is the Ionic form of χωλὸς = "lame.")

περὶ φύσας = "around the bellows." For an account of the old bellows, see Wilkinson's Manners and Customs of the Ægyptians, vol. iii. p. 338.

ἐείκοσι πάντας = "twenty *in all*." So in Attic.

τόσσον μὲν ἔχον τέλος = "were indeed so far completed."

τόφρα οἱ : here οἱ = αὐτῷ.

δεσμούς = "fastenings:" i.e., the rivets.

πάρος ... θαμίζεις, κ.τ.λ. = "but now for some time you do not at all frequent it" = Lat. "non jamdudum visis."

πρόμολ᾽ ὧδε = "come forth as thou art."

ἀψορρόου = "flowing back into itself."

γναμπτάς θ᾽ ἕλικας = "and twisted spirals :" i.e., bracelets.

400—500. πέλωρ ἀίητον = "a wonderful prodigy."

λάρνακ᾽ = post-Homeric, κιβωτὸν = "tub," or "a box."

σκῆπτρον παχὺ = "a stout club."

ζωῇσι νεήνισιν εἰοικυῖαι = "in form like unto living maidens." Newman.

ἔρρων = "hobbling:" some say "wandering."

αὔδα = "give it utterance." Virgil's Æn. i. 80 :

"tuus, o regina quid optes
Explorare labor, mihi jussa capessere fas est."

ἀλιάων = ἐναλίων θεῶν = "nymphs of the brine."

ἀρημένος γήραϊ = "gravis annis," "weighed down by old age ;" or (2.) = "damaged by old age;" from ἀρὰ = βλάβη.

λίσσοντο γέροντες : an allusion to the embassy of Ajax, Ulysses, and Phœnix in the ninth book.

δῶρ᾽ ὀνόμαζον = "*counted* up and promised gifts."

ὃ γὰρ ἦν οἱ = "for that (corslet) which he had," (his trusty friend had lost).

εὔπρηστον ἀϋτμὴν = "the accommodating blast."

ὃ δὲ κεῖται ἐπὶ χθονί. Compare the prostration and agony of David for his child in 2 Samuel, xii. 16.

κέλευσέ τε ἐργαζέσθαι. Compare Virgil's Georg. iv. 171.

χοάνοισιν = "large crucibles" = Virgil's "furnaces."

γέντο = ἕλετο (mid. "took to himself): as κέντο is quoted from Alcman for κέλετο, the γ then takes the place of the aspirate.

ῥαιστῆρα κρατερὴν = "the stout smasher, or *swinger*: i.e., hammer; in post-Homeric Greek ῥαιστὴρ is *masculine*.

σάκος. This wonderful and beautiful episode of "the shield" has been imitated by Hesiod (in the shield of Hercules), by Virgil (in the shield of Æneas), and by Milton in the view presented to Adam on Mount Pisgah (Paradise Lost).

ἄντυγα ... τρίπλακα = "the rim, of three plates."

ἐκ᾽ δ᾽ = ἐξ αὐτῆς = "and therefrom."

ἀργύρεον τελαμῶνα = "the silver (studded) belt" by which the shield was slung over the shoulder when not in actual use.

ἐν αὐτῷ : supply σάκει = "on the surface of the shield."

σελήνην πλήθουσαν = " the moon *waxing to her full*;" not πλήρη = " full " = πανσέληνον.

ἠέλιόν τ᾽ ἀκάμαντα = " the unwearied sun from day to day." Addison.

ἐν δὲ τὰ τείρεα, κ.τ.λ. = " and on it all those stars, with which the heaven has crowned herself."

ἥτ᾽ αὐτοῦ στρέφεται = " which revolves in the same spot."

'Ωρίωνα δοκεύει = " watches with suspicion Orion," as a hunter; Manilius (Astron. i. 502) says, " Arctos et Orion *adversis frontibus ibant.*" By being directly opposite, it is able to *watch* it.

οἴη δ᾽ ἄμμορος, κ.τ.λ. = " and it alone has no share in the baths of ocean,"—i.e., it *never sets.* So Virgil, Georg. i. 246: " Arctos oceani metuentes æquore tingi " (Yet *all* the *stars* of the *Arctic circle never* set). The other stars were not observed in Homer's time; *hence the error.* Some explain it by saying that ἄρκτος is here put for *all* the stars in the *Polar circle.*

δύω ... πόλεις: Athens and Eleusis, according to some commentators.

πολὺς δ᾽ ὑμέναιος ὀρώρει = " and the bridal song was *rising up in all its fulness.*" Compare Milton's Paradise Lost, xi. :

> " They light the nuptial torch, and bid invoke
> Hymen, the first to marriage-rites invoked ;
> With feast and music all the tents resound."

ποινῆς = " the blood-mulct" for involuntary homicide.

ὁ μὲν εὔχετο, κ.τ.λ. = " the one maintained *aloud* that he had paid off all, showing (this) to the people, and the other denied that he had received anything at all."

500—615. εἷατ᾽ ἐπὶ ξεστοῖσι λίθοις. So the old northern Sagas represent the *old judges* seated in a *circle*, on *stones*, to *administer justice.*

ἤϊσσον = " they sprang up " to plead.

δίκαζον = " they *continued* to plead their cause."

ὃς μετὰ τοῖσι, κ.τ.λ. = " who should plead his cause amongst them most justly."

ὑπεθωρήσσοντο = " were *secretly* arming themselves."

ῥύατ᾽ = " were defending."

τάμνοντ᾽ ἀμφὶ = " were cutting off on all sides."

κτεῖνον δ᾽ ἐπὶ = " and moreover slew :" ἐπὶ adverbial.

εἰράων προπάροιθε καθήμενοι = " as they sat in the *holy council.*" Compare Lat. " pro concione."

νειὸν = " *freshly* turned by the plough."

ἀρηρομένη = land *actually* ploughed :" from ἄρόω in a *reduplicated* form.

ἱερεύσαντες = " having slaughtered."

μέλανες δ᾽ ἀνὰ = " and *upon them*:" ἀνὰ adverbially used only in Homer.

ἐλλεδανός (from ἔλλω, or εἰλέω = " to roll) = " a band."

δεόντο = " were binding for themselves :" from δέω, to bind (middle voice).

λίνον = (αἴλινον) : the name of an old ballad; taken from Linus, son of Apollo. ὑπὸ ἄειδε = " sang *gently*," " voce *submissâ.*"

ἰυγμῷς : an inarticulate song.

κάμαξι. Pliny (Nat. Hist. xvii. 24), "Viti adminicula addenda, quæ scandat apprehensa, si majora sint."

ῥήσσοντες ἁμαρτῇ : supply τὴν γῆν. Compare Horace (Odes): "terram quatiunt pede," and "nunc pede libero pulsanda tellus."

παρὰ ῥοδανὸν δονακῆα = "fast by the luxuriant reedy grove." As pastures near the *reedy* banks of rivers were luxuriant. Compare Virgil, eclogue vii. 12 :

> " Hic viridis tenerâ prætexit arundine ripas
>   Mincius."

According to Hesychius ῥοδανὸν = τρυφερόν : hence the river *Rhodanus* has its name.

ἀπετρωπῶντο λεόντων, κ.τ.λ. = " they shrank from the lions (so that, ὥστε) they would not bite them."

νομὸν = " a *pasturing* flock" (νόμον = " law.")

'Αριάδνη = " to *gratify* Ariadne :" the dative of *advantage*.

ἀλφεσίβοιαι = " *bought* at the price of oxen," or finding their value in oxen = βόας εἰς τιμὴν εὑρίσκουσαι, just as the Saxon maids were *bought by oxen* : given for the girls as ἕεδνα, or spousal gifts to the parents by the betrothed husbands.

εἵατ' = εἱμένοι ἦσαν (from ἕννυμι) = " were clad."

ἧκα στίλβοντας ἐλαίῳ = " with oil fresh glistering and glossy,"— Newman, who takes it *literally ;* others take it of *an oil-like* lustre. Might not the oil here be *perfumed ?* Compare Psalm xxv. : " Even thy God hath anointed thee with the *oil* of gladness above thy fellows. All thy *garments* smell of myrrh, aloes, and cassia."

τροχὸν : Lat. " rota figularis " = " potter's wheel." This is among the most ancient of human inventions. According to the representations of it in the cells of the Ægyptian tombs (see Wilkinson's Manners and Customs, vol. iii. p. 163), it was a *circular* table placed on a cylindrical pedestal, and turning freely on a point. The workman having placed a lump of clay upon it, whirled it swiftly with the left hand, and employed his *right* hand in moulding the clay to its requisite shape.

μολπῆς ἐξάρχοντος : supply ἀοιδοῦ = " the bard commencing his song."

ἐανοῦ κασσιτέροιο = " of ductile tin " (ἐανὸς : adjective here).

APPENDICES.

———◆———

I.—EXTRACT FROM GLADSTONE'S "HOMERIC AGE."
(Vol. ii. p. 524—533.)

The Office of the Homeric Poems in relation to that of the early Books of Holy Scripture.

"Just in the same manner with the parallel currents of historical events, it would appear that the early Scriptures and the Homeric poems combine to make up for us a sufficiently complete form of the primitive records of our race. The Scriptures of the Old Testament give us the history of the line, in which the promise of the Messiah was handed down. But the intellectual and social developments of man are there represented in the simplest and the slightest—nay, even in the narrowest forms. With the exception of Solomon, who, in spite of his wisdom, was enticed away from God by lust, and of the two illustrious specimens of uncorrupted piety in the midst of dangerous power, Joseph and Daniel, I know not whether we can, on the authority of Holy Scripture, point to any character of the Mosaic or Judaic history as great in any other sense, than as the organs of that Almighty One, with whom nothing human is either great or small. It is plain that if we bring the leading characters of that history into contrast with Achilles or the Ulysses of Homer, and with his other marked personages, these latter undoubtedly give us a representation and development of human nature, and of man in his social relations, that Scripture from its very nature could not supply. Each has its own function to perform, so that there is no room for competition between them, and it is better to avoid comparison altogether; and to decline to consider the legislation of Moses as a work to be compared either with the heroic institutions, or with systems like those of Lycurgus, or of Solon. We then obtain a clear view of it as a scheme evidently constructed, not alone with human, but with super-human wisdom, if only we measure it in reference to its very peculiar end. That end was not to give political lessons to mankind, which are more aptly supplied elsewhere. It was to fence in, with the ruder materials of the ceremonial and municipal law, a home, within which the succession of true piety and enlightened faith might be preserved; a garden wherein the Lord God might, so to speak, still walk as He had walked of old, and take His delight with the sons of men. But this high calling had reference only to chosen persons,—a few among the few. Over and above this interior work, there was a national vocation also. The aim of that vocation seems to have been to isolate the people, so as to stop the influences from without that might tend in the direction of change; and so far to crys-

tallise, as it were, its institutions within that they might preserve in un-
tainted purity the tradition and the expectation of Him that was to
come.

"When the Almighty placed his seal upon Abraham by the covenant
of circumcision, and when He developed that covenant in the Mosaic
institutions, in setting the Jewish people apart for a purpose the most
profound of all his wise designs, He removed it, for the time of its
career, out of the family of nations.

"Should we, like some writers of the present day, cite the Penta-
teuch before the tribunal of the mere literary critic, we may strain our
generosity at the cost of justice, and still only be able to accord to it a
secondary place.   The mistake surely is to bring it there at all, or to
view its author otherwise than as the vehicle of a Divine purpose, which
uses all instruments, great, insignificant, or middling, according to the
end in view, but of which all the instruments are perfect, by reason not
of what is intrinsic to themselves, but, simply and solely, of their exact
adaptation to that end.*

"If, however, we ought to decline to try the Judaic code by its
merely political merits, much more ought we to apply the same princi-
ple to the sublimity of the Prophecies, and to the deep spiritual expe-
riences of the Psalms. In the first, we have a voice speaking from God,
with the marks that it is of God so visibly imprinted upon it, that the
mind utterly refuses to place the prophetical books in the scale against
any production of human genius.   And all that is peculiar in our con-
ception of Isaiah, or of Jeremiah, does not tend so much to make them
eminent among men, as to separate them from men.   Homer, on the
other hand, is emphatically and above all things human : he sings by
the spontaneous and the unconscious indwelling energies of nature ;
whereas these are as the trumpet of unearthly sounds, and cannot, more
than Balaam could, depart from that which is breathed into them, to
utter either less or more.

"But, most of all, does the book of Psalms refuse the challenge of
philosophical or poetical competition. In that Book, for well nigh three
thousand years, the piety of saints has found its most refined and
choicest food; to such a degree, indeed, that the rank and quality of
the religious frame may in general be tested, at least negatively, by the
height of its relish for them.   There is the whole music of the human
heart, when touched by the hand of the Maker, in all its tones that
whisper or that swell, for every hope and fear, for every joy and
pang, for every form of strength and languor, of disquietude and
rest.   There are developed all the innermost relations of the human
soul to God, built upon the platform of a covenant of love and
sonship that had its foundations in the Messiah, while in this par-

---

* To show with what jealousy believers in revelation may justly regard the
mere literary handling of the older Scriptures, I would refer to the remarkable
work of M. Ernest Renan, *Études d' Histoire Religieuse*.   This eloquent
and elastic writer treats the idea of a revealed religion as wholly inadmissible ;
highly extols the Bible as a literary treasure; but denies that the general
reading of the Bible is a good, except in so far as *il vaut beaucoup mieux voir
le peuple lire la Bible que ne rien lire* (pp. 75, 385).

ticular and privileged Book it was permitted to anticipate His coming.

" We can no more then compare Isaiah and the Psalms with Homer, than we can compare David's heroism with Diomed's, or the prowess of the Israelites when they drove Philistia before them, with the valour of the Greeks at Marathon or Platæa, at Issus or Arbela. We shall most nearly do justice to each by observing carefully the boundary lines of their respective provinces.

"It appears to be to a certain extent agreed that Rome has given us the most extraordinary example among all those put upon record by history, of political organisation ; and has bequeathed to mankind the firmest and most durable tissue of law, the bond of social man. Greece, on the other hand, has had for its share the development of the individual ; and each has shown in its own kind the rarest specimen that has been known to the world, apart from Divine revelation. The seeds of both these, and of all they involved, would appear to be contained in the Homeric poems.* The condition of arts, manners, character, and institutions, which they represent, is alike in itself entire, and without any full parallel elsewhere. It is for the bodily and mental faculties of man, that which the patriarchal and early Hebrew histories are for his spiritual life.

"Of the personal and inward relations of man with God, of the kingdom of grace in the world, Homer can tell us nothing ; but of the kingdom of Providence much, and of the opening powers and capabilities of human nature, apart from divine revelation, everything. The moral law, written on the tables of stone, was in one sense a schoolmaster to bring us to Christ, because it demonstrated our inability to tread the way of righteousness and pardon without the Redeemer. And perhaps that ceremonial law, which indulged some things to the hardness of heart that prevailed among the Jews, was by its permissions, as some have construed a very remarkable passage in Ezekiel.† a schoolmaster in another sense ; because it witnessed to the fact that they had greatly fallen below the high capacities of their nature. And again, in yet a third sense, we may say with reverence that these primeval records are likewise another schoolmaster, teaching us, although with another voice, the very same lesson ; because they show us

---

* In the Roman History of Mommsen is contained a masterly comparison between those two rival developments of human life, the collective and the individual, which are represented by Rome, and by later or historic Greece, respectively. (Mommsen Röm. Gesch. I. 2, pp. 18--21.) Both of them are open to criticism. In the one we may notice and brand the characteristic of an iron repression ; in the other, that of a lawless freedom. But the age which ended with the war of Troy, and cast the reflection of its dying beams upon its noble but chequered epilogue in the Odyssey, appears to make no fundamental deviation from the mean of wisdom in either direction : on the whole, it united reverence with independence, the restraint of discipline with the expansion of freedom : and it stood alike removed, in the plenitude of its natural elasticity, from those extremes which in modern religion have, on the one side, absorbed the individual, and on the other (so to speak) excommunicated him by isolation.   † Ezek. xx. 25.

the total inability of our race, even when at its maximum of power, to solve for ourselves the problems of our destiny; to extract for ourselves the sting from care, from sorrow, and above all, from death; or even to retain without waste the vital heat of the knowledge of God, when we have become separate from the source that imparts it.

"It seems impossible not to be struck, at this point, with the contrast between the times preceding the Advent and those which have followed it. Since the Advent, Christianity has marched for fifteen hundred years at the head of human civilisation, and has driven, harnessed to its chariot as the horses of a triumphal car, the chief intellectual and material forces of the world. Its learning has been the learning of the world; its art the art of the world; its genius the genius of the world; its greatness, glory, grandeur, and majesty have been almost—though not absolutely—all that in these respects the world has had to boast of. That which is to come, I do not presume to portend; but of the past we may speak with confidence. He who hereafter, in even the remotest age, with the colourless impartiality of mere intelligence, may seek to know what durable results mankind has for the last fifteen hundred years achieved, what capital of the mind it has accumulated and transmitted, will find his investigations perforce concentrated upon, and almost confined to that part, that minor part of mankind which has been Christian.

"Before the Advent, it was quite otherwise. The treasure of Divine Revelation was then hidden in a napkin: it was given to a people who were almost forbidden to impart it, at least of whom it was simply required, that they should preserve it without variation. They had no world-wide vocation committed to them; they lay ensconced in a country which was narrow and obscure: obscure, not only with reference to the surpassing splendour of Greece and Rome, but in comparison with Assyria, or Persia, or Egypt. They have not supplied the Christian ages with laws and institutions, arts and sciences, with the chief models of greatness in genius or in character. The Providence of God committed this work to others; and to Homer seems to have been entrusted the first, which was perhaps, all things considered, also the most remarkable stage of it.* Without bearing fully in mind this contrast between the providential function of the Jews and that of other nations, we can hardly embrace, as we ought, the importance of the part assigned, before the Advent of our Lord, to nations, and persons,

---

* I must frankly own that, for one, I can never read without pain the disparaging account of the Greek mind and its achievements, which, in the Fourth Book of the Paradise Regained, so great a man as Milton has too boldly put into the mouth of our Blessed Lord. We there find our sympathies divided, in an indescribable and most unhappy manner, between the person of the Allwise, and the language and ideas, on the whole not less just, which are given to Satan. In particular, I lament the claim, really no better than a childish one, made on the part of the Jews, to be considered as the fountain head of the Greek arts and letters, and the assumption for them of higher attainments in political science. This is a sacrifice of truth, reason, and history, to prejudice, by which, as by all such proceedings, religion is sure to be in the end the loser.

who lived beyond the immediate and narrow pale of Divine Revelation. The relation of the old dispensation to those who were not Jews, was essentially different from that of Christendom to those who are not Christians. Only the fall of man and his recovery are the universal facts with which Revelation is concerned; all others are limited and partial. The interval between the occurrence of the first, and the provision for the second, was occupied by a variety of preparations in severalty for the revelation of the kingdom of God. Until the Incarnation, the world's history was without a centre. When the Incarnation came, it showed itself to be the centre of all that had preceded, as well as all that was to follow; and since the withdrawal of the visible Messiah, the history of man has been grouped around His Word, and around the Church in which the effect and virtue of His Incarnation are still by his unseen power prolonged.

" The picture thus offered to our view is a very remarkable one. We see the glories of the world, and that greatest marvel of God's earthly creation, the mind of man, become like little children, and yield themselves to be led by the hand of the Good Shepherd : but it seems as though the ancient promise of His coming, while just strong enough to live in the wayward sphere, was not strong enough to make the conquest of it; as if nothing but His own actual manifestation in the strength of lowliness and of sorrow, and crowned by the extremity of contempt and shame, was sufficient to restore for the world at large that symbol of the universal duty of individual obedience and conformity, which is afforded by the establishment of the authority of the spiritual King over all the functions of our nature, and all the spheres, however manifold and remote they may seem to be, in which they find their exercise. Nor is this lesson the less striking, because this, like other parts of the divine dispensations, has been marred by the perversity of man, ever striving to escape from that inward control wherein lies the true hope and safety of his race.

" But, even after the Advent, it was not at once that the Sovereign of the new kingdom put in His claim for all the wealth that it contained. As, in the day of His humiliation, He rode into Jerusalem, foreshadowing his royal dominion to come, so St. Paul was forthwith consecrated to God as a kind of first fruits of the learning and intellect of man. Yet for many generations after Christ, it was still the Supreme will to lay in human weakness the foundations of divine strength. Not the apostles only, but the martyrs, and not the martyrs only, but the first fathers and doctors of the Church, were men of whom none could suspect that they drew the weapons of their warfare from the armouries of human cultivation : nor of them could it be said, that by virtue of their human endowments they had achieved the triumphs of the Cross; as it might perhaps have been said, had they brought to their work the immense popular powers of St. Chrysostom, or the masculine energy of St. Athanasius, or the varied and comprehensive genius of St. Augustine.

" Nor, again, if we are right in the belief that we are not to look for the early development of humanity in the pages of Jewish and patriarchal history, but rather to believe that it was given to another people, and the office of recording it to the father, not only of poetry, but of letters, does it seem difficult to read in this arrangement the purpose of the Most High, and herewith the wisdom of that purpose. Had the Scriptures been preserved, had the Messiah been Incarnate, among a people who were in political sagacity, in martial energy, in soaring and diving intellect, in vivid imagination, in the graces of art and civilised life, the flower of their time, then the divine origin of Christianity would have stood far less clear and disembarrassed than it now does. The eagle that mounted upon high, bearing on his wings the Everlasting Gospel, would have made his first spring from a great eminence, erected by the wit and skill of man; and the elevation of that eminence, measured upward from the plain of common humanity, would have been so much to be deducted from the triumph of the Redeemer.

"Thus the destructive theories of those, who teach us to regard Christianity as no more than a new stage, added to stages that had been previously achieved in the march of human advancement, would have been clothed in a plausibility which they must now for ever want. 'God hath chosen the foolish things of the world to confound the wise; and God hath chosen the weak things of the world to confound things which are mighty; and base things of the world, and things which are despised, hath God chosen, yea, and things which are not, to bring to nought things that are.'* An unhonoured, undistinguished race, simply elected to be the receivers of the Divine Word, and having remained its always stiffnecked and almost reluctant guardians, may best have suited the aim of Almighty Wisdom; because the medium through which the most precious gifts were conveyed, was pale and colourless, instead of being one flushed with the splendours of Empire, Intellect, and Fame."

II.—ON THE PARENTAGE AND EXTRACTION OF MINOS.
(ILIAD XIV. 317—327.)

Extract from Gladstone's *Homeric Age*, vol. iii. pp. 344—348.

"In former portions of this work, I have argued from the name and the Phœnician extraction of Minos, both to illustrate the dependent position of the Pelasgian race in the Greek countries,† and also to demonstrate the Phœnician origin of the outer geography of the Odyssey.‡ But I have too summarily disposed of the important question, whether Minos was of Phœnician origin, and of the construction of the verse, Iliad xiv. 321. This verse is capable, gramatically, of being so construed as to contain an assertion of it; but, upon further consideration, I am not prepared to mention that it ought to be so interpreted.

"The Alexandrian critics summarily condemned the whole passage

---

* I. Cor. i. 27, 28:
† Achœis, or Ethnology, sect. iii.   ‡ Ibid., sect. iv.

(Iliad xiv. 317—327), in which Jupiter details to Juno his various affairs with goddesses and women. "This enumeration," says the Scholiast (A), on verse 327, "is inopportune, for it rather repels Juno than attracts her : and Jupiter, when greedy, through the influence of the Cestus, for the satisfaction of his passion, makes a long harangue." Heyne follows up the censure with a yet more sweeping condemnation. "*Sanè absurdiora quam hos decem versus, vix unquam ullus* COMMENTUS EST RHAPSODUS." And yet he adds a consideration, which might have served to arrest judgment until after further hearing. For he says, that the commentators upon them ought to have taken notice that the description belongs to a period when the relations of man and wife were not such as to prevent the open introduction and parading of concubines ; and that Juno might be flattered and allured by a declaration, proceeding from Jupiter, òf the superiority of her charms to those of so many beautiful persons.

Heyne's reason appears to me so good as even to outweigh his authority ; but there are other grounds, also, on which I decline to bow to the proposed excision. The objections taken seem to me invalid on the following grounds :

1. For the reason stated by Heyne.

2. Because, in the whole character of the Homeric Juno, and in the whole of this proceeding, it is the political spirit, and not the animal tendency, that predominates. Of this Homer has given us a distinct warning, where he tells us that Juno just before had looked on Jupiter from afar, and that he was disgusting to her (v. 158); στυγερὸς δέ οἱ ἔπλετο θυμῷ. It is therefore futile to argue about her, as if she had been under the paramount sway of either animal desire, or fear of the feminine love of admiration, when she was really and exclusively governed by another master-passion.

3. As she has artfully persuaded Jupiter that he has an obstacle to overcome, in diverting her from her intention of travelling to a distance, it is not at all unnatural that Jupiter should use what he thinks, and what as Heyne as shown he may justly think, to be proper and special means of persuasion.

4. The passage is carefully and skilfully composed ; and it ends with a climax, so as to give the greatest force to the compliment of which it is susceptible.

5. All the representations in it harmonise with the manner of humbling the same personages elsewhere in Homer.

6. The passage has that strong vein of nationality so eminently characteristic of Homer. No intrigues are mentioned, except such as issued in the birth of children of recognised Hellenic fame. The gross animalism of Jupiter, displayed in the speech, is in the strictest keeping with the entire context ; for it is the basis of the transaction, and gives Juno the opportunity she so adroitly turns to account.

7. Those who reject the passage as spurious, because the action ought not at this point to be loaded with a speech, do not, I think, bear in mind that a deviation of this kind from the strict practical order, is really in keeping with Homer's practice on other occasions, particularly in the disquisitions of Nestor and Phœnix. Such a devia-

---

* Obss. in loc.

tion appears to be accounted for by his historic aims. To comprehend
him in a case of this kind, we must set out from his point of departure,
according to which, verse was not a mere exercise for pleasure, but
was to be the one great vehicle of all knowledge : and a patent instru-
ment in constructing a nationality. Thus, then, what the first aim
rejected, the second might in given cases accept, and even require.
Now in this short passage there is a great deal of important historical
information conveyed to us.

We may therefore with considerable confidence employ such
evidence as the speech may be found to afford. Let us, then, observe
the forms of expression, as they run in series :

> οὐδ' ὁπότ' ἠρασάμην Ἰξιονίης ἀλόχοιο,
> οὐδ' ὅτε περ Δανάης καλλισφύρου Ἀκρισιώνης,
> οὐδ' ὅτε Φοίνικος κούρης τηλεκλείτοιο.

Taken grammatically, I presume the last verse may mean : 1. The
daughter of the distinguished Phœnix ; 2. The daughter of a distin-
guished Phœnician ; 3. A distinguished Phœnician damsel.

a. Against the first it may be urged, that we have no other account
from Homer, or from any early tradition, of this Phœnix, here described
as famous.

b. Against the second and third, that Homer nowhere directly
declares the foreign origin of any Greek personage.

c. Also, that in each of the previous cases, Homer has used the
proper name of a person nearly connected, in order to indicate and
identify the woman, whom therefore it is not likely that he would in
this single case denote only by her nation or the nation of her father.

d. Against the third, that, in the only other passage, when he has to
speak of a Phœnician woman, he uses a feminine form, Φοίνισσα : ἔσκε
δὲ πατρὸς ἐμοῖο γυνὴ Φοίνισσ' ἐνὶ οἴκῳ (Od. xv. 417). But Φοίνιξ is
grammatically capable of the feminine, as is shown by Herod. i. 193.*

e. Also, that Homer in the few instances where he uses the word
τηλεκλειτός, confines it to man. He, however, gives the epithet
ἐρικυδής, to Latona.

The arguments, from the structure of the passage, and from the
uniform reticence of Homer respecting the foreign origin of Greek
personages, convince me that it is not on the whole warrantable to
interpret Φοίνιξ, in this place, in any other manner than as the name of
the father of Minos.

The name Φοίνιξ, however, taken in connection with the period to
which it applies—nearly three generations before the *Troica*—still con-
tinues to supply of itself no trifling presumption of the Phœnician
origin.

It cannot, I suppose, be doubted that the original meaning of
Φοίνιξ, when first used as a proper name in Greece, probably was of
Phœnician birth or origin. But if we are to judge by the testimony
of Homer, the time when Minos lived was but very shortly after the
first Phœnician arrivals in Greece ; and his grandfather, Phœnix, living
four and a half generations before the *Troica*, was in all likelihood

---

* See Jelf's Greek Grammar, 103.

contemporary with, or anterior to, Cadmus. At a period when the intercourse of the two countries was in its infancy, we may, I think, with some degree of confidence construe this proper name as indicating the country of origin.

The other marks connected with Minos and his history give such support to this presumption, as to bring the supposition up to reasonable certainty. Such are,—

1. The connection with Dædalus.
2. The tradition of the nautical power of Minos.
3. The characteristic epithet ὀλοόφρων: as also its relation to the other Homeric personages with whose name it is joined.
4. The fact that Minos brought a more advanced form of laws and polity among a people of lower social organisation; the proof thus given that he belonged to a superior race: the probability that, if this race had been Hellenic, Homer would have distinctly marked the connection of so distinguished a person with the Hellenic stem: and the apparent certainty that, if not Hellenic, it could only be Phœnician.

The positive Homeric grounds for believing Minos to be Phœnician are much stronger than any that sustain the same belief in the case of Cadmus. And the negative objection, that Homer does not call him by the name of the country from which he sprang, is, in fact, an indication of the poet's uniform practice of drawing the curtain over history or legend, at the point where a longer perspective would have the effect of exhibiting any Greek hero as derived from a foreign source, and thus of confuting that claim to autochthonism which, though it is not much his way to proclaim such matters in the abstract, yet appears to have operated with Homer as a practical principle of considerable weight."

III.—GROTE'S VIEW OF THE LAST BOOKS OF THE ILIAD.

Extract from Grote's Greece, vol. ii. pp. 266—270.

"HAVING already intimated that, in my judgment, no theory of the structure of the poem is admissible which does not admit an original and preconcerted Achillêis—a stream which begins at the first book, and ends with the death of Hector in the twenty-second, although the higher parts of it now remain only in the condition of two detached lakes, the first book and the eighth—I reason upon the same basis with respect to the authorship. Assuming continuity of structure as a presumptive proof, the whole of this Achillêis must be treated as composed by one author. Wolf, indeed, affirmed, that he never read the poem continuously through without being painfully impressed with the inferiority* and altered style of the last six books; and

---

* Wolf, Prolegomen. p. cxxxvii. "Equidem certe quoties in continenti lectione ad istas partes (i. e. the last six books) deveni, nunquam non in iis talia quædam sensi, quæ nisi illæ tam maturè cum ceteris coaluissent, quovis

Lachmann carries this feeling further back, so as to commence with
the seventeenth book. If I could enter fully into this sentiment,
I should then be compelled, not to deny the existence of a precon-
ceived scheme, but to imagine that the books from the eighteenth to
the twenty-second, though forming part of that scheme or Achillêis,
had yet been executed by another and inferior poet. But it is so to
be remarked, first, that inferiority of poetical merit, to a certain extent,
is quite reconcilable with unity of authorship; and, secondly, that
the very circumstances upon which Wolf's unfavourable judgment is
built, seem to arise out of increased difficulty in the poet's task, when
he came to the crowning cantos of his designed Achillêis. For that
which chiefly distinguishes these books is, the direct, incessant, and
manual intervention of the gods and goddesses, formally permitted by
Zeus, and the repetition of vast and fantastic conceptions to which
such superhuman agency gives occasion; not omitting the battle of
Achilles against Skamander and Simois, and the burning up of these
rivers by Hêphæstus. Now, looking at this vein of ideas with the eyes
of a modern reader, or even with those of a Grecian critic of the
literary ages, it is certain that the effect is unpleasing; the gods,
sublime elements of poetry when kept in due proportion, are here
somewhat vulgarised. But though the poet here has not succeeded—
and probably success was impossible—in the task which he has pre-
scribed to himself; yet the mere fact of his undertaking it, and the
manifest distinction between his employment of divine agency in these
latter cantos as compared with the preceding, seems explicable only
on the supposition that they *are* the latter cantos, and come in
designed sequence, as the continuance of a previous plan. The poet
wishes to surround the coming forth of Achilles with the maximum of
glorious and terrific circumstance: no Trojan enemy can for a moment
hold out against him: * the gods must descend to the plain of Troy

---

pignore contendam, dudum ab eruditis detecta et animadversa fuisse, immo
multa ejus generis, ut cum nunc Ὁμηρικώτατα habeantur, si tantummodo in
Hymnis legerentur, ipsa sola eos suspicionibus νοθείας adspersura essent."
Compare the sequel, p. cxxxviii, " ubi nervi deficiant et spiritus Homericus—
jejunum et frigidum in locis multis," &c.

* Iliad xx. 25. Zeus addresses the agora of the gods,

> Ἀμφοτέροισι δ' ἀρήγεθ', ὅπη νόος ἐστὶν ἑκάστου·
> Εἰ γὰρ Ἀχιλλεὺς οἶος ἐπὶ Τρώεσσι μαχεῖται,
> Οὐδὲ μίνυνθ' ἥξουσι ποδώκεα Πηλείωνα.
> Καὶ δέ τέ μιν καὶ πρόσθεν ὑποτρομέεσκον ὁρῶντες·
> Νῦν δ', ὅτε δὴ καὶ θυμὸν ἑταίρου χώεται αἰνῶς,
> Δείδω μὴ καὶ τεῖχος ὑπὲρ μόρον ἐξαλαπάξῃ.

The formal restriction put upon the gods by Zeus at the beginning of the
eighth book, and the removal of that restriction at the beginning of the
twentieth, are evidently parts of one preconceived scheme.

It is difficult to determine whether the battle of the gods and goddesses in
book xxi (385—520) is to be expunged as spurious, or only to be blamed as
of inferior merit (" improbanda tantum, non resecanda—hoc enim est illud
quo plerumque summa criseôs Homericæ redit," as Heyne observes in another

and fight in person, while Zeus, who at the beginning of the eighth book had forbidden them to take part, expressly encourages them to do so at the beginning of the twentieth. If, then, the nineteenth book (which contains the reconciliation between Achilles and Agamemnôn, a subject naturally somewhat tame), and the three following books (where we have before us only the gods, Achilles, and the Trojans without hope or courage), are inferior in execution and interest to the seven preceding books (which describe the long-disputed and often doubtful death-struggle between the Greeks and Trojans without Achilles), as Wolf and other critics affirm, we may explain the difference without supposing a new poet as composer; for the conditions of the poem had become essentially more difficult, and the subject more unpromising. The necessity of keeping Achilles above the level, even of heroic prowess, restricted the poet's means of acting upon the sympathy of his hearers.*

The last two books of the Iliad may have formed part of the original Achillêis. But the probability rather is, that they are additions; for the death of Hector satisfies the exigences of a coherent scheme, and

---

place, Obss. Iliad xviii. 444). The objections on the score of non-Homeric locution are not forcible (see P. Knight *ad loc.*), and the scene belongs to that vein of conception which animates the poet in the closing act of his Achillêis.

* While admitting that these last books of the Iliad are not equal in interest to those between the eleventh and eighteenth, we may add that they exhibit many striking beauties, both of plan and execution, and one in particular may be noticed as an example of happy epical adaptation. The Trojans are on the point of ravishing from the Greeks the dead body of Patroclus, when Achilles (by the inspiration of of Hêrê and Iris) shows himself unarmed on the Grecian rampart, and by his mere figure and voice strikes such terror into the Trojans, that they relinquish the dead body. As soon as night arrives, Polydamas proposes in the Trojan agora that the Trojans shall retire without further delay from the ships to the town, and shelter themselves within the walls, without awaiting the assault of Achilles armed on the next morning. Hector repels this counsel of Polydamas, with expressions—not merely of overweening confidence in his own force, even against Achilles—but also of extreme contempt and harshness towards the giver; whose wisdom, however, is proved by the utter discomfiture of the Trojans the next day. Now this angry deportment and mistake on the part of Hector is made to tell strikingly in the twenty-second book, just before his death. There yet remains a moment for him to retire within the walls, and thus obtain shelter against the near approach of his irresistible enemy,—but he is struck with the recollection of that fatal moment when he repelled the counsel which would have saved his countrymen. "If I enter the town, Polydamas will be the first to reproach me as having brought destruction upon Troy on that fatal night when Achilles came forth, and when I resisted his better counsel." (Compare xviii. 250—315; xxii. 100—110; and Aristot. Ethic. 3, 8.)

In a discussion respecting the structure of the Iliad, and in reference to arguments which deny all designed concatenation of parts, it is not out of place to notice this affecting touch of poetry, belonging to those books which are reproached as the feeblest.

we are not entitled to extend the oldest poem beyond the limit which such necessity prescribes. It has been argued on one side by Nitzsch and O. Müller, that the mind could not leave off with satisfaction at the moment in which Achilles sates his revenge, and while the bodies of Patroclus and Hector are lying unburied; also, that the more merciful temper which he exhibits in the twenty-fourth book must always have been an indispensable sequel, in order to create proper sympathy with his triumph. Other critics, on the contrary, have taken special grounds of exception against the last book, and have endeavoured to set it aside as different from the other books both in tone and language. To a certain extent the peculiarities of the last book appear to me undeniable, though it is plainly a designed continuance, and not a substantive poem. Some weight also is due to the remark about the twenty-third book, that Odysseus and Diomêdês, who have been wounded and disabled during the fight, now re-appear in perfect force, and contend in the games. Here is no case of miraculous healing, and the inconsistency is more likely to have been admitted by a separate enlarging poet than by the schemer of the Achillêis.

"The splendid books from the second to v. 322 of the seventh,* are equal in most parts to any portions of the Achillêis, and are pointedly distinguished from the latter by the broad view which they exhibit of the general Trojan war, with all its principal personages, localities, and causes, yet without advancing the result promised in the first book, or, indeed, any final purpose whatever. Even the desperate wound inflicted by Tlepolemus on Sarpêdon is forgotten, when the latter hero is called forth in the subsequent Achillêis.† The arguments of Lachmann, who dissects these six books into three or four separate songs,‡ carry no conviction to my mind; and I see no reason why we should not consider all of them to be by the same author, bound together by the common purpose of giving a great collective picture which may properly be termed an Iliad. The tenth book, or Doloneia, though adapted specially to the place in which it stands, agrees with the books between the first and eighth in belonging only to the general picture of the war, without helping forward the march of the Achillêis; yet it seems conceived in a lower vein, in so far as we can trust our modern ethical sentiment. One is unwillingly to believe that the author of the fifth book (or Aristeia of Diomêdês) would condescend to employ the hero whom he there so brightly glorifies—the victor even

---

* The latter portion of the seventh book is spoiled by the very unsatisfactory addition introduced to explain the construction of the wall and ditch ; all the other incidents (the agora and embassy of the Trojans, the truce for burial, the arrival of wine-ships from Lemnos, &c.) suit perfectly with the scheme of the poet of these books, to depict the Trojan war generally.

† Unless indeed we are to imagine the combat between Tlepolemus and Sarpêdon, and that between Glaukus and Diomêdês, to be separate songs; and they are among the very few passages in the Iliad which are completely separable, implying no special antecedents.

‡ Compare also Heyne, Excursus II. sect. ii. ad Iliad, xxiv., vol. viii. p. 783.

over Arês himself—in slaughtering newly-arrived Thracian sleepers, without any large purpose or necessity.* The ninth book, of which I have already spoken at length, belongs to a different vein of conception, and seems to me more likely to have emanated from a separate composer."

IV.—THE ANOMALIES OF THE ILIAD.

Extract from Mure's *History of Language and Literature of Antient Greece*, vol. i. pp. 461—467.

" SEVERAL cases of incongruity have already been incidentally cited from the opening scenes of that poem, consisting in a certain accumulation of preliminary details at the expense of strict historical order, with the apparent object of laying a broader foundation for the ensuing narrative. These cases may be numbered to the class above described, as originating in design rather than oversight. Such is the advice given by Nestor to Agamemnon in counsel as to the mode of marshalling his army; advice which, however appropriate it might have been in the first year of the war, was, historically speaking, quite out of place in the tenth. Such is the like injunction of Iris (disguised as Politas) to Priam, with her report relative to the advance

---

* Subsequent poets, seemingly thinking that the naked story (of Diomêdês slaughtering Rhêsus and his companions in their sleep) as it now stands in the Iliad, was too displeasing, adopted different ways of dressing it up. Thus, according to Pindar (ap. Schol. Iliad. x. 435) Rhêsus fought one day as an ally of Troy, and did such terrific damage, that the Greeks had no other means of averting total destruction from his hand on the next day, except by killing him during the night. And the Euripidean drama called *Rhêsus*, though representing the latter as a new comer, yet puts into the mouth of Athênê the like overwhelming predictions of what he would do on the coming day, if suffered to live; so that to kill him in the night is the only way of saving the Greeks (Eurip. Rhês. 602) : moreover, Rhêsus himself is there brought forward as talking with such overweening insolence, that the sympathies of man, and the envy of the gods, are turned against him (ib. 458).

But the story is best known in the form and with the addition (equally unknown to the Iliad) which Virgil has adopted. It was decreed by fate that, if the splendid horses of Rhêsus were permitted once either to taste the Trojan provender, or to drink of the river Xanthus, nothing could preserve the Greeks from ruin (Æneid. i. 468, with Servius *ad loc.*):

> " Nec procul hinc Rhesi niveis tentoria velis
> Agnoscit lacrymans : primo quæ prodita somno
> Tydides multâ vastabat cœde cruentus :
> Ardentesque avertit equos in castra, priusquam
> Pabula gustâssent Trojæ, Xanthumque bibissent."

All these versions are certainly improvements upon the story as it stands in the Iliad.

and appearance of the Greek host. Another somewhat similar example is here subjoined.

"During the nine years of the war previous to the quarrel of the chiefs, the Greek fleet and camp are represented as having remained unprotected by any species of entrenchment, on an open coast in the midst of a hostile country, under the poetical pretext that the terror of Achilles was a safeguard against hostile aggression.* The historical insufficiency of this pretext is obvious. Had every one of the 100,000 men who composed the host béen an Achilles, their united valour would have been unavailing against the enterprise of a few daring peasants, armed with a tinder-box and favoured by a dark night and a sirocco wind. But, setting this aside, it is further said that Achilles was occasionally absent for weeks † together, by sea and land, ravaging the country or besieging the towns of Priam's Asiatic allies. Why, then, it may be asked, did the Trojans neglect these opportunities of attacking the enemy in his quarters, and setting fire to his tents and ships? The construction of the rampart belongs, therefore, historically to the first year of the war. ‡ Yet the details of every portion of the poem so incontestably prove its poetical connection with the tenth, as completely to exclude every species of sceptical inference. That a camp protected by Achilles should require no artificial defence was essential to the heroic grandeur of his character. The construction of the rampart, on the other hand, after his secession, was both an additional homage to his glory and necessary to the future conduct of the poem, to relieve the monotony of a series of field engagements, and impart variety to the martial vicissitudes of the action.

"The knowledge which the Trojans are, from the first, assumed to possess of the quarrel of the chiefs, the secession of Achilles, and other transactions in the Greek camp, is altogether conventional. The text contains not a hint at the time or mode in which they obtain the information, or at the consequent change of tactics on their own side. In these details, the more methodical spirit of the modern muse would have found abundant materials for episode. We should have had Trojan spies or treacherous Greeks sending notice to the city, a council held to deliberate on the important news, and a determination adopted to abandon the previous timid line of defence and face the enemy in the field. Homer probably saw no great poetical capabilities in such details: he therefore tacitly requests his readers to take them for granted, and introduces the Trojans at once, familiar with all that had taken place, boldly marching out on the plain instead of skulking behind their city walls. Even Priam, in his dialogue with Helen, while obviously aware that the principal Greek hero was not present, neither makes any remark on his absence, nor betrays the least curiosity as to its cause.§

---

* Iliad ix. 352, iv. 512, et locc. citt. in ch. v. § 1.   † ix. 325, sqq.

‡ Thucydides, accordingly, in his pragmatical notice of the Trojan war, dismissing the authority of Homer, describes the Greeks as fortifying their camp immediately after their establishment on the coast (I. xi).

§ This simple fact, the absence of the principal hero from the field during three great battles and sixteen whole books of the poem, while all the other

"In the seventh book, Apollo and Minerva consult as to the propriety of concluding the day's battle by a single combat between Hector and Ajax, and agree that Hector shall be the challenger. Helenus, the Trojan soothsayer, is then brought forward as the inspired medium of communication with Hector, whom he encourages to the adventure by an assurance of having overheard the two deities stipulate for his coming forth unscathed from the engagement. * Not a syllable, however, occurs of any such condition in their actual conversation. The intelligent critic will not fail to perceive the close congeniality of spirit between these cases and the previous examples of conventional knowledge or ignorance cited from the Odyssey. Nor can anything be more incongruous than that the Greeks, after the treacherous conduct of the Trojans on that very morning, should here complacently accept their renewed proposals of truce, and again place confidence in their oaths, without the least notice of their late perjury. Yet every rational inference of a sceptical nature is excluded by the distinct allusion of both Hector and Antenor † to that perjury; allusions so inseparably linked with the whole spirit of the contest, that no casuistry can get rid of them. The previous case of single combat, like the dream of Telemachus, in the Odyssey, having served its purpose. is dismissed, and in no way allowed to interfere with the subsequent conduct of the action.

"When Achilles requests his mother to interest Jupiter in his behalf, she replies, that he must wait until the return of the god from Ethiopia, whither he had gone the day before, 'with the rest of the deities.' ‡ Yet we had just before been told, that on the morning of the day on which this dialogue took place, Pallas had been sent by Juno to check the fury of Achilles, and that, after having executed her commission, she rejoined 'the rest of the deities,' in Olympus. § Apollo was also that same morning still in the camp, shooting his arrows at the Greeks. Here is a naked self-contradiction which has yet, owing to the indissoluble connexion of the text, been passed over as a mere inadvertence by the keenest modern impugners of, Homer's unity, and the ancient commentators who notice it have been construed in the same quarters as hypercritical cavillers. ‖

---

chiefs are exhibited in a constant state of activity, ought, with reasonable critics, to go far in itself to vitiate the attacks on the original integrity of the series of martial cantos. The hypothesis of a careful cutting out of all the passages bearing on the hero's presence, and the insertion here and there of the numerous allusions to his absence, a hypothesis which M. Müller plainly inculcated, and which the arguments of his fellow commentators necessarily involve, seems an astonishing climax, a sceptical credulity.

    * vii. 53.   † vii. 351.
    ‡ i. 423.   § i. 423.

‖ See Heyne ad Iliad. i. 424. Since the above was written, the author has observed that Lachmann, undismayed even by Heyne's sneer at such "grammatical subtlety," has gallantly come forward to relieve the school of criticism to which he belongs from the discredit of having overlooked so important a link in the chain of evidence in favour of its doctrines. Betrachtt. lib., Homer's Iliad, p. 6.

"On the night after the first great defeat of the Greeks, it is said, that 'all the other chiefs' * slept soundly, with the exception of Agamemnon, kept awake by anxiety of mind. Yet, shortly after, we are told, that 'Menelaus had passed an equally sleepless night,' from a similar cause. In the sequel of the first quoted text, Agamemnon's restless anxiety is described as amounting to despair, when he 'looked across the plain and beheld the Trojan watchfires.' Yet, a few lines afterwards, it appears he was still in bed in his tent; for it is added that, after musing awhile what was to be done, he arose, dressed himself, and proceeded to the quarters of Nestor. This incoherence has been noticed by Aristotle in a passage of the Poetica, which is the more interesting from the circumstance that its author—who, like Homer, though seldom wrong in essentials, is sometimes careless of details—has himself run into a very natural oversight by quoting as the basis of his criticism, instead of v. i. of the tenth, the parallel exordium of the second book of the poem. †

"If the arms of Achilles fitted Patroclus, why does the former hero lament his inability to revenge his friend's death for want of arms, ‡ since the arms of Patroclus, which were lying in his tent, would have equally fitted himself? This inconsistency, though as palpable as many others to which sceptical importance has been attached, happens to be inseparably linked with the historical essence of the action; and, accordingly, the subtle attempts of the scholiasts to explain it away have been ridiculed by the same modern critics, who are themselves in the habit of adducing far more trivial incongruities

---

* x. ibid.

† De Poët., xxvi. :

    τὸ δὲ κατὰ μεταφορὰν εἴρηται, οἷον·
    ἄλλοι μέν ῥα θεοί τε καὶ ἀνέρες . . . .
    εὗδον παννύχιοι.

ἅμα δέ φησιν.

    ἤτοι ὅτ' ἐς πεδίον τὸ Τρωικὸν ἀθρήσειεν
    αὐλῶν συρίγγων θ' ὅμαδον·

τὸ γὰρ πάντες ἀντὶ τοῦ πολλοὶ κατὰ μεταφορὰν εἴρηται.

The ἄλογον here computed is twofold : first, the impossibility of Agamemnon looking across the plain while lying in bed in his tent; where it really exists : secondly, the impossibility of the Trojans making merry around their bonfires, if the whole human race except Agamemnon were asleep ; the apology for which is, that the whole signifies metaphorically the greater part. In this latter case, however, the ἄλογον is chargeable on the philosopher himself, not on the poet.

Such oversights are not uncommon with Aristotle in parallel cases. Yet this text, the spirit of which ought to be apparent to whoever competently apprehends the genius of either author, has so bewildered the commentators, that a recent respectable editor of the Poetica has even resorted in despair to the unjustifiable expedient of entirely omitting the words from ἅμα to ὅμαδον, in which lie the whole pith and marrow of the passage. Graefenhahn *ad loc.* and in nott. p. 206.

‡ xviii. 192.

in support of their views when the arrangement of the context happens to be more favourable. *

"It were tedious to enumerate the additional examples of Homeric self-contradiction derivable from the text of the Iliad. Enough has been said to bear out the original position, that as such anomalies can be proved by internal evidence, at least in a large proportion of cases, to originate in a corresponding anomaly of the genius of a single poet, the fundamental rule of all sound criticism, that every author is his own best interpreter, precludes any arbitrary attempt to explain other cases when the same criteria may not be so distinctly applicable upon any more subtle or far-fetched principle."

---

* Heyn. ad. loc.

END OF PART III.

PRINTED BY VIRTUE AND CO., CITY ROAD, LONDON.

THE PRIZE MEDAL, INTERNATIONAL EXHIBITION, 1862,
was awarded to the Publishers of
"Weale's Series."

A NEW LIST

OF

WEALE'S
RUDIMENTARY SCIENTIFIC, EDUCATIONAL, AND CLASSICAL SERIES.

These popular and cheap Series of Books, now comprising nearly Three Hundred distinct works in almost every department of Science, Art, and Education, are recommended to the notice of Engineers, Architects, Builders, Artisans, and Students generally, as well as to those interested in Workmen's Libraries, Free Libraries, Literary and Scientific Institutions, Colleges, Schools, Science Classes, &c., &c.

N.B.—In ordering from this List it is recommended, as a means of facilitating business and obviating error, to quote the numbers affixed to the volumes, as well as the titles and prices.

.*** The books are bound in limp cloth, unless otherwise stated.

RUDIMENTARY SCIENTIFIC SERIES.

ARCHITECTURE, BUILDING, ETC.

No.

16. *ARCHITECTURE—ORDERS*—The Orders and their Æsthetic Principles. By W. H. LEEDS. Illustrated. 1s. 6d.

17. *ARCHITECTURE—STYLES*—The History and Description of the Styles of Architecture of Various Countries, from the Earliest to the Present Period. By T. TALBOT BURY, F.R.I.B.A., &c. Illustrated. 2s.
*** ORDERS AND STYLES OF ARCHITECTURE, *in One Vol.*, 3s. 6d.

18. *ARCHITECTURE—DESIGN*—The Principles of Design in Architecture, as deducible from Nature and exemplified in the Works of the Greek and Gothic Architects. By E. L. GARBETT, Architect. Illustrated. 2s.
*** *The three preceding Works, in One handsome Vol., half bound, entitled* "MODERN ARCHITECTURE," *Price* 6s.

22. *THE ART OF BUILDING*, Rudiments of. General Principles of Construction, Materials used in Building, Strength and Use of Materials, Working Drawings, Specifications, and Estimates. By EDWARD DOBSON, M.R.I.B.A., &c. Illustrated. 1s. 6d.

23. *BRICKS AND TILES*, Rudimentary Treatise on the Manufacture of; containing an Outline of the Principles of Brickmaking. By EDW. DOBSON, M.R.I.B.A. With Additions by C. TOMLINSON, F.R.S. Illustrated, 3s.

25. *MASONRY AND STONECUTTING*, Rudimentary Treatise on; in which the Principles of Masonic Projection and their application to the Construction of Curved Wing-Walls, Domes, Oblique Bridges, and Roman and Gothic Vaulting, are concisely explained. By EDWARD DOBSON, M.R.I.B.A., &c. Illustrated with Plates and Diagrams. 2s. 6d.

44. *FOUNDATIONS AND CONCRETE WORKS*, a Rudimentary Treatise on; containing a Synopsis of the principal cases of Foundation Works, with the usual Modes of Treatment, and Practical Remarks on Footings, Planking, Sand, Concrete, Béton, Pile-driving, Caissons, and Cofferdams. By E. DOBSON, M.R.I.B.A., &c. Third Edition, revised by GEORGE DODD, C.E. Illustrated. 1s. 6d.

LOCKWOOD AND CO., 7, STATIONERS' HALL COURT, E.C.

Architecture, Building, etc., *continued.*

42. *COTTAGE BUILDING.* By C. BRUCE ALLEN, Architect. Eleventh Edition, revised and enlarged. Numerous Illustrations. 1s. 6d.

45. *LIMES, CEMENTS, MORTARS, CONCRETES, MASTICS,* PLASTERING, &c., Rudimentary Treatise on. By G. R. BURNELL, C.E. Ninth Edition, with Appendices. 1s. 6d.

57. *WARMING AND VENTILATION,* a Rudimentary Treatise on; being a concise Exposition of the General Principles of the Art of Warming and Ventilating Domestic and Public Buildings, Mines, Lighthouses, Ships, &c. By CHARLES TOMLINSON, F.R.S., &c. Illustrated. 3s.

83**. *CONSTRUCTION OF DOOR LOCKS.* Compiled from the Papers of A. C. HOBBS, Esq., of New York, and Edited by CHARLES TOMLINSON, F.R.S. To which is added, a Description of Fenby's Patent Locks, and a Note upon IRON SAFES by ROBERT MALLET, M.I.C.E. Illus. 2s. 6d.

111. *ARCHES, PIERS, BUTTRESSES, &c.:* Experimental Essays on the Principles of Construction in; made with a view to their being useful to the Practical Builder. By WILLIAM BLAND. Illustrated. 1s. 6d.

116. *THE ACOUSTICS OF PUBLIC BUILDINGS;* or, The Principles of the Science of Sound applied to the purposes of the Architect and Builder. By T. ROGER SMITH, M.R.I.B.A., Architect. Illustrated. 1s. 6d.

124. *CONSTRUCTION OF ROOFS,* Treatise on the, as regards Carpentry and Joinery. Deduced from the Works of ROBISON, PRICE, and TREDGOLD. Illustrated. 1s. 6d.

127. *ARCHITECTURAL MODELLING IN PAPER,* the Art of. By T. A. RICHARDSON, Architect. With Illustrations, designed by the Author, and engraved by O. JEWITT. 1s. 6d.

128. *VITRUVIUS—THE ARCHITECTURE OF MARCUS VITRUVIUS POLLO.* In Ten Books. Translated from the Latin by JOSEPH GWILT, F.S.A., F.R.A.S. With 23 Plates. 5s.

130. *GRECIAN ARCHITECTURE,* An Inquiry into the Principles of Beauty in; with a Historical View of the Rise and Progress of the Art in Greece. By the EARL OF ABERDEEN. 1s.

⁎ *The two Preceding Works in One handsome Vol., half bound, entitled* "ANCIENT ARCHITECTURE." *Price 6s.*

132. *DWELLING-HOUSES,* a Rudimentary Treatise on the Erection of. By S. H. BROOKS, Architect. New Edition, with Plates. 2s. 6d.

156. *QUANTITIES AND MEASUREMENTS,* How to Calculate and Take them in Bricklayers', Masons', Plasterers', Plumbers', Painters', Paperhangers', Gilders', Smiths', Carpenters', and Joiners' Work. By A. C. BEATON, Architect and Surveyor. New and Enlarged Edition. Illus. 1s. 6d.

175. *LOCKWOOD & CO.'S BUILDER'S AND CONTRACTOR'S* PRICE BOOK, with which is incorporated ATCHLEY's and portions of the late G. R. BURNELL's "BUILDER'S PRICE BOOKS," for 1875, containing the latest Prices of all kinds of Builders' Materials and Labour, and of all Trades connected with Building: with many useful and important Memoranda and Tables; Lists of the Members of the Metropolitan Board of Works, of Districts, District Officers, and District Surveyors, and the Metropolitan Bye-laws. The whole Revised and Edited by FRANCIS T. W. MILLER, Architect and Surveyor. 3s. 6d.

182. *CARPENTRY AND JOINERY*—THE ELEMENTARY PRINCIPLES OF CARPENTRY. Chiefly composed from the Standard Work of THOMAS TREDGOLD, C.E. With Additions from the Works of the most Recent Authorities, and a TREATISE ON JOINERY by E. WYNDHAM TARN, M.A. Numerous Illustrations. 3s. 6d.

182*. *CARPENTRY AND JOINERY. ATLAS* of 35 Plates to accompany the foregoing book. With Descriptive Letterpress. 4to. 6s.

187. *HINTS TO YOUNG ARCHITECTS.* By GEORGE WIGHTWICK. Author of "The Palace of Architecture," &c. &c. New, Revised, and enlarged Edition. By G. HUSKISSON GUILLAUME, Architect. With numerous Woodcuts. 3s. 6d.   *[Just published.*

Architecture, Building, etc., *continued.*

189. *THE RUDIMENTS OF PRACTICAL BRICKLAYING.* In Six Sections: General Principles of Bricklaying; Arch Drawing, Cutting, and Setting; different kinds of Pointing; Paving, Tiling, Materials; Slating and Plastering; Practical Geometry, Mensuration, &c. By ADAM HAMMOND. Illustrated with 68 Woodcuts. 1s. 6d. [*Just published.*

192. *THE TIMBER IMPORTER'S, TIMBER MERCHANT'S,* and BUILDER'S STANDARD GUIDE; comprising copious and valuable Memoranda for the Retailer and Builder. By RICHARD E. GRANDY. Second Edition, Revised. 3s.

CIVIL ENGINEERING, ETC.

13. *CIVIL ENGINEERING,* the Rudiments of; for the Use of Beginners, for Practical Engineers, and for the Army and Navy. By HENRY LAW, C.E. Including a Section on Hydraulic Engineering, by GEORGE R. BURNELL, C.E. 5th Edition, with Notes and Illustrations by ROBERT MALLET, A.M., F.R.S. Illustrated with Plates and Diagrams. 5s.

29. *THE DRAINAGE OF DISTRICTS AND LANDS.* By G. DRYSDALE DEMPSEY, C.E. New Edition, revised and enlarged. Illustrated. 1s. 6d.

30. *THE DRAINAGE OF TOWNS AND BUILDINGS.* By G. DRYSDALE DEMPSEY, C.E. New Edition. Illustrated. 2s. 6d.
. With "*Drainage of Districts and Lands,*" in One Vol., 3s. 6d.

31. *WELL-DIGGING, BORING, AND PUMP-WORK.* By JOHN GEORGE SWINDELL, Assoc. R.I.B.A. New Edition, revised by G. R. BURNELL, C.E. Illustrated. 1s. 6d.

35. *THE BLASTING AND QUARRYING OF STONE,* for Building and other Purposes. With Remarks on the Blowing up of Bridges. By Gen. Sir JOHN BURGOYNE, Bart., K.C.B. Illustrated. 1s. 6d.

43. *TUBULAR AND OTHER IRON GIRDER BRIDGES.* Particularly describing the BRITANNIA and CONWAY TUBULAR BRIDGES. With a Sketch of Iron Bridges, and Illustrations of the Application of Malleable Iron to the Art of Bridge Building. By G. D. DEMPSEY, C.E., New Edition, with Illustrations. 1s. 6d.

62. *RAILWAY CONSTRUCTION,* Elementary and Practical Instruction on the Science of. By Sir MACDONALD STEPHENSON, C.E. New Edition, revised and enlarged by EDWARD NUGENT, C.E. Plates and numerous Woodcuts. 3s.

62*. *RAILWAYS;* their Capital and Dividends. With Statistics of their Working in Great Britain, &c., &c. By E. D. CHATTAWAY. 1s.
. 62 and 62*, in One Vol., 3s. 6d.

80*. *EMBANKING LANDS FROM THE SEA,* the Practice of. Treated as a Means of Profitable Employment for Capital. With Examples and Particulars of actual Embankments, and also Practical Remarks on the Repair of old Sea Walls. By JOHN WIGGINS, F.G.S. New Edition, with Notes by ROBERT MALLET, F.R.S. 2s.

81. *WATER WORKS,* for the Supply of Cities and Towns. With a Description of the Principal Geological Formations of England as influencing Supplies of Water; and Details of Engines and Pumping Machinery for raising Water. By SAMUEL HUGHES, F.G.S., C.E. New Edition, revised and enlarged, with numerous Illustrations. 4s.

82**. *GAS WORKS,* and the Practice of Manufacturing and Distributing Coal Gas. By SAMUEL HUGHES, C.E. New Edition, revised by W. RICHARDS, C.E. Illustrated. 3s. 6d.

117. *SUBTERRANEOUS SURVEYING;* an Elementary and Practical Treatise on. By THOMAS FENWICK. Also the Method of Conducting Subterraneous Surveys without the Use of the Magnetic Needle, and other modern Improvements. By THOMAS BAKER, C.E. Illustrated. 2s. 6d.

118. *CIVIL ENGINEERING IN NORTH AMERICA,* a Sketch of. By DAVID STEVENSON, F.R.S.E., &c. Plates and Diagrams. 3s.

Civil Engineering, etc., *continued.*

121. *RIVERS AND TORRENTS.* With the Method of Regulating their Courses and Channels. By Professor PAUL FRISI, F.R.S., of Milan. To which is added, AN ESSAY ON NAVIGABLE CANALS. Translated by Major-General JOHN GARSTIN, of the Bengal Engineers. Plates. 2s. 6d.

MECHANICAL ENGINEERING, ETC.

33. *CRANES,* the Construction of, and other Machinery for Raising Heavy Bodies for the Erection of Buildings, and for Hoisting Goods. By JOSEPH GLYNN, F.R.S., &c. Illustrated. 1s. 6d.

34. *THE STEAM ENGINE,* a Rudimentary Treatise on. By Dr. LARDNER. Illustrated. 1s. 6d.

59. *STEAM BOILERS:* their Construction and Management. By R. ARMSTRONG, C.E. Illustrated. 1s. 6d.

63. *AGRICULTURAL ENGINEERING:* Farm Buildings, Motive Power, Field Machines, Machinery, and Implements. By G. H. ANDREWS, C.E. Illustrated. 3s.

67. *CLOCKS, WATCHES, AND BELLS,* a Rudimentary Treatise on. By Sir EDMUND BECKETT (late EDMUND BECKETT DENISON, LL.D., Q.C.) A new, Revised, and considerably Enlarged Edition (the 6th), with very numerous Illustrations. 4s. 6d. [*Just published.*

77*. *THE ECONOMY OF FUEL,* particularly with Reference to Reverbatory Furnaces for the Manufacture of Iron, and to Steam Boilers. By T. SYMES PRIDEAUX. 1s. 6d.

82. *THE POWER OF WATER,* as applied to drive Flour Mills, and to give motion to Turbines and other Hydrostatic Engines. By JOSEPH GLYNN, F.R.S., &c. New Edition, Illustrated. 2s.

98. *PRACTICAL MECHANISM,* the Elements of; and Machine Tools. By T. BAKER, C.E. With Remarks on Tools and Machinery, by J. NASMYTH, C.E. Plates. 2s. 6d.

114. *MACHINERY,* Elementary Principles of, in its Construction and Working. Illustrated by numerous Examples of Modern Machinery for different Branches of Manufacture. By C. D. ABEL, C.E. 1s. 6d.

115. *ATLAS OF PLATES.* Illustrating the above Treatise. By C. D. ABEL, C.E. 7s. 6d.

125. *THE COMBUSTION OF COAL AND THE PREVENTION* OF SMOKE, Chemically and Practically Considered. With an Appendix. By C. WYE WILLIAMS, A.I.C.E. Plates. 3s.

139. *THE STEAM ENGINE,* a Treatise on the Mathematical Theory of, with Rules at length, and Examples for the Use of Practical Men. By T. BAKER, C.E. Illustrated. 1s. 6d.

162. *THE BRASS FOUNDER'S MANUAL;* Instructions for Modelling, Pattern-Making, Moulding, Turning, Filing, Burnishing, Bronzing, &c. With copious Receipts, numerous Tables, and Notes on Prime Costs and Estimates. By WALTER GRAHAM. Illustrated. 2s. 6d.

164. *MODERN WORKSHOP PRACTICE,* as applied to Marine, Land, and Locomotive Engines, Floating Docks, Dredging Machines, Bridges, Cranes, Ship-building, &c., &c. By J. G. WINTON. Illustrated. 3s.

165. *IRON AND HEAT,* exhibiting the Principles concerned in the Construction of Iron Beams, Pillars, and Bridge Girders, and the Action of Heat in the Smelting Furnace. By J. ARMOUR, C.E. 2s. 6d.

166. *POWER IN MOTION:* Horse-Power, Motion, Toothed-Wheel Gearing, Long and Short Driving Bands, Angular Forces. By JAMES ARMOUR, C.E. With 73 Diagrams. 2s. 6d.

167. *THE APPLICATION OF IRON TO THE CONSTRUCTION* OF BRIDGES, GIRDERS, ROOFS, AND OTHER WORKS. Showing the Principles upon which such Structures are designed, and their Practical Application. By FRANCIS CAMPIN, C.E. Numerous Woodcuts. 2s.

Mechanical Engineering, etc., *continued.*

171. *THE WORKMAN'S MANUAL OF ENGINEERING DRAWING.* By JOHN MAXTON, Engineer, Instructor in Engineering Drawing, Royal Naval College, Greenwich, formerly of R.S.N.A., South Kensington. Illustrated with 7 Plates and nearly 350 Woodcuts. 3s. 6d.

190. *STEAM AND THE STEAM ENGINE*, Stationary and Portable. An elementary treatise on. Being an extension of Mr. John Sewell's "Treatise on Steam." By D. KINNEAR CLARK, C.E., M.I.C.E. Author of "Railway Machinery," "Railway Locomotives," &c., &c. With numerous Illustrations. 3s. 6d. *[Just ready.*

SHIPBUILDING, NAVIGATION, MARINE ENGINEERING, ETC.

51. *NAVAL ARCHITECTURE*, the Rudiments of; or, an Exposition of the Elementary Principles of the Science, and their Practical Application to Naval Construction. Compiled for the Use of Beginners. By JAMES PEAKE, School of Naval Architecture, H.M. Dockyard, Portsmouth. Fourth Edition, corrected, with Plates and Diagrams. 3s. 6d.

53*. *SHIPS FOR OCEAN AND RIVER SERVICE*, Elementary and Practical Principles of the Construction of. By HAKON A. SOMMERFELDT, Surveyor of the Royal Norwegian Navy. With an Appendix. 1s.

53**. *AN ATLAS OF ENGRAVINGS* to Illustrate the above. Twelve large folding plates. Royal 4to, cloth. 7s. 6d.

54. *MASTING, MAST-MAKING, AND RIGGING OF SHIPS*, Rudimentary Treatise on. Also Tables of Spars, Rigging, Blocks; Chain, Wire, and Hemp Ropes, &c., relative to every class of vessels. Together with an Appendix of Dimensions of Masts and Yards of the Royal Navy of Great Britain and Ireland. By ROBERT KIPPING, N.A. Thirteenth Edition. Illustrated. 1s. 6d.

54*. *IRON SHIP-BUILDING.* With Practical Examples and Details for the Use of Ship Owners and Ship Builders. By JOHN GRANTHAM, Consulting Engineer and Naval Architect. Fifth Edition, with important Additions. 4s.

54**. *AN ATLAS OF FORTY PLATES* to Illustrate the above. Fifth Edition. Including the latest Examples, such as H.M. Steam Frigates "Warrior," "Hercules," "Bellerophon;" H.M. Troop Ship "Serapis," Iron Floating Dock, &c., &c. 4to, boards. 38s.

55. *THE SAILOR'S SEA BOOK*: a Rudimentary Treatise on Navigation. I. How to Keep the Log and Work it off. II. On Finding the Latitude and Longitude. By JAMES GREENWOOD, B.A., of Jesus College, Cambridge. To which are added, Directions for Great Circle Sailing; an Essay on the Law of Storms and Variable Winds; and Explanations of Terms used in Ship-building. Ninth Edition, with several Engravings and Coloured Illustrations of the Flags of Maritime Nations. 2s.

80. *MARINE ENGINES, AND STEAM VESSELS*, a Treatise on. Together with Practical Remarks on the Screw and Propelling Power, as used in the Royal and Merchant Navy. By ROBERT MURRAY, C.E., Engineer-Surveyor to the Board of Trade. With a Glossary of Technical Terms, and their Equivalents in French, German, and Spanish. Fifth Edition, revised and enlarged. Illustrated. 3s.

83*bis.* *THE FORMS OF SHIPS AND BOATS*: Hints, Experimentally Derived, on some of the Principles regulating Ship-building. By W. BLAND. Sixth Edition, revised, with numerous Illustrations and Models. 1s. 6d.

99. *NAVIGATION AND NAUTICAL ASTRONOMY*, in Theory and Practice. With Attempts to facilitate the Finding of the Time and the Longitude at Sea. By J. R. YOUNG, formerly Professor of Mathematics in Belfast College. Illustrated. 2s. 6d.

Shipbuilding, Navigation, etc., *continued.*

100*. *TABLES* intended to facilitate the Operations of Navigation and Nautical Astronomy, as an Accompaniment to the above Book. By J. R. YOUNG. 1s. 6d.

106. *SHIPS' ANCHORS*, a Treatise on. By GEORGE COTSELL, N.A. Illustrated. 1s. 6d.

149. *SAILS AND SAIL-MAKING*, an Elementary Treatise on. With Draughting, and the Centre of Effort of the Sails. Also, Weights and Sizes of Ropes; Masting, Rigging, and Sails of Steam Vessels, &c., &c. Ninth Edition, enlarged, with an Appendix. By ROBERT KIPPING, N.A., Sailmaker, Quayside, Newcastle. Illustrated. 2s. 6d.

155. *THE ENGINEER'S GUIDE TO THE ROYAL AND MERCANTILE NAVIES.* By a PRACTICAL ENGINEER. Revised by D. F. M'CARTHY, late of the Ordnance Survey Office, Southampton. 3s.

PHYSICAL SCIENCE, NATURAL PHILO-SOPHY, ETC.

1. *CHEMISTRY*, for the Use of Beginners. By Professor GEORGE FOWNES, F.R.S. With an Appendix, on the Application of Chemistry to Agriculture. 1s.

2. *NATURAL PHILOSOPHY*, Introduction to the Study of; for the Use of Beginners. By C. TOMLINSON, Lecturer on Natural Science in King's College School, London. Woodcuts. 1s. 6d.

4. *MINERALOGY*, Rudiments of; a concise View of the Properties of Minerals. By A. RAMSEY, Jun. Woodcuts and Steel Plates. 3s.

6. *MECHANICS*, Rudimentary Treatise on; being a concise Exposition of the General Principles of Mechanical Science, and their Applications. By CHARLES TOMLINSON, Lecturer on Natural Science in King's College School, London. Illustrated. 1s. 6d.

7. *ELECTRICITY;* showing the General Principles of Electrical Science, and the purposes to which it has been applied. By Sir W. SNOW HARRIS, F.R.S., &c. With considerable Additions by R. SABINE, C.E., F.S.A. Woodcuts. 1s. 6d.

7*. *GALVANISM*, Rudimentary Treatise on, and the General Principles of Animal and Voltaic Electricity. By Sir W. SNOW HARRIS. New Edition, revised, with considerable Additions, by ROBERT SABINE, C.E., F.S.A. Woodcuts. 1s. 6d.

8. *MAGNETISM;* being a concise Exposition of the General Principles of Magnetical Science, and the Purposes to which it has been applied. By Sir W. SNOW HARRIS. New Edition, revised and enlarged by H. M. NOAD, Ph.D., Vice-President of the Chemical Society, Author of "A Manual of Electricity," &c., &c. With 165 Wooocuts. 3s. 6d.

11. *THE ELECTRIC TELEGRAPH;* its History and Progress; with Descriptions of some of the Apparatus. By R. SABINE, C.E., F.S.A., &c. Woodcuts. 3s.

12. *PNEUMATICS*, for the Use of Beginners. By CHARLES TOMLINSON. Illustrated. 1s. 6d.

72. *MANUAL OF THE MOLLUSCA;* a Treatise on Recent and Fossil Shells. By Dr. S. P. WOODWARD, A.L.S. With Appendix by RALPH TATE, A.L.S., F.G.S. With numerous Plates and 300 Woodcuts, 6s. 6d. Cloth boards, 7s. 6d.

79**. *PHOTOGRAPHY*, Popular Treatise on; with a Description of the Stereoscope, &c. Translated from the French of D. VAN MONCKHOVEN, by W. H. THORNTHWAITE, Ph.D. Woodcuts. 1s. 6d.

96. *ASTRONOMY.* By the Rev. R. MAIN, M.A., F.R.S., &c. New and enlarged Edition, with an Appendix on "Spectrum Analysis." Woodcuts. 1s. 6d.

Physical Science, Natural Philosophy, etc., *continued.*

97. *STATICS AND DYNAMICS*, the Principles and Practice of; embracing also a clear development of Hydrostatics, Hydrodynamics, and Central Forces. By T. BAKER, C.E. 1s. 6d.

138. *TELEGRAPH*, Handbook of the; a Manual of Telegraphy, Telegraph Clerks' Remembrancer, and Guide to Candidates for Employment in the Telegraph Service. By R. BOND. Fourth Edition, revised and enlarged: to which is appended, QUESTIONS on MAGNETISM, ELECTRICITY, and PRACTICAL TELEGRAPHY, for the Use of Students, by W. McGREGOR, First Assistant Superintendent, Indian Gov. Telegraphs. Woodcuts. 3s.

143. *EXPERIMENTAL ESSAYS.* By CHARLES TOMLINSON. I. On the Motions of Camphor on Water. II. On the Motion of Camphor towards the Light. III. History of the Modern Theory of Dew. Woodcuts. 1s.

173. *PHYSICAL GEOLOGY*, partly based on Major-General PORTLOCK's "Rudiments of Geology." By RALPH TATE, A.L.S., &c. Numerous Woodcuts. 2s.

174. *HISTORICAL GEOLOGY*, partly based on Major-General PORTLOCK's "Rudiments." By RALPH TATE, A.L.S., &c. Woodcuts. 2s. 6d.

173 & 174. *RUDIMENTARY TREATISE ON GEOLOGY*, Physical and Historical. Partly based on Major-General PORTLOCK's "Rudiments of Geology." By RALPH TATE, A.L.S., F.G.S., &c., &c. Numerous Illustrations. In One Volume. 4s. 6d.

183 & 184. *ANIMAL PHYSICS*, Handbook of. By DIONYSIUS LARDNER, D.C.L., formerly Professor of Natural Philosophy and Astronomy in University College, London. With 520 Illustrations. In One Volume, cloth boards. 7s. 6d.

⁎ Sold also in Two Parts, as follows :—

283. ANIMAL PHYSICS. By Dr. LARDNER. Part I., Chapter I—VII. 4s.
284. ANIMAL PHYSICS. By Dr. LARDNER. Part II. Chapter VIII—XVIII. 3s.

MINING, METALLURGY, ETC.

117. *SUBTERRANEOUS SURVEYING*, Elementary and Practical Treatise on, with and without the Magnetic Needle. By THOMAS FENWICK, Surveyor of Mines, and THOMAS BAKER, C.E. Illustrated. 2s. 6d.

133. *METALLURGY OF COPPER ;* an Introduction to the Methods of Seeking, Mining, and Assaying Copper, and Manufacturing its Alloys. By ROBERT H. LAMBORN, Ph.D. Woodcuts. 2s. 6d.

134. *METALLURGY OF SILVER AND LEAD.* A Description of the Ores; their Assay and Treatment, and valuable Constituents. By Dr. R. H. LAMBORN. Woodcuts. 2s.

135. *ELECTRO-METALLURGY;* Practically Treated. By ALEXANDER WATT, F.R.S.S.A. New Edition. Woodcuts. 2s.

172. *MINING TOOLS*, Manual of. For the Use of Mine Managers, Agents, Students, &c. Comprising Observations on the Materials from, and Processes by which, they are manufactured; their Special Uses, Applications, Qualities, and Efficiency. By WILLIAM MORGANS, Lecturer on Mining at the Bristol School of Mines. 2s. 6d.

172*. *MINING TOOLS, ATLAS* of Engravings to Illustrate the above, containing 235 Illustrations of Mining Tools, drawn to Scale. 4to. 4s. 6d.

176. *METALLURGY OF IRON*, a Treatise on the. Containing Outlines of the History of Iron Manufacture, Methods of Assay, and Analyses of Iron Ores, Processes of Manufacture of Iron and Steel, &c. By H. BAUERMAN, F.G.S., Associate of the Royal School of Mines. Fourth Edition, revised and enlarged, with numerous Illustrations. 4s. 6d.

Mining, Metallurgy, etc., *continued.*

180. *COAL AND COAL MINING:* A Rudimentary Treatise on. By WARINGTON W. SMYTH, M.A., F.R.S., &c., Chief Inspector of the Mines of the Crown and of the Duchy of Cornwall. Second Edition, revised and corrected. With numerous Illustrations. 3s. 6d.

EMIGRATION.

154. *GENERAL HINTS TO EMIGRANTS.* Containing Notices of the various Fields for Emigration. With Hints on Preparation for Emigrating, Outfits, &c., &c. With Directions and Recipes useful to the Emigrant. With a Map of the World. 2s.

157. *THE EMIGRANT'S GUIDE TO NATAL.* By ROBERT JAMES MANN, F.R.A.S., F.M.S. Second Edition, carefully corrected to the present Date. Map. 2s.

159. *THE EMIGRANT'S GUIDE TO AUSTRALIA, New South Wales, Western Australia, South Australia, Victoria, and Queensland.* By the Rev. JAMES BAIRD, B.A. Map. 2s. 6d.

160. *THE EMIGRANT'S GUIDE TO TASMANIA and NEW ZEALAND.* By the Rev. JAMES BAIRD, B.A. With a Map. 2s.

159 & *THE EMIGRANT'S GUIDE TO AUSTRALASIA.* By the 160. Rev. J. BAIRD, B.A. Comprising the above two volumes, 12mo, cloth boards. With Maps of Australia and New Zealand. 5s.

AGRICULTURE.

29. *THE DRAINAGE OF DISTRICTS AND LANDS.* By G. DRYSDALE DEMPSEY, C.E. Illustrated. 1s. 6d.
   ⁎ With " Drainage of Towns and Buildings," in One Vol., 3s. 6d.

63. *AGRICULTURAL ENGINEERING:* Farm Buildings, Motive Powers and Machinery of the Steading, Field Machines, and Implements. By G. H. ANDREWS, C.E. Illustrated. 3s.

66. *CLAY LANDS AND LOAMY SOILS.* By Professor DONALDSON. 1s.

131. *MILLER'S, MERCHANT'S, AND FARMER'S READY RECKONER,* for ascertaining at sight the value of any quantity of Corn, from One Bushel to One Hundred Quarters, at any given price, from £1 to £5 per quarter. Together with the approximate values of Millstones and Millwork, &c. 1s.

140. *SOILS, MANURES, AND CROPS* (Vol. 1. OUTLINES OF MODERN FARMING.) By R. SCOTT BURN. Woodcuts. 2s.

141. *FARMING AND FARMING ECONOMY,* Notes, Historical and Practical on. (Vol. 2. OUTLINES OF MODERN FARMING.) By R. SCOTT BURN. Woodcuts. 3s.

142. *STOCK; CATTLE, SHEEP, AND HORSES.* (Vol. 3. OUTLINES OF MODERN FARMING.) By R. SCOTT BURN. Woodcuts. 2s. 6d.

145. *DAIRY, PIGS, AND POULTRY,* Management of the. By R. SCOTT BURN. With Notes on the Diseases of Stock. (Vol. 4. OUTLINES OF MODERN FARMING.) Woodcuts. 2s.

146. *UTILIZATION OF SEWAGE, IRRIGATION, AND RECLAMATION OF WASTE LAND.* (Vol. 5. OUTLINES OF MODERN FARMING.) By R. SCOTT BURN. Woodcuts. 2s. 6d.

   ⁎ Nos. 140-1-2-5-6, in One Vol., handsomely half-bound, entitled " OUTLINES OF MODERN FARMING." By ROBERT SCOTT BURN. Price 12s.

177. *FRUIT TREES;* The Scientific and Profitable Culture of. From the French of DU BREUIL, Revised by GEO. GLENNY. 187 Woodcuts. 3s. 6d.

LONDON : LOCKWOOD AND CO.,

FINE ARTS.

20. *PERSPECTIVE FOR BEGINNERS.* Adapted to Young Students and Amateurs in Architecture, Painting, &c. By GEORGE PYNE, Artist. Woodcuts. 2s.

40. *GLASS STAINING ;* or, Painting on Glass, The Art of. Comprising Directions for Preparing the Pigments and Fluxes, laying them upon the Glass, and Firing or Burning in the Colours. From the German of Dr. GESSERT. To which is added, an Appendix on THE ART OF ENAMELLING, &c. 1s.

41. *PAINTING ON GLASS,* the Art of. From the German of EMANUEL OTTO FROMBERG. 1s.

69. *MUSIC,* A Rudimentary and Practical Treatise on. With numerous Examples. By CHARLES CHILD SPENCER. 2s. 6d.

71. *PIANOFORTE,* The Art of Playing the. With numerous Exercises and Lessons. Written and Selected from the Best Masters, by CHARLES CHILD SPENCER. 1s. 6d.

181. *PAINTING POPULARLY EXPLAINED,* including Fresco, Oil, Mosaic, Water Colour, Water-Glass, Tempera, Encaustic, Miniature, Painting on Ivory, Vellum, Pottery, Enamel, Glass, &c. With Historical Sketches of the Progress of the Art by THOMAS JOHN GULLICK, assisted by JOHN TIMBS, F.S.A. Third Edition, revised and enlarged, with Frontispiece and Vignette. 5s.

186. *A GRAMMAR OF COLOURING,* applied to Decorative Painting and the Arts. By GEORGE FIELD. New Edition, enlarged and adapted to the Use of the Ornamental Painter and Designer. By ELLIS A. DAVIDSON, Author of "Drawing for Carpenters," &c. With two new Coloured Diagrams and numerous Engravings on Wood. 2s. 6d.

ARITHMETIC, GEOMETRY, MATHEMATICS, ETC.

32. *MATHEMATICAL INSTRUMENTS,* a Treatise on; in which their Construction and the Methods of Testing, Adjusting, and Using them are concisely Explained. By J. F. HEATHER, M.A., of the Royal Military Academy, Woolwich. Original Edition, in 1 vol., Illustrated. 1s. 6d.

** *In ordering the above, be careful to say, "Original Edition," or give the number in the Series* (32) *to distinguish it from the Enlarged Edition in 3 vols.* (*Nos.* 168-9-70.)

60. *LAND AND ENGINEERING SURVEYING,* a Treatise on; with all the Modern Improvements. Arranged for the Use of Schools and Private Students; also for Practical Land Surveyors and Engineers. By T. BAKER, C.E. New Edition, revised by EDWARD NUGENT, C.E. Illustrated with Plates and Diagrams. 2s.

61*. *READY RECKONER FOR THE ADMEASUREMENT OF LAND.* By ABRAHAM ARMAN, Schoolmaster, Thurleigh, Beds. To which is added a Table, showing the Price of Work, from 2s. 6d. to £1 per acre, and Tables for the Valuation of Land, from 1s. to £1,000 per acre, and from one pole to two thousand acres in extent, &c., &c. 1s. 6d.

76. *DESCRIPTIVE GEOMETRY,* an Elementary Treatise on; with a Theory of Shadows and of Perspective, extracted from the French of G. MONGE. To which is added, a description of the Principles and Practice of Isometrical Projection; the whole being intended as an introduction to the Application of Descriptive Geometry to various branches of the Arts. By J. F. HEATHER, M.A. Illustrated with 14 Plates. 2s.

178. *PRACTICAL PLANE GEOMETRY:* giving the Simplest Modes of Constructing Figures contained in one Plane and Geometrical Construction of the Ground. By J. F. HEATHER, M.A. With 215 Woodcuts. 2s.

179. *PROJECTION:* Orthographic, Topographic, and Perspective: giving the various Modes of Delineating Solid Forms by Constructions on a Single Plane Surface. By J. F. HEATHER, M.A. [*In preparation.*

** *The above three volumes will form a* COMPLETE ELEMENTARY COURSE OF MATHEMATICAL DRAWING.

Arithmetic, Geometry, Mathematics, etc., *continued.*

83. *COMMERCIAL BOOK-KEEPING.* With Commercial Phrases and Forms in English, French, Italian, and German. By JAMES HADDON, M.A., Arithmetical Master of King's College School, London. 1s.

84. *ARITHMETIC,* a Rudimentary Treatise on: with full Explanations of its Theoretical Principles, and numerous Examples for Practice. For the Use of Schools and for Self-Instruction. By J. R. YOUNG, late Professor of Mathematics in Belfast College. New Edition, with Index. 1s. 6d.

84* A KEY to the above, containing Solutions in full to the Exercises, together with Comments, Explanations, and Improved Processes, for the Use of Teachers and Unassisted Learners. By J. R. YOUNG. 1s. 6d.

85. *EQUATIONAL ARITHMETIC,* applied to Questions of Interest,
85*. Annuities, Life Assurance, and General Commerce; with various Tables by which all Calculations may be greatly facilitated. By W. HIPSLEY. In Two Parts, 1s. each; or in One Vol. 2s.

86. *ALGEBRA,* the Elements of. By JAMES HADDON, M.A., Second Mathematical Master of King's College School. With Appendix, containing miscellaneous Investigations, and a Collection of Problems in various parts of Algebra. 2s.

86* A KEY AND COMPANION to the above Book, forming an extensive repository of Solved Examples and Problems in Illustration of the various Expedients necessary in Algebraical Operations. Especially adapted for Self-Instruction. By J. R. YOUNG. 1s. 6d.

88. *EUCLID,* THE ELEMENTS OF: with many additional Propositions
89. and Explanatory Notes: to which is prefixed, an Introductory Essay on Logic. By HENRY LAW, C.E. 2s. 6d.

∗ *Sold also separately, viz. :—*

88. Euclid, The First Three Books. By HENRY LAW, C.E. 1s.
89. Euclid, Books 4, 5, 6, 11, 12. By HENRY LAW, C.E. 1s. 6d.

90. *ANALYTICAL GEOMETRY AND CONIC SECTIONS,* a Rudimentary Treatise on. By JAMES HANN, late Mathematical Master of King's College School, London. A New Edition, re-written and enlarged by J. R. YOUNG, formerly Professor of Mathematics at Belfast College. 2s.

91. *PLANE TRIGONOMETRY,* the Elements of. By JAMES HANN, formerly Mathematical Master of King's College, London. 1s.

92. *SPHERICAL TRIGONOMETRY,* the Elements of. By JAMES HANN. Revised by CHARLES H. DOWLING, C.E. 1s.

∗ *Or with "The Elements of Plane Trigonometry," in One Volume, 2s.*

93. *MENSURATION AND MEASURING,* for Students and Practical Use. With the Mensuration and Levelling of Land for the Purposes of Modern Engineering. By T. BAKER, C.E. New Edition, with Corrections and Additions by E. NUGENT, C.E. Illustrated. 1s. 6d.

94. *LOGARITHMS,* a Treatise on; with Mathematical Tables for facilitating Astronomical, Nautical, Trigonometrical, and Logarithmic Calculations; Tables of Natural Sines and Tangents and Natural Cosines. By HENRY LAW, C.E. Illustrated. 2s. 6d.

101*. *MEASURES, WEIGHTS, AND MONEYS OF ALL NATIONS,* and an Analysis of the Christian, Hebrew, and Mahometan Calendars. By W. S. B. WOOLHOUSE, F.R.A.S., &c. 1s. 6d.

102. *INTEGRAL CALCULUS,* Rudimentary Treatise on the. By HOMERSHAM COX, B.A. Illustrated. 1s.

103. *INTEGRAL CALCULUS,* Examples on the. By JAMES HANN, late of King's College, London. Illustrated. 1s.

101. *DIFFERENTIAL CALCULUS,* Examples of the. By W. S. B. WOOLHOUSE, F.R.A.S., &c. 1s. 6d.

104. *DIFFERENTIAL CALCULUS,* Examples and Solutions of the. By JAMES HADDON, M.A. 1s.

LONDON : LOCKWOOD AND CO.,

Arithmetic, Geometry, Mathematics, etc., *continued.*

105. *MNEMONICAL LESSONS.* — GEOMETRY, ALGEBRA, AND TRIGONOMETRY, in Easy Mnemonical Lessons. By the Rev. THOMAS PENYNGTON KIRKMAN, M.A. 1s. 6d.

136. *ARITHMETIC,* Rudimentary, for the Use of Schools and Self-Instruction. By JAMES HADDON, M.A. Revised by ABRAHAM ARMAN. 1s. 6d.

137. A KEY TO HADDON'S RUDIMENTARY ARITHMETIC. By A. ARMAN. 1s. 6d.

147. *ARITHMETIC,* STEPPING-STONE TO; being a Complete Course of Exercises in the First Four Rules (Simple and Compound), on an entirely new principle. For the Use of Elementary Schools of every Grade. Intended as an Introduction to the more extended works on Arithmetic. By ABRAHAM ARMAN. 1s.

148. A KEY TO STEPPING-STONE TO ARITHMETIC. By A. ARMAN. 1s.

158. *THE SLIDE RULE, AND HOW TO USE IT;* containing full, easy, and simple Instructions to perform all Business Calculations with unexampled rapidity and accuracy. By CHARLES HOARE, C.E. With a Slide Rule in tuck of cover. 3s.

168. *DRAWING AND MEASURING INSTRUMENTS.* Including—I. Instruments employed in Geometrical and Mechanical Drawing, and in the Construction, Copying, and Measurement of Maps and Plans. II. Instruments used for the purposes of Accurate Measurement, and for Arithmetical Computations. By J. F. HEATHER, M.A., late of the Royal Military Academy, Woolwich, Author of "Descriptive Geometry," &c., &c. Illustrated. 1s. 6d.

169. *OPTICAL INSTRUMENTS.* Including (more especially) Telescopes, Microscopes, and Apparatus for producing copies of Maps and Plans by Photography. By J. F. HEATHER, M.A. Illustrated. 1s. 6d.

170. *SURVEYING AND ASTRONOMICAL INSTRUMENTS.* Including—I. Instruments Used for Determining the Geometrical Features of a portion of Ground. II. Instruments Employed in Astronomical Observations. By J. F. HEATHER, M.A. Illustrated. 1s. 6d.

•‧• *The above three volumes form an enlargement of the Author's original work, "Mathematical Instruments: their Construction, Adjustment, Testing, and Use," the Eleventh Edition of which is on sale, price 1s. 6d. (See No. 32 in the Series.)*

168.⎫
169.⎬ *MATHEMATICAL INSTRUMENTS.* By J. F. HEATHER, M.A. Enlarged Edition, for the most part entirely re-written. The 3 Parts as
170.⎭ above, in One thick Volume. With numerous Illustrations. Cloth boards. 5s.

LEGAL TREATISES.

50. *THE LAW OF CONTRACTS FOR WORKS AND SERVICES.* By DAVID GIBBONS. Third Edition, revised and considerably enlarged. 3s. [*Just published.*]

107. *COUNTY COURT GUIDE,* Plain Guide for Suitors in the County Court. By a BARRISTER. 1s. 6d.

108. *THE METROPOLIS LOCAL MANAGEMENT ACT,* 18th and 19th Vict., c. 120; 19th and 20th Vict., c. 112; 21st and 22nd Vict., c. 104; 24th and 25th Vict., c. 61; also, the last Pauper Removal Act, and the Parochial Assessment Act. 1s. 6d.

108*. *THE METROPOLIS LOCAL MANAGEMENT AMENDMENT ACT,* 1862, 25th and 26th Vict., c. 120. Notes and an Index. 1s.
•‧• *With the Local Management Act, in One Volume, 2s. 6d.*

151. *A HANDY BOOK ON THE LAW OF FRIENDLY, INDUSTRIAL & PROVIDENT BUILDING & LOAN SOCIETIES.* With copious Notes. By NATHANIEL WHITE, of H.M. Civil Service. 1s.

163. *THE LAW OF PATENTS FOR INVENTIONS;* and on the Protection of Designs and Trade Marks. By F. W. CAMPIN, Barrister-at-Law. 2s.

MISCELLANEOUS VOLUMES.

36. *A DICTIONARY OF TERMS used in ARCHITECTURE, BUILDING, ENGINEERING, MINING, METALLURGY, ARCHÆOLOGY, the FINE ARTS, &c.* With Explanatory Observations on various Subjects connected with Applied Science and Art. By JOHN WEALE. Fourth Edition, with numerous Additions. Edited by ROBERT HUNT, F.R.S., Keeper of Mining Records, Editor of Ure's " Dictionary of Arts, Manufactures, and Mines." Numerous Illustrations. 5s.

112. *MANUAL OF DOMESTIC MEDICINE.* By R. GOODING, B.A., M.B. Intended as a Family Guide in all Cases of Accident and Emergency. 2s.

112*. *MANAGEMENT OF HEALTH.* A Manual of Home and Personal Hygiene. By the Rev. JAMES BAIRD, B.A. 1s.

113. *FIELD ARTILLERY ON SERVICE*, on the Use of. With especial Reference to that of an Army Corps. For Officers of all Arms. By TAUBERT, Captain, Prussian Artillery. Translated from the German by Lieut.-Col. HENRY HAMILTON MAXWELL, Bengal Artillery. 1s. 6d.

113*. *SWORDS, AND OTHER ARMS* used for Cutting and Thrusting, Memoir on. By Colonel MAREY. Translated from the French by Colonel H. H. MAXWEIL. With Notes and Plates. 1s.

150. *LOGIC*, Pure and Applied. By S. H. EMMENS. Third Edition. 1s. 6d.

152. *PRACTICAL HINTS FOR INVESTING MONEY.* With an Explanation of the Mode of Transacting Business on the Stock Exchange. By FRANCIS PLAYFORD, Sworn Broker. 1s. 6d.

153. *SELECTIONS FROM LOCKE'S ESSAYS ON THE HUMAN UNDERSTANDING.* With Notes by S. H. EMMENS. 2s.

193. *HANDBOOK OF FIELD FORTIFICATION*, intended for the Guidance of Officers Preparing for Promotion, and especially adapted to the requirements of Beginners. By Major W. W. KNOLLYS F.R.G.S., 93rd Sutherland Highlanders, &c. With 163 Woodcuts. 3s.

EDUCATIONAL AND CLASSICAL SERIES.

HISTORY.

1. **England, Outlines of the History of;** more especially with reference to the Origin and Progress of the English Constitution. A Text Book for Schools and Colleges. By WILLIAM DOUGLAS HAMILTON, F.S.A., of Her Majesty's Public Record Office. Fourth Edition, revised and brought down to 1872. Maps and Woodcuts. 5s.; cloth boards, 6s. Also in Five Parts, 1s. each.

5. **Greece, Outlines of the History of;** in connection with the Rise of the Arts and Civilization in Europe. By W. DOUGLAS HAMILTON, of University College, London, and EDWARD LEVIEN, M.A., of Balliol College, Oxford. 2s. 6d.; cloth boards, 3s. 6d.

7. **Rome, Outlines of the History of;** from the Earliest Period to the Christian Era and the Commencement of the Decline of the Empire. By EDWARD LEVIEN, of Balliol College, Oxford. Map, 2s. 6d.; cl. bds. 3s. 6d.

9. **Chronology of History, Art, Literature, and Progress,** from the Creation of the World to the Conclusion of the Franco-German War. The Continuation by W. D. HAMILTON, F.S.A., of Her Majesty's Record Office. 3s.; cloth boards, 3s. 6d.

50. **Dates and Events in English History,** for the use of Candidates in Public and Private Examinations. By the Rev. EDGAR RAND, B.A. 1s.

LONDON : LOCKWOOD AND CO.,

ENGLISH LANGUAGE AND MISCEL-LANEOUS.

11. **Grammar of the English Tongue,** Spoken and Written. With an Introduction to the Study of Comparative Philology. By HYDE CLARKE, D.C.L. Third Edition. 1s.

11*. **Philology:** Handbook of the Comparative Philology of English, Anglo-Saxon, Frisian, Flemish or Dutch, Low or Platt Dutch, High Dutch or German, Danish, Swedish, Icelandic, Latin, Italian, French, Spanish, and Portuguese Tongues. By HYDE CLARKE, D.C.L. 1s.

12. **Dictionary of the English Language,** as Spoken and Written. Containing above 100,000 Words. By HYDE CLARKE, D.C.L. 3s. 6d.; cloth boards, 4s. 6d.; complete with the GRAMMAR, cloth bds., 5s. 6d.

48. **Composition and Punctuation,** familiarly Explained for those who have neglected the Study of Grammar. By AUSTIN BRENAN. 16th Edition. 1s.

49. **Derivative Spelling-Book:** Giving the Origin of Every Word from the Greek, Latin, Saxon, German, Teutonic, Dutch, French, Spanish, and other Languages; with their present Acceptation and Pronunciation. By J. ROWBOTHAM, F.R.A.S. Improved Edition. 1s. 6d.

51. **The Art of Extempore Speaking:** Hints for the Pulpit, the Senate, and the Bar. By M. BAUTAIN, Vicar-General and Professor at the Sorbonne. Translated from the French. Fifth Edition, carefully corrected. 2s. 6d.

52. **Mining and Quarrying,** with the Sciences connected therewith. First Book of, for Schools. By J. H. COLLINS, F.G.S., Lecturer to the Miners' Association of Cornwall and Devon. 1s. 6d.

53. **Places and Facts in Political and Physical Geography,** for Candidates in Public and Private Examinations. By the Rev. EDGAR RAND, B.A. 1s.

54. **Analytical Chemistry,** Qualitative and Quantitative, a Course of. To which is prefixed, a Brief Treatise upon Modern Chemical Nomenclature and Notation. By WM. W. PINK, Practical Chemist, &c., and GEORGE E. WEBSTER, Lecturer on Metallurgy and the Applied Sciences, Nottingham. 2s.

THE SCHOOL MANAGERS' SERIES OF READING BOOKS,

Adapted to the Requirements of the New Code. Edited by the Rev. A. R. GRANT, Rector of Hitcham, and Honorary Canon of Ely; formerly H.M. Inspector of Schools.

	s.	d.						s.	d.
INTRODUCTORY PRIMER	0	3	THIRD STANDARD	.	.	.	.	1	0
FIRST STANDARD	0	6	FOURTH ,,	.	.	.	.	1	2
SECOND ,,	0	10	FIFTH ,,	.	.	.	.	1	6

₊ *A Sixth Standard in Preparation.*

LESSONS FROM THE BIBLE. Part I. Old Testament. 1s.
LESSONS FROM THE BIBLE. Part II. New Testament, to which is added THE GEOGRAPHY OF THE BIBLE, for very young Children. By Rev. C. THORNTON FORSTER. 1s. 2d. *₊* Or the Two Parts in One Volume. 2s.

FRENCH.

24. **French Grammar.** With Complete and Concise Rules on the Genders of French Nouns. By G. L. STRAUSS, Ph.D. 1s.

25. **French-English Dictionary.** Comprising a large number of New Terms used in Engineering, Mining, on Railways, &c. By ALFRED ELWES. 1s. 6d.

French, *continued.*

26. **English-French Dictionary.** By ALFRED ELWES. 2s.
25, 26. **French Dictionary** (as above). Complete, in One Vol., 3s.;
cloth boards, 3s. 6d. *₊* Or with the GRAMMAR, cloth boards, 4s. 6d.
47. **French and English Phrase Book**: containing Intro-
ductory Lessons, with Translations, for the convenience of Students; several
Vocabularies of Words, a Collection of suitable Phrases, and Easy Familiar
Dialogues. 1s.

GERMAN.

39. **German Grammar.** Adapted for English Students, from
Heyse's Theoretical and Practical Grammar, by Dr. G. L. STRAUSS. 1s.
40. **German Reader**: A Series of Extracts, carefully culled from the
most approved Authors of Germany; with Notes, Philological and Ex-
planatory. By G. L. STRAUSS, Ph.D. 1s.
41. **German Triglot Dictionary.** By NICHOLAS ESTERHAZY,
S. A. HAMILTON. Part I. English-German-French. 1s.
42. **German Triglot Dictionary.** Part II. German-French-
English. 1s.
43. **German Triglot Dictionary.** Part III. French-German-
English. 1s.
41-43. **German Triglot Dictionary** (as above), in One Vol., 3s.;
cloth boards, 4s. *₊* Or with the GERMAN GRAMMAR, cloth boards, 5s.

ITALIAN.

27. **Italian Grammar,** arranged in Twenty Lessons, with a Course
of Exercises. By ALFRED ELWES. 1s.
28. **Italian Triglot Dictionary,** wherein the Genders of all the
Italian and French Nouns are carefully noted down. By ALFRED ELWES.
Vol. 1. Italian-English-French. 2s.
30. **Italian Triglot Dictionary.** By A. ELWES. Vol. 2.
English-French-Italian. 2s.
32. **Italian Triglot Dictionary.** By ALFRED ELWES. Vol. 3.
French-Italian-English. 2s.
28, 30, **Italian Triglot Dictionary** (as above). In One Vol., 6s.;
32. cloth boards, 7s. 6d. *₊* Or with the ITALIAN GRAMMAR, cloth bds., 8s. 6d.

SPANISH.

34. **Spanish Grammar,** in a Simple and Practical Form. With
a Course of Exercises. By ALFRED ELWES. 1s. 6d.
35. **Spanish-English and English-Spanish Dictionary.**
Including a large number of Technical Terms used in Mining, Engineering, &c.,
with the proper Accents and the Gender of every Noun. By ALFRED ELWES
4s.; cloth boards, 5s. *₊* Or with the GRAMMAR, cloth boards, 6s.

HEBREW.

46*. **Hebrew Grammar.** By Dr. BRESSLAU. 1s. 6d.
44. **Hebrew and English Dictionary,** Biblical and Rabbinical;
containing the Hebrew and Chaldee Roots of the Old Testament Post-
Rabbinical Writings. By Dr. BRESSLAU. 6s. *₊* Or with the GRAMMAR, 7s.
46. **English and Hebrew Dictionary.** By Dr. BRESSLAU. 3s.
44, 46. **Hebrew Dictionary** (as above), in Two Vols., complete, with
46*. the GRAMMAR, cloth boards, 12s.

LONDON : LOCKWOOD AND CO.,

LATIN.

19. **Latin Grammar.** Containing the Inflections and Elementary Principles of Translation and Construction. By the Rev. Thomas Goodwin, M.A., Head Master of the Greenwich Proprietary School. 1s.

20. **Latin–English Dictionary.** Compiled from the best Authorities. By the Rev. Thomas Goodwin, M.A. 2s.

22. **English–Latin Dictionary;** together with an Appendix of French and Italian Words which have their origin from the Latin. By the Rev. Thomas Goodwin, M.A. 1s. 6d.

20,22. **Latin Dictionary** (as above). Complete in One Vol., 3s. 6d.; cloth boards, 4s. 6d. ⁎⁎⁎ Or with the Grammar, cloth boards, 5s. 6d.

LATIN CLASSICS. With Explanatory Notes in English.

1. **Latin Delectus.** Containing Extracts from Classical Authors, with Genealogical Vocabularies and Explanatory Notes, by Henry Young, lately Second Master of the Royal Grammar School, Guildford. 1s.

2. **Cæsaris Commentarii de Bello Gallico.** Notes, and a Geographical Register for the Use of Schools, by H. Young. 2s.

12. **Ciceronis Oratio pro Sexto Roscio Amerino.** Edited, with an Introduction, Analysis, and Notes Explanatory and Critical, by the Rev. James Davies, M.A. 1s.

14. **Ciceronis Cato Major, Lælius, Brutus, sive de Senectute, de Amicitia, de Claris Oratoribus Dialogi.** With Notes by W. Brownrigg Smith, M.A., F.R.G.S. 2s.

3. **Cornelius Nepos.** With Notes. Intended for the Use of Schools. By H. Young. 1s.

6. **Horace;** Odes, Epode, and Carmen Sæculare. Notes by H. Young. 1s. 6d.

7. **Horace;** Satires, Epistles, and Ars Poetica. Notes by W. Brownrigg Smith, M.A., F.R.G.S. 1s. 6d.

21. **Juvenalis Satiræ.** With Prolegomena and Notes by T. H. S. Escott, B.A., Lecturer on Logic at King's College, London. 1s. 6d.

16. **Livy:** History of Rome. Notes by H. Young and W. B. Smith, M.A. Part 1. Books i., ii., 1s. 6d.

16*. ——— Part 2. Books iii., iv., v., 1s. 6d.

17. ——— Part 3. Books xxi. xxii., 1s. 6d.

8. **Sallustii Crispi Catalina et Bellum Jugurthinum.** Notes Critical and Explanatory, by W. M. Donne, B.A., Trinity College, Cambridge. 1s. 6d.

10. **Terentii Adelphi Hecyra, Phormio.** Edited, with Notes, Critical and Explanatory, by the Rev. James Davies, M.A. 2s.

9. **Terentii Andria et Heautontimorumenos.** With Notes, Critical and Explanatory, by the Rev. James Davies, M.A. 1s. 6d.

11. **Terentii Eunuchus, Comœdia.** Edited, with Notes, by the Rev. James Davies, M.A. 1s. 6d. Or the Adelphi, Andria, and Eunuchus, 3 vols. in 1, cloth boards, 6s.

4. **Virgilii Maronis Bucolica et Georgica.** With Notes on the Bucolics by W. Rushton, M.A., and on the Georgics by H. Young. 1s. 6d.

5. **Virgilii Maronis Æneis.** Notes, Critical and Explanatory, by H. Young. 2s.

19. **Latin Verse Selections,** from Catullus, Tibullus, Propertius, and Ovid. Notes by W. B. Donne, M.A., Trinity College, Cambridge. 2s.

20. **Latin Prose Selections,** from Varro, Columella, Vitruvius, Seneca, Quintilian, Florus, Velleius Paterculus, Valerius Maximus Suetonius, Apuleius, &c. Notes by W. B. Donne, M.A. 2s.

French, *continued.*

26. **English-French Dictionary.** By ALFRED ELWES. 2s.
25,26. **French Dictionary** (as above). Complete, in One Vol., 3s.;
cloth boards, 3s. 6d. *₊* Or with the GRAMMAR, cloth boards, 4s. 6d.
47. **French and English Phrase Book:** containing Introductory Lessons, with Translations, for the convenience of Students; several Vocabularies of Words, a Collection of suitable Phrases, and Easy Familiar Dialogues. 1s.

GERMAN.

39. **German Grammar.** Adapted for English Students, from Heyse's Theoretical and Practical Grammar, by Dr. G. L. STRAUSS. 1s.
40. **German Reader:** A Series of Extracts, carefully culled from the most approved Authors of Germany; with Notes, Philological and Explanatory. By G. L. STRAUSS, Ph.D. 1s.
41. **German Triglot Dictionary.** By NICHOLAS ESTERHAZY, S. A. HAMILTON. Part I. English-German-French. 1s.
42. **German Triglot Dictionary.** Part II. German-French-English. 1s.
43. **German Triglot Dictionary.** Part III. French-German-English. 1s.
41-43. **German Triglot Dictionary** (as above), in One Vol., 3s.;
cloth boards, 4s. *₊* Or with the GERMAN GRAMMAR, cloth boards, 5s.

ITALIAN.

27. **Italian Grammar,** arranged in Twenty Lessons, with a Course of Exercises. By ALFRED ELWES. 1s.
28. **Italian Triglot Dictionary,** wherein the Genders of all the Italian and French Nouns are carefully noted down. By ALFRED ELWES. Vol. 1. Italian-English-French. 2s.
30. **Italian Triglot Dictionary.** By A. ELWES. Vol. 2. English-French-Italian. 2s.
32. **Italian Triglot Dictionary.** By ALFRED ELWES. Vol. 3. French-Italian-English. 2s.
28,30, **Italian Triglot Dictionary** (as above). In One Vol., 6s.;
32. cloth boards, 7s. 6d. *₊* Or with the ITALIAN GRAMMAR, cloth bds., 8s. 6d.

SPANISH.

34. **Spanish Grammar,** in a Simple and Practical Form. With a Course of Exercises. By ALFRED ELWES. 1s. 6d.
35. **Spanish-English and English-Spanish Dictionary.** Including a large number of Technical Terms used in Mining, Engineering, &c., with the proper Accents and the Gender of every Noun. By ALFRED ELWES 4s.; cloth boards, 5s. *₊* Or with the GRAMMAR, cloth boards, 6s.

HEBREW.

46*. **Hebrew Grammar.** By Dr. BRESSLAU. 1s. 6d.
44. **Hebrew and English Dictionary,** Biblical and Rabbinical; containing the Hebrew and Chaldee Roots of the Old Testament Post-Rabbinical Writings. By Dr. BRESSLAU. 6s. *₊* Or with the GRAMMAR, 7s.
46. **English and Hebrew Dictionary.** By Dr. BRESSLAU. 3s.
44,46. **Hebrew Dictionary** (as above), in Two Vols., complete, with
46*. the GRAMMAR, cloth boards, 12s.

LATIN

19. **Latin Grammar.** ...
Principles of Translation and ... ...
M.A., Head Master o ...

20. **Latin-English Dictionary** ... ...
ries. By the late Thomas Goodwin ... ...

22. **English-Latin Dictionary** ... ...
French and Italian ... ...
Rev. Thomas Goodwin ...

20,22. **Latin Dictionary** ... ...
cloth boards ... ...

LATIN CLASSICS. ...

1. **Latin Delectus.** ... ...
with Genealogies ... ...
late Second Master ...

2. **Cæsaris Commentarii** ... ...
Regius Prof. ...

12. **Ciceronis Oratio** ... ...
Introduction ... ...
James Davie ...

14. **Ciceronis Cato Major** ... ...
cum de Senectute ... ...
M.A. ...

3. **Cornelius Nepos** ... ...
Schmitz, by ...

6. **Horace.** ... ...
Young ...

7. **Horace:** being ... ...
with notes ...

21. **Juvenalis** ... ...
Latin ...

16. **Livy:** ... ...
M.A. ...

15. ——— ...

17. ——— ...

8. **Sallust** ... ...
and explanation ...
M.A.

10. **Terentii** ... ...
and explanation ...

9. **Terentii** ... ...
and explanation ...

11. **Terentii Eunuchus** ... ...
James Davie ...

4. **Virgilii** ... ...
by W. Rushton ...

5. **Virgilii** ... ...
Young ...

13. **Latin Verse Selections** ...
and ...

20. **Latin Prose Selections** ...
Seneca, Quintilian ...
nius, Apuleius ...

7. STATIONERY ...

GREEK.

14. **Greek Grammar,** in accordance with the Principles and Philological Researches of the most eminent Scholars of our own day. By HANS CLAUDE HAMILTON. 1s.

15,17. **Greek Lexicon.** Containing all the Words in General Use, with their Significations, Inflections, and Doubtful Quantities. By HENRY R. HAMILTON. Vol. 1. Greek-English, 2s.; Vol. 2. English-Greek, 2s. Or the Two Vols. in One, 4s.: cloth boards, 5s.

14,15. **Greek Lexicon** (as above). Complete, with the GRAMMAR, in
17.   One Vol., cloth boards, 6s.

GREEK CLASSICS. With Explanatory Notes in English.

1. **Greek Delectus.** Containing Extracts from Classical Authors, with Genealogical Vocabularies and Explanatory Notes, by H. YOUNG. New Edition, with an improved and enlarged Supplementary Vocabulary, by JOHN HUTCHISON, M.A., of the High School, Glasgow. 1s.

30. **Æschylus: Prometheus Vinctus: The Prometheus Bound.** From the Text of DINDORF. Edited, with English Notes, Critical and Explanatory, by the Rev. JAMES DAVIES, M.A. 1s.

32. **Æschylus: Septem Contra Thebes: The Seven against Thebes.** From the Text of DINDORF. Edited, with English Notes, Critical and Explanatory, by the Rev. JAMES DAVIES, M.A. 1s.

40. **Aristophanes: Acharnians.** Chiefly from the Text of C. H. WEISE. With Notes, by C. S. T. TOWNSHEND, M.A. 1s. 6d.

26. **Euripides: Alcestis.** Chiefly from the Text of DINDORF. With Notes, Critical and Explanatory, by JOHN MILNER, B.A. 1s.

23. **Euripides: Hecuba and Medea.** Chiefly from the Text of DINDORF. With Notes, Critical and Explanatory, by W. BROWNRIGG SMITH, M.A., F.R.G.S. 1s. 6d.

14-17. **Herodotus, The History of,** chiefly after the Text of GAISFORD. With Preliminary Observations and Appendices, and Notes, Critical and Explanatory, by T. H. L. LEARY, M.A., D.C.L.
   Part 1. Books i., ii. (The Clio and Euterpe), 2s.
   Part 2. Books iii., iv. (The Thalia and Melpomene), 2s.
   Part 3. Books v.-vii. (The Terpsichore, Erato, and Polymnia), 2s.
   Part 4. Books viii., ix. (The Urania and Calliope) and Index, 1s. 6d.

5-12. **Homer, The Works of.** According to the Text of BAEUMLEIN. With Notes, Critical and Explanatory, drawn from the best and latest Authorities, with Preliminary Observations and Appendices, by T. H. L. LEARY, M.A., D.C.L.

THE ILIAD:	Part 1. Books i. to vi., 1s. 6d.	Part 3. Books xiii. to xviii., 1s. 6d.
	Part 2. Books vii. to xii., 1s. 6d.	Part 4. Books xix. to xxiv., 1s. 6d.
THE ODYSSEY:	Part 1. Books i. to vi., 1s. 6d.	Part 3. Books xiii. to xviii., 1s. 6d.
	Part 2. Books vii. to xii., 1s. 6d.	Part 4. Books xix. to xxiv., and Hymns, 2s.

4. **Lucian's Select Dialogues.** The Text carefully revised, with Grammatical and Explanatory Notes, by H. YOUNG. 1s.

3. **Plato's Dialogues: The Apology of Socrates, the Crito, and the Phædo.** From the Text of C. F. HERMANN. Edited with Notes, Critical and Explanatory, by the Rev. JAMES DAVIES, M.A. 2s.

18. **Sophocles: Œdipus Tyrannus.** Notes by H. YOUNG. 1s.

20. **Sophocles: Antigone.** From the Text of DINDORF. Notes, Critical and Explanatory, by the Rev. JOHN MILNER, B.A. 2s.

41. **Thucydides: History of the Peloponnesian War.** Notes by H. YOUNG. Book 1. 1s.

2, 3. **Xenophon's Anabasis; or, The Retreat of the Ten Thousand.** Notes and a Geographical Register, by H. YOUNG. Part 1. Books i. to iii., 1s. Part 2. Books iv. to vii., 1s.

42. **Xenophon's Panegyric on Agesilaus.** Notes and Introduction by LL. F. W. JEWITT. 1s. 6d.

LOCKWOOD AND CO., 7, STATIONERS' HALL COURT, E.C.

SEP 19 1919

UNIVERSITY OF MICHIGAN

3 9015 06629 0621

Latin Classics—*continued.*

HORACE: Odes, Epodes, and Carmen Sæculare. Notes by H. YOUNG. 1s. 6d.

HORACE: Satires, Epistles, and Ars Poetica. Notes by W. BROWNRIGG SMITH, M.A., F.R.G.S. 1s. 6d.

JUVENALIS Satiræ. Notes by T. H. S. ESCOTT, B.A. 1s. 6d.

LIVY: History of Rome. Notes by H. YOUNG and W. B. SMITH, M.A.
> Part 1. Books i., ii., 1s. 6d.
> Part 2. Books iii., iv., v., 1s. 6d.
> Part 3. Books xxi. and xxii., 1s. 6d.

SALLUSTII Crispi Catalina et Bellum Jugurthinum. Notes by W. M. DONNE, B.A. 1s. 6d.

TERENTII Adelphi, Hecyra, Phormio. Edited with Notes, Critical and Explanatory, by J. DAVIES, M.A. 2s.

TERENTII Andria et Heautontimorumenos. With Notes, Critical and Explanatory, by J. DAVIES, M.A. 1s. 6d.

TERENTII Eunuchus, Comœdia. Edited with Notes by J. DAVIES, M.A. 1s. 6d. Or the Adelphi, Andria, and Eunuchus, 3 vols. in 1, cloth boards, 6s.

VIRGILII Maronis Bucolica et Georgica. With Notes on the Bucolics by W. RUSHTON, M.A., and on the Georgics by H. YOUNG. 1s. 6d.

VIRGILII Maronis Æneis. Notes by H. YOUNG. 2s.

CATULLUS, TIBULLUS, PROPERTIUS, & OVID, Selections from. Notes by W. B. DONNE. 2s.

LATIN Prose Selections: from Varro, Columella, Vitruvius, Seneca, Quintilian, Florus, Velleius Paterculus, Valerius Maximus, Suetonius, Apuleius, &c. Notes by W. B. DONNE. 2s.

GREEK AND LATIN LEXICONS, GRAMMARS, HISTORIES, &c.

OUTLINES OF THE HISTORY OF GREECE, in connection with the Rise of the Arts and Civilization in Europe, by W. D. HAMILTON and E. LEVIEN. Plates. 2s. 6d.; cloth boards, 3s. 6d.

OUTLINES OF THE HISTORY OF ROME, from the Earliest Period to the Christian Era, and the Commencement of the Decline of the Empire, by E. LEVIEN, M.A. Map. 2s. 6d.; cloth boards, 3s. 6d.

CROSBY LOCKWOOD & CO., 7, STATIONERS' HALL COURT, E.C.

CPSIA information can be obtained
at www.ICGtesting.com
Printed in the USA
BVHW010228210220
572974BV00008B/115

9 781286 586167